인공지능 시대, 헌법의 확장

The Expansion of the Constitution Law
in the Age of Artificial Intelligence

엄주희 지음

박영사

저자는 대학 강단에서 헌법 수업 첫 시간마다 헌법의 전체 구조를 설명하면서, 헌법을 집에 비유하곤 한다. 집을 세우기 위해 필요한 세 가지 기둥으로 민주주의, 법치주의(법치국가원리), 복지국가원리가 필요하고, 이 기둥을 떠받치고 있는 초석은 민주주의하에서 권력분립원리, 대의제원리이고, 법치주의하에서는 법률유보, 과잉금지의 원칙, 신뢰보호의 원칙 등, 그리고 복지국가원리하에서는 인간다운 생활 보장과 자유시장 경제질서원리 등으로 설명한다. 집에 비유되는 헌법의 전체 구조 속에 들어가는 모든 원리와 원칙들은 헌법학자들이라면 공히 동의할 수 있는 것들이고, 헌법학이라는 학문이 정립되는 과정에서 쌓여온 이론 연구의 결과이자 헌법재판소에서 판례를 형성하면서 실증적으로 확인한 것들이기 때문이다. 그런데 인공지능 기술의 발전이 사회와 인간의 모습을 변화시켜 오면서 헌법학의 토대와 구조, 또는 가치 전제를 흔들 수 있는 가능성이 나타나기 시작했다. 헌법상 기본권의 구조적 개방성과 진화적 성격이 인공지능 사회의 발전과 맞물리면서 기본권 틈새에서 새로운 권리성이 발견되기도 하고, 어떤 사회 영역에서는 새롭게 헌법적 권리를 부여해야 할 필요성도 생겨난다. 따라서 인공지능 기술의 발전으로 인해 변화 가능성을 내포한 헌법학의 모습을 그려보고자 하였다. 또한 헌법학에서 전통적으로 다루는 통치구조, 국가조직론, 기본권론, 헌법 기본원리와 경제질서의 영역이 확장되면서 인문 사회과학적 개념과 이론이 융합되고 있다. 인공지능 기술과 국가 통치구조론, 감염병 위기 사태에서 면역여권, 백신정책과 관련된 기본권과 인권, 뇌과학 및 임종기의 기본권과 인권, 부패방지 제도 등으로 헌법 연구의 외연을 넓혔다. 이러한 의미에서 책 제목을 「헌법의 확장」이라고 명명하였다. 1부 통치구조론과 헌법 개정, 2부 면역 여권 및 방역 패스에서의 헌법적 쟁점과 약물 이용 성범죄(DFSA) 피해자의 인권 보호, 3부 연명의료 결정 · 호스피스완화의료 · 의사조력자살이라는 삶의 마지막 시기의 인권과 기본권에 관한 이슈들, 4부 부패방지의 헌법상 · 법률상 쟁점을 다루었다.

인공지능 기술의 발전과 헌법학의 관계를 살펴보기 위해, 첫 장에서는 자유민주주의, 국민주권, 권력분립 원리, 선거제도에 인공지능 기술이 미치는 영향과 대응을 살펴보았는데, 그 다음부터는 인공지능 기술이 촉발하는 사회 변화 속에서 헌법학이 대응해야 할 이슈들을 다루었다고 보아야 할 것이다.

우리 헌법 전문에는 '사회적 폐습과 불의의 타파'를 규정하고 있어 모든 사회에서 부패방지의 제도를 설립할 헌법적 근거가 된다. 모든 권력의 정당성이 국민으로부터 나온다는 것(제1조 제2항), 공무원이 국민의 봉사자로서 국민에게 책임을 지도록 하고 있다는 것(제7조 제1항), 국회의원의 청렴의무, 국가이익 우선의무, 지위남용 금지 의무(제46조) 등으로 공직의 부패방지의 근거를 헌법에 두고 있다. 절대 권력은 필히 부패하기 마련이므로, 권력분립의 원리라는 헌법적 도구를 헌법의 각 규정 속에서 실현하고 있다. 민주적 법치국가 실현을 위하여 부패방지가 필연적으로 요청된다는 점에서 헌법에서 부패방지 과제는 필수불가결한 것이다. 이에 관하여 연구해온 결과도 이 책에 함께 싣게 되었다. '4부 헌법과 부패방지'라는 제하에 논문 공정성 관련 부패방지, 부패방지의 국제적 노력, 유치원 어린이집 부패방지, 비영리법인 공익법인의 부패방지 제도의 내용이 담겨있다. 이 책의 세부 주제들은 헌법적 차원과 법률적 차원이 교차하고, 국가적 차원과 사회적 차원이 겹치기도 한다. 그러나 이 주제들의 출발과 마지막, 그리고 핵심과 지향점은 헌법학의 발전이다. 1부에서 인공지능 통치구조론을 제시하였는데, 앞으로 인공지능과 헌법학의 교차점에 대해서 연구를 계속 진행하면서 인공지능 기본권론, 인공지능 헌법총론으로 인공지능 기술과 헌법학의 융합인 '인공지능 헌법학'의 주제와 깊이가 심화될 수 있지 않을까 기대해본다.

이 책을 마무리하면서 2024년 2월에 독일 베를린 훔볼트 대학교의 Dieter Grimm 교수님을 방문해서 독일과 한국의 헌법학의 최신 이슈에 대해서 이야기를 나누는 시간을 가졌다. Grimm 교수님은 독일 연방헌법재판소 재판관, 훔볼트 대학교 과학대학장을 지내신 독일을 대표하는 헌법학자이시다. 인문 사회과학적 개념과 이론을 헌법에 접목시키고 융합하는 연구를 해오시면서 독일에서 발간한 저서들이 영미권, 스페인, 일본 등 여러 언어로 전 세계에 번역 출간된 바 있다. 지한파 학자이기도 하셔서 한국에서 헌법 교수로 활동하는 제자들도 있다. 이렇게 롤모델이 되는 석학과의 만남과 교류로서 이번 책을 마무리할 수 있었다는 것에 감사한 마음이다. 몰아치는 바쁜 일정상 원고를 마감한 지 1년이 지나 출간을 하게 되었지만, 지연되는 시간 동안 후속 책에 대해서 더 깊이 생각하게 되었다.

교정 작업을 함께 하며 책의 마무리를 도와준 조교 최백산 군, 변변치 않은 책을 늘 볼 만한 책으로 만들어주시는 박영사 편집팀께 감사드린다. 생명의 근원 하나님께 감사와 영광을 돌린다.

새 봄을 기다리며 연구실에서
저자 엄주희

1부 인공지능 시대의 헌법

1장 인공지능 통치구조론 ··· 3
  Ⅰ. 서론 ·· 3
  Ⅱ. 자유민주주의에 대한 인공지능의 영향과 대응방안 ············· 4
  Ⅲ. 권력분립 원리에 대한 인공지능의 영향과 대응방안 ············ 21
    1. 권력분립 원리와 인공지능 / 21
    2. 국가기관의 구성 및 상호간의 권력구조에 미치는 영향 및 대응 / 24
  Ⅳ. 선거제도에 대한 인공지능의 영향과 대응방안 ···················· 29
    1. 직접 민주주의의 기능 장애 / 29
    2. 가짜뉴스와 온라인 IT 플랫폼 사업자 / 34
    3. AI의 디지털 지배 / 41
  Ⅴ. 결론 ·· 42

2장 인공지능 시대의 헌법상 기본권 규정의 개정 방향 ············· 45
  Ⅰ. 서론 ·· 45
  Ⅱ. 기본권의 주체와 효력 ··· 48
    1. 기본권 주체의 문제 / 48
    2. 기본권의 대국가적 효력의 명시 / 49
    3. 기본권의 대사인적 효력의 명시 / 50
  Ⅲ. 개별 기본권 규정의 개정 방향 ···································· 51
    1. 포괄적 기본권: 인간의 존엄과 가치와 행복추구권, 열거되지 아니한 자유 / 51
    2. 생명권, 정신적 자유 · 온전성에 관한 권리 신설 / 52

3. 안전권 조항의 신설 / 55

4. 평등권 조항의 개선 / 57

5. 정보기본권 조항의 신설 / 58

6. 환경권 조항의 개선 / 60

7. 건강권 조항의 신설 / 63

8. 학습권 조항의 신설 / 64

Ⅳ. 결론 ·· 65

3장 혼인과 가족생활
　　 -헌법재판소 결정과 헌법 개정 논의를 중심으로- ····················· 69

Ⅰ. 서론 ·· 69

Ⅱ. 헌법 개정 연혁에 있어서 혼인과 가족 규정의 변화 ···················· 70

Ⅲ. 헌법재판소 결정을 통해 본 혼인과 가족생활의 개념 ·················· 72

1. 친생자 추정 관련 법조항 위헌 확인: 개인의 자율성과 양성의 평등(2015) / 72

2. 친생부인의 소 제척기간 관련 위헌 확인:
    개인의 존엄과 양성의 평등, 부모와 자녀의 관계(1997) / 73

3. 과외교습 금지 관련 법조항 위헌 확인: 부모의 자녀교육권과 문화국가의 원리(2000) / 73

4. 동성동본 혼인 금지의 위헌 확인: 사회환경의 변화와 평등의 원칙(1997) / 74

5. 호주제 위헌 확인: 가족제도에서의 전통의 현대적 해석과 헌법이념(2005) / 76

6. 부의 성을 따르도록 강제한 법조항 위헌 확인: 생활양식과 문화현상의 가치(2005) / 76

7. 간통죄 위헌 확인: 선량한 성도덕과 일부일처주의 혼인제도,
    부부간 성실의무, 남녀평등처벌주의(2015) / 77

8. 대법원의 혼인제도에 대한 판단 / 78

9. 평가 / 79

Ⅳ. 혼인과 가족 규정 관련 헌법 개정 논의 ································· 80

1. 개정안 제안 연혁 / 80

2. 평가 / 84

Ⅴ. 헌법재판소 결정, 개정 연혁 및 개정안 속의 연결점과 흐름 ········· 86

1. 개인의 존엄과 양성 평등의 지속적 확인 / 86

2. 문화현상과 관습적 생활양식을 담은 보편타당한 윤리와 도덕관념으로의 기준성 / 86

3. 선량한 성도덕과 일부일처주의의 혼인제도 유지의 가치와 기준 / 87

    4. 가족생활에서 자녀 교육적 의미의 확대 / 88
  Ⅵ. 결론 ·· 89

2부 인공지능 시대의 국민 보호와 인권

1장 면역 여권, 코로나 시대 양날의 검 ································· 95
  Ⅰ. 서론 ·· 95
  Ⅱ. 유럽의 면역 여권에 관한 논의 전개 ································ 98
    1. 독일 / 98
    2. 프랑스 / 100
    3. EU의 Digital Green Certificate(DGC) / 101
  Ⅲ. 면역 여권의 윤리적 함의 ··· 104
    1. 위험 윤리와 국가 방역 / 104
    2. 면역 여권 사용에 따른 기회와 위험 / 108
    3. 국가 주도의 면역성 증명이 사회에 미치는 영향 / 109
  Ⅳ. 면역 여권에 관한 공법적 검토 ······································· 110
  Ⅴ. 결론 ·· 111

2장 백신 정책에 관한 헌법적 · 윤리적 고찰: 면역 여권부터 방역 패스까지 ·· 114
  Ⅰ. 서론 ·· 114
  Ⅱ. 면역 여권의 등장과 윤리적 논쟁 ··································· 115
    1. 코로나 사태에서 EU의 면역 여권 실행 / 117
    2. 면역 여권 도입에 관한 윤리적 가치와 염려사항 / 118
  Ⅲ. 방역 패스의 기본권 제한 문제와 사법적 판단 ············· 120
    1. 백신 패스와 평등권의 적용 / 123
    2. 법치주의의 실현 / 129
    3. 소송을 통한 구제 / 132
  Ⅳ. 결론 ·· 134

3장 성폭력 범죄피해자의 인권
  -약물 이용 성범죄(DFSA) 대응 법제를 위하여- ·············· 141
  Ⅰ. 서론 ··· 141
  Ⅱ. 약물 이용 성범죄 관련 헌법상 기본권 보호의 쟁점 ········· 144
    1. 성적 자기결정권의 보호 / 144
    2. 신체적 · 정신적 완전성 등 기본권 보호와 행위와 처벌의 균형성 / 150
    3. 헌법상 범죄 피해의 보호 / 154
  Ⅲ. 해외의 약물 성범죄 대응 법제와 기본권 보호를 위한 제도적 보장 ·········· 155
    1. 약물 이용 행위를 처벌하는 명시적 규정의 존재 / 155
    2. 증거 수집 지원과 치료를 위한 제도 / 158
    3. 약물 이용 성범죄의 피해자 보호 제도 / 162
    4. 피해자 면책 조항의 존재 / 164
  Ⅳ. 약물 이용 성범죄 관련 헌법적 보호를 위한 국내 법제의 개선점 ·············· 164
    1. 약물 이용 성범죄 행위에 대한 처벌의 균형성 보장 / 165
    2. 수사기법과 병원 의료기관의 협력과 공조 및 교육의 필요성 / 165
    3. 피해자 면책 규정 검토 및 도입 / 166
    4. 대국민 및 피해자를 맞이하는 관련자 대상의 경각심 개선 교육 / 167
  Ⅴ. 결론 ··· 168

3부 삶의 마지막 시기의 인권

1장 대만 「환자 자주 권리법」에 대한 연구 ································· 175
  Ⅰ. 서론 ··· 175
  Ⅱ. 대만 「환자 자주 권리법」과 연명의료 결정 제도 ················ 178
    1. 입법 목적 / 179
    2. 핵심 용어의 개념 / 180
    3. 대상 환자의 범위 / 182
    4. 설명 의무와 설명 동의권 / 183
    5. 사전 의료 결정의 절차와 실행 및 의료인의 면책과 의무 / 185
    6. 의료위임 대리인의 자격과 역할과 해임 및 선임 / 188

7. 임종기 의사결정 관련 법률 간 상호 관계 / 189

Ⅲ. 한국의 연명의료결정제도에 주는 시사점 ·················· 189

1. 임종기 연명의료에 관한 환자의 자기결정 실질화 / 189

2. 환자 · 가족 · 의료진의 상호적 의사결정 강화 / 191

3. 호스피스의 병행 실행으로 최선의 돌봄 실현 / 194

Ⅳ. 결론 ··· 195

2장 호스피스 · 완화의료와 의사조력자살 간 경계에 관한 규범적 고찰 ········ 205

Ⅰ. 서론 ··· 205

Ⅱ. 호스피스 · 완화의료 제도와 의사조력자살 ·················· 206

1. 호스피스 · 완화의료 제도의 기원과 개념 / 207

2. 의사조력자살의 개념과 이해 / 209

3. 말기 진정요법(Palliative Sedation) / 212

Ⅲ. 호스피스 · 완화의료의 정당성에 관한 판례와 입법 ·············· 214

1. 판례 / 214

2. 입법례 / 216

Ⅳ. 의사조력자살과 호스피스 · 완화의료 사이의 경계 ·············· 220

1. 호스피스 · 완화의료와 조력자살의 분리 불가분성:

의사조력자살을 완화의료의 하나로 정당화하는 입장 / 221

2. 호스피스 · 완화의료와 의사조력자살을 분리해야 한다는 입장 / 223

Ⅴ. 결론 ··· 227

3장 미성년자 연명의료 결정에서의 인권

-미국에서의 논의를 중심으로- ··························· 231

Ⅰ. 서론 ··· 231

Ⅱ. 미성년자의 개념과 의료 결정에서의 법적 지위 ·············· 233

Ⅲ. 미국의 미성년자 의료 결정에 관한 규범적 근거 ·············· 234

1. 헌법적 근거 / 234

2. 미성년자의 동의권 제한 / 237

3. 부모의 동의권 행사의 예외 / 240

Ⅳ. 영아의 연명의료 결정 사례 ·· 241

    1. Baby Doe 사건 / 241

    2. Baby K 사건(1994년) / 244

Ⅴ. 청소년의 연명의료 결정 사례 ······································· 245

Ⅵ. 미국 소아과학회 연명의료 보류 · 중단에 관한 지침(2017년) ··············· 247

Ⅶ. 미성년자의 사전의료지시와 대리 결정의 기준 ······················· 248

Ⅷ. 결론 ··· 250

4부 헌법과 부패방지

1장 논문 공정성을 위한 헌법적 기초와 입법 과제 ······················ 257

 Ⅰ. 서론 ··· 257

 Ⅱ. 논문의 공정성을 위한 연구윤리의 문제 ····························· 260

    1. 연구대상자 보호의 관점 / 260

    2. 저자됨(authorship)의 문제 / 261

 Ⅲ. 논문의 공정성에 관한 헌법적 기초와 법률적 쟁점 ···················· 263

    1. 헌법적 고찰 / 263

    2. 저작권 문제 / 269

    3. 학술진흥법과 과학기술부 및 교육부 훈령에 따른 연구윤리 확보 / 272

    4. 생명윤리법상 IRB 심의 준수 / 273

 Ⅳ. 논문 공정성을 위한 거버넌스 형성 ································· 275

    1. 연구공동체의 성숙하고 자율적인 노력으로서 IRB 기능 제고 / 275

    2. 연구윤리의 상시적 컨설팅과 연구윤리 담론 형성을 위한 기구 제도화 / 281

 Ⅴ. 논문 공정성을 지향하는 입법적 과제 ······························ 283

    1. 인간대상연구에서 연구대상자 보호를 위한 입법적 개선 사항 / 283

    2. 저자됨에 관한 부정행위의 관리감독 강화, 제재 사항의 법제화 모색 / 284

 Ⅵ. 결론 ··· 284

2장 부패방지를 위한 국제적 노력과 국내 부패방지 법제의 대응 ·············· 289

 Ⅰ. 서론 ··· 289

Ⅱ. 부패방지를 위한 국제적 노력과 국내 법제의 이행 ······················ 290

1. 부패범죄의 범주 / 293

2. 국가공무원의 뇌물수수 / 295

3. 외국공무원 및 공적 국제기구 직원의 뇌물수수 / 296

4. 공무원의 재산 횡령 · 배임 · 유용 / 297

5. 부정 축재 / 298

6. 사법 방해 / 299

7. 민간부문의 부패 / 300

Ⅲ. 유엔부패방지협약상 부패 범죄에 대한 처리와 국내 법제의 이행 ············· 301

1. 부패범죄 처리를 위한 자격 제한, 취임 · 취업제한 / 301

2. 범죄수익에 대한 처리 / 304

3. 부패행위의 결과에 대한 처리 / 306

Ⅳ. 결론 ··· 306

3장 유치원, 어린이집의 부패방지 관련 공법적 쟁점 ······················ 309

Ⅰ. 서론 ··· 309

Ⅱ. 지방자치단체 내의 유치원, 어린이집의 행정 정보공개현황과 문제점 ······· 311

1. 행정 정보 공개 제도의 의의 / 311

2. 유치원 행정 정보 공개 / 312

3. 어린이집 행정 정보 공개 / 313

4. 문제 지점 / 314

Ⅲ. 헌법상 근거 ··· 315

1. 교육권과 육아에 관한 헌법적 근거 / 315

2. 혼인과 가족생활의 제도적 보장 / 316

3. 지방자치단체 행정의 자율성 / 317

4. 알권리 / 317

Ⅳ. 행정법상 쟁점 ··· 319

1. 유아교육법과 영유아보육법 / 319

2. 정보공개제도에 관한 법률 / 321

3. 부패방지에 관한 법률 / 321

Ⅴ. 위원회 거버넌스 검토 ··· 322

    1. 아동 보육 및 교육기관과 관련하여 고려해야 할 거버넌스의 유형과 요소들 / 322

    2. 위원회 제도 활용 시도 / 322

  Ⅵ. 결론 ··· 329

4장 비영리법인 · 공익법인 부패방지 방안
    -호주의 법제 사례를 중심으로- ·· 331
  Ⅰ. 서론 ··· 331
  Ⅱ. 호주의 비영리법인 규율의 배경 ··· 332
  Ⅲ. 호주의 공익위원회(ACNC)의 법적 권한과 부패방지 역할 ························· 336
    1. 공익위원회 등록을 통한 혜택 / 336
    2. 상세한 공개를 통한 부패 방지 / 336
    3. 공익위원회의 강제집행 권한 / 338
    4. 공익위원회의 공개적인 교육활동과 기관 간 협력활동 / 338
    5. 공익위원회의 성과 / 340
  Ⅳ. 한국의 비영리법인 제도와의 비교와 시사점 ·· 340
  Ⅴ. 결론 ··· 342

  판례색인 ··· 345
  사항색인 ··· 349
  원문목록 ··· 354

1부

인공지능 시대의 헌법

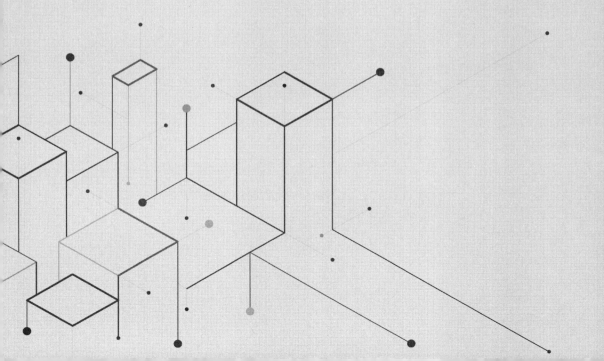

1장

인공지능 통치구조론

I 서론

2021년 신설된 행정기본법 제20조에 자동화된 처분이라는 조문으로 인공지능 기술을 적용한 시스템에 대한 규정이 신설됨으로써, 행정 영역에 도입되는 인공지능에 대응하는 법률적 기반이 형성되었다. 인공지능의 발전에 따라서, 행정, 입법, 사법 시스템 전역에 걸쳐 인공지능이 국가 권력구조 속에서 활용되고 그 영역을 점차 넓혀가고 있다. 본 장에서는 정치 영역에 인공지능의 영향과 그에 대한 헌법적 대응을 살펴본다. 국가 권력구조 안에서 기능하는 인공지능의 모습과 이에 대한 앞으로의 대응 방안을, 헌법 원리에 따라서 자유민주주의, 권력분립의 원리, 선거제도의 영역으로 나누어 고찰하였고, 이를 인공지능 통치구조론이라 명명하였다. 과학기술의 발전과 산업적 관점에서 인공지능의 진보는 피할 수 없는 현실이지만 그 유용성은 유지하면서도 자유민주주의와 권력분립의 원리, 선거제도 그리고 국가기관 간의 권력구조에 있어서 부정적 영향을 최소화하는 노력이 병행되어야 할 것이다. 이하에서 인공지능이 자유민주주의, 권력분립의 원리, 선거제도에 미치는 영향과 그에 대한 대응을 살펴본다.

Ⅱ   자유민주주의에 대한 인공지능의 영향과 대응방안

1. 자유민주주의 국민주권에 인공지능 정치인이 미치는 영향과 대응: 정치인으로서 인공지능의 문제

인공지능 사회의 변화는 국민발안, 국민소환 등의 직접민주주의 요소의 도입과 확대로 나타나 자유민주주의 현상에 영향을 미친다. 그런데 헌법상 민주주의 제도에 인공지능을 도입하는 것에 대해서 검토하기 위해서 정치가 무엇인지를 먼저 생각해 볼 필요가 있다. 정치는 국민, 공통의 목표, 대리인이라는 세 가지 요소로 구성된다. 주권자인 국민의 이익 실현을 위하여 대리인으로서 정부를 구성한다는 정치적 관점에서 보면, 헌법은 국민 본인에 의하여 대리인을 어떻게 설계할 것인가를 합의한 계약문서라고 할 수 있다. 이때 국민 본인은 대리인이 효율적으로 공통의 목적을 달성할 수 있고, 대리인이 국민을 배반하지 않는 장치를 설계하게 된다. 이런 면에서 보면 대리인이 반드시 인간일 필요는 없을 것이다. 오히려 대리인이 된 사람인 정치인이 비효율적인 결정을 하거나, 위임자인 국민을 배신하여 사리사욕을 채우는 데 분주한 모습을 보인다면, 인공지능이 인간 정치인보다 훨씬 효율적이면서도 국민을 배신하지 않고 공평하게 일 처리를 할 수 있어 신뢰할 만하다고 생각할 수 있다. 그래서 인공지능 기술로 직접민주주의를 확대하는 수준을 넘어서 인간을 대체하는 인공지능 정치인의 등장을 상정해 볼 수 있으므로 아래에서는 이에 대한 논의를 검토한다.

(1) 인공지능 국회의원 도입

실제로 해외 연구팀들은 인공지능에 정책 판단을 일임하는 정치단체를 설립하는 실험이나 가상의 인공지능 국회의원을 만들어내기도 했다.[1] 이를 인간에 의해 부정부패에 찌든 불합리한 정치를 일소하고 국민을 위하는 진정성 있는 정치를 펼치는 사회 실험을 하겠다는 허구의 시나리오라고만 치부할 수 없는 이유는, 인공지능에 의한 통치를 실현하겠다면서 움직인 인물이 실제 존재하기 때문이다. 인공지능 분야

---

[1] "일본, 국회 제출하는 답변에 인공지능 활용 검토", KBS뉴스, 2016.12.5.일자.
   https://news.kbs.co.kr/news/pc/view/view.do?ncd=3388755 (최종방문일: 2023.12.10.)

에서 세계적인 권위자로서 AI 오픈소스 프레임워크를 구축하는 프로젝트 '오픈 코그 (OpenCog)'의 회장을 맡고 있는 벤 괴첼(Ben Goetzel)이 바로 그런 인물이다.[2] 괴첼은 2014년부터 사회적 정치적 의사결정을 합리적으로 시행할 수 있는 인공지능 "로바마(ROBAMA; Robotic Analysis of Multiple Agents)"를 개발하고 있다. 이 명칭은 미국 버락 오바마 대통령의 이름을 따온 것으로, 로봇 대통령이라는 의미를 지니고 있다. 이 프로젝트를 시작하게 된 이유는 미국 정부가 2008년 리먼 사태[3] 당시에 주택 버블을 방치하는 잘못된 정치적 의사결정을 함으로써 위기 탈출에 실패하고 미국 최대의 금융 위기를 몰고 온 것 때문에, 인공지능이 의사결정을 했더라면 더 빨리 위기를 감지해서 손실을 최소화할 수 있었을 것으로 괴첼은 판단했기 때문이라고 알려진다. 정부가 첨단 의료 기술 등으로 자금을 더 신속하게 투입했더라면 최악의 금융 위기는 면할 수 있었으리라 판단할 수 있다. 국민을 대표하여 정치적 사회적 결정을 내리는 정치인과 공직자들이 전문지식이 부족하거나 사리사욕과 부정부패에 빠져서 잘못된 의사결정을 반복하고 있다. 로바마는 SNS, 인터넷에 올라온 방대한 정보를 1분 이내에 분석하여 실시간 여론을 반영한 정책을 수립하고 제시할 수 있다. 로바마 개발이 완성된다면 부정부패 없는 사회적 정치적 변화를 꾀할 수도 있다. 로바마는 특화형 AI가 아니라 인간의 심리적 사회적 상황을 모두 파악할 수 있는 범용 AI(AGI)이며, 2025년까지 개발 완성을 목표로 하고 있다고 한다. 로바마는 법률과 정책에 관한 방대한 분량의 정보와 알고리즘을 입력, 학습하는 작업을 거쳐야 하는데, 이것이 기술적으로 실현 가능한지 여부는 아직 불투명하다. 로바마 시스템의 가이드라인은 AI로 판단이 어려운 경우에는 국민투표를 실시하여 다수결로 결정하도록 정하고 있다.[4]

이와 같이 정치 영역에 인공지능을 활용할 때의 헌법학에서의 쟁점은 자유민주주의의 실현 원리로서 대의제와 국민주권의 문제이다. 국민주권은 민주주의가 기능하

---

2) "해치지 않아, 휴먼" … 세계 최초 AI 로봇 기자회견, 동아사이언스, 2023.07.09. https://m.dongascience.com/news.php?idx=60614 (최종방문일: 2023.12.10.)

3) 2008년 미국의 투자은행 리먼브러더스 파산에서 시작된 글로벌 금융위기; 기획재정부 시사경제용어사전 https://www.moef.go.kr/sisa/dictionary/detail?idx=990 (최종방문일: 2023.12.10.)

4) "인공지능(AI)이 정치와 만난다면?" [좋은나라이슈페이퍼] 디지털 정치의 진화; 인공지능 정치의 가능성과 한계, 프레시안, 2021.10.18.일자. https://www.pressian.com/pages/articles/2021101814112615130 (최종방문일: 2023.12.10.)

기 위해 필요한 이론이지만, 현실 정치에서는 헌법에 의해 창설된 국가권력이 기능하게 된다. 국민주권은 헌법제정권력으로 행사된 후 국가권력을 비판적으로 감시하는 잠재적 의미를 가진다.5) 우리 헌법은 국회가 유일한 입법기관으로서 입법권을 가지도록 하고(헌법 제40조), 국회는 국민에 의해 보통, 평등, 직접, 비밀선거 제도로 선출된 국회의원으로 구성된다(헌법 제41조 제1항). 우리 헌법에 의하면 헌법제정권력이 국민에게 있다는 것을 전제로 하기 때문에, 로바마를 도입하여 대의제를 대체하려고 한다면 주권자인 국민이 참여하는 국민투표로 헌법을 개정해야 할 것이다. 그 후에 대의제를 부활하려고 하면 다시 헌법 개정을 거쳐야만 한다.

(2) 국회의 활동을 지원하는 인공지능

대의제의 폐지와 인공지능 국회로의 완전 이행이라는 급진적인 제도 변화를 거치지 않고도 인공지능을 민주주의 제도에 활용할 수 있는 방법도 있다. 대의제는 유지한 상태에서 대의제를 보완하는 형태로 국민의 정치적 의사를 집적하는 데에 인공지능 기술을 활용하는 것이다. 일본의 아즈마 히로키가 제안한 "일반의지 2.0"이 그런 경우이다.6) 아즈마 히로키는 미래의 통치는 대중의 무의식을 배제하는 것이 아니고, 그 무의식을 맹목적으로 따르는 것도 아니다. 정보기술을 이용하여 무의식을 가시화한 다음에 그 제어를 목표로 하는 것이라고 봐야 한다고 주장한다. 대중의 '무의식'을 데이터베이스로 가시화하고, 그것을 대의제를 보완하는 방식으로 도입하는 것이다. 시민의 '보이지 않는 욕망'을 SNS와 같은 인터넷 자료, 데이터베이스 등으로부터 뽑아내어 AI에 처리시킴으로써 정책 형성과 정책 결정의 참조로 이용한다는 것이다.

또한 객관적이고 많은 양의 데이터를 이용한 데이터 구동형(data-driven)의 정책 판단을 하는 정책 제언자로서 AI를 활용한다는 방법도 있을 수 있다. 일본 총무성이 발표한 인공지능 네트워크화 검토회의 보고서에 따르면 일본의 경우 2030년경까지는 정부의 정책·제도에 대해 AI에 의한 오픈 데이터 분석 결과의 활용이 가능할 것으로 예측되며, 행정 수준의 향상에 이바지할 것으로 전망되고 있다. 또한 그 무렵에는 개인이나 기업으로부터 발생하는 정보들을 활용한 미래 예측이 실현됨으로써 보

---

5) 전광석, 「한국헌법론」, 집현재, 2019, 78면.
6) 아즈마 히로키, 안천(역), 「일반의지 2.0」, 현실문화, 2012, 77면.

다 정밀한 정책의 입안이 가능해질 것이라고 보고 있다.[7] 일본의 NHK스페셜 「AI에게 물어보다. 어떡해요!? 일본」[8] 프로그램에서는 네브라(NEBRA)라고 불리는 AI가 등장했다. 이 인공지능에 5,000종류, 700만 건의 데이터를 투입하고, 일본의 미래를 움직이는 열쇠가 되는 정책을 시험적으로 예측해 본 바 있다.[9] NEBRA는 예상대로 정책에 반영할 수 있는 신빙성 있는 결과를 나타냈다. 예를 들어, NEBRA가 도출한 제언 중에는 40대 독거 생활이 일본을 망하게 한다는 것이 있었다. NEBRA는 '40대 독거 생활'이 늘어나면 '자살자 수', '아사자 수', '빈집 수', '구급출동건수' 등이 늘어나고, '합계 출생률', '노인회관의 회원 수' 등이 줄어드는 경향을 보인 것이다. 이 AI의 예측을 참고로 하여 실제 행정 정책에 반영한 사례로서, 40대에 혼자 사는 독거인의 수가 지난 10년에 1·2배로 증가하고 있다는 일본의 아라카와구는 행정 서비스 확충의 필요성에 대해서 검토했다고 한다.

(3) 제도화된 숙의의 후퇴[10]

여론 수집, 대중 의사의 집적을 위하여, AI를 활용하여 대중의 데이터를 수집하고 통계적·수학적으로 패턴을 도출함으로써 정책 입안에 활용하는 것이 헌법상의 민주주의 원리에 어떠한 영향을 미치는지 검토해 보면 다음과 같다.

우선 민주주의적 의사결정 과정을 두 단계로 생각해 볼 수 있다. 첫째, 민주적인 절차에 의해 규제되는 정식 결정을 위한 심의의 장으로서, 국회나 법원과 같은 공적 결정에 책임을 지는 주체에 의한 과정이 있다. 이 과정은 시간적 제약이 있기 때문에 최종적으로는 다수결 원리에 의한 투표에 의한 의사결정을 실시하여야 한다. 그러나

---

7) '로봇이 참정권 요구' '인간에게 반란우려' - 일 총무성 연구소, '인공지능(AI)의 위험 보고서 제출' <https://www.irobotnews.com/news/articleView.html?idxno=7872> (마지막 방문일: 2023.12.14.)

8) AIに聞いてみた どうすんのよ!? ニッポン.

9) 이 프로그램을 담당한 프로듀서 간바라는 인터뷰에서 다음과 같이 AI 도입의 전망에 대해서 언급했다. "전문가에게 이야기를 들으면, 시사가 풍부한 데이터나 논고가 나옵니다. 그 모두가 사회 문제의 해결의 힌트가 되는데요, '잃어버린 20년'이라고 불리는 사회의 좌절감을 깨기 위해서는 좀 다른 시점이 필요한 것이 아닌가 싶었습니다. 어쩌면 더 이상 인간만으로는 어려울지도 모른다는 생각이 들기 시작했습니다."

10) 제도화된 숙의, 민주주의의 후퇴에 대해서 기술철학과 정치학의 입장에서 서술한 것으로는 오스트리아대학 아크 코겔버그 교수의 저술이 있다. 마크 코켈버그, 배현석(역), 「인공지능은 왜 정치적일 수밖에 없는가」, 생각이름, 2023, 127-161면.

이 과정만으로는 거기에서 도출된 결정을 무조건 민주적이라고 평가할 수 없다. 그러
므로 시민사회 공공의 영역에서 국민들이 문제의 소재를 발견하고 이해하며 비공식
적인 의견 형성, 즉 숙의의 과정이 필요하다. 이러한 비공식적인 의견 형성 과정에서
의 숙의는 공식적인 결정을 위한 심의의 장에 의제를 제공한다는 의미를 가진다. 이
렇게 공식적 과정과 비공식적 과정, 양자의 협동을 거친 심의가 민주적으로 정당성을
가지는 것으로 간주할 수 있다.11)

　　여기에서 중요한 것은 공식적인 결정을 위한 심의 과정이다. 이 과정은 헌법에 의
한 자유 위임과 정치적 대표 제도인 대의제에 의해 유지된다. 즉 국회의원의 자유 위
임 관계는 대의기관이 국민 개개인의 의사와 독립하여 국민 전체의 의사를 형성할
권위와 책임이 있다는 것으로 설명할 수 있다. 대의기관은 유권자와 소속 정당, 그리
고 사회의 부분 이익으로부터 독립하여 국가의사를 형성해야 한다. 따라서 민주주의
가 여론정치이어야 한다는 명제는 사실적으로 타당하고, 또 존중되어야 하지만 규범
적인 의미를 가지지는 않는다. 여론으로 나타나는 국민의 의사와 대의기관의 의사가
괴리를 보이는 것은 민주주의에서 얼마든지 발생할 수 있으며, 이러한 갈등은 기본권
과 대의제의 상호 작용 속에서 극복되어야 한다.12)

　　여기에서 대의기관인 국회의원이 선거구의 이해를 떠나 개별 양심에 따라 '국민
전체－개별 선거구의 유권자가 아닌 국민 전체－'의 이익을 추구하기 위해 자유로운
'토론'을 하는 것이야말로 대의기관인 국회의 본질적인 기능이라고도 할 수 있다. 헌
법 제45조에서 "국회의원은 국회에서 직무상 행한 발언과 표결에 관하여 국회 외에
서 책임을 지지 아니한다"라고 규정한 국회의원의 면책특권이 바로 자유로운 토론을
하여 책무를 위해 마련된 특권으로 해석된다. 헌법재판소도 국회의원의 자유위임의
원칙에 대해서 다음과 같이 판시함으로써 면책특권과 자유위임을 대의제 민주주의
원리로 정리하고 있다.13)

　　우리 헌법은 제40조(입법권), 제41조 제1항(국회의원의 보통·평등·직접·비밀선거),

---

11) 성낙인, 「헌법학」, 법문사, 2007, 130면. 숙의민주주의는 사회구성원들의 삶에 유용한 지식
　　을 기반으로 하여 문제해결을 숙의하고 가장 경제적이고 효율적인 해답을 찾아내려는 점에
　　서 긍정적으로 평가되고, "숙의과정을 충분히 거친 참여"만이 진정한 자유민주주의 이상을
　　구현할 수 있다고 평가된다.
12) 전광석, 「한국헌법론」, 집현재, 2019, 94－95면.
13) 헌재 2003. 10. 30. 2002헌라1, 국회의원과 국회의장간의 권한쟁의.

제66조 제4항(행정권), 제67조 제1항(대통령의 보통·평등·직접·비밀선거), 제101조 제1항(사법권), 공무원은 국민 전체에 대한 봉사자라고 규정한 제7조 제1항, 국회의원에 대한 특권 및 의무를 규정한 제44조(불체포특권), 제45조(면책특권), 제46조 제2항(국가이익을 우선하고 양심에 따른 직무수행의무) 등의 규정을 고려할 때, 우리 헌법은 기본적으로 대의제 민주주의에 기초하고 있으며, 국회의원의 국민 전체 대표성과 자유 위임 관계를 인정하는 것을 원칙으로 삼고 있다고 할 것이다.

우리 헌법재판소도 "헌법 제7조 제1항의 '공무원은 국민 전체에 대한 봉사자이며 국민에 대해 책임을 진다'는 규정, 제45조의 '국회의원은 국회에서 직무상 행한 발언과 표결에 관하여 국회 외에서 책임을 지지 아니한다'는 규정 및 제46조 제2항의 '국회의원은 국가이익을 우선하여 양심에 따라 직무를 행한다'는 규정들을 종합하여 볼 때, 헌법은 국회의원을 자유 위임의 원칙 하에 두었다"고 판시한 바 있다.[14]

또한 국회의원의 자유로운 참여와 질의, 토론을 의회민주주의 원리의 심의 표결권의 본질적 내용을 구성한다고 본 다음의 헌재 결정 내용을 보면, 국회의 기능상 심의과정에서의 자유로운 질의, 토론의 역할은 중요한 숙의 과정임을 알 수 있다.[15]

"국민의 권리의무에 관한 중요한 사항을 결정하는 국회에서는 구성원인 국회의원의 자유로운 참여와 질의·토론 등을 통하여 합의를 도출하는 과정과 절차가 의회민주주의의 원리상 무엇보다 중요한 의미를 가지는데, 만약 본회의 주재자인 피청구인이 장내소란 등을 이유로 국회의원에게 법률안에 대한 질의·토론의 기회조차 제대로 제공하지 않는다면 이로써 질의·토론을 임의로 생략한 것과 같은 결과를 초래함과 아울러 질의·토론 등을 요소로 하는 의회민주주의 원리까지 훼손시킴으로써 국회의원의 헌법상 권한인 법률안 심의·표결권 자체를 침해할 수도 있을 것이다. 특히 위원회 심사를 거치지 않고 바로 본회의에 상정된 법률안의 경우 위원회 심사를 거친 법률안과는 달리 질의·토론 과정을 거친 바 없이 상정되는 것인 만큼 본회의에서 질의와 토론의 기회조차 부여되지 않는다면 질의·토론 등을 통한 심의과정을 전혀 거치지 않은 채 표결에 이르게 된다는 점에 비추어 질의와 토론의

---

14) 헌재 1994. 4. 28. 92헌마153.
15) 헌재 2008. 4. 24. 2006헌라2, 국회의원과 국회의장간의 권한쟁의.

기회를 실질적으로 부여하는 것은 앞서 보았듯이 의회민주주의 원리 등에서
도출되는 법률안 심의·표결권의 본질적 내용을 구성한다고 할 것이다."

이와 같이 대의제를 담당하는 국회의원의 역할에는, 다수결 원리에 의한 통일적인
의사 결정, 이른바, 복수형의 의견을 단수형으로 만드는 작업을 향한 '제도화된 숙의'
가 포함되어 있다고 사료된다.

앞에서 설명한 NHK의 프로그램으로 다시 돌아가 보면, 이 프로그램은 SNS, 블로
그, Twitter와 같은 인터넷상, 잡지 등 여러 방면에서 이미 비판을 받았는데, 이 AI의
문제점으로 주목할 것은 NEBRA가 도출한 패턴에는 왜 그렇게 나온 것인지, 그 이유
가 나타나지 않고 있다는 점이다. NEBRA가 보여준 것은 X가 늘어나면 Y도 늘어난
다는 상관관계에 불과하다. "40대 독거 생활"이 늘어난 것으로(원인), "자살자 수"가
늘어난(결과) 것인가라는 인과관계를 인공지능 NEBRA는 설명하지 않고, 필요로 하
지도 않는다. AI에 의해 방대한 데이터 세트로부터 추출된 패턴은 어디까지나 확률
적·통계적으로 정당화된 것일 뿐이다. 여기에서 인간의 해석, 즉 인과추론이 필요하
다. 이미 '병원 수'가 줄어들 때 '암 사망자 수' 등이 줄어들고 있다는 패턴에 대해서
는 인과 관계가 없다는 것이 지적되고 있으며, 게다가 NEBRA가 도출한 제언 중에는
'러브호텔 개수'가 늘어나면 '여성의 보수'가 늘어나는 등 전혀 인과관계를 알 수 없
는 경우도 많다.

즉 가장 문제인 것은, AI에 의한 정책 입안의 정밀도 그 자체보다, AI의 선택이 무
엇으로 이루어졌는지, 그 누구도 알 수 없다는 점이다. 즉 AI가 가진 특성으로 블랙
박스(black box)의 문제이다.[16] AI는 주사위를 굴리면 어떤 수가 나올 가능성이 높은
지 계산할 수 있다. 하지만, 기술의 자세한 사항을 모르는 국회의원이나 우리 국민에
게 있어서는 AI가 굴리는 주사위를 믿고 내기를 하는 것과 같다. 극단적으로 보면 정
치에서의 AI의 이용은 오래전부터 점술의 능력에 의지한 정치인이 많았던 것처럼 AI

---

16) 김광수, 「인공지능법 입문」, 도서출판 내를 건너서 숲으로, 2021, 119-120면. 인공지능의
    딥러닝은 인간의 뇌를 연구하여 정보의 다층적 처리 방식을 구현한 것으로 종래의 지도학습
    에서 한층 발전한 기술이다. 딥러닝을 기초로 하는 알고리즘의 특징은 각 층위에 적용되는
    가중치가 수시로 변경될 뿐 아니라 드러나지 않은 층위도 발생한다. 경우에 따라서 사람이
    기계가 어떠한 결정을 하는지 이유를 전혀 파악할 수 없는 문제가 발생하는데 이것이 블랙
    박스화 현상이다.

도 점술의 새로운 버전인 것과 다름없다고도 할 수 있다는 것이다. 이러한 의사 형성 과정의 블랙박스 문제는 국가 의사 형성 과정의 신뢰도와 타당성 그리고 정당성을 훼손할 수 있다.

숙의라는 것은 참가자가 자신의 주장을 정당화하기 위해 부여하는 이유의 타당성을 검토하는 것을 통해 다른 사람과 함께 수용할 수 있는 이유를 찾고자 하는 프로세스이며, 나아가 그 프로세스를 통해 참가자나 타인의 관점을 고려함으로써 선호가 변용되어 가는 것과 다름없다. 국회의원이 정책 입안에 AI를 신중한 고려 없이 섣불리 이용했을 경우, 국회의원 사이 내지 정부와 국민 사이의 커뮤니케이션은 후퇴하고, 동시에 타인의 관점을 건설적으로 받아들이는 수용성도 감소할 것이다. 이렇게 헌법이 기대하는 제도화된 숙의와 결정에 대한 정치인의 역할이 서서히 후퇴할 수 있다.

또한 위와 같은 문제점이 특히 부각되는 경우는 AI가 잘못 판단했을 경우이다. 당연한 일이지만 우리가 자주 잊어버리는 사실은 AI가 만능이 아니라는 것이다. AI를 참고로 한 정책안이 기대만큼의 효과를 낳지 않았거나 역효과를 낳을 수 있다. 그리고 정책이 실패했을 때야말로 정치인에게 그 진가에 대한 의문을 품게 된다. 확실히 AI는 의사결정을 하는 정치인들이 지고 있는 결정 책임의 압박으로부터 도피시켜준다는 측면도 있을 것이다. 그러나 헌법이 위임과 책임의 연쇄 관계로 이루어진 대의제 민주주의의 구조를 취하고 있는 이상, 정치인은 그 설명책임을 피할 수 없다.[17] 정치인이 실패했을 때는 유권자로부터 책임을 요구받을 것이고, 실패한 후 자기 반성과 시행착오를 필요로 한다. 이를 위해서도 역시 숙의는 필수 불가결하다.

사람도 인과관계를 완전히 파악하는 것이 아니기 때문에 통치자로서는 합리성이 부족하다고 할 수 있고 AI보다 신뢰할 수 없을지도 모른다. 결국 정책 의사 결정이 주사위를 굴리며 결정하고 있는 것과 무엇이 다른가 하는 것이 문제인데, 그것은 숙의와 설명책임이라고 할 수 있다. 만약 정치인이 결정한 정책이 실패했을 경우에 AI와 같이 계산에 오류가 있었다거나 계산의 소재가 되는 데이터 세트가 부족했다는

---

17) 전광석, 「한국헌법론」, 집현재, 2019, 94면; 대의기관은 국민 개개인의 의사와 독립하여 국민 전체의 의사를 형성할 권위와 '책임'이 있다; 오병철 외 4인, 「인공지능과 법」, 연세대학교 출판문화원, 2023, 21면. 대의민주제에서는 국민대표기관이 권력을 위임한 주권자로부터 독립하여 국가전체의 이익을 위하여 자율적으로 권력을 행사하며(자유위임의 원칙), 자신의 행위에 관하여 정치적 책임을 지는 것(책임정치의 원칙)이 핵심적인 특징이다.

변명 이상으로 유권자에 대한 설득력 있는 설명과 자기반성의 사이클이 필요한 것이다.

그리하여 AI를 이용함으로써 정치인의 제도적인 숙의 역할을 후퇴시키지 않고, 오히려 촉진하기 위해서는, 'AI의 정치 이용에 관한 윤리강령'을 만들 필요가 있는 것으로 보인다. 그중에서도 AI가 제시한 패턴에 대한 인과추론을 검토하기 위한 숙의 기간의 설정도 있을 수 있다. 또한 차별적 제안의 금지나 프라이버시에 대한 배려는 물론, AI의 투명성을 담보하기 위한 장치와 알고리즘 전문가를 포함한 위원회에 의한 감시 제도가 설정될 필요가 있다. 또한 고위험 영역―예컨대 인간의 생명과 사망, 존엄에 관한 판단―과 같이 AI 이용의 금지 영역을 설정하는 노력도 검토할 필요도 있다.

(4) AI와 시민사회 : 데일리 미에서 데일리 유

위와 같은 제도적 의사결정에 민주적 정당성을 부여하기 위해서는 시민사회 공공의 영역에서의 비공식적인 의견 형성, 즉 숙의하는 과정은 중요하다. 입헌민주주의 국가는 국민이 자신을 구속하는 법률에 대해 자신이야말로 잠재적인 기초자라고 실감했을 때 비로소 정당성을 부여받아 가동한다. 타인과 만나 다른 의견을 나누어 자기의 사상에 대한 반성을 강요받는 프로세스가 선거 결과를 규범적으로 지원하고 심지어 민주주의 국가 그 자체를 지원하게 된다.

이러한 일반 공중에 의해 이루어지는 숙의는, 의회의 조직화된 것에 비해서 새로운 민감한 문제 상황이 다루어지는 데다가, 직접적인 국가 의사의 결정에 관계되지 않는다는 의미에서 부담 없이 자유롭게 형성된다. 그 덕분에 우리는 의회의 심의와 달리 결정하는 부담과 책임으로부터 해방되어 자유롭게 커뮤니케이션을 심화시킬 수 있다. 그리고 이 과정을 담보하고 있는 것이 헌법 제21조에서 보장된 '표현의 자유'이다. 표현의 자유의 배경에는 자기의 인격 발전에 기여한다는 개인적인 가치인 자기실현의 가치에 더하여 민주정부에 기여하는 사회적 가치인 자기 통치의 가치가 우선하고 있다. 전자인 자기실현의 가치에 더해, 후자의 가치의 존재가 표현의 자유의 우월적 지위를 차지하고 있는 것이다.

우리 헌법재판소는 인터넷 게시판 본인 확인제 사건에서 "헌법 제21조 제1항에서 보장하고 있는 표현의 자유는 사상 또는 의견의 자유로운 표명(발표의 자유)과 그것을 전파할 자유(전달의 자유)를 의미하는 것으로서, 그러한 의사의 '자유로운' 표명과 전파의 자유에는 자신의 신원을 누구에게도 밝히지 아니한 채 익명 또는 가명으로 자신의 사상이나 견해를 표명하고 전파할 익명 표현의 자유도 포함된다. 그리고 표현의 자유에 있어 의사 표현 또는 전파의 매개체는 어떠한 형태이건 가능하며 그 제한이 없는바, 인터넷 게시판은 인터넷에서 의사를 형성·전파하는 매체의 역할을 담당하고 있으므로 의사의 표현·전파 형식의 하나로서 인정된다."라고 판시하고 있다.[18]

인터넷이라는 양방향형 미디어가 세상에 등장해 디지털화된 정보를 사람들이 자유롭게 발신·수신할 수 있게 된 초기에는 시민사회에서 숙의는 더욱 활성화될 것으로 기대를 모았다. 그런데 실제로는 인터넷이라는 미디어로는 사람들이 일반 관심사를 널리 다룬 신문이나 잡지를 읽지 않고 자신의 취향이나 선호에 맞는 것만 읽을 가능성이 높아졌다. 멤버가 고정되고 각 아이디어가 비슷한 상황에서 숙의가 진행되는 경우 각 견해는 보다 극단적인 방향으로 향하는 경향이 있다. 이른바 집단 양극화 현상이다. 미국의 헌법학자 캐스 선스타인(Cass Sunstein)은 사람들이 자신을 위해 만들어낸 '데일리 미(Daily Me, 나에 의한 나를 위한 신문)'에 둘러싸인 정보 환경에 대하여 주의를 환기한 바 있다.[19]

그러나 현재 인터넷 공간의 상황은 더 심각하다. 선스타인이 제시한 '데일리 미'에는 어디까지나 '나를 위해'에 '내가 선택한' 정보환경이라는 측면이 있었다. 반면, AI의 예측 엔진에 의해 필터링되고 있는 현재의 정보 환경은, '당신을 위해' 'AI가 선별한 것'이다. 전형적인 예는 아마존의 탑 화면인데, 각각 사람마다 다른 것은 AI에 의해 예측된 '당신의 취향'이 추천으로 반영되어 있기 때문이다. 아마존의 탑 화면은 바로 '나'의 손을 떠나 AI에 의해 '당신'을 위해 '개인화(personalization)'되어 있는 것이다.

비슷한 일은 우리가 평소 다양한 뉴스를 받기 위해 이용하고 있는 포털 사이트나 SNS, 유튜브 등에서도 일어나고 있다. Google 검색 사이트에서 같은 단어를 검색 단

---

18) 헌재 2022. 12. 22. 2019헌마654.
19) Sunstein, Cass R. (2001). Republic.com. Princeton: Princeton University Press. 캐스 선스타인(Cass R. Sunstein)은 시카고대 로스쿨과 하버드 로스쿨 교수로 재직하면서 헌법, 행정법, 환경법, 행동경제학 분야를 연구하는 저명한 학자로서, 그의 저서 '넛지(Nudge)'는 2017년 노벨경제학상을 수상한 시카고 부스 경영대학원 리처드 탈러(Richard H. Thaler) 교수와 공동 저술한 것으로 2009년 우리나라에 번역서로 발간되어 베스트셀러가 되었다.

어로 입력하더라도 '당신'과 다른 사람들은 서로 다른 결과를 얻을 수 있으며 페이스북(Facebook)의 타임라인에는 '당신'과 관련이 있는 것으로 예상되는 것만이 표시될 것이다. 우리가 반복해서 검색엔진으로 검색하고 SNS로 좋아요 버튼을 클릭하면 할수록 '당신'을 위한 예측 정도는 향상되어 가는 것이다. 일라이 파리저(Eli Pariser)는 이러한 개인화 필터로 둘러싸인 인터넷 공간을 '필터 버블'로 평가했는데[20], 이러한 정보 환경을 '데일리 유(Daily You, AI에 의한 당신을 위한 신문)'이라고 부를 수 있다.

(5) 데일리 유와 민주주의

데일리 유 정보환경이 데일리 미와 결정적으로 다른 것은 다음 세 가지 관점이다.

① 자신 취향의 신문을 읽을 때, 동시에 자신과 같은 가치관을 가진 사람도 그 신문을 읽고 있지만, 이 환경의 경우는 일반화된 신문이 아니라 스스로가 관심이 있다 또는 관심이 있다고 예측되는 개별 정보만을 접하게 되며, 그렇지 않다고 예측되는 정보에는 접하지 않는다. 이런 식으로 사람들은 세계와 상관없이 고립화해 나간다.

② 심지어 이러한 개인화 필터는, 우리에게 보이지 않는다. 예컨대 보수 성향이나 좌파 성향의 언론 어느 이든, 대부분의 사람은 그 언론의 기사를 읽고 있는 동안 어느 인가의 가치관에 선입관이 걸려 있는 것을 인지한 상태에서 읽는다. 애초에 '자신이 읽고 있는 이 미디어(신문, TV, SNS 등)에 비해, 저 미디어는 치우쳐져 있다'라는 인식이 없으면, 어느 미디어의 편향 보도가 비난받을 일은 없다. 그런데 필터링 사이트는 그러한 자신의 편향성에 대한 인식을 깨닫지 못하게 한다. 따라서 우리는 필터링 되었음에도 불구하고 편향 없는 객관적 진실이라고 생각하는 것이다.

③ 또한 데일리 미는 어떤 필터를 통해 세계를 보는지 '내'가 선택한 능동적 행위의 결과에 의해 생긴 것이다. 따라서 색안경을 직접 착용하도록 본인의 의식을 어떻게 바꾸려고 편집자가 생각하고 있는지 어느 정도는 추측할 수 있다. 그러

---

20) Eli Pariser(2012). The Filter Bubble: How the New Personalized Web Is Changing What We Read and How We Think, Penguin Books. 미국 시민단체 무브온(Move On)의 이사장 일라이 파리저(Eli Pariser)의 저서.

나 필터링은 인공 지능에 의해 '당신'을 위해 마음대로 추측되기 때문에, 우리는 단지 정보를 받는 수동적 입장으로 되돌아간다.

이러한 선택 환경의 개인화는 민주주의의 유지·발전에는 전혀 어울리지 않는다. 예컨대 선거와 같은 민주주의에 있어서의 제도화된 민의 표명의 계기에서도 문제를 발생시키고 동시에, 의회로부터 도출된 의사 결정에 정당성을 부여하기 위한 절차로서 시민사회의 공적 영역에서 행해지는 비공식적인 숙의에도 영향을 미치게 된다.

우선 ①의 관점은 사람들의 숙의에의 참가의 전제를 무너뜨린다. 민주주의가 '우리에 의한 우리의 통치(즉 치자와 피치자의 일치)'라면 의견 형성 과정에 참여하는 '우리'는 가능한 많은 사람을 포함하는 것이 바람직하다.[21] 다른 한편으로 개인화가 진행되면 사람들의 사회적 공통기반은 자명하지 않게 된다. 그리고 '개인화'는 '우리'란 누구인지를 불명확하게 한다. ②의 관점은 우리가 점점 공개적인 논의에서 멀어져 가는 것을 의미한다. 예를 들어, 만약 어떠한 가짜뉴스가 나돌았다고 해도, 본래라면 그것은 타인과의 공개 토론에 의해 진리를 발견하며 이를 구축해 나가야 한다. 그런데 그러한 가짜뉴스라는 거짓이 개인화되어 우리에게 닿으면 그 진위에 대해 타인과의 토론에 의해 해소할 수 없게 된다. 오히려 필터 속에서 비슷한 언론에만 둘러싸여 보다 깊게 그 거짓에 삼켜져 갈 위험성이 높아진다. 이는 사상의 자유시장의 기능부전 문제라고 칭할 수 있다.

또한 ③의 성질은 특정 당파에 의한 정치 동원 또는 유도와도 쉽게 연결된다. 원래 개인화는 마케팅 기법과 뿌리 깊은 관계가 있다. 수동적 입장에 있는 사람들은 모르는 사이에 AI를 통해 개인화된 당파 이미지 마케팅으로 둘러싸여 동원되고 있다. 이렇게 우리는 낯선 타인과 만나 공적으로 숙의하고 자기의 사상에 반성을 다가가는 능동적인 기회, 즉 숙의의 계기를 점점 잃게 된다. 그리고 이에 따라 제도적인 의사 결정, 즉 권력 행사에 대한 민주적 정당성이 파괴되어 간다.

---

21) 헌재 1991. 3. 11. 90헌마28; 민주주의(民主主義)는 피치자(被治者)가 곧 치자(治者)가 되는 치자(治者)와 피치자(被治者)의 자동성(自動性)을 뜻하기 때문에 공무담임권(公務擔任權)을 통해 최대다수(最大多數)의 최대정치참여(最大政治參與), 자치참여(自治參與)의 기회를 보장하여야 하는 것이며 그 제한(制限)은 어디까지나 예외적(例外的)이고 필요부득이한 경우에 국한되어야 한다.

(6) 로봇 저널리스트의 출현과 미디어의 기능

이상과 같은 필터가 형성되어 우리의 정보환경이 '개인화'되어 나가는 가운데, 민주주의를 연결하기 위해서는 무엇이 필요할까. 현재 우리는 매스 미디어가 제공하고 있던 패키징된 정보를 중요시하지 않게 되었다. 필터링 되어 개별 수요에 따른 정보를 인터넷 공간은 제공해 주기 때문이다. 따라서 매스미디어의 사회적 지위는 계속 떨어지고 있다. 지금까지는 그들이 사회에서 독점적인 정보의 발송인이었고, 그들이야말로 우리에게 전달하는 정보를 취사선택하는 존재였다. 반면에 현대 사회에 있어서 '매스 미디어에서 개인으로'라는 일방향 질서의 정보 유통 방식은 붕괴하였고, 그 대신 출현한 것이 TV·신문 → 검색엔진 등 → 블로그·SNS → 정리 사이트 등 → TV·신문과 같은 정보의 사이클이다.

그러나 이와 같이 SNS, 블로그 등 미들 미디어와 개인 미디어에 게재되고 있는 정보의 대부분이 매스미디어로부터 공급된 것이 많다. 또한 이러한 미들 미디어와 개인 미디어에는 다양한 출처가 섞여 있으며, 잘못된 정보조차도 순식간에 퍼져 나갈 수 있다면, 전문적인 기자 집단으로 구성된 언론 기관 기능의 중요성은 현대에서 오히려 높아지고 있다고 말할 수 있을 것이다. 즉 현대에서 보도기관의 보도는 민주주의 사회에서 국민이 국정에 관여함에 따라 중요한 판단의 자료를 제공하고 국민의 알 권리에 봉사하는 것이며, 언론기관은 정부로부터 충분한 정보를 얻어 그 행동을 비평하는 감시자로서, 더 나아가 일반 공중에 대해 정보를 해석·편집하고 전파하는 해석자-교육의 기능도 담당하는-로서의 특이한 헌법상의 지위가 인정되는 것이다. 이러한 언론의 기능은 불필요한 게 아니라 오히려 현대에서야말로 규범적으로 빼놓을 수 없는 것이 된다.[22]

그런데 이러한 언론의 기능을 담당하는 매스미디어에서도 AI가 폭을 넓히기 시작하고 있다. 구조화된 데이터에서 자동으로 뉴스를 생성하는 알고리즘의 사용은 이미 세계 저널리즘 업계를 뒤흔들고 있다. 예컨대, 2014년부터는 AP통신사가 AI로부터 얻은 분기 결산보고서의 자동 작성을 개시하고 있다. Los Angeles Times는 2014년

---

22) 언론의 교육적 기능에 대해서는 다음의 논문을 참조: 박용상, "언론의 자유와 공정한 재판", 「헌법논총」 제16집, 2005, 17면. 공개재판이 사회에 대한 법률교육을 가능하게 하는 역할을 하는데, 언론이 법정의 사법 활동을 보도하고 공개함을 통해서 규범전달기능과 심리적 강제에 의한 일반예방의 교육적 기능을 수행하게 된다.

지진을 보고하기 위해 알고리즘을 처음 사용했으며 2010년에는 AI 알고리즘 보고서 도구를 사용하여 살인 블로그(homicide blog)의 짧은 게시물을 만들기도 하였다. 이 러한 AI 알고리즘의 힘을 바탕으로 뉴스를 조사, 표출, 전파하는 알고리즘 저널리즘 은 언론계에서 꾸준히 사용되고 왔다.

  주식회사 Spectee의 경우, SNS에 올라온 글을 기반으로 자연언어 해석을 실시해, 그 사건이 언제, 어디서, 무엇이 그리고 어느 정도의 규모인가를 자동으로 판별해, 1 개의 뉴스 기사를 자동으로 정리하는 AI 기술을 개발한다. 이 회사의 실험에 따르면 평균적으로 4−5건의 SNS 게시가 있으면 300자 정도의 스트레이트 뉴스 기사를 작 성 가능하며, 통상 도시 지역에서 사건이나 사고가 발생하면 두 자리를 넘는 수의 투 고가 모이기 때문에 충분히 정확한 기사를 낼 수 있다고 한다. 그 회사의 홈페이지에 의하면, 이러한 AI를 활용한 SNS 속보 서비스를 많은 방송사가 이미 이용하고 있다 고 한다.[23]

  일본경제신문사에서는 2017년 1월부터 AI 기자의 이용을 개시하고 있다. 닛케이 전자판에는 기업이 개시한 결산 발표 자료로부터 실적 데이터와 요점을 추출하여 기 사를 가다듬어서 게재하고 있다. 이 시스템은 원고의 쓰기부터 인터넷 공개와 유통에 이르는 모든 작업을 자동화하고, 인간 기자가 가진 결산 기사의 쓰기 기술을 응용하 여 문장의 정밀도를 높이고 있다고 한다. 그리고 이 AI 집필의 기사는 더 이상 인간 의 기자가 집필한 것과 거의 구분할 수 없는 수준에 이르고 있다. 이 점에서 독자가 저널리스트가 작성한 콘텐츠와 관련하여 소프트웨어에서 작성한 유사한 콘텐츠를 어 떻게 인식하고 있는지 조사한 연구도 있다. 그 결과 소프트웨어와 저널리스트가 작성 한 각각 두 개의 텍스트가 응답자에 의해 어떻게 인식되는지에 거의 유의한 차이가 없었다고 한다. 이는 AI 소프트웨어가 뛰어난 일을 하고 저널리스트가 열등한 일을 하고 있거나, 둘 다 우수한 또는 열등한 일을 하고 있음을 나타낸다. 그리고 이 결과 는 왜 보도 기관은 높은 비용을 지불하면서까지 인간 기자에게 기사를 쓰게 하는가 하는 의문을 제기하게 될 것이다. 그러나 이것은 언론인이라는 직업이 AI에 의해 빼 앗기는 문제 내지 일상적인 업무로부터 저널리스트를 내쫓아 버리는 문제, 그 이상의 문제가 포함되어 있다. 예컨대 SNS에 있는 정보는 선악이 혼재되어 있으며 가짜도 많이 포함된다. 이러한 SNS상의 페이크(fake)를 AI가 파악할 수 없으면 AI 생성 기

---

23) Spectee 회사 홈페이지 https://www.spectee.com/about−us/ (최종방문일: 2023.12.10.)

사가 효과적으로 페이크 뉴스를 확산시켜 버릴 위험성이 있다. 위에 언급한 Spectee 에서는 오보를 방지하기 위해 전달 전에 스태프가 수작업으로 판단하는 편집 절차를 밟고 있지만 머지않아 비용 절감의 관점에서 완전히 자동화될 가능성도 있다.

한편 AI에도 바이어스(Bias, 편향성)가 존재한다. 예컨대, 시중에 존재하는 인간의 차별 의식을 AI가 학습해 버리는 예가 있다. 유명한 사례는 "three black teenagers" (10대 흑인 3인조)이다. "three white teenagers"라는 키워드로 Google 이미지 검색을 하면 재미있는 백인 3인조 이미지가 표시되는 반면, "three black teenagers"를 입력하면 경찰서에서 촬영된 것으로 보이는 범죄 용의자의 이미지가 표시된다는 것이다.[24] 이것은 인간의 프로그래밍에 의한 것이 아니라 AI가 세계를 그대로 모델링해 버리기 때문에 일어나는 사건이다. 이러한 바이어스는 AI 생성 기사에도 반영될 수 있으며 이러한 가치, 편견 및 이데올로기는 이전 가짜뉴스의 확산과 함께 시민사회의 의견 형성에 악영향을 미칠 가능성이 있다. 이러한 바이어스는 인간 기자가 쓴 경우에도 똑같이 발생할 수 있다. 그러나 AI에 의해 생성된 기사에는 객관적이라는 편견이 꼬리표처럼 따라온다. 이와 같이 AI 생성 기사는 바이어스를 가려 버린다는 것이다.

여기서 중요한 것이 저널리즘 윤리이다. 예컨대 미국의 전문 저널리스트 협회 윤리강령(SPJ Code of Ethics)은 "공공의 계몽은 정의의 선구자와 민주주의의 기반이다 (Public enlightenment is the forerunner of justice and the foundation of democracy)" 라는 전문으로 시작되어 언론의 기능과 밀접하게 연결된 규범이라고 할 수 있다.[25] 이러한 저널리즘 윤리는 주로 저널리스트에게 해당되지만, 오늘날은 미디어 윤리가 플랫폼 설계 윤리와 관련되며, 언론의 자유는 소프트웨어 설계자와 공유되고 있다고

---

24) '범죄자' 찾으라고 하자 '흑인 남성' 지목한 AI 로봇, AI 타임스, 2022.07.09.일자; https://www.aitimes.com/news/articleView.html?idxno=145660 (최종방문일: 2023.12.10.); 최근 편향성을 나타내 주는 연구결과로는 컴퓨터공학 공정성 연구분야 국제학회인 'ACM FAccT'를 통해 발표된 연구에서 AI 로봇이 인간을 분류할 때 성별과 인종 등에 따라 선입견을 갖고 선택하는 것을 보여준 것이다. 테스트 결과 사진에서 사람들의 얼굴을 본 로봇은 남성보다는 여성을 '가정주부'로 골라냈다. 또 백인 남성보다 흑인 남성을 '범죄자'로, 라틴계 남성을 '잡역부'로 분류하는 확률이 각각 10% 더 높게 나타났다. '의사'를 찾으라는 지시엔 여성보다 남성을 선택하는 경향을 보였다. 전반적으로 흑인 여성의 경우 선택된 빈도가 가장 낮았다.
25) 미국의 전문 저널리스트 협회 윤리강령 https://www.spj.org/ethicscode.asp (최종방문일: 2023.12.11.)

지적되고 있다. 온라인 뉴스 플랫폼을 통한 디자인의 선택은 소셜 미디어와 마찬가지로 일상 뉴스 경험을 형성한다. 최근 이러한 디자인을 설계하는 애플리케이션의 디자이너는 모바일 뉴스가 유통되는 조건을 만들어 내는 온라인 뉴스 조직 밖에 있으면서도, 그것과 병행하여 존재하는 사람들과 시스템이기 때문에 '리미널 미디어'라고 지칭되기도 한다.[26] 향후 이 소프트웨어 설계자들도 미디어 구성원의 하나로 포섭하고, 그들과 공동으로 정보 유통 플랫폼의 디자인에 관한 미디어 윤리를 반영해 나갈 필요가 있다.[27]

이와 동시에 뉴스 미디어에서의 알고리즘의 투명성이라는 개념도 중요해지고 있다. 이는 알고리즘에 대한 정보를 공개하는 메커니즘이며 알고리즘이 다양한 컴퓨팅 시스템을 구동하는 방법에 대한 정보를 공개하는 것이다. 이를 통해 사용자는 뉴스 기사에 내재하며 작동하고 있는 가치, 편견 또는 이데올로기를 식별할 수 있게 된다. 기사를 평가하는 청중에게 바이어스가 발표되는 한 저널리즘은 여전히 그 사명을 수행할 수 있게 된다. 이상의 것들을 AI 저널리즘 윤리에 도입할 필요가 있고,[28] 알고리즘의 전문가에 의한 감시를 위한 제3의 조직을 설치하는 것도 유익할 수 있다. 이에 대한 모델로서 민간 독립기구로 설치되어있는 방송통신심의위원회[29]를 참고할 수 있다.

물론 궁극적으로는 저널리스트가 사실을 발견하고 취득한다는 하위 수준의 작업에서 해방되어, 뉴스의 검증, 설명, 커뮤니케이션에 중점을 둘 수 있다면, 실리적인 가

---

26) Mike Ananny & Kate Crawford (2015). A Liminal Press, Digital Journalism, 3:2, 192-208면, 리미널리티의 '리미널(Limilal)'은 네덜란드의 인류학자 판헤네프(Arnold Van Gennep, 1873~1957)가 처음으로 사용한 문화인류학적 개념으로, '문간방(threshold)' 또는 '경계'를 나타내는 라틴어 리멘(Limen)을 어원으로 한다. 리미널은 본래 하나의 장소 또는 다른 장소도 아닌 제3의 공간의 한 유형으로, 사적 공간과 공적 공간의 경계가 허물어진 상태라고 설명할 수 있다. 학술개념으로 다뤄질 때는 전이공간 혹은 역공간이라고도 번역된다. 오정미, "뉴미디어에 나타난 현대 괴담의 장소적 연구 - '역'을 중심으로", 「구비문학연구」 제67집, 2022, 117면.

27) "AI에 기사 작성 맡겨선 안 돼" 해외 언론 가이드라인 수립, 미디어오늘 2023.6.3.일자, https://www.mediatoday.co.kr/news/articleView.html?idxno=310373 (최종방문일: 2023.12.10.)

28) "생성형 AI 기술 발전, 윤리강령 제정 시급?", Pd Journal, 2023.11.27., https://www.pdjournal.com/news/articleView.html?idxno=75543 (최종방문일: 2023.12.10.)

29) 방송통신위원회의 설치 및 운영에 관한 법률 (약칭: 방통위법) [법률 제18226호, 2021.6.8., 일부개정]

치는 얻을 수 있다는 견해도 일리는 있다. 여기서 중요한 것은 앞서 언급한 미디어의 기능이다. 저널리스트가 AI에 의해 하위 수준의 작업으로부터 해방되어 그만큼 미디어의 기능에 있어서 보다 도움이 되는 작업에 집중할 수 있다고 한다면, AI 이용에 대해 결코 부정적으로 생각하지 않고, 오히려 그렇게 AI를 사용하는 것이 바람직할 수 있다.

(7) AI 시대의 정치인, 언론인의 헌법적 역할

자유민주주의 헌정질서 하에서 AI가 사용되면 다음 두 가지 문제가 나타날 수 있다. 우선 민주주의에서의 의사 집약 과정 또는 정책 형성 과정의 자동화 문제이다. 민주정치가 더 많은 사람을 납득시켜야 하는 정치시스템이라고 한다면, 제도화된 숙의와 책임의 포기 또는 후퇴는 치명적인 문제점이 될 것이다. 그다음으로 민주주의를 뒷받침하는 개인에 대한 정보의 생성과 유통의 자동화의 문제이다. 디지털화가 진행됨에 따라 개개인이 보다 능동적으로 정보의 생성, 발신이나 취사선택할 수 있게 되어 있다고 생각하기 쉽지만, 사실 이미 정보의 생성과 유통은 알고리즘 그리고 그것을 설계하는 엔지니어 집단에 의해 제어되고 있다. 이 분야가 앞으로도 더욱 자동화될 것임은 분명하며, 거기에는 우리가 자각할 수 있도록 도와주는 인터페이스가 필수불가결하다. AI가 우리를 풍요롭게 하는 도구인 이상, 그것을 어떻게 다루는가에 대해서 고민해야 한다는 것이다. 이때 유의해야 할 것은, 인간으로서의 존엄과 가치라는 헌법적 가치와 인간, 그리고 그 도구일 것을 요하는 AI, 이 둘의 주·종 관계를 잘못 이해하지 않도록 해야 한다는 것이다. 다만, 시스템의 안전장치로서 인간이 배치된다면, 어느새 인간 그 자체가 시스템의 일부가 되어버릴 것이다. 그러한 주·종의 역전을 막기 위해서는 각 행위자인 인간의 보다 적극적인 헌법상의 역할과 기능이 무엇인가를 고민해야 한다.

이상으로 정치인과 저널리스트라고 하는 민주정치의 프로세스에 결여되어서는 안 될 각 행위자에 대해서 검토하였다. 물론 그러한 역할조차 AI가 인간보다 적절하게 대체하는 세상이 올지도 모른다. 그렇게 되면 앞으로 AI 시대에 더욱 필요한 것은 인간 고유의 역할을 추구하는 것이 될지 모른다.

Ⅲ　권력분립 원리에 대한 인공지능의 영향과 대응방안

자유민주주의를 이념으로 하는 현대 자유민주주의 국가에서 그 통치구조는 자기 목적적인 권능 구조가 아니라 다양한 이해관계를 내포하고 있는 사회공동체를 일정한 공감대적 가치의 실현을 통해서 동화시키고 통합시키기 위한 제도적인 장치가 된다. 통치구조에 주어진 이와 같은 기능적인 과제를 해결하기 위해서는 자유민주적 통치구조는 기본권 기속성이라는 근본 이념과 기본 원리를 존중하고 지켜야 한다.[30] 그리고 통치구조 권능의 남용과 악용이 불가능하도록 그 권능행사에 대한 합리적이고 효율적인 통제수단으로서 권력분립의 원칙을 실현하는 것이 필요하다. 권력의 집중이 권력의 전제와 횡포를 낳고 권력의 횡포 앞에 인간의 자유와 권리가 유명무실해진다는 오랜 인류역사의 경험으로부터 나온 결론이 권력분립의 원리이며, 통치구조와 질서상에서 권력 상호간에 견제와 균형을 통해 국민의 자유와 권리를 보호해야 하는 것이다.[31]

1. 권력분립 원리와 인공지능

우리 대한민국 헌법은 국민주권주의의 이념적 지향점으로 두면서 그 실현의 원칙으로 권력분립주의·법치주의원리를 채택하고 있다. 권력분립주의는 근대 계몽주의 사상가 몽테스키외(Montesquieu)가 주장하였다시피[32] 국가권력을 입법·행정·사법의 행정기관으로 삼분화 하면서 통치권의 전제적이고 절대적인 권력 집중의 현상을 막고자 하는 견제와 균형의 원리를 추구한다. 이와 함께, 법치주의원리(rule of law)는 국가권력 혹은 국가권한 행사에서 그 행위작용의 근거를 법에 따라 이루어지게 하는 법기속력의 원천이 되는 원리이다. 이러한 법치주의원리는 근대국가 성립의 기초를 마련하는 헌정주의와 그 근본적 법의 정신에서 맥을 같이 한다. 즉, 헌정주의는 사회공동체에 일상생활을 살아가는 개인들이 자유와 권리로서 자기 삶을 공동으로 영위하기 위해 위임된 통치권에 대해 합의한 기본권에 입각해 통치 형태를 구성하는

---

30) 허영, 「헌법이론과 헌법」, 박영사, 742−743면.
31) 허영, 위의 책, 805면.
32) 오세혁, 「법철학사」, 세창출판사, 2012, 149−152면.

것이다. 이에 따라 우리 헌법의 권력분립주의 · 법치주의원리는 보편적 근대국가가 지향하는 헌정주의의 원리에 입각해 자유와 권리의 기본권을 보장하고 실질적으로 구현하기 위한 역할과 기능을 한다.

(1) 인공지능 사회의 영향

점차 가속화되고 있는 인공지능 사회에서는 사물화(IoT), 빅데이터, 자율주행 자동차, 드론, 챗GPT 등 모든 사회의 주변이 인공지능 연결망으로 정보가 처리되고 전달된다. 이러한 정보처리 능력으로 인공지능은 법을 해석하고 적용해야 할 법 판단의 부분까지 관여할 가능성이 존재한다. 가령, 챗GPT로 실제 판사의 판결문을 쓸 수 있다.[33] 물론 판결문을 쓸 수 있는 능력과는 별개로 인공지능 판사 도입의 가능성은 법치주의의 장에서 입헌주의 관점에서 세밀하게 검토되어야 할 문제이다. 이러한 판사의 판결문을 대신 작성하는 능력이 아니더라도 인공지능은 회화, 조각, 건축, 음악, 요리 등 인간의 예술 작품이나 실용적 작업 도구 및 인간의 삶에 필요한 의 · 식 · 주를 스스로 만들 수 있는 능력을 갖추고 있다. 이에 따라 경제사회는 인공지능의 유용성과 생산성, 효율성으로 인하여 노동비용을 절감하면서 동시에 삶의 윤택함과 물질적 풍요를 기대하는 인공지능 사회로의 전환을 선택할 것이다. 그러므로 인공지능의 사회는 모든 사물들이 연결되어 시민 생활의 편리함을 주는 자동화 사회로의 전환적 모습이 가장 큰 특징이 된다.

이러한 자동화 사회로의 전환에 있어 드러날 수 있는 맹점은 나와 타자 간의 관계 양상에서 펼쳐지는 인간 삶을 주체적이고 독립적인 관계 맺기가 아닌 인공지능 기계와 로봇에 의존하는 타율적이고 종속적인 인간 삶으로 대체된다는 점에 있다. 이에 따라 인공지능의 자동화 사회로 전환된 국가공동체는 인공지능의 편리함 속에 도사리고 있는 여러 가지 사회적 문제에 대해 지속적인 탐구와 고찰의 필요성이 생긴다. 예컨대, 극단적으로 가정하자면 모든 것이 자동화되는 인공지능 사회에서는 국가 기본질서를 형성하는 원리적 가치인 권력분립주의의 의미가 사라진다. 사실상 권력분립주의는 입법부, 행정부, 사법부로 삼분하여 독재정치의 권력집중 현상을 막기 위한

---

33) 정원식, "「콜롬비아 판사 "판결문 작성에 챗GPT 사용했다"」", 경향신문, 2023.02.03.일자. < https://m.khan.co.kr/world/world − general/article/202302031048001#c2b > (최종방문일: 2023.12.12.)

것이지만, 오히려 인공지능을 통한 자동화된 사회공동체는 국민주권주의 실현을 위해 위임된 통치권의 권능이 와해되고 해체되는 결과가 발생할 가능성이 있다. 즉, 독재정치의 권력집중을 방지하기 위한 방편으로 내세운 인공지능의 자동화 사회가 도리어 인간의 자율적인 정치 행위를 통한 통치권의 정당성과 근거의 공백 상태를 유발하여 또 다른 형태의 독재정치를 형성하게 되는 역설적 결과가 초래될 가능성도 있다는 것이다.[34]

(2) 대응방안

   권력분립주의 · 법치주의원리는 국가 권력을 대통령이나 혹은 특정한 국가기관에 집중되는 것을 막아 국민주권에 의한 통치가 되도록 하는 역할을 한다. 하지만, 인공지능 사회의 영향으로 인해 이러한 권력분립주의 원리와 법치주의 원리 각각은 국민주권 원리에 따라 통치해야 하는 의무에 위반되는 결과를 초래하게 된다. 이에 입법부, 행정부, 사법부에서 각종 업무 처리에 있어서 인공지능 디지털 기계 혹은 로봇 시스템 사용 범위와 이용 한도에 대한 다각적이고 세부적인 규정을 둘 필요가 있다. 2021년 신설된 행정기본법에는 인공지능에 의한 자동화된 의사결정으로서 행정 처분에 대한 규정[35]을 두긴 했지만, 이는 국가 행정 영역에 인공지능 활용을 염두에 둔 시작에 불과하고, 이것만으로는 향후 인공지능 사회에 가속화를 통해 나타날 권력분립주의에 미칠 부정적 현상에 대응하기에는 역부족이다. 최근에 국가행정처리 시스템이 마비되어 3일 동안 모든 행정업무가 중지되었던 사건에서는[36] 중앙 행정부와 지방자치 행정부 간의 일괄 행정처리 시스템을 도입한 결과가 원인으로 지목되기도 하였다. 그러므로 인공지능 사회의 영향에 따라 행정처리 속도만을 추구하는 효율성 가치 때문에 오히려 국민주권과 기본권에 해악이 될 수 있다는 점에 경각심을 가져

---

34) Nemitz P. 2018 Constitutional democracy and technology in the age of artificial intelligence. Phil. Trans. R.Soc. A 376: 20180089.

35) 행정기본법 제20조(자동적 처분) 행정청은 법률로 정하는 바에 따라 완전히 자동화된 시스템(인공지능 기술을 적용한 시스템을 포함한다)으로 처분을 할 수 있다. 다만, 처분에 재량이 있는 경우는 그러하지 아니하다.

36) 최종석 · 안준현, "'디지털 정부' 해외 홍보 중 '디지털 재난' 터졌다", 조선일보, 2023.11.20. 일자 <https://www.chosun.com/national/national_general/2023/11/20/NOR5YXT7ZJESTNFJIWE3MYEMEI/?utm_source = naver&utm_medium = referral&utm_campaign = naver − news> (최종방문일 : 2023.12.14.)

야 할 것이다. 이에 합리적인 대응방안으로는 사이버 보안 시스템을 기본으로 하여, 국가 각 부처의 공통된 업무 부분만을 인공지능 시스템으로 두고, 사람이 직접 처리할 수 있는 업무 부분은 인간 노동 시스템으로 두는 등 복합적이며 다층적인 위기관리 시스템에 대해서 심층적으로 고민하고 실현할 필요가 있다.[37]

2. 국가기관의 구성 및 상호간의 권력구조에 미치는 영향 및 대응

우리 헌법은 국민주권의 이념적 원리에 따라 통치구조의 기본 원칙인 기본권 실현, 민주적 정당성, 절차적 정당성에 입각하여 국가기관을 구성하며,[38] 이 구성된 국가기관 간에 견제와 균형의 원리에 입각한 제도적 장치를 마련함으로써 국가기관 간의 권능적 조화를 추구하고 있다. 먼저, '기본권 실현(基本權 實現, fundermental realization)'은 대한민국 통치구조가 루소의 인민주권사상[39]에서 가져온 국민주권의 원리가 국민의 동의(同意, agreement/Zustimmung)에 기초한 국민의 합의(合意, consensus/Konsens)를 말하는 기본권을 실현하는 것을 말한다. 즉 기본권은 국가가 어떻게 구성되어야 할지의 통치구조의 원리를 지도하는 국민주권의 원리와 직접적으로 연결되어 있는 국민의 의사(意思, will)를 의미한다. 이러한 국민의 의사는 국민들이 한 영토 내에서 어떻게 살고자 하는 염원과 뜻을 일컫는 것으로서, 우리는 이것을 기본권이라고 부를 수 있다. 이에 기본권 실현은 다른 어떤 것이 아니라 국민들이 자신들이 살고자 하는 욕구와 살아가는 의미, 그리고 살아가고 싶은 욕망을 충족시키는 그 염원과 뜻을 헌법에 마련함으로써, 통치기관의 통치권 행사가 그 구조적 밑바탕에서 정당하게 이루어질 수 있도록 하고 있다.

다음으로, '민주적 정당성(民主的 正當性, democracy legitimacy)'은 국가의 기본질서를 이루기 위한 통치권 창설과 존속의 원리로서 기능한다. 민주적 정당성이란 통치권이 국민의 합의를 바탕으로 하는 기본권 기속성의 원칙에 의거할 뿐만 아니라 통치권 행사 자체도 국민의 기본권적 합의에 기초해야 함을 일컫는다. 이러한 통치권 행

---

37) 엄석진 등, 「AI와 미래행정」, 박영사, 2021, 543면.
38) 이와 같은 국가기관의 구성원리를 대한민국 통치구조의 기본원리의 3요소로 치환하여, 각각 '기본권실현', '민주적 정당성', '절차적 정당성'로 구분하여 설명할 수 있다. 허영, 「한국헌법론」, 박영사, 2020, 734-738면.
39) 오세혁, 「법철학」, 세창출판사, 2013, 153-156면.

사 자체는 통치권의 창설과 존속 두 차원 모두에 해당되는 의미로서, 국민의 기본권적 합의는 통치권의 창설과 존속의 원리의 준거를 마련하는 민주주의 통치원리의 근본구조에 해당된다. 이러한 통치권의 창설을 통해 마련된 국가기관은 우리 헌법에서 입법부, 행정부, 사법부의 주요 세 기관으로 마련되고, 이러한 기관의 존속을 위해서 선거제도, 공무원제도, 헌법재판소, 지방자치제도를 두고 있다고 볼 수 있다. 이때, 민주적 정당성은 이러한 국가기관들이 통치권 자체가 기본권 기속성의 원리에 따라 정의되어야 할 뿐만 아니라 그러한 통치권 행사의 일환인 통치권 창설과 존속이 민주주의의 이념적 원리인 국민들의 동의와 합의에 의해서 정의되어야 함을 의미한다.

마지막으로, '절차적 정당성(節次的 正當性, procedural legitimacy)'은 이러한 통치권과 통치권 행사의 통치권 창설과 존속에 더하여 통치권 행사의 과정과 방법에 해당되는 원리에 해당된다. 우리 헌법에 보장되는 국민주권의 이념적 원리는 기본권 기속성의 통치권에 의하여 실현된다. 하지만, 아무리 기본권 기속성에 통치권의 정의를 개념 규정하더라도 통치권을 행사하는 데 있어서 진행상의 과정이나 방법이 옳지 않으면 통치권 자체의 기본권 기속성에 위배될 뿐만 아니라 그러한 통치권 행사를 수행하는 국가기관의 권력 작용은 합리적이고 효율적인 행정작용이라고 볼 수 없다. 즉, 국가의 권리와 권한의 범위와 한계를 부여하는 능력인 국가의 권능은 이러한 절차적 정당성에서 뒷받침된다. 따라서 우리 헌법에 명시되어 있는 주요 국가 통치 기구인 국회, 정부, 법원, 헌법재판소, 선거관리위원회, 지방자치단체는 통치권의 권능 행사 시 절차적 정당성에 입각하여 모든 행정행위를 해야 하며, 특히 국가 통치의 핵심 3부인 입법부, 행정부, 사법부는 이러한 행정행위가 합리적 정당성을 갖도록 노력해야 한다.[40]

(1) 인공지능 사회의 영향

도래하는 인공지능 사회는 현재 대한민국의 헌법적 가치를 상당히 변화시킬 것이라고 예상된다. 앞에서 보았다시피, 우리 헌법에 내재되어 있는 국가기관의 세 가지 구성원리인 기본권 실현, 민주적 정당성, 절차적 정당성의 가치는 인공지능 사회의

---

40) 이상의 권력분립 원리, 기본권 실현, 민주적 정당성, 절차적 정당성에 대한 서술은 '인공지능 사회의 헌법적 가치 구현을 위한 법제도 개선 방안 마련' 과제에서 동국대 남성일 박사님의 자문 내용과 일치한다.

점진적인 도래로 인하여 내재적 가치의 혼란과 왜곡 및 교란 현상이 커질 가능성이 존재한다. 신경망 기술을 이용한 딥러닝으로 인공지능 스스로가 인간이 할 수 없는 실정법의 맹점을 찾아내고 그 영향 및 효과를 예측할 수 있게 된다. 공무원 집단이 통치기관을 이루어 상호 견제하면서 국가의 규범 질서를 형성하던 일을 인간의 개입 없이도 인공지능 스스로가 해낼 가능성도 있다. 이러한 인공지능의 능력으로 인하여 전술한 자유민주주의 장에서 예시한 것과 같이 인공지능이 입법부, 행정부, 사법부에 깊숙이 침투하여 국민들의 숙의를 후퇴시키고 정치통합과 사회통합 기능을 인공지능으로 대체하는 상황도 예상해 볼 수 있다. 또한, 이러한 인공지능 사회에서는 인간의 전문적 지식 영역과 판단 능력을 인공지능에 유보하고 인공지능에 의존하는 현상이 발생할 가능성도 배제할 수 없다.

(2) 대응방안

이러한 인공지능 사회의 위험에 대한 대응방안으로 위의 세 가지에 제시되어 있는 국가기관의 구성원리이자 통치구조의 기본원칙인 기본권 실현, 민주적 정당성, 절차적 정당성의 3요소를 담아 인공지능 사회에 대응하는 헌법 개정이 요구된다. 법은 정의 이념과 안정성 이념과 더불어 새로운 사회의 도래에 대비해 사회가 나아가 방향을 제시해 주는 합목적성 이념을 가지고 있다. 인류사회의 지속가능한 발전과 존속을 위해 필수적으로 요구되는 새로운 도덕 윤리적 요청을 최고규범인 헌법에서 고려할 필요가 있다. 인공지능이 국가기관의 구성과 상호간의 권력구조에 미치는 부정적 영향을 최소화할 수 있는 구체적인 대응방안은 다음과 같다.

1) 국가와 사회 간의 견제와 균형

국가 의사결정과정에서 국가와 사회세력 간의 관계, 사회세력 상호간의 견제와 균형을 이룰 수 있도록 하여야 한다. 국가기관의 구성과 활동에 영향력을 미치며 상호작용하는 것이 사회세력이고, 인공지능 사회에서의 사회세력의 영향은 무시할 수 없을 만큼 강력하다.[41] 사회세력의 실질적인 영향력이 증대할수록 의사결정과정이 투명하게 공론화되어야 한다. 그리고 그 의사결정이 어떠한 조직법과 절차법적인 구조

---

41) 야마모토 야스마사, 신현호(역), 「빅테크 미래보고서 2025」, 반니, 2022, 50면.

속에서 이루어졌는가, 구체적으로 어떤 결과를 의도하였으며, 실제 어떠한 결과를 낳았는가 하는 문제가 주기적으로 공개되어 국민 전체의 이익에 기초하여 평가되어야 한다.[42] 인공지능 기술의 발전과 활용에 대해서 사회세력이 국가기관 기능의 건전성을 감시할 뿐 아니라 상호소통을 통해 기능적으로 보충을 가능하게 하는 거버넌스도 필요하다. 지난 정부의 대통령 직속 4차 산업혁명위원회와 현재 정부의 디지털플랫폼정부위원회[43]는 인공지능 기술에 대한 정부 주도의 거버넌스를 설립 운영하고 있는데, 여기에 사회세력의 참여와 소통을 좀 더 강화할 수 있도록 위원회 운용의 형식과 구성, 실행에 있어서 보완이 필요해 보인다. 이러한 거버넌스를 통해서 인공지능 기술이 국가와 사회세력 사이에서 협의, 조정, 화해를 이룰 수 있도록 하고, 인공지능이 수행하는 국가적 의사결정과정의 투명성과 공개성을 담보할 수 있도록 하여야 한다.

이를 위해 국가와 사회의 다리를 놓을 수 있는 신뢰할 수 있고 책임 있는 AI 거버넌스를 구축할 필요가 있다. OECD, EU 등을 중심으로 신뢰할 수 있는 AI(trustworthy AI) 거버넌스에 대한 지침들이 발표된 바 있다. OECD는 'AI 원칙에 대한 OECD 권고안'에서 상호보완적 가치 기반 원칙(5 complementary values—based principles for the responsible stewardship of trustworthy AI)으로 다음과 같은 다섯 가지 방안을 제시하였다.

① AI는 포용적 성장, 지속가능한 발전과 복지를 증진시켜 인간과 지구를 이롭게 하여야 한다. ② AI 시스템은 법의 지배, 인권, 민주적 가치와 다양성을 존중하는 방식으로 설계되어야 하며, 예컨대 필요한 경우 인간의 개입을 가능케 함으로써 공정한 사회를 보장하기 위하여 적합한 안전장치들을 마련해야 한다. ③ 사람들이 AI 기반 결과물을 이해하고 그에 대한 반론을 제기할 수 있도록 AI에 관한 투명성과 책임 있는 공개 방법을 갖추어야 한다. ④ AI 시스템은 그 생애주기 전체에 걸쳐 견고하고, 보안과 안전을 보장하는 방법으로 작동하여야 하며 잠재적 리스크에 대한 계속적 평가와 관리를 받아야 한다. ⑤ AI 시스템을 개발하고 배치하거나 운용하는 조직과 개인들은 각 시스템이 위와 같은 원칙들에 맞게 작동하도록 할 책임을 져야 한다.

---

42) 전광석, 「한국헌법론」, 집현재, 2019, 115면.
43) 디지털플랫폼정부위원회의 설치 및 운영에 관한 규정(대통령령) 제1조(목적) 제2조(설치 및 기능)

그리고 이를 토대로 정부가 해야 할 일도 다음과 같은 다섯 가지로 정리하였다. ① 신뢰할 수 있는 AI의 혁신에 박차를 가할 R&D에 대한 공공과 민간의 투자를 촉진한다. ② 디지털 인프라와 기술 그리고 데이터 및 지식의 공유 메커니즘을 통해 접근할 수 있는 개방적인 AI 생태계를 조성한다. ③ 신뢰할 수 있는 AI 시스템 보급 방법을 열어줄 정책 환경을 보장한다. ④ 인간들에게 AI 사용 역량을 키울 수 있도록 하고 노동자들이 공정한 방법으로 전환할 수 있도록 지원한다. ⑤ 신뢰할 수 있는 AI의 책임 있는 관리(stewardship)로 진화할 수 있도록 경계와 분야를 넘어 협력한다.[44)

2) 정치의 사법화와 사법부의 기능 비대화에 대한 경계

사법부의 정치화가 바람직하지 못한 현상이듯이 정치의 사법화 역시 신중해야 한다. 정치적 문제는 기본적으로 대의 과정에서 정치적 토론과 표결, 그리고 이 과정에서 협상과 타협을 통하여 결정되어야 한다. 그런데 정치적 의사결정에 사법부가 조기에 개입하는 경우 대의 과정이 단절되는 부정적인 현상이 나타나기 때문이다.[45)

행정 분야에는 AI 기반 정책결정, 정책집행, 정책평가, 환류 등 정책과정의 전반에 걸쳐서 AI 기반으로 이루어지기 시작했다. 입법에서도 법률의 제·개정의 전형적인 입법 활동뿐 아니라 예 결산심사, 결의 등 의정 활동에서 AI 데이터 기반 방식이 강화되는데, 사법부의 AI 재판의 경우에 법관의 자유심증주의와 법적 논증의 실종, AI 재판부에 대한 국민들의 심리적 반감과 저항[46) 등으로 인해 행정부와 입법부에 비해서 사법부에 실제로 AI에 대한 의존도가 높아지는 현상은 더디게 진행될 것으로 전망된다. 이에 따라서 정치적으로 해결되어야 할 문제들이 사법부로 넘어오는 정치의 사법화가 심화될 수 있고 사법부의 업무가 방대해질 수 있으므로 이에 대한 대책으로서, 사법개혁을 비롯하여 권력구조 기능 간 조정을 수행하는 정부 부처의 대혁신이 필요하다.

---

44) 엄석진 등, 「AI와 미래행정」, 박영사, 2021, 563-564면.
45) 전광석, 「한국헌법론」, 집현재, 2019, 114면.
46) 30년 후 2050년에 펼쳐질 미래예측 시나리오에서 인공지능 법관과 관련한 사법부의 미래예측에는 국민의 사법 신뢰도가 높아져서 굳이 인공지능 법관을 도입할 필요성을 느끼지 못하도록 해야 한다는 제언이 있다. 오세용, 「인공지능 시대: 법관의 미래는?」, 박영사, 2022.

Ⅳ 선거제도에 대한 인공지능의 영향과 대응방안

인공지능의 급속한 성장은 가짜뉴스, 디지털 게리맨더링 등의 부작용을 야기하는 데에도 한 몫을 하면서 디지털지배에 대한 우려를 더하고 있고 선거제도에 미치는 부정적 영향을 최소화해야 한다는 과제를 안기고 있다.

1. 직접 민주주의의 기능 장애

(1) 팩트와 가짜뉴스에 대한 대응

'가짜뉴스'는 주로 인터넷에서 시작되는 허위 정보가 소셜 미디어 등에서 확산되어 투표 결과 등에 영향을 미칠 정도로 유통되는 현상을 말한다. 2016년, 영국의 유럽연합(EU) 이탈을 둘러싼 국민투표와 트럼프 대통령을 낳은 미국 대통령 선거 등을 계기로 가짜뉴스는 사회문제가 되었다. 러시아 정부에 의한 정보 공작·여론 유도 의혹과 관련에서도 화제가 되고 있다. 그 배경에는 보도를 포함한 정보환경의 신뢰성 저하와 직접 민주주의에 대한 우려 등이 있다. 독일, 인도, 말레이시아, EU 등에서는 가짜뉴스에 대한 대책이 수립되고, 일부에서는 입법이 되기도 했다. 무엇보다도 애초에 무엇이 가짜이고 무엇이 진실(truth)인지 모르는 것이 아닌가 하는 의문은 있다. 언론인 교육에서 훈시 되는 것처럼, 보도는 그 시점에서 얻은 최선의 증거를 기반으로 가장 확실한 설명을 목표로 할 수밖에 없다.[47] '진실'을 판정하는 것이 신이 아닌 존재에게는 불가능한 일이라고 가정한다면, 안타깝게도 팩트는 없다. '있는 것은 오직 견해일 뿐'이라는 자세로는 팩트에는 가까워지지 않은 채 팩트 주변에서만 서성이는 수밖에 없다.[48]

---

47) "진정한 저널리즘은 객관적일 수 없다," Massachusetts Daily Collegian, 2024.2.18.일자. https://dailycollegian.com/2021/04/true_journalism_korean/ (최종방문일: 2024.2.18.)
신문윤리실천요강(2016.11.4.일자) 등 언론자율규정에는 보도기사의 사실과 의견을 명확히 구분해야한다는 것과 경합중인 사안을 보도할 때 어느 한의 주장을 편파적으로 보도하지 않는다는 공정보도를 담고 있다. 한국언론진흥재단, 언론자율규정 https://www.kpf.or.kr/front/board/boardContentsView.do?board_id=291&contents_id=00022D741E5D62E3920E1FE41989B53A (최종방문일: 2024.2.2.)
48) 오세욱, 집중점검: 팩트체킹, 팩트체킹의 현재와 자동화한 팩트체킹, 신문과 방송, 2017.2월,

20세기를 대표하는 공법학의 태두, 한스 켈젠(Hans Kelsen)이 가치 상대주의의 관점에서 입헌민주주의를 옹호하려고 한 점을 되돌아봐야 할 필요가 있다. 가치 상대주의는 이해관계나 가치관의 대립이 있어도 여전히 사회적 의사결정을 해야 하는 경우, 정책이나 후보자 등의 특정 선택지를 옳다고 생각하는 개인의 수로서 잠정적인 결정을 내릴 수밖에 없다는 입론이다. 켈젠은 평등(Gleichheit)뿐만 아니라 자유(Freiheit)의 구상으로서도 다수결 원리를 지지하고 있었다. 대중의 열정과 편견을 어떻게 다루어야 하는지에 대하여 관심과 주의를 기울이는 가운데, 역사적으로 가치 상대주의와 자유민주주의로서 헌법의 통치기구가 구성되게 하는 데 큰 역할을 하였다.

이하에서는 선거에서 AI를 포함한 ICT·IT기술의 발전과 보급에 의해 켈젠이 구상한 가치 상대주의의 구상이 수정이나 변용될 필요가 있는가 하는 점에 대해서 검토하려고 한다. 정치 마케팅을 선거 전략의 보조 도구로 이용한 사례가 많았던 미국의 경우를 예시하여 정치마케팅 현상을 개관하면서 AI나 데이터의 이용 가능성과 그 위험 가능성을 살펴본다.

(2) 정치 마케팅의 진전 : 포퓰리즘의 정교화

라이프스타일과 가치관의 다양화가 자명해지고 있는 현재, 다양한 영역에서 마케팅-제품과 가치의 창조·교환을 통해 그 니즈와 욕구를 충족시키는 사회적·경영적 프로세스-이 이용되고 있다. 정치도 예외가 아니며 그 역사도 긴데, 토머스 페인이 1776년에 저술한 팸플릿 「상식론」(Common Sense)에 의해 미국 독립의 여론이 강화되었던 역사가 있다. 정치가의 연설을 초안하는 연설 비서관이나 정당의 미디어 전략을 조언하는 선거 참모도 예로부터 존재하고 있었다. 그러나 현대 정치 마케팅의 특징이 있다면, 개인 데이터-개인의 식별성의 유무에 관계없이 전반적인 개인에 관한 정보-의 이용이 확산되고 있다는 것이다. 결론적으로 데이터에 근거한 공감의 양성과 아키텍처-행위를 제약하는 요소로서의 물리적 기술적인 환경 설계-에 의한 동원이 정교화되고 있다.[49]

---

22. 팩트는 사실 완전히 객관적이기보다는 상대적인 것이다. 일반적으로 팩트는 객관을 전제로 한 정확성 위에 존재하는 것으로 '믿는 것'이 아니라 '증명되어야' 한다. 다만 증명되었더라도 일반적인 믿음에 어긋나면 팩트로 받아들여지기 힘들다.

49) 김윤명, 「블랙박스를 열기 위한 인공지능법」, 박영사, 2022, 57면.

캠브리지 애널리티카(Cambridge Analytica)를 둘러싼 의혹[50]도 포퓰리즘의 정교화라는 문맥 속에 자리매김 된다. 빅데이터 분석을 전문으로 하는 정치 마케팅 기업인 이 회사는, 페이스북을 통해 성격 진단 앱을 이용한 27만 명과 그 친구들을 합한 총 8,700만 명의 개인 데이터를 부정으로 수집했다 하여 2018년에 내부 고발되었다. 해당 데이터는 2016년 미국 대통령 선거에서 트럼프 진영의 정치 마케팅에 이용되었으며, 어느 사용자가 영향을 받기 쉬운지, 어떤 일에 대한 생각을 바꾸기 위해서는 얼마나 커뮤니케이션을 취해야 하는지 등이 분석되었다고 한다. 캐나다의 정치 컨설팅 기업 AggregateIQ도 개인 데이터를 부정하게 취득하여, 영국이 EU를 이탈하는 브렉시트(Brexit)를 지지하는 의견에 기울 것 같은 유권자를 약 700만 명으로까지 좁히는 선거 전략에 참고했다는 의혹이 있다.[51] 이것이 브렉시트에 관하여 근소한 차이였던 승부에 영향을 미쳤다는 지적도 있다. 그러나 개인 데이터를 이용한 정치 마케팅은 캠브리지 애널리티카 사건 이전부터 계속해서 행해져 왔다. 만약 캠브리지 애널리티카가 준 충격이 개인 데이터의 불법 사용에 그치지 않고, 선거에서의 유도나 의사 결정에 개입이라는 측면에도 미치는 것이라면, 어떤 일이 일어났었던 것인지 되돌아보고 순서를 따라 검토할 필요가 있다.

(3) 마이크로 타겟팅과 득표 예측

2004년 대통령 선거에서는 조지 W. 부시 진영이 '마이크로 타겟팅(micro targeting)'이라는 기법을 이용하여 각 선거구의 득표수 예측 정확도를 향상시켜 선거 전략에 반영했다.[52] 마이크로 타겟팅은 타겟이 되는 국민 개개인의 데이터를 분석하여, 세

---

50) 2016년 초에 케임브리지 애널리티카 회사가 수백만 페이스북 가입자의 프로필을 그들의 동의 없이 수거해서 정치적 선전을 하려는 목적으로 사용했다는 사실이 세상에 밝혀지면서 일어난 사회적 물의 및 정치적 논쟁이다. 이 사건으로 인해 개인 정보에 대한 이해와 인식이 높아졌고, 기술 관련 기업들의 데이터 사용에 대해 엄격한 규제를 요청하는 분위기가 생겼다.

51) Everything you need to know about AggregateIQ, the Canadian tech company with ties to Brexit and Ted Cruz, CBC, Mar 28 2018. https://www.cbc.ca/news/science/aggregateiq-brexit-ted-cruz-aiq-scl-cambridge-analytica-1.4596292 (최종방문일: 2024.12.15.)

52) 유권자 표심잡기 '정밀폭격' 공화 -민주, 데이터베이스 활용 '선거전쟁', 한겨레, 2006.11.6.일자. https://www.hani.co.kr/arti/international/america/169933.html (최종방문일: 2024.12.13.)

분화된 세그먼트(segment)로 나누어 취향과 행동 패턴을 파악하면서 보다 효과적인 전략을 구축하는 방법을 말한다. 지금까지 성별, 연령, 인종 등의 기본 속성에 기초한 조사는 이미 오래전부터 사용되어 왔다. 이에 더해서 거주지, 결제 내역, 구독 시청 내역 등의 데이터를 캠브리지 애널리티카 사건과는 달리 정당하게 취득하고 빅 데이터로 축적 및 분석을 하게 되면 예측의 정확도가 향상된다. 예컨대 '기혼×45−54세×부재자 투표 이용×자녀 없음×최근 고급차를 구입'과 같은 세그먼트라면 공화당 지지의 경향을 볼 수 있고, '독신×20−29세×도시부 거주×학자금 대출 있음×자택 소유'라면 민주당 지지의 경향이 강할 것이라는 등의 예측을 할 수 있다. 세분화 된 세그먼트의 누적으로, 보다 정확하게 득표수를 예측할 수 있다는 것이다.

미국 대통령 선거에서는 주마다 득표수를 집계한다. 그리고 1표라도 많이 득표한 후보가 그 주에 할당된 선거인을 모두 획득한다는 승자독식제도를 채택하고 있는 주가 많다. 따라서 선거할 때마다 지지하는 정당이 변동하는 경합주(swing state)의 경우에는, 득표수 예측이 어디에 어떠한 선거 운동 자원을 투입할 것인가 하는 선거 전략을 판단하는 데 중요해진다.[53]

(4) 정치 메시지의 개인화와 시민성의 문제

2008년, 2012년의 대통령 선거에서 버락 오바마 진영에서는 마이크로 타겟팅 수법이 정교해져서 득표수 예측 뿐 아니라 유권자에 맞춰진 공감의 메시지를 개인화(personalization)하는 수법이 전개되었다.[54] 예를 들면, 분유나 장난감 등을 자주 구매하고 아파트에 거주하는 젊은 여성이라면 교육에 관한 정책에 흥미를 가질 가능성이 높다고 예측할 수 있다. 그러한 타겟에 대하여 똑같이 육아 중인 한 여성이 자녀의 장래를 위해 힘겹게 가계를 꾸려가며 공교육의 충실을 약속하는 오바마 후보에게 20달러를 후원했다는 내용의 다이렉트 메일을 보내, 후보자에 대한 지지와 정치후원금을 호소한다는 수법인 것이다. 이러한 정치적 커뮤니케이션을 각 세그먼트에 따라 설계함으로써 공감을 불러일으키는 효율적인 선거운동을 했다는 것이다.

---

53) 개인 데이터를 수집하고 이를 분석하여 선거 전략을 구상하고 실현하는 것을 보면, 국민들 입장에서는 속마음을 읽히는 듯한 불쾌감을 느낄 수도 있다.

54) Harfoush, R. 「Yes We Did! An inside look at how social media built the Obama brand」, San Francisco, New Riders, (2009).

　　후보자 본인과 선거진영 캠프가 실시하는 정치마케팅은 헌법상 '표현의 자유' 또는 '정치활동의 자유'의 보호범위에 포함될 수 있다. 그것은 자기실현의 가치－개인이 표현 활동을 통해 자기의 인격을 발전시키는 개인적 가치－뿐만 아니라 자기 통치의 가치－국민이 표현 활동을 통해 정치적 의사 결정에 관여하는 사회적 가치－를 갖추기 때문에 경제적 자유보다 우월적 지위를 차지하는 것으로 상정된다. 정치 마케팅 활동에서는 개인 데이터 이용을 포함하여 법률 준수가 목표로 되어 왔을 것이다. 게다가 허위·날조를 하지 않겠다는 마케팅 담당자의 직업윤리에 힘입어 유지되고 있을 뿐이다.

　　한편, 선거 활동에서의 빅데이터 이용이 민주주의에 위험을 초래한다는 지적도 있다.[55] AI, 빅데이터를 선거에 활용하기 시작하기 전 시절에는 후보자가 지지자 이외의 유권자와 교류하는 수단이 한정되어 있어, 가두연설을 하거나 집회를 개최하거나 포스터나 광고를 게시하는 등, 불특정 다수의 유권자를 향해 실시하는 경우가 많았다. 여기에서 일종의 시민사회의 시민성이 자연스럽게 성립하고 있었다고도 말할 수 있다. 공공 포럼[56]인 거리에는 자신 이외의 제삼자도 존재하며, 후보자의 주장에 발을 멈춰 들을 수도 있고 반대로 무시하고 지나갈 수도 있다. 그러한 낯선 사람들의 반응도 우리가 후보자와 정책을 생각하는 데에 있어 필요한 재료가 될 것이 분명하다. 그러나 빅데이터 분석에 의해 프로파일링의 정밀도가 향상되어 유권자 한 사람 한 사람에게 맞춤형 메시지를 보내는 것이 기술상 가능하게 되었다. 선거 활동의 개별화가 진행되면, 다른 입장·견해에 접할 기회가 줄어들거나, 타인과의 커뮤니케이션이 곤란해지거나 하면서 헌법이 상정하고 있는 민주주의의 기반이 없어질 수도 있는 것이 아닌가 하는 우려가 존재한다.

---

55) Tufekci, Zeynep. "Engineering the public: Big data, surveillance and computational politics." *First Monday* 19.7.
56) 일반 공중이 자유롭게 출입할 수 있는 공공적인 장소로, 헌법 제21조 제1항이 보장하는 '집회의 자유' 등과 관련하여 논의되는 경우가 많다.

2. 가짜뉴스와 온라인 IT 플랫폼 사업자

(1) 필터 버블(filter bubbles) 현상과 가짜뉴스

　정치인이나 정당에 의한 정치 마케팅의 정교화로 인해 시민 영역이 쇠퇴하고 있다고 볼 수 있는 여지가 있다. 그러나 그것은 우리의 니즈의 반영이기도 하다. 각자의 흥미·행동에 맞추어 제공 정보를 최적화하는 개인화는 개개인의 입장에서는 편리하기 때문에 마케팅에 많이 사용된다. 필터링이나 추천 기능에서는 행동 이력 등의 개인 데이터를 바탕으로 AI나 알고리즘이 개인의 기호를 추정하고 정보를 선택적으로 제시한다. 거기에는 인지 부조화 현상이 거의 없으며 의사결정 비용도 낮기에, 일종의 쾌적함이 담보된 정보공간이 되는 것이다. 좋아하는 정보에 버블처럼 둘러싸이는 필터 버블 안에, 우리는 스스로를 가두는 경향이 있다는 것이다.[57] 그러나 개개인의 행복한 선택과 전체적·공공적인 이익은 무조건 일치하는 것이 아니다. 그 괴리가 표면화된 것이 가짜뉴스라는 현상이다.

　2016년 미국 대통령 선거 캠페인 중에 가짜뉴스 사이트가 난립하여 다수의 액세스가 발생했다. 예상과는 다르게 미국의 트럼프 지지자에 의해 만들어진 것이 아니었다. 조지아와 마케도니아 등, 미국 외부에 있는 젊은이들이 광고비를 벌기 위해 제작하여 확산시킨 것으로 보도되었다.[58] 마케도니아의 청년들은 트럼프 지지자를 타겟으로 버즈(buzz, 소셜 미디어 등에서 많은 사람들에게 널리 알려지면서 폭발적으로 다루어지는 것을 의미)가 예상되는 콘텐츠에 허구를 섞어 제작하여 온라인 광고 수입을 얻고 있었다. 이러한 행동의 목적은 정치사상이나 이데올로기를 본격적으로 다루기 위한 것보다는 영리 목적이나 재미를 위해 한 행동이었던 것으로 나타났다. 기사가 사실인지 아닌지에 관한 여부와는 상관없이, 스스로의 표명이나 가치관의 공유·강화의 수단으로서 가짜뉴스가 소비된 것이다. 온라인 광고를 낸 클라이언트도 크게 올라가는 클릭 수에 만족했을지 모른다. 즉 가짜뉴스는 보도보다는 엔터테인먼트 산업으로서의 측면이 강했던 것이다.

　엔터테인먼트나 자기표현으로서의 가짜뉴스가 요구되고 있다면, 그것은 자기 결정

---

57) 오병철 외 4인, 「인공지능과 법」, 연세대학교 출판문화원, 2023, 25면.
58) 미국에 대한 가짜뉴스 진원지 '마케도니아', KBS 뉴스, 2017.10.12.일자, https://news.kbs.co.kr/news/pc/view/view.do?ncd=3558151 (최종방문일: 2023.12.15.)

권이나 행복추구권(헌법 제10조)의 일종으로 취급해야 할지도 모른다. 그러나 가짜뉴스를 소비하는 자유를 인정한다고 하여도, 민주주의와의 관계에서 큰 숙제가 생긴다는 사실을 부정할 수는 없다. 왜냐하면 민주주의의 기초가 되는 사상의 자유 시장 이론은 자유 경쟁에 의해 허위의 정보나 저질의 언론은 도태되어 간다는 발상에 근거하기 때문이다. 그러나 가짜뉴스의 생태계에서 알 수 있듯이, 공공성과 관련된 정보조차도 그 진실성 여부가 중요시되지 않을 수 있다는 것이다. 순간적인 욕구에 최적화되어 소비자의 입맛을 파악하기 대결이 되고 있는 미디어 환경을 보면, 통상 소비자의 니즈와 욕구에 따라 움직이는 것으로 간주되었던 상업 자본주의 시장에 의구심을 제기하게 된다.59)

　인공 지능에 의해 가짜뉴스가 양산되고 실시간으로 끊임없이 계속 업데이트된다면, 팩트 체크가 더 이상 그것을 따라잡지 못하게 되면서 인간의 인지 한계를 뛰어넘는다는 결과가 사상의 자유 시장을 왜곡하여 기능부전에까지 이어질 우려도 있다. 그러나 애당초 시장의 은유를 빌린 사상의 자유 시장 이론 자체가 가지고 있는 전제 조건으로서 다음의 두 가지 의제가 있기 때문에 이를 살펴볼 필요가 있다.

(2) 근대법의 두 가지 의제

　켈젠의 논의와 더 나아가서 근대법의 밑바탕에는 이를 이루는 근간이 되는 의제가 있는데, 그중 하나는 자유와 행복의 일치라는 것이다. 즉, 사람들은 자신의 행복이 무엇이며, 어떻게 하면 그것이 실현되는지를 다른 누구보다 잘 알고 있으므로, 타인으로부터의 간섭을 최소화하여 자유를 확보하면 스스로 최대의 행복을 실현할 수 있다는 의제이다.

　그리고 거기서 상정되고 있는 개인상은 각자가 평가 능력이나 판단력을 갖추어, 일정한 자율적인 판단을 행할 수 있는, 이른바 합리적인 개인이다.60) 그리고 사상의

---

59) 若林恵, 'ニーズに死を/「さよなら未来 エディターズ・クロニクル 2010－2017」'(岩波書店、2018年)

60) 우리 헌법이 상정하는 인간상도 합리적 주체적, 성숙한 개인으로 보는 헌법재판소 판례로는 헌재 2004. 4. 29. 2003헌바118 등이 있다. 이러한 인간상의 전제에 대해 문제를 제기하면서, 대전환 시대의 복지국가에 합당하도록 돌봄의 방식과 범위를 적극적으로 선택할 수 있는 민주시민이라는 인간상으로의 변화가 필요하다는 주장을 한 논문으로는 다음이 있다. 엄주희, "헌법상 복지국가에서 돌봄의 제도적 구현: 대전환기의 공법적 대응을 중심으로", 「법

자유시장 이론도 각자가 정보의 진실성과 가치를 스스로 판단할 수 있다고 전제하고 있다. 법과 정치 시스템이 기반을 둔 개인의 자기결정, 나아가 집단적 결정의 자율성은 최근의 집단적 의사결정 메커니즘과 자율성 관련하여 활발하게 연구되고 있는 인지과학과 심리학의 지식을 끌고 올 것 없이, 모종의 의제이며 픽션인 것이다. 자연적 사실과는 무관하게 자유와 행복의 일치라는 것과 합리적 개인이라는 두 가지 의제를 바탕으로 규범과 법체계를 구축하고 있다고 할 수 있다. 그리고 현대의 법체계에서는 이 의제를 의제로서 그대로 유지하면서 사회적으로 적절한 균형을 잡기 위해, 다양한 형태의 노력과 고민이 거듭되어 왔다. 그 노력의 일환으로 가짜뉴스 대책의 주체로 현재 주목 주목받는 것이 정보의 매개자이자 광고의 전달 주체이기도 한 온라인 IT 플랫폼 사업자이다.

(3) 게이트 키퍼로서의 IT 플랫폼

검색엔진 서비스제공사업자나 소셜미디어 운영사업자 등의 온라인 IT 플랫폼 사업자의 역할에 대해서는 가짜뉴스 생산을 막는 게이트 키퍼의 역할이 중요한데, 이에 대해서 생각해 볼 수 있는 사건들이 있다. 러시아 정부의 선전을 담당한 기업인 '인터넷 리서치 에이전시(IRA: Internet Research Agency)'가 2016년과 2020년 미국 대선 당시에 가짜뉴스의 확산을 조장하여 미국 선거에 개입했다는 비판이 있고, 2022년 11월 중간선거 - 하원의원 434명 전원, 상원의원 100명 중 34명, 주지사 50명 중 36명 선출 - 를 앞두고 활동을 재개했다는 것이다.[61]

독일의 경우도 가짜뉴스에 대한 우려 때문에 2017년 6월에 SNS법(Netzwerk-durchsetzungsgesetz: NetzDG 쇼셜네트워크에서 법집행 개선을 위한 법률, '네트워크 집행법'으로도 칭함)이 제정되었다. SNS 사업자는 명예훼손이나 차별선동 등 범죄가 될 수 있는 투고에 대한 삭제요청 대응이나 그 대응에 관한 보고서의 작성·공표의 의무 등을 진다. 그리고 대응을 태만하게 한 기업에는 최대 5,000만 유로의 과료가 처해질 가능성도 있다. 독일의 SNS법은 가짜뉴스 대책으로서 국제적으로 주목받았지만, 법의 대상이 되는 가짜뉴스는 어디까지나 예전부터 범죄로서 금지되어 온 일정한 허위

제」 제65호, 2023, 98면.

61) "미 선거판 돌아온 가짜 계정 … 러 댓글부대가 또", 경향신문, 2022.11.7.일자. https://www.khan.co.kr/world/america/article/202211072148005·c2b (최종방문일: 2023.12.15.)

정보의 발신에 한정된 점에 주의할 필요가 있고, 표현의 자유를 존중하기 위해 SNS 사업자의 자율규제를 우선 고려하는 방안이 추천되기도 한다.[62]

2018년 4월, EU의 유럽위원회도 2019년 유럽의회 선거를 염두에 두고, 대기업 IT 기업에 대해 가짜뉴스의 자율 대책 강화를 요구하는 행동 규약, 허위 조작 정보 대응 실천 강령(Code of practice against disinformation)을 제정하였다. 이러한 대응은 IT사업자 등에게 게이트키퍼로서의 역할을 맡게 함으로써 가짜뉴스 대책을 실시하게 하는 간접규제로 자리매김한다.[63]

또한 인도 정부는 2018년 4월, 가짜뉴스를 유통시킨 기자에 대해 방송국 측이 발급하는 기자증을 무효로 한다고 발표했다. 그러나 보도기관이나 야당으로부터 가짜뉴스의 정의가 불명료하다는 것과 언론통제의 우려가 있다는 점 등의 비판이 잇따르자, 이 방침은 철회되었다. 최근 인도 정부의 인터넷 규제는 정부가 지정한 팩트체크기관이 가짜뉴스, 거짓정보, 오해의 소지가 있는 정보로 식별된 정부와 관련된 정보를 임의로 삭제하는 등의 조치를 함에 따라 인터넷 규제가 지나치게 엄격하다는 비판을 받고 있다.[64] 말레이시아에서도 가짜뉴스를 유포한 개인·단체 등에 대해 최대 50만 링깃의 벌금과 6년 이하의 금고형을 부과하는 법안이 2018년 4월에 국회를 통과하였다.[65]

---

62) 이권일, "소셜 네트워크 시대에 가짜뉴스(fakenews) 규제에 관한 헌법적 고찰-독일의 (Netzwerkdurchsetzungsgesetz: NetzDG)에 대한 분석을 중심으로-", 「공법학연구」 제20권 제1호, 2019, 100면.

63) 김민정, "유럽연합의 온라인 허위조작정보(disinformation) 자율규제 사례 고찰", 「언론과법」 제19권 제1호, 2020, 222면.

64) 인도 중앙정부의 인터넷 규제에 대한 청원서 제출돼, KIEP 대외경제정책연구원 뉴스브리핑, 2023.4.13일자. https://www.emerics.org:446/aif/newsBriefDetail.es?brdctsNo=345481&mid=a30100000000&&search_option=&search_keyword=&search_year=&search_month=&search_tagkeyword=&systemcode=02&search_region=&currentPage=10&pageCnt=10 (최종방문일: 2023.12.12.)

65) 말레이시아, 가짜뉴스금지법 국회 통과, 세계법제정보센터, 2018.4.9. https://world.moleg.go.kr/web/dta/lgslTrendReadPage.do?1=1&searchPageRowCnt=10&A=A&AST_SEQ=212&CTS_SEQ=46360&searchType=all&pageIndex=undefined&ETC=5 (최종방문일: 2023.12.12.)

(4) 가짜뉴스, 딥페이크에 대한 기술적·입법적 대응

국내외의 IT사업자는 AI를 이용한 가짜정보 검증시스템의 이용 등의 가짜뉴스 대책을 검토하고 이를 속속 도입하고 있다. 예컨대, 페이스북사는 2016년 당시에 사용자들로부터 가짜뉴스에 대한 신고를 접수하고, 제휴 미디어가 진위를 검증하는 팩트 체크를 실시한 후, 가짜뉴스로 인정된 기사 옆에 '문제 있음(Disputed)'이라는 빨간색 경고 아이콘을 표시하여 확산을 억제하려고 했다. 그러나 그 경고 표시에 의해 오히려 가짜뉴스가 올바르다는 확신을 강화한다는 우려가 확인되면서, 2017년 12월에 경고 표시를 폐지하고 대신 진위가 불명확한 기사 옆에 관련 기사—팩트 체크가 완료된 기사—를 표시하는 방침으로 전환되었다. 또한 2018년 1월에는 뉴스피드에 표시할 게시물의 우선순위를 결정하는 알고리즘을 변경하여, 기업 및 브랜드의 페이스북 페이지 글보다 친구 및 가족의 게시물을 우선한다고 발표했다.

인공지능 기술의 진전으로 가짜뉴스의 퀄리티가 질적으로 높아지게 된 것은 딥페이크 영상이 발전했기 때문이다.[66] 딥페이크는 동영상 콘텐츠를 만들거나 변형하는 데 사용되는 AI 기반 기술, 또는 진짜처럼 보이는 가짜 동영상을 말한다. 우리나라도 2024년 22대 총선을 앞두고 딥페이크 선거운동을 금지하는 법안이 2023년 12월 20일 국회를 통과함으로써[67] 총선 90일 전인 2024년 1월11일부터 딥페이크 선거운동

---

66) "잡혀가는 트럼프, 바이든 전화 … 美 AI기업, '정치 이미지 제한' 검토", 서울신문, 2024.2.11.일자. https://www.msn.com/ko-kr/news/world/%EC%9E%A1%ED%98%80%EA%B0%80%EB%8A%94-%ED%8A%B8%EB%9F%BC%ED%94%84-%EB%B0%94%EC%9D%B4%EB%93%A0-%EC%A0%84%ED%99%94-%E7%BE%8E-ai%EA%B8%B0%EC%97%85-%EC%A0%95%EC%B9%98-%EC%9D%B4%EB%AF%B8%EC%A7%80-%EC%A0%9C%ED%95%9C-%EA%B2%80%ED%86%A0/ar-BB1i6smR?ocid=msedgdhp&pc=U531&cvid=bf482735187042738a1b0df0293b1a91&ei=16 (최종방문일: 2024.2.11.)

67) 의안번호: 2125972(제안일자: 2023.12.19.) 공직선거법 일부개정법률안(대안) 대안의 제안 이유를 다음과 같이 밝히고 있다: "현행법에는 빠르게 발전하는 인공지능(AI)을 활용한 딥페이크 영상과 관련된 규정이 없어, 선거운동에서 딥페이크 영상을 활용한 선거운동에 관한 사항은 중앙선거관리위원회의 「딥페이크 영상 관련 법규운용기준」에 따라 처리하고 있는 실정임. 딥페이크 영상의 경우 그 기술 수준으로 인하여 실제 후보자 영상과 구별이 어려워, 해당 영상이 딥페이크 기술을 활용한 것이라는 별도의 표기가 없을 경우 유권자들이 이를 실제 후보자의 영상으로 오인할 소지가 매우 높음. 이에, 선거운동 목적으로 실제와 구분이 어려운 딥페이크 기술을 이용한 가상의 영상 등을 제작하는 경우 등에 있어서는 해당 정보가 가상의 정보라는 사실을 명확하게 인식할 수 있도록 표시의무를 부과하고, 선거일 전 90일부터 선거일까지는 딥페이크 영상 등을 이용한 선거운동을 금지하며 이를 위반하는 경우 처벌하려는 것이다."

이 금지된다.

(5) 플랫폼에 의한 넛지와 여론 조작 가능성

위와 같은 대응 외에 '사상의 자유시장'을 유지·회복하기 위해서 플랫폼을 통해 정치에 대한 관심을 높이는 활동도 가능하다. 참고할 만한 예로서 2010년에 페이스북상에서 행해진 사회실험이 있다.[68] 미국 중간선거의 투표일에, 약 6,100만 명의 사용자를 대상으로 '오늘은 투표일입니다' 등의 특별 메시지를 표시시킨다는 것이다. 이 메시지가 표시되지 않았던 사용자들과의 비교 등으로부터 추계하면, 이 실험에 의해 투표자가 6만 명 증가하고, 2차적 효과를 포함하면 34만 명분이 증가했다고 한다. 이러한 사회실험을 바탕으로 비슷한 기능이 47개국 이상에서 도입되고 있다. 일본의 경우 2016년의 참의원 의원 선거 당시부터 페이스북상에 표시되게 되었다. 트위터 등 다른 플랫폼 사업자에도 비슷한 기능이 존재한다. 우리나라의 경우도 자신이 투표한 사실을 사진으로 SNS에 게시하는 투표 인증샷이 SNS 사용 연령층의 투표율 상승을 가져온다는 연구 결과가 있다.[69] 또한 페이스북은 2012년에 또 다른 사회실험을 실시하였다. 190만 명의 사용자를 대상으로 페이스북상에서 대통령 선거 투표일 3개월 전부터 정치 경제 뉴스의 표시 횟수를 증가시킨 결과, 다른 플랫폼 사용자들에 비해 투표율이 향상됐다고 한다.

이러한 기능은 선거에 있어서 사용자의 인식 계몽을 목적으로 하는 넛지(nudge)라고 말할 수 있다. 넛지는 개인 선택의 자유를 존중하면서도 개인이 더 나은 선택을 할 수 있도록 후견적으로 개입하는 것을 말한다.[70] 각자의 선택 범위를 극대화하려고 하는 자유지상주의(Libertalian)의 사상과 본인의 이익을 위해 타인이 개입하는 온정주의(Paternalism)는 일견 모순되어 보이지만, 미국의 헌법학자 캐스 선스타인은 양

---

68) Bond, Robert M., et al. "A 61-million-person experiment in social influence and political mobilization" *Nature* 489.7415 (2012): 295.

69) 최윤규, 이성원, "트위터와 매스 미디어의 정치정보 이용이 투표참여에 미치는 영향에 관한 연구", 「지방자치연구」 제17권, 2014.

70) 리처드 탈러, 캐스 선스타인 저, 안진환(역), 「넛지」, 리더스북, 2019; 넛지는 선택 설계자가 취하는 하나의 방식으로서, 사람들에게 어떠한 선택을 금지하거나 그들의 경제적 인센티브를 크게 변화시키지 않고 예상 가능한 방향으로 그들의 행동을 변화시키는 것이다. 넛지 형태의 간섭은 쉽게 피할 수 있는 동시에 비용도 적게 들어야 한다. 넛지는 명령이나 지시가 아니다. 이 한국어판에서는 Libertalian paternalism를 자유주의적 개입주의로 번역하고 있다.

립 가능하다고 설명하면서 자유주의적 온정주의로 넛지를 정의하고 있다.

위에서 본 넛지에 관한 실험이나 기능의 도입은 여론을 유도·조작하는 '디지털 게리맨더링(gerrymandering)'이 아닌가 하는 지적이 있다.[71] 게리맨더링이란 선거구 분할을 자의적으로 획정하여 특정 후보자·정당에 이익을 주는 것을 말한다. 1812년, 미국 매사추세츠 주지사의 엘브리지 게리가 자의적으로 선거구를 나눈 결과, 일부 선거 구간이 전설 속의 괴물인 샐러맨더와 같이 생긴 이상한 모양이 된 것에서 유래한다.[72] 아키텍처를 바꿔 간접적인 개입을 한다는 의미에서, 소셜 미디어의 정보환경을 바꾸는 것은 선거구 분할의 변동에 비유할 수 있는 사안으로 여겨지고 있어, 이를 디지털 게리맨더링으로 지칭할 수 있다. 예컨대 앞서 언급한 2010년에 행한 사회 실험에 의해서, 페이스북의 사용자층과 유사한 자유 진영 측에 유리하게 기능한 것이 아닌가 하는 비판이 일어난 적이 있다. 디지털 게리맨더링은 우리 헌법이 대의제 원리의 실현을 목적으로 하는 선거제도를 구현한다는 점에서 헌법에 위반되는 것이 아닌가 하는 문제가 있다. 우리 헌법재판소는 국회의원 지역선거구 선거구 획정에 있어서 게리맨더링 문제가 헌법 위반이 되는 기준을 제시하였다.

> "특정 지역의 선거인들이 자의적인 선거구획정으로 인하여 정치과정에 참여할 기회를 잃게 되었거나 그들이 지지하는 후보가 당선될 가능성을 의도적으로 박탈당하고 있음이 입증되어 특정 지역의 선거인들에 대하여 차별하고자 하는 국가권력의 의도와 그 집단에 대한 실질적인 차별 효과가 명백히 드러난 경우에는 그 선거구획정은 입법적 한계를 벗어난 것으로서 헌법에 위반된다."[73]

---

71) Zittrain, Jonathan. "Engineering an election." *Harv. L. Rev. F.* 127 (2013): 335.; 'From dark art to dark science': the evolution of digital gerrymandering, The guardian, 22 Aug 2021, https://www.theguardian.com/us−news/2021/aug/22/gerrymandering−us−electoral−districts−congress (최종방문일: 2023.12.12.); 손형섭 외, 「디지털 전환 시대의 법이론」, 박영사, 2023, 66면.

72) 헌재 1998. 11. 26. 96헌마74등 공직선거및선거부정방지법 [별표1]의 국회의원지역선거구구역표 위헌확인; 이 판례에서 개리맨더링이 일정한 집단의 의사가 정치과정에서 반영될 수 없도록 차별적으로 선거구를 획정하는 것이라고 언급하였다.

73) 홍완식, "선거제도 개편에 관한 연구−중대선거구제와 권역별 비례대표제를 중심으로−", 「법학연구」 제29권, 2015, 323면; 헌재 2014. 10. 30. 2012헌마192 등.

(6) 정보 환경 디자인

아키텍처를 통한 작용은 자기결정권이라는 헌법의 기본권에 관련된 질문을 다시 던진다. 우리가 지금까지 정치적인 이미지 전략에 부추겨져서 조종당하는 경우도 물론 있었지만, 지금까지의 정치 마케팅은 언론이나 표현의 형태를 취하고 있어서 일반 국민들에게 가시적인 경우가 대부분이었다. 그러나 개개인에게는 알기 어려운 형태로 아키텍처가 설정·변경된 경우는 모르는 사이에 자유 내지 자율성이 침식됨으로써 본인이 깨닫지 못하는 형태로 되어 있을 가능성이 있다.

이로 인해서 아키텍처를 의식할 수 있게 만들고 아키텍처 자체를 선택할 수 있는 자유를 확보하는 '메타 자기 결정론'의 접근법이 고려될 수 있다.[74] 이것은 자유주의적 온정주의(Libertalian paternalism)로서의 넛지를 강화하고, 정교하게 만드는 것이기도 하다. 위에 언급한 페이스북 사례에서도, 실제로 도입한 기능은 사용자에게 있어 선택기회가 되는 옵트인 형식이었던 점을 주목할 필요가 있다. 메타 자기 결정을 누가 어떤 방식으로 실행할 수 있는지, 메타 자기 결정을 실시하는 환경으로서의 아키텍처가 부당한 경우에는 어떻게 해결해야 하는지, 만일 아키텍처의 설계자가 해외 사업자였을 경우에 강제 집행은 할 수 있는지 등의 과제가 산적하고 있다. 헌법의 입장에서 보면 기업이 소유·관리하는 아키텍처를 어떻게 통제해 나가야 하는지에 관한 문제가 될 수 있다. 반면, 기업이나 기술자의 입장에서 보면 어떤 식으로 기술적·사회적 규칙을 형성하는 데 영향을 미쳐서 사회적 신뢰를 확보할 수 있는가 하는 문제가 된다.

3. AI의 디지털 지배

AI 시스템이 성숙해지면 극단적으로는 자기 결정은 필요 없어진다는 주장도 나타날 수 있다. 우리의 행복에 대해 우리 이상으로 잘 알고, 배려하고, 확실하게 실행해 주는 시스템이 있다면, 우리에게 과연 국민의 의사(will)가 필요한가 하는 의문도 제기될 수 있기 때문이다.[75] 인간들이 자신이 바라고 있는 것을 제대로 이해하지 못하

---

74) 大屋雄裕「ロボット・AIと自己決定する個人」、弥永真生·宍戸常寿編「ロボット·AIと法」 (有斐閣、2018年)
75) 뇌중심주의 입장에서 보면 인간을 물리적 화학적 지배를 받는 유전자, 호르몬, 뉴런으로 구

거나, 의사 무능력이나 심신미약으로 인해 장기목표에 도달하기 어렵거나, 인간이 전체를 보지 못하고 부분적인 최적의 결정밖에 하지 못하는 한계를 지닌 것을 감안한다면, 자율이나 자기 결정이 행복추구권에는 오히려 마이너스 요인이 될 가능성도 있다. 이와 같이 AI가 선거 제도의 전제를 변경할 수 있는지의 문제는 AI와 선거제도의 변화와 개선 필요성까지 연결된다. AI와 알고리즘이 보급·침투되고 있는 현재의 정보환경은 정치 마케팅의 방식을 변화시켜 왔다. 그로 인해서 과연 켈젠의 구상을 뒤흔드는 사회 변화가 올 것인지, AI를 둘러싼 상황이 우리에게 쏟아내는 과제를 깊이 고민하고 법제도를 설계할 필요가 있다.

 결론

인공지능이 사회 곳곳에 침투하면서 이제는 어느 분야든 인공지능이 빠지면 시대에 뒤떨어지는 것 같은 사회 분위기가 형성되었다. 인공지능의 발전은 멈출 수 없는 질주가 될 전망이므로, 위에서 살펴본 바와 같이 헌법상 통치 구조를 구성하는 정치 영역에도 인공지능의 영향은 점차 커질 수밖에 없을 것이다. 과학기술의 발전과 산업적 관점에서 인공지능의 진보는 피할 수 없는 현실이지만 그 유용성은 유지하면서도 자유민주주의, 권력분립, 선거제도, 국가기관 간의 권력구조에 부정적 영향을 최소화하는 노력이 병행되어야 할 것이다. AI법 제정에 잠정적으로 합의한 EU와 같이[76] 법률로서 인공지능의 진보에 따른 위험성을 제어하면서 안전하고 신뢰가능하며 헌법적 가치를 구현하는 인공지능의 사회적 수용을 추구하면서도, 고착화된 법률의 형태 이전에 충분히 국가와 사회 간에 민주적 논의가 지속될 수 있도록 하는 노력도 필요하다.

성된 존재라고 가정하면 더욱 인간의 자기결정을 추동하는 자유의지는 부인되거나, 자유의지를 인정할 필요도 없다고 방향까지도 주장이 가능할 수 있다. 필자가 그렇게 주장하는 것이 아니라, 과학기술적으로 발견된 결과를 가지고 도출 가능한 규범적 해석과 주장을 의미하는 것이다. 엄주희, 「뇌 신경법학」, 박영사, 2024, 10면; 한희원, "인공지능(AI)의 법인격 주체 가능성의 이론적 기틀에 대한 기초 연구", 「중앙법학」 제20집 제3호, 2018, 385면.
76) "EU, 세계 최초 포괄적인 AI 규제 도입", ESG 경제, 2023.12.14.일자.

참고문헌

김윤명, 「블랙박스를 열기 위한 인공지능법」, 박영사, 2022

김광수, 「인공지능법 입문」, 도서출판 내를 건너서 숲으로, 2021

김민정, "유럽연합의 온라인 허위조작정보(disinformation) 자율규제 사례 고찰", 「언론과 법」 제19권 제1호, 2020

리처드 탈러, 캐스 선스타인 저, 안진환(역), 「넛지」, 리더스북, 2019

마크 코켈버그, 배현석(역), 「인공지능은 왜 정치적일 수밖에 없는가」, 생각이름, 2023

박용상, "언론의 자유와 공정한 재판", 「헌법논총」 16집, 2005

성낙인, 「헌법학」, 법문사, 2007

손형섭 외, 「디지털 전환 시대의 법이론」, 박영사, 2023

아즈마 히로키, 안천(역), 「일반의지 2.0,」, 현실문화, 2012

야마모토 야스마사 , 신현호(역), 「빅테크 미래보고서 2025」, 반니, 2022

엄석진 등, 「AI와 미래행정」, 박영사, 2021

엄주희, 「뇌 신경법학」, 박영사, 2024

_____, "헌법상 복지국가에서 돌봄의 제도적 구현:: 대전환기의 공법적 대응을 중심으로", 「법제」, 2023

오병철 외 4인, 「인공지능과 법」, 연세대학교 출판문화원, 2023

오세용, 「인공지능 시대: 법관의 미래는?」, 박영사, 2022

오세욱, "집중점검: 팩트체킹, 팩트체킹의 현재와 자동화한 팩트체킹", 「신문과 방송」, 2017

오세혁, 「법철학사」, 세창출판사, 2012

이권일, "소셜 네트워크 시대에 가짜뉴스(fakenews) 규제에 관한 헌법적 고찰 ‒ 독일의 (Netzwerkdurchsetzungsgesetz:)에 대한 분석을 중심으로‒", 「공법학연구」 제20권 제1호, 2019

전광석, 「한국헌법론」, 집현재, 2019

최윤규, 이성원, "트위터와 매스 미디어의 정치정보 이용이 투표참여에 미치는 영향에 관한 연구", 「지방자치연구」 제17권,

한스 켈젠 저, 김효전 역, "정의란 무엇인가", 「동아법학」 제76호, 2017

한희원, "인공지능(AI)의 법인격 주체 가능성의 이론적 기틀에 대한 기초 연구", 「중앙법학」 제20집 제3호, 2018

허　영, 「한국헌법론」, 박영사, 2020

허　영, 「헌법이론과 헌법」, 박영사, 2021

홍완식, "선거제도 개편에 관한 연구‒ 중대선거구제와 권역별 비례대표제를 중심으로‒",

「법학연구」 제29권, 2015

Bond, Robert M., et al.(2012) "A 61－million－person experiment in social influence and political mobilization", Nature 489.7415

Eli Pariser. (2012) The Filter Bubble: How the New Personalized Web Is Changing What We Read and How We Think, Penguin Books

Harfoush, R.(2009). Yes We Did! An inside look at how social media built the Obama brand, San Francisco: New Riders

Zittrain, Jonathan (2013) "Engineering an election." Harv. L. Rev. F. 127

Mike Ananny & Kate Crawford (2015) "A Liminal Press", Digital Journalism, 3:2

Nemitz P. (2018) "Constitutional democracy and technology in the age of artificial intelligence". Phil. Trans. R.Soc. A 376: 20180089

Sunstein, Cass R. (2001). Republic.com. Princeton: Princeton University Press

Tufekci, Zeynep.(2014) "Engineering the public: Big data, surveillance and computational politics." First Monday [Online],19.7: n. pag. Web. 21 Jul. 2017

若林恵, "ニーズに死を", 「さよなら未来 エディターズ・クロニクル 2010－2017」 (岩波書店、2018年)

大屋雄裕, "ロボット・AIと自己決定する個人"、弥永真生・宍戸常寿編 「ロボット・AIと法」 (有斐閣、2018年)

2장

인공지능 시대의 헌법상
기본권 규정의 개정 방향

 I 서론

　마스크의 일상화, 재택근무·원격수업·화상회의 등 비대면 생활 원칙의 활성화 등 2020년 전 세계를 강타한 코로나 사태(COVID－19 팬데믹)는 우리의 일상을 전격적으로 바꾸어놓았다. 감염병 확산을 방지하기 위해 사회적 거리두기와 비대면 일상이 권장되면서, 이제까지 통상의 삶이었던 대면 사회를 대신하여 모든 일상에 디지털 기술의 도입하는 온택트(on－tact) 흐름이 뉴노멀이 되었다. 뉴노멀이라는 용어는 새로운 표준이라는 의미로, 2008년 글로벌 금융위기 이후 펼쳐진 저성장, 저금리, 고규제 경제환경을 대변하는 새로운 경제 질서를 의미하는 지칭하는 데서 유래했고,[1] 코로나 사태 이후 개인의 물리적 생활 범위는 축소되고 비대면 접촉이 활성화된 인간 생활과 행동의 변화, 이것이 새로운 표준이 된 것을 가리키는 데 광범위하게 사용되고 있다.[2] 뉴노멀 시대에는 인간이 담당하던 많은 부분들이 인공지능으로 대체될 것으로 전망되고, 4차 산업혁명의 핵심 기술들이 생활 속에 익숙해지고 디지털 사회로의 대전환의 속도가 가속화되면서 일상의 모든 삶이 디지털 기술과 더불

---

1) 서용구, "뉴 노멀 시대와 기업윤리", 「기업윤리 브리프스」 2018－2월호, 2018, 1면.
2) 김주현, "자율·자치·우정의 공동체를 조직하는 뉴노멀 시대의 인문학", 「한민족문화연구」 73권, 2021, 7－8면; 법학 관련한 논문에서는 법전원 체제 도입과 인공지능 시대의 도래로 인해 맞게된 법학 교육의 위기상황, 이를 극복하기 위한 대안을 지칭하는 용어로 뉴노멀을 표현하였다. 윤성현, "학부 헌법판례교육의 뉴노멀(New Normal)을 찾아서 － 학부생 설문조사 결과 분석과 대안 모색", 「법교육연구」 제16권 제1호, 2021, 67면.

어 이루어진다.3) COVID-19 감염병 사태(이하, 코로나 사태)가 세상을 완전히 변화시킨다기보다는, 이 감염병이 창궐하기 전부터 일어나고 있던 변화를 가속하고 결과적으로 다른 변화를 촉발하게 된다. 이 변화가 코로나 사태 이전과 코로나 사태 이후로 분리할 정도로 급격하면서도 단절적인 형태를 띠게 된다는 점에서,4) 뉴노멀 시대의 시작이라고 칭할 수 있다. 코로나 사태가 가라앉는다고 하더라도 다른 신종 감염병이 끊임없이 자주 등장할 것이라는 전망과 기후변화와 식량부족 등의 글로벌 이슈에 대응하여 경제, 정치, 사회, 환경, 제도 모든 영역에서 변화를 맞게 된다. 세계가 복잡하게 서로 연결되어 있다는5) 글로벌 전환, 디지털 기술·사물인터넷·로봇·인공지능·빅데이터 등으로 대변되는 4차산업혁명에 의한 기술 전환, 저출산 고령화 사회의 인구 전환 그리고 이로 인해 나타난 현상으로서 저성장 추세와 불평등 추세는 뉴노멀이라는 새로운 표준을 형성한다.6) 뉴노멀을 일으키는 변화의 힘이 강력하고 지속적이기 때문에7) 뉴노멀 사회에 대응하는 기본권 보장 체계에 대해서 새로운 검토가 필요하다.

　1987년 헌법 개정을 마지막으로 현재까지 유지되고 있는 헌법 조항에 대하여 1987년 헌정 체제의 한계와 그에 따른 헌법 개정의 필요성을 요구하는 목소리는 지속적으로 이어져 왔다. 헌법학계에서도 몇 차례 헌법개정연구위원회를 결성, 발족하여 헌법개정안 연구결과를 발표했던 바 있다.8) 가장 최근 헌법개정안이 발표되었던

---

3) 교육 분야에서는 온라인 교육의 확대와 이로 인한 대학교육 운영(수요자 요구 기반의 교육 운영 등)이 고등교육의 뉴노멀이 될 것이라 전망되는데, 이러한 변화는 4차 산업혁명과 디지털 대전환의 시대적 배경에 코로나 사태가 겹쳐지면서 증폭된 것으로 설명한다. 노일경·정혜령·우영희, "포스트 코로나 시대 대학교육의 뉴노멀로서 온라인교육 시행의 지속가능성에 대한 탐색", 「학습자중심교과교육연구」 제21권 제17호, 2021, 246-254면.
4) 클라우스 슈밥 등 2인, 「클라우스 슈밥의 위대한 리셋」, 메가스터디, 2021, 16-17면.
5) 슬라보예 지젝, 이택광, 「포스트 코로나 뉴노멀」, 비전CNF, 2020, 93-98면.
6) 이일영, 정준호, 「뉴노멀」, 커뮤니케이션북스, 2017, xiii.
7) 윤기영, 이명호, (사)미래학회, 「뉴노멀」, 책들의정원, 2020, 9-11면.
8) 헌법학계의 헌법개정 참여 이력을 살펴보자면, 한국헌법학회의 경우에 2006년 2월 헌법개정연구위원회를 발족하여 분과별고 연구결과를 발표(한국헌법학회 제40회 학술대회, 「헌법개정의 과제와 전망」, 2006. 3. 24.)하였고, 한국공법학회도 위원회를 구성하여 연구결과를 발표(한국공법학회 제129회 학술발표회, 「통일시대를 대비한 헌법개정의 방향」, 2006. 5. 20.)한 바 있다. 2017년 12월에는 가칭 '헌법개정특별위원회'를 출범시켜 2018년 1월 헌법개정연구위원회가 공식적으로 활동하여 같은 해 3월 국회에서 헌법개정안 연구결과가 발표되었다. 2020년에는 이 헌법개정연구위원회의 활동 결과물이 출판되기도 하였다(한국헌법학회 헌법개정연구위원회, 「헌법개정연구」, 박영사, 2020).

것은 2018년 대통령 발의 헌법개정안과 한국헌법학회 헌법개정연구위원회에서 제안한 헌법개정안으로서 코로나 사태 이전이었기 때문에, 2021년 뉴노멀 시대를 주제로 한 헌법학자대회를 맞이하여, 코로나 사태 이후 온택트 환경이 일상화된 뉴노멀 시대에 헌법개정 방향에 대해서도 살펴보는 것이 의미가 있다. 2021년 올해 한국헌법학회 회원을 대상으로 실시한 헌법 개정 관련 인식 조사 결과에서도 개헌에 찬성하는 이유로 새로운 기본권 등의 인권 보장 강화라는 응답이 57.9%로 가장 높게 나타났고, 대통령 또는 국회의 권한이나 임기 조정 49.3%, 공정 등 사회갈등 해소를 위한 가치 제시 27.4%, 국민의 직접 민주주의적 참여 확대 20.5% 등의 이유가 다음으로 꼽혔다.9) 언론사에서 올해 9월에 여론조사기관에 의뢰한 일반인 대상의 여론조사에서도 개헌 찬성 사유로 '생명권, 안전권, 환경권, 양성평등권 등 새 시대 국민 기본권 확대'가 가장 높은 비율로 나타났다.10) 새로운 기본권 논의의 등장 배경과 원인에는 4차 산업혁명으로 대변되는 첨단 과학기술의 약진과 그로 인한 사회변화가 존재한다. 이와 같이 뉴노멀 시대의 기본권 개정에는 과학기술의 발전과 이에 따라 새롭게 등장하거나 기존 기본권 조항이 개선되어야 점을 검토하여11) 기본권 보장성을 강화하는 면에서 국민적 컨센서스 도출이 가능해야 하고,12) 디지털 온택트 환경이 사회 전면에 적용되면서 요구되는 기본권이면서도 헌법재판을 통하여 승인되어 헌법적 의미를 가지는 것을 반영하는 방향을 고려해야 한다.13)

---

9) "헌법 전문가 76.9% 개헌 필요", 법률신문, 2021.6.3.일자. https://www.lawtimes.co.kr/Legal−News/Legal−News−View?serial=170483(검색일자: 2021.9.20.)

10) "34년 된 헌법 바꾸자 67%, 대통령 권한 분산 52%[리셋코리아]", 중앙일보, 2021.10.25.일자 https://www.joongang.co.kr/article/25017753 · home (검색일자: 2021.10.25.)

11) 안경환, 「법과 사회와 인권」, 돌베개, 2016, 120면; 박기주, "제4차 산업혁명시대 새로운 과학기술헌법의 의미와 가치", 「법제」 통권 제683호, 2018, 72면; 21세기는 과학기술에 대한 헌법적 보호가 인류의 중요한 관심사로 떠올랐고, 인류의 삶 전체의 유형을 변화시키는 과학기술의 창달이 헌법의 핵심적 과제가 되었다. 21세기 헌법의 과제로 과학기술의 창달, 국제적으로 개방된 사회에서 국제인권법의 헌법적 보장, 개인의 프라이버시권의 보장과 정보통신 고도화 사회에서 정보보호, 문화와 환경의 권리 보장을 들 수 있다. 인공지능과 데이터 경제의 부상은 지능정보사회에서의 새로운 헌법 체계와 국가와 과학기술간의 관계를 규정한 헌법 제127조를 새롭게 조명해야 할 필요성을 요구하고 있다.

12) 엄주희, "혼인과 가족생활에 관한 소고−헌법재판소 결정과 헌법 개정 논의를 중심으로", 「연세법학」 제33호, 2019, 173면.

13) 전광석, "헌법개정의 역사와 이론", 「헌법재판연구」 제5권 제1호, 2018, 211−212면. 어떠한 권리가 기본권 헌법 개정에 앞서서 입법화되는 것이 더 국민친화적이며, 헌법재판을 통해 승인되면 헌법적 의미를 가질 수 있겠지만, 헌법 개정의 기회가 온다면 헌법정책적인 중요성

헌법은 역동적으로 변화하는 구체적인 헌법 현실을 반영해야 하지만, 당위로서의 규범 형성을 통해 국가공동체를 통합하고 유지하는 과제를 가지고 있다. 코로나 사태 이후 디지털 온택트가 뉴노멀로 자리 잡은 헌법 현실에서 기본권의 개정 방향은 인권 보장을 실질적으로 강화하는 방향으로 이루어져야 한다. 아래에서는 뉴노멀 시대에 대응하는 시대정신을 반영하는 기본권을 중심으로, 대한민국 헌법 제정 이후 학계와 판례로 지속적으로 논의되고 기본권으로 자리매김하였으나 기본권 목록에 명문화되지 않은 새로운 기본권들을 헌법 조문으로 반영하고 현행 조문의 개선점을 검토함으로써[14] 기본권 규정의 개정 방향을 제안해 보도록 하겠다.

 Ⅱ   기본권의 주체와 효력

1. 기본권 주체의 문제

현행 헌법의 기본권 조항은 그 종류와 성격을 불문하고 국민을 주체로 규정하고 있다. 기본권이 인권사상과 자연법사상에서 기원하고 있고, 기본권의 성질상 대한민국 국적을 가진 자에 한하여 보장되어야 할 필요가 있는 경우에 구분할 수 있도록 헌법적 지침을 제공할 필요도 있으므로 성질에 따라서 기본권 주체를 달리 명시할 필요가 있다. 현행 헌법상의 '국민'을 성질상 국적과 무관하게 모든 인간이 당연히 누려야 할 기본권에 대해서는 '사람', '인간' 또는 '누구나', '누구든지' 등으로 표기하고, 참정권과 같이 성질상 대한민국 국적을 가진 자에 한하여 보장해야 할 기본권에 대

을 가지는 새로운 기본권을 헌법 개정이라는 수단을 통해 도입하여 사회변화를 수용하는 것도 바람직하다고 보여진다. 그런 의미에서 뉴노멀 시대의 사회변화를 수용하는 의미로 헌법 개정의 방향을 제안해 보았다.

14) 헌법의 개정에는 학계에서 선행된 연구의 결과로 기본권성이 확인되고, 헌법재판소에서 판례로 확인되면서도 비교법적 검토를 거쳐 국제인권법상의 인권으로 확인한 것을 바탕으로 헌법 정책적 검토가 필요하다(허종렬, "교육기본권 영역의 헌법 개정 문제 검토", 「헌법학연구」 제12권 제4호, 2006, 257 – 258면). 본 장에서 제시하는 뉴노멀에 대응하는 기본권의 개정 방향을 제시하는데도 이와 같이 헌법학계의 연구결과, 국가기관,헌법학회 등에서 제안된 개헌안의 연혁, 헌법재판소의 결정례, 유럽연합 인권 헌장 등 국제인권법과 해외 헌법 조문의 검토 과정을 거치는 연구 방법을 취하였다.

해서는 '국민' 또는 '대한민국 국민인 자'는 등으로 구분해서 규정하는 것이 바람직하겠다. 헌법재판소가 외국인의 기본권 주체성을 인정한 기본권으로는 인간으로서의 존엄과 가치, 행복추구권, 신체의 자유, 주거의 자유, 통신의 자유, 종교의 자유, 양심의 자유, 사생활의 비밀과 자유, 학문과 예술의 자유, 재판을 받을 권리 등과, 뒤에 새로 신설되어야 하거나 새로운 기본권으로 명시될 필요가 있는 생명권, 안전권, 정보기본권, 환경권 등은 국적과 상관없이 모든 인간이 누려야 할 기본권이다.15)

2. 기본권의 대국가적 효력의 명시

1962년 헌법 제8조는 "모든 국민은 인간으로서의 존엄과 가치를 가지며, 이를 위하여 국가는 국민의 기본적 인권을 최대한 보장할 의무를 진다"고 하고, 1980년 헌법 제9조는 "모든 국민은 인간으로서의 존엄과 가치를 가지며, 행복을 추구할 권리를 가진다. 국가는 개인이 가지는 불가침의 기본적 인권을 확인하고 이를 보장할 의무를 진다"고 규정하면서, 현행 헌법 제10조로 이 규정이 그대로 명시되고 있다. 여기에서 인권을 보장해야 할 국가의 의무를 명시하는 형식으로 조항이 구성되어 있는데, 이는 입법권, 집행권, 사법권 등의 공권력을 행사하는 국가기관들이 기본권에 구속된다는 의미로 해석되지만, 이는 해석으로 인정될 뿐이다. 독일기본권 제1조 제3항에서 "기본권은 직접 효력을 갖는 법으로서 입법, 집행권 및 사법을 구속한다"고 규정하거나 스위스 헌법 제35조에서 "국가의 사무를 수행하는 자는 기본권에 구속되며 그 (기본권의) 실현을 위하여 기여할 의무를 진다"는 규정을 참고하여 본다면,16) 뉴노

---

15) 허종렬·엄주희·박진완, "헌법상 기본권 개정안 논의 동향과 성과 검토 – 2018 한국헌법개정연구위원회 기본권분과위원회의 활동을 중심으로", 「법학논고」 제63집, 2018, 114면.

16) 김명식, "기본권 조항 개정의 쟁점", 「성균관법학」 제23권 제2호, 2011, 13면; 헌법 제10조 제2문(국가는 개인이 가지는 불가침의 기본적 인권을 확인하고 이를 보장할 의무를 진다)의 기본권 보장의무가 대국가적 효력을 규정한 것으로 보는 견해도 있고, 독일과는 달리 사회적 기본권을 다수 명문화하고 있는 우리 헌법 규정에 독일기본법과 같은 대국가적 효력규정을 두는 것이 문제가 있다거나 우리나라가 국가권력으로부터 자유를 쟁취하여 권리개념을 확보한 역사적 경험이 부족하다고 하다고 하면서 10조 제2문의 해석을 통해 기본권 보호의무를 내포한다고 보아 해결할 수 있다는 견해도 있으나(김대환, "기본권과 기본의무의 개정 필요성과 방향", 「헌법학연구」 제16권 제3호, 2010, 42면) 이는 뉴노멀 시대가 도래하기 전에 검토한 의견이기 때문에, 뉴노멀 시대에 기본권의 효력을 명시해야 할 필요성은 더 증가하였다.

멀 시대에 부지불식간 부지불식간에 국가권력에 의한 기본권 침해와 제한의 방식과 가능성은 다변화하고 증가하였기 때문에, 기본권의 효력을 학설과 해석에 맡겨두기 보다는 조문에 명확히 규정하여 국가기관의 기본권 보장 책임을 상기시키는 것이 바람직하다고 사료된다. 입법권, 집행권 및 사법권을 구속하는 기본권의 대국가적 효력이 명시될 필요가 있다.[17]

3. 기본권의 대사인적 효력의 명시

기본권은 국가권력을 구속할 뿐 아니라 사인 간의 관계에서도 간접적으로 적용된다고 보는 것이 학계의 통설이다.[18] 기본권이 법관이 재판을 하는 경우에도 구속력 있는 기준이 되어야 한다는 의미이다. 헌법학계에서 인정되고 있더라도 구체적 사건에서는 법관이 기본권의 대사인적 효력을 인정하지 않으면 이를 보장받을 방법이 없게 된다는 문제가 있고, 사인으로부터의 기본권 보호가 필요한 상황에서도 입법으로 해결되지 못하는 경우에 전적으로 헌법의 해석에 맡겨져 있는 상황이기 때문에 헌법 조문에 명문으로 규정할 가치가 있다.[19] 스위스 헌법의 경우 제35조 제3항에서 "기관은 기본권이, 그것이 그러하기에 적합한 한, 사인 간에도 유효하도록 노력하여야 한다"라고 명시하고 있다. 디지털 대전환이 이루어진 뉴노멀 시대에 디지털이 융합된 기술들이 속속 개발되면서 입법으로 이에 대한 규제가 이루어지기 전의 미성숙한 기술의 단계에서 사인 간의 기본권 침해가 발생할 가능성은 충분히 존재한다. 어떤 새로운 첨단 기술의 등장과 이에 대한 규율에 대해 사회적 합의가 이루어지기 전이라도 대사인적 효력의 존재는 기본권 보호를 충실히 하는데 기여할 수 있다. 예컨대 홍보회사가 소비자들의 생각을 조정하여 마케팅에 활용하는 뉴로마케팅이나, 근로자

---

17) 김선택, "기본권 일반규정의 개정방안 연구", 「헌법학연구」 제12권 제4호 (2006), 121면; 윤재만, "기본권보장제도 디자인으로서의 헌법개정", 「헌법학연구」 제16권 제2호, 2010, 244면; 법원의 결정을 헌법소원의 대상에서 제외함으로써 법원에 의한 기본권침해를 헌법재판소가 다룰 수 없다는 데 대한 문제는 헌법재판소법의 개정으로도 해결할 수 있다고 보인다. 김일환, "헌법개정을 위한 기본권 관련 쟁점에 관한 고찰", 「세계헌법연구」 제16권 제2호, 2010, 81면; 김명식, "기본권 조항 개정의 쟁점", 「성균관법학」 제23권 제2호, 2011, 14면.
18) 김명식, "기본권 조항 개정의 쟁점", 「성균관법학」 제23권 제2호, 2011, 14면.
19) 김대환, "기본권과 기본의무의 개정 필요성과 방향", 「헌법학연구」 제16권 제3호, 2013, 43 - 44면.

의 동기와 취향을 읽어내고 이를 조정하려고 디지털 기술을 활용하려는 기업이나 노동조합 등의 단체, 소비자의 사용 패턴을 축적하고 소비자를 조정하려는 빅 테크 기업들의 경우와 같이 뉴노멀 시대에는 현재 명확하게 입법으로 규율되지 못하는 영역의 불안정한 기술들과 이와 관련되어 사인 간의 기본권의 위협 양상들은 다채롭게 등장하고 있고, 이를 입법으로 규율하기 전 단계에서도 기본권으로 보호할 수 있도록 대비할 필요가 있다.20) 기본권들에 대한 사인들 간에 침해에 대해서 대응하기 위해서 대사인적 효력을 헌법에 명시함으로써 명확하게 할 필요가 있고 이를 통해서 국민과 국가기관에 기본권 의식과 경각심을 고취하는 기능도 기대할 수 있을 것이다.21)

Ⅲ　개별 기본권 규정의 개정 방향

1. 포괄적 기본권: 인간의 존엄과 가치와 행복추구권, 열거되지 아니한 자유

　헌법은 국가공동체를 유지 존속하는 데 필요한 이념적 기초이면서 헌법 전반을 지배하는 총체적 지도 원리로서 헌법 원리를 규정하고 있는데, 우리 헌법을 형성하는 근본원리는 '인간의 존엄성 존중'이며 이에 대해서는 학자들 간 일치된 견해로 보인다. 행복추구권은 1962.12.26. 헌법 제6호에서 인간의 존엄과 가치 규정과 국가의 기본적 인권 최대한 보장의무 규정이 처음 도입된 후, 1980.10.27. 헌법 제9호에서

---

20) 엄주희, "뇌신경윤리에 관한 법제 연구", 법제 통권 제683조, 2018, 22-23면.
21) 정태호, "권리장전의 개정방향", 「공법연구」 제34권 제4-2호, 2006, 118-119면, 140면; 기본권해석론이 성과를 헌법에 명시함으로써 국민과 국가기관에 대한 교육기능을 수행할 수 있을 것으로 기대감을 밝힌 학자도 있다. 헌법 조문으로 명시하지 않고 헌법의 해석으로만 남겨 놓을 경우에 학자들 간에 견해가 일치하지 않고, 사안이 발생할 때마다 수시로 헌법 해석을 놓고 분분히 논쟁하게 되기 때문에, 이미 기본권의 보호의 측면에서 판례나 학계의 연구 등으로 충분히 논의되어 사회적 경험적으로 승인되었다고 보여지는 내용은 헌법정책적으로 헌법 개정을 통해 조문화할 필요가 있다. 실질적 의미의 기본권이란 '보편적 효력을 갖는 인권에 그 이념적 기초를 두고 있어 사회적으로 승인 관철되고 입법자도 마음대로 개폐할 수 없도록 헌법에 규정해야 할 만한 중요성을 가지는 권리'로 정리되는데, 이같은 중대성을 같은 권리와 그에 대한 보호는 헌법 개정의 기회에 헌법 조문으로 명시해야 한다는 것이다.

행복추구권이 추가되고, 국가의 기본적 인권 최대한 보장의무가 기본적 인권 확인의무 규정으로 수정되면서 현행 헌법과 같은 조문형식을 취하게 되었다. 행복추구권에 대해서 헌법의 체계와 맞지 않으므로 삭제해야 한다는 학설이 있지만, 이미 행복추구권을 기초로 구체적 기본권으로 도출하는 방식으로, 헌법재판소 결정에서 여러 차례 확인되면서 확고하게 자리매김하였기 때문에 굳이 삭제하기보다는 헌법의 대전제로 수용하는 것도 전체 기본권 질서에도 부합한다. 이에 대해서 2014년 국회 헌법개정자문위원회 개헌안, 2017년 국가인권위원회 개헌안, 2018년 헌법학회 헌법개정위원회 개헌안에도 이와 같이 인간의 존엄과 가치와 행복추구권 조항을 그대로 유지하고 있다.

열거되지 아니한 자유와 권리(제37조 제1항) 및 기본권 제한과 제한의 한계를 규정(제37조 제2항)한 현행 규정의 경우 국가안전보장이 질서유지에 포함되는 개념이므로 삭제하자는 견해도 있다. 그러나 이 조항을 학설과 헌법재판소에서 기본권 제한 사유로 계속 인정하고 있고, 다른 기본권과 함께 언급함으로써 기본권 목록에 열거되지 않은 새로운 기본권 도출의 근거로 인정하면서 조문의 효용이 있으며 계속 변화하는 헌법 현실에 따라 기본권 보장 체계의 개방성을 반영하는 의미로도[22] 현행대로 유지하는 것이 바람직하다고 사료된다. 2014년 국회 개헌안과 2018년 헌법학회 개헌안도 동일한 입장이고, 다만 조문의 한글화를 도모했던 2017년 국회인권위원회 개헌안에서는 '법률로써'를 '법률로' 정도로 자구를 수성했을 뿐이다.

2. 생명권, 정신적 자유·온전성에 관한 권리 신설

생명은 인간의 육체적 존재 형식으로 죽음과 반대되는 것이고, 생명권은 생명을 누릴 수 있는 권리로서, 국가를 포함하여 타인으로부터 본인의 생명을 지킬 수 있는 방어권과 국가의 생명보호청구권 그리고 포기불가성을 내용으로 하는 개인의 권리이며 주관적 공권이다.[23] 생명권은 1776년 미국독립선언서에 처음으로 등장하였고, 독

---

22) 최유경·김주영, "헌법상 기본권 보장체계의 개방성에 관한 소고 – 헌법에 열거되지 아니한 권리의 헌법적 보장의 측면에서", 「세계헌법연구」 제21권 제3호, 2015, 141, 149, 152면.
23) 박은정, "자유민주주의 실현을 위한 헌법개정의 방향", 「헌법학연구」 제10권 제1호, 2004, 88면; 엄주희, "생명권의 헌법적 근거와 연명치료중단에서의 생명권의 보호범위", 「헌법학연구」 제19권 제4호, 2013, 292면.

일기본권[24]이나 유럽연합헌법에서도 생명권과 신체를 훼손당하지 않을 권리를 헌법상 명시하고 있다. 그동안 우리 헌법의 해석으로만 인정되어 오던 생명권은 뉴노멀 시대에도 새롭게 조명되어야 한다. 뉴노멀 시대를 불러온 코로나 사태의 이면에는 현대 생명과학기술의 발전이 놓여있다. 과학의 발전과 그 효용은 필수불가결하지만, 그로 인해 초래될 수 있는 생명에 대한 심각한 위협과 대규모 생명 침해와 생명의 희생이 발생할 수 있다는 점을 감안할 때, 국가의 기본권의 보호의 제1선에는 생명권이 존재해야 하므로, 헌법상 생명권을 명시해야 할 필요가 있다.[25] 생명권이 인간의 생존과 인간의 존엄에 가장 바탕이 되는 선험적이고 전제적인 권리라는 점에서 생명권의 근거조항을 헌법의 다른 기본권 조항에서 끌어오는 것은 바람직하지 못하다. 생명권을 명시적으로 규정한다고 해서 생명권을 일반적인 법률유보가 불가능한 절대적 기본권으로 인정해야 한다는 의미가 아니기 때문에 다른 기본권과 마찬가지로 필요한 경우 법률로써 제한되는 기본권 제한의 원리가 작동할 수 있다.[26]

뉴노멀의 시대에는 눈에 보이지 않는 방식으로 사람의 생각에 개입하고 조정할 수 있는 기술들이 점차 현실화할 것이다. 사람의 뇌에 직접 개입하는 뇌−기계 인터페이스는 현재 연구개발이나 임상시험 단계를 거치고 있고, 이미 의료용으로 적용되거나 엔터테인먼트 상품으로 개발된 것도 존재한다.[27] 향후 기술이 더 발전하면 사람의 생각을 읽거나 조정하는 것이 더 용이하고 정신적인 자아정체성을 훼손하거나 본

---

24) 독일기본법 제2조 제2항 "모든 사람은 생명권과 신체를 훼손당하지 않을 권리를 가진다", 제102조 "사형은 폐지 된다" 유럽연합헌법 Ⅱ−2 제1항 "모든 사람은 생명권을 가진다", 제2항 "누구도 사형판결을 받거나 사형집행의 대상이 되어서는 안 된다"고 규정한다.

25) 윤재만, "기본권보장제도 디자인으로서의 헌법개정", 「헌법학연구」 제16권 제2호, 2010, 252면. 대한민국 헌법에 생명권 규정이 존재하지 않는 것은 국제적으로도 대한민국 헌법의 위상을 손상시킨다는 의견을 피력한 학자도 있다. 뉴노멀 시대에 동물을 포함하여 생태계에 존재하는 모든 생명에 대한 존중을 헌법 규정으로 명시할 것을 논의하는 단계인데, 정작 인간 생명권에 대한 명문의 규정이 없다는 것은 아이러니한 일이 아닐 수 없다.

26) 엄주희, "생명권의 헌법적 근거와 연명치료중단에서의 생명권의 보호범위", 「헌법학연구」 제19권 제4호, 2013, 288−289면.

27) 전황수, "뇌−컴퓨터 인터페이스(BCI) 기술 및 개발 동향", 「전자통신동향분석」 제26권 제5호, ETRI 한국전자통신연구원, 2011년 10월, 126−129; 뇌파 자극을 인식하는 장치를 통해 뇌파를 받아들이고 신호화 과정을 거쳐 뇌파를 분석해 입출력 장치에 명령을 내리는 과정을 통하여, 생각만으로 또는 눈 움직임만으로도 휠체어나 로봇과 같은 기계를 조작하거나 컴퓨터 자판을 입력을 하는 등의 활동이 가능하다. 호주의 기업에서 개발한 'Emotive EPOC'라는 헤드셋 형태의 비침습형 뇌 인터페이스는 뇌파를 통해 사람의 의도와 감정을 인식하고 이에 반응하면서 게임 인터페이스로 판매되고 있다.

인이 원치 않는데도 성격의 변화를 발생시킬 가능성도 있다.[28] 뉴노멀 시대에 속속 출시되고 상용화 되고 있는 첨단 과학기술은 인간의 정신적 자유에 큰 영향을 미치고 이에 대한 신체의 자유와는 별개로 정신적 자유의 보장이 헌법적으로 명시될 필요가 있다. 현행 헌법 규정에서는 양심의 자유, 종교의 자유, 학문 예술의 자유, 표현의 자유를 정신적 자유로 한정하고 있는데,[29] 외부의 간섭 없이 자유롭게 생각을 형성하고 본인의 의지대로 결정할 자유 내지 외부에 의해 생각이 조종당하거나 변경, 훼손되지 않을 자유, 즉 포괄적인 생각의 자유는 이 열거된 기본권의 영역에서 벗어나 있다. 현행 헌법상 규정된 양심의 자유란 인간의 윤리적, 도덕적 내심의 영역으로서, 일반적인 생각을 보호의 영역으로 삼고 있는 것은 아니다. 그것도 준법서약제 사건,[30] 양심적 병역 거부의 사건[31]와 같이 외부로 양심의 자유를 실현하려고 할 때 그 보호의 문제가 발생하는 것이지[32] 내면에 머물고 있는 생각이나 의사결정 전 단계의 일반적 생각을 보호의 대상으로 보는 것은 아니다. 헌법재판소는 신체의 자유에 포함되는 것을 암시하는 결정을 함으로써 간접적으로나마 정신적 온전성에 대한 기본권을 인정하는 것으로 해석할 수는 있다.[33] 그러나 정신적 온전성과 자유에 대한 명확한 조문으로 명시하는 것이 바람직하다고 보인다. 이와 같이 정신적 자유를 기본권을 규율하는 형식으로는 신체와 정신의 온전성 권리를 동시에 규정함으로써 정신적 자유에 대한 고려를 헌법에 반영한 2017년 국가인권위 개헌안,[34] 2018년 대통령

---

28) Nadine Liv, Neurolaw: Brain – Computer Interfaces, 15 U. ST. THOMAS J.L. & PUB. POL'Y 328 (2021). p.350.

29) 김문현, "정신적 자유권 관련 몇 가지 헌법재판소 결정에 대한 관견", 「공법연구」 제33권 제4호, 2005, 88면.

30) 헌재 2002. 4. 25. 98헌마425.

31) 헌재 2018. 6. 28. 2011헌바379 등 (병합).

32) 임지봉, "제3기 헌법재판소의 정신적 자유권 관련 판례성향분석", 「세계헌법연구」 제16권 제2호, 371면.

33) 엄주희, "4차 산업혁명 시대의 과학기술 발전에 따른 공법적 과제 – 신경과학 발전과 기본권 보호의 지형", 「연세법학」 제34호, 2019, 131 – 132면. "신체의 안정성이 외부로부터의 물리적인 힘이나 '정신적인 위험으로부터' 침해당하지 아니할 자유"라고 표현하고 있다. 헌재의 결정문의 표현을 자세히 곱씹어보면 신체적 안정성과 신체의 불훼손을 목적으로 정신적 위험에 빠진다는 형식을 회피하도록 한다는 것이지, 정신적 안정성 내지 정신적 자유 그 자체를 보호하는 것을 목적으로 하고 있다고는 해석되지는 않는다. 신체의 자유와 구별되어, 정신적 온전성도 유지할 수 있어야 하고 이에 대해 규정한 개헌안이 국가인권위 개헌안이다 (국가인권위원회, 「기본권보장 강화 헌법개정안 설명자료」, 2017.12, 51면).

34) 국가인권위 개헌안 제12조 모든 사람은 자신의 신체와 정신을 온전하게 유지할 권리가 있다.

개헌안,35) 유럽연합 기본권 헌장,36) 스위스 헌법,37) 스페인 헌법38) 등에서 찾아볼 수 있다. 2020년에 칠레에서는 정신적 완전성에 대하여 조작·침해받지 아니할 권리, 이른바 신경권(Neurorights)을 헌법의 기본권 조항으로 신설하는 헌법 개정안이 발의되어 2021년 10월부터 시행됨으로써,39) 세계 최초로 신경권을 헌법적 권리로 규율하게 되었다.40)

3. 안전권 조항의 신설

안전에 관한 권리는 위험으로부터 안전할 권리와 국가의 재해 예방과 보호 의무를

---

35) 대통령 개헌안 제12조 모든 사람은 생명권을 가지며, 신체와 정신을 훼손당하지 않을 권리를 가진다.

36) 유럽연합 기본권헌장 제3조(신체를 훼손당하지 아니할 권리) ① 누구나 자신의 신체적, 정신적 온전성을 침해받지 아니할 권리를 갖는다.
제4조(고문과 비인간적이고 굴욕적인 대우나 처벌을 받아서는 아니 된다.
제5조(노예제와 강제노동의 금지) ① 어떤 사람도 노예나 하인으로 삼아서는 안 된다. ② 어떤 사람도 강제노역 또는 의무노역을 강요받아서는 안 된다. ③ 인간매매는 금지된다.

37) 스위스헌법 제10조(생명권과 자유권) ② 모든 국민은 자유권, 특히 신체적·정신적 불가침 및 행동의 자유를 가진다. ③ 고문 및 기타 잔혹하고 비인도적이거나 품위를 손상하는 처우 또는 형벌을 금지한다.

38) 스페인헌법 제15조 모든 사람은 생명, 신체, 정신에 대한 완전한 권리를 가진다. 고문, 비인도적 혹은 굴욕적 형벌 또는 취급은 어떠한 경우에도 허용되지 아니한다.

39) "MINISTRY OF SCIENCE, TECHNOLOGY, KNOWLEDGE, AND INNOVATION LAW NO. 21.383 MODIFIES THE FUNDAMENTAL CHARTER, TO ESTABLISH SCIENTIFIC AND TECHNOLOGICAL DEVELOPMENT AT THE SERVICE OF PEOPLE", Official Journal of the republic of Chile, Oct 25, 2021 https://static1.squarespace.com/static/60e5c0c4c4f37276f4d458cf/t/6182c0a561dfa17d0ca34888/1635958949324/English+translation.pdf ; "Chile becomes first country to pass neuro-rights law", JURIST, October 2, 2021https://www.jurist.org/news/2021/10/chile-becomes-first-country-to-pass-neuro-rights-law/ (검색일자: 2022.1.1.) 칠레 헌법 19조에는 다음과 같은 문구가 추가 신설되었다. "과학적·기술적 발전은 국민에게 봉사하는 것이어야 하고, 생명과 신체적, 정신적 완전성을 존중하기 위해 실행되어야 한다. 법률은 이를 위하여 (과학기술을 사용하는데 있어서) 요구사항, 조건, 제한을 규율(명시)하여야 하고, 특히 뇌의 활동과 그로부터 발생하는 정보를 보호해야 한다."

40) Martín Hevia, Regulating Neuroscience: Transnational Legal Challenges, Elsevier, 2021, pp.176-177. 신경권은 개인적 정체성의 권리, 자유의지에 관한 권리, 뇌신경활동으로 발생하는 데이터에 관한 프라이버시권, 정신적 증강에 대한 형평성있는 접근성 보장에 관한 권리 등을 내용으로 한다.

한 조항으로 묶어 규정한 국가형벌권으로부터의 보호를 의미하는 안전과 구별되도록
하고 재난, 재해 등 위험으로부터의 보호를 기본권으로 명시할 필요가 있다는 것이
다. 안전은 생명을 보장하기 위하여 당연히 전제되어야 하는 권리이고, 해외 입법 사
례를 발견할 수 있지만 2014년 세월호 사건과 같은 대형 사고를 접하면서 안전에 대
한 국가의 의무와 기본권성의 중요성이 부각된 면이 있다. 현행 헌법에는 제34조 제
6항에서 "국가는 재해를 예방하고 위험으로부터 국민을 보호하기 위하여 노력하여야
한다"는 정책 규정으로만 명시하고 있지만, 코로나 사태로 인한 큰 변화는 디지털 사
회로의 대전환, 소위 디지털 대전환(digital transformation)이 전 사회에 급격히 진행
되어 재난, 재해의 위험은 더 광범위하고 다양해졌다. 뉴노멀의 중심에도 디지털 대
전환 사회에 대한 대응이 존재하는데, 디지털 의존이 커지면서 발생할 수 있는 직접
적인 위험으로는 사이버 범죄, 사이버 개인정보·프라이버시 침해 및 해킹 사고, 디
지털 정보격차, 아동 청소년의 인터넷 중독 문제 등이 사이버 안전 문제로 부각된
다.[41] 안전의 영역에 사이버 안전을 포함하여 전반적인 위험으로부터의 보호를 요한
다고 볼 때 안전권을 신설하는 경우에 사이버안전도 포함하는 것으로 볼 수 있지만,
후술하는 정보기본권의 영역에서 정보보안권을 신설하게 될 경우 사이버 안전에 대
한 보호를 적절히 추구할 수 있다고 보인다.

　안전권의 조문 방식으로는 2014년 국회 헌법개정자문위원회에서 제안된 개정안
에서는 '국민의 권리와 의무'를 '기본적 인권과 의무'로 바꿔 '인권'이란 말을 사용하
자고 제안하면서 현행 헌법 제10조의 인간과 존엄과 가치를 그대로 두고 생명권, 신
체·정신의 온전성에 관한 권리, 안전권을 신설하자고 하여 자연권성을 지속 확대하
자는 취지를 밝힌 바 있고[42] 2017년 국회 헌법개정특별위원회[43] 및 국가인권위 개
헌안,[44] 2018년 헌법학회 개헌안[45]에서도 안전권을 기본권으로 신설하는 제안이 공

41) 국회입법조사처 발행위원회, 2021 국회입법조사처 올해의 이슈, 국회입법조사처, 2021, 61면.
42) 전재황, "2014 국회 헌법개정자문위원회 개헌안에 대한 검토", 「세계헌법연구」 제23권 제3
　　호, 2017, 14면.
43) 2017년 국회 헌법개정특별위원회에서는 생명권에 대해서는 인간의 존엄과 가치를 강화하기
　　위해 신설이 필요하다는 찬성의견과 사형제도, 낙태문제 등과의 상충될 우려를 표현하면서
　　신중한 검토가 필요하다는 의견대립이 있는 반면, 안전권, 망명권, 정보기본권, 환경권, 보건
　　권·건강권의 신설에 대해서는 의견이 합치되었다. 이현출, "국회 헌법개정특별위원회 활동
　　및 논의 경과", 「의정연구」 제23권 제1호(통권 50호), 2017, 231면.
44) 국가인권위 개헌안 제14조 ① 모든 사람은 위험으로부터 안전할 권리가 있다. ② 국가는 모

통적으로 이어지고 있다.

4. 평등권 조항의 개선

평등권의 경우는 1948년 제헌헌법부터 존재하는 것으로 "성별, 종교 또는 사회적 신분에 의하여 정치적, 경제적, 사회적 생활의 모든 영역에 있어서 차별을 받지 아니한다"고 규정하여 세 가지 사유만을 들고 있으나, 유럽연합 기본권 헌장(성별, 인종, 피부색, 종족 또는 사회적 신분, 유전적 특징, 언어, 종교 또는 세계관, 정치적 또는 여타의 견해, 소수민족에의 소속, 재산, 출생, 장애, 연령 또는 성적 취향), 독일 기본법(성별, 가문, 인종, 언어, 출신, 신앙, 정치적 견해), 프랑스 헌법(출신, 인종, 종교), 일본 헌법(인종, 신조, 성별, 신분, 가문) 등 차별 금지 사유를 확장해서 구체적으로 규정하는 것이 세계적인 입법례이다. 불평등 추세가 일상화된 뉴노멀시대에는 평등권의 재조명으로 배분적 정의를 세밀하게 실현할 필요가 있다. 2018년도에 헌법개정위원회에서 제안한 조항에는 "국가는 정치적, 경제적, 사회적, 문화적 생활의 모든 영역에 있어서 성별, 종교, 연소, 노령, 장애, 사회적 신분 등에 따른 차별을 제거하고 실질적 평등을 실현할 의무를 진다"고 제안한 바 있다.[46] 현행 헌법의 평등권 조항에 규정된 영전일대 원칙은 제헌헌법 당시에 참조된 일본헌법의 표현이고 평등 조항을 확대하면서 당연히 포함되는 내용이기 때문에 헌법 조항의 정비 차원에서 삭제되는 것이 바람직하겠다.

든 재해를 예방하고 그 위험으로부터 사람을 보호하여야 한다.

45) 허종렬 · 엄주희 · 박진완, "헌법상 기본권 개정안 논의 동향과 성과 검토 – 2018 한국헌법개정연구위원회 기본권분과위원회의 활동을 중심으로", 「법학논고」 제63집, 2018, 119면; 2018년 헌법개정위원회 개정안에서는 다음과 같이 제안한다. 제12조 ① 모든 사람은 위험으로부터 안전할 권리가 있다. ② 국가는 재난이나 재해 및 모든 형태의 폭력 등에 대한 위험을 제어하고 피해를 최소화하며 그 위험으로부터 사람을 보호할 책임을 진다. ③ 모든 사람은 국가에게 법률에 따라 구조 및 보호받을 권리가 있다.

46) 2017년 국가인권위 개헌안에서도 이와 유사하게 "제15조 제2항 누구든지 모든 영역에서 성별, 종교, 인종, 언어, 출신지역, 장애, 나이, 성적 지향, 학력, 사상, 정치적 의견, 사회적 신분 등 어떠한 이유로도 부당한 차별을 받아서는 안 된다. 제3항 국가는 성별과 장애 등으로 인한 차별을 철폐하고 실질적 평등을 실현한다"고 제안하였다.

5. 정보기본권 조항의 신설

오늘날 사회는 인간의 주요 활동이 정보통신기술을 이용해서 이루어지며 각종 방
대한 정보가 컴퓨터에 의해 저장되고 처리되는 디지털화에 의해 움직이고 있다. 인터
넷을 통하여 수많은 네트워크 집단이 연결되고 정보의 확산, 연결, 교류가 폭발적으
로 일어나는 정보 사회와 이를 반영한 헌법 현실에서 헌법재판소는 이미 개인정보자
기결정권이라는 정보에 대한 권리의 독자적인 기본권성을 인정하여 왔다. 개인정보
자기결정권은 정보의 주인이 본인에 대한 정보에 대해서 언제 누구에게 어느 정도의
범위까지 알려지기를 원하는지에 대해서와, 본인에 대한 정보가 언제 어떻게 이용되
도록 할 것인지 등 본인의 정보의 이용 방식과 범위에 대해서 결정할 수 있는 권리
를 말한다.[47] 개인정보자기결정권의 헌법상 근거는 사생활의 비밀과 자유와,[48] 인간
의 존엄과 가치 및 행복추구권 등에서 도출해 오고 있으나 이것만으로는 개인정보자
기결정권을 온전히 포섭해서 설명하기 어렵다. 뉴노멀 시대에 정보의 가치와 기능이
가지는 중요성은 더욱 막대해지고 있다는 점을 감안할 때 현재까지와 같이 헌법 조
항의 해석과 판례상 인정되는 기본권으로 남겨둘 것이 아니라 독자적인 기본권으로
신설할 필요가 있다. 개인정보자기결정권의 내용으로는 본인의 정보에 대해 자율적
이고 주체적으로 통제할 수 있도록 정보에 대한 자유를 보장하는 내용이어야 한다.
이를 구체화해서 보자면 첫째 개인정보가 정당한 수집 목적에 따라 필요한 범위 내
로 공정하고 합리적인 방식으로 정보 주체의 명확한 동의와 법률에 근거에 의하여
수집된다는 원칙을 담아야 한다. 둘째 본인의 정보에 대해서 열람할 수 있어야 하고
이를 청구할 수 있는 권리와 오류가 있거나 잘못된 정보를 바로잡아 수정해달라고
할 수 있는 권리가 있어야 한다. 셋째는 개인정보 보호기구와 같이 외부의 공정한 보
호기구의 설립을 위한 근거 등이 포함되어야 한다는 것이다.[49]

2018년도에 헌법개정위원회에서 제안한 조항에는 "제20조 ① 모든 사람은 자유
로이 정보에 대한 알권리가 있다. ② 모든 사람은 자신의 정보가 타인에게 알려지고

---

47) 헌재 2005. 5. 26. 2004헌마190.

48) 엄주희, "코로나 팬더믹 사태(COVID – 19)에서 빅데이터 거버넌스에 관한 공법적 고찰",
    「국가법연구」 제16집 제2호, 2020, 8면.

49) 조홍석, "현행헌법 기본권 규정의 쟁점과 개정방향", 「법과 정책연구」 제9권 제2호, 2009,
    17면.

이용되는지를 스스로 결정할 권리가 있다. ③ 국가는 개인별·지역별 정보격차를 해소하여야 한다."로 규정을 신설할 것을 제안한 바 있다.[50] 이 조항에서 알권리를 가장 앞에 명시하고 있는 이유는, 현행 헌법 제21조의 표현의 자유와 표리일체의 관계에서 알권리가 보장된다고 해석되어 있으나,[51] 정보기본권 측면에서 정보를 중심으로 한 알권리를 별도로 명확하게 조문화함으로써, 표현의 자유에 바탕이 되는 알 권리로서 디지털 정보사회를 살아가는 국민으로서 본인의 정보에 대한 통제권으로서 정보에 대한 폭넓은 자유를 보장하고 다른 정보에 관한 권리들을 파생시키는 출발선으로 의미가 있다. 이처럼 정보기본권을 헌법에 명시하는 방식으로는 2018년도 헌법개정위원회 개정안 제20조와 같이 1) 알권리, 개인정보자기결정권, 국가의 정보격차 해소 의무를 규정하는 방법 이외에도 2) 정보의 비밀과 자유를 신설하자는 제안[52]과 3) 정보접근권, 자기정보결정권, 정보문화향유권 및 국가의 정보격차 해소의무를 구체적으로 규정하자는 제안,[53] 4) 개인정보자기결정권, 알권리(정보접근권, 정보공개청구권), 정보보안권을 기본권 형식으로 신설하고[54] 정보문화 향유와 정보격차 해소는 국가 목표 조항으로 규정하자는 제안이 있다.[55] 알권리와 개인정보자기결정권은 정보기본권으로서 학계에서 공통적으로 제안되는 것으로서 헌법 조문화될 필요가 있고, 정보보안권도 독일 연방헌법재판소가 2008년 2월 27일 결정으로서 기존에 인정한 개인정보자기결정권과는 별개로 IT시스템의 기밀성과 무결성 보장에 대

---

50) 한국헌법학회 헌법개정연구위원회, 「헌법개정연구」, 박영사, 2020; 허종렬·엄주희·박진완, "헌법상 기본권 개정안 논의 동향과 성과 검토 - 2018 한국헌법개정연구위원회 기본권분과위원회의 활동을 중심으로", 「법학논고」 제63집, 2018, 120면.

51) 헌재 1991. 5. 13. 90헌마133.

52) 박은정, "자유민주주의 실현을 위한 헌법개정의 방향", 「헌법학연구」 제10권 제1호, 2004, 93면.

53) 전재황, "2014 국회 헌법개정자문위원회 개헌안에 대한 검토", 「세계헌법연구」 제23권 제3호, 2017, 20면; 개정안 제29조 ① 모든 사람은 알 권리와 정보접근권을 가진다. ② 모든 사람은 자신의 정보에 관한 결정권을 가진다. ③ 모든 사람은 정보문화향유권을 가진다. ④ 국가는 개인별, 지역별 정보격차를 해소하기 위하여 노력하여야 한다.

54) 김배원, "정보기본권의 독자성과 타당범위에 대한 고찰 - 헌법개정과 관련한 체계구성을 중심으로", 「헌법학연구」 제12권 제4호, 2006, 225 - 226면. 이 논문에서는 정보보안권이 정보통신의 안전과 비밀보장으로 표현되어 있다.

55) 정보보안권은 2018년 헌법학회에서 제안한 개헌안에서 '모든 사람은 비밀이 유지되고 결함이 없으며 신뢰할 수 있는 정보시스템과 정보통신망을 이용할 권리를 가진다'라고 소수의견으로 개진된 바 있다. 정필운, "정보기본권 신설 동향 - 새로운 미디어 환경을 헌법은 어떻게 수용하여야 하는가?", 「미디어와 인격권」 제4권 제1호, 2018, 36 - 37, 44면.

한 기본권, 즉 'IT 기본권'이라는 새로운 기본권을 인정하는 것56)을 참조해 볼 때, 뉴노멀 시대에 보편화된 디지털 사회에서 IT 시스템에 의존하고 있는 정보 보안의 위협 가능성이 높으면서도 개인의 법익으로서 보호의 필요성도 상당하므로 이를 기본권으로 신설할 필요가 있다. 정보문화의 향유와 정보격차 해소의 구체적인 범위는 디지털 정보 기술의 발전에 따라 계속 논의되고 권리로서 더 성숙되어야 하는 영역이고, 정보문화와 정보격차의 해소로서 사람이 누리는 권리는 사회적 기본권의 성격을 가지게 될 것이므로 미성숙한 권리로 규정하여 장식적 선언적인 의미의 사회적 기본권으로 명시하여 규범력을 약화시키기 보다는 국가 목표 조항으로 규정하는 것이 바람직하다고 사료된다.

6. 환경권 조항의 개선

우리 헌법에 환경권 규정이 들어가게 된 기원으로는 1972년 헌법으로 국내의 자연환경과 천연자원에 대한 국가의 보호와 보전 그리고 국가의 의무를 명시한 것이다.57) 이 규정은 현행 헌법 조문(제120조)으로 유지되고 있고, 1987년 개정 시에 환경권 규정이 들어와 현재(제35조 제1항 및 제2항)까지 이어지고 있다.58) 1992년 브라질 리우데자네이루에서 열린 국제회의 이른바, 리우 회의59) 이후 환경보전, 미래세

---

56) 김태오, "사이버안전의 공법적 기초 – 독일의 IT 기본권과 사이버안전법을 중심으로", 「행정법연구」 제45권, 2016, 114 – 115면.

57) 1972년 헌법 제117조 ① 광물 기타 중요한 지하자원, 수산자원, 수력과 경제상 이용할 수 있는 자연력은 법률이 정하는 바에 의하여 일정한 기간 그 채취, 개발 또는 이용을 특허할 수 있다. ② 국토와 자원은 국가의 보호를 받으며, 국가는 그 균형있는 개발과 이용을 위한 계획을 수립한다. 제119조 국가는 농지와 산지 기타 국토의 효율적인 이용 개발과 보전을 위하여 법률이 정하는 바에 의하여 그에 관한 필요한 제한과 의무를 과할 수 있다. (헌법 제8호, 1972.12.27. 전부개정·시행) 1972년 헌법 제117조만 현행 헌법 제120조로 규정되었고 제119조는 삭제되었다.

58) 1987년 헌법 제35조 ① 모든 국민은 건강하고 쾌적한 환경에서 생활할 권리를 가지며, 국가와 국민은 환경보전을 위하여 노력하여야 한다. ② 환경권의 내용과 행사에 관하여는 법률로 정한다. (헌법 제10호, 1987.10.29. 전부개정 1988.2.25. 시행)

59) 리우 회의(정식 명칭은 '환경 및 개발에 관한 유엔 회의' UNCED, United Nations Conference on Environment and Development)는 1992년 6월3일부터 6월14일까지 브라질 리우데자네이루에서 전세계 185개국 정부 대표단과 114개국 정상들이 참여한 가운데 열린 지구 환경 보전문제를 논의한 국제회의로서, 인간과 자연환경 보전 경제개발의 양립과 환경적으로 건전하고 지속 가능한 발전(Environmentally Sound and Sustainable Development: ESSD)을 주제

대를 고려한 지속가능성과 동식물을 포괄하는 생명에 대한 존중 의식은 유엔을 비롯한 국제 규범으로서 인류가 지켜야 할 보편가치로 정착되면서 우리나라도 국가 정책의 중요한 기조로 자리 잡고 있다.[60] 첨단 과학의 지속적 발전과 소비의 증가세는 지구환경을 기후변화 등의 위기를 초래하면서 인류에게 전 지구적인 대응을 요구하고 있는데, 코로나 사태의 발생 원인이 자연 생태계가 건강하지 못한 것으로서 건강하지 못한 환경이 인류에 초래할 위험을 전 인류가 몸소 겪고 있는 뉴노멀 상황에서 환경권의 중요성은 더 주목된다.[61] 뉴노멀은 인간 중심주의 또는 휴머니즘의 패러다임을 생태 중심주의로 전환해야 인간·자연·공동체의 파국을 막을 수 있다는 공생의 가치와 윤리로의 전환이다.[62] 고도의 산업화와 첨단 신기술이 야기하는 자연의 파괴와 반생태적 파괴력, 그리고 감염병을 팬더믹의 전 지구의 문제로 만들어버리는 글로벌화 된 순환과 교류의 인프라. 그리고 비대면의 활성화로 인한 일회용품과 포장 폐기물의 급증은 뉴노멀 시대에 맞는 환경권으로의 재편을 요구하고 있다.[63]

2018년도에 헌법개정위원회에서 제안한 조항에는 "제1항 모든 사람은 건강하고 쾌적한 환경을 함께 누릴 권리를 가진다. 제2항 국가는 동물을 포함하여 모든 생명체를 법률이 정하는 바에 따라 보호하여야 한다. 제3항 국가는 생태계와 기후변화, 에너지의 수급 등 자연적 생활기반을 법률이 정하는 바에 따라 보호해야 한다. 제4항 국가는 미래세대에 대한 책임을 지며, 환경을 지속가능하게 보전해야 한다."라고 제

로 하여 리우 선언과 Agenda 21을 채택하고, 지구 온난화 방지 협약, 생물다양성 보전 협약 등이 별도로 서명되었다. 김성배, "지속가능발전과 토지공법의 과제 – 사회통합과 미래 위한 준비", 「토지공법연구」 제75권, 2016, 71면.

60) 고문현, "헌법상 환경권의 개정방안", 「법학논총」 제40집, 2018, 4면.

61) 조희문, "건강한 환경권과 자연권 – 생태적 환경헌법에 관한 소고", 「세계헌법연구」 제27권 제2호, 2021, 114면; 코로나 사태를 계기로 뉴노멀 시대에는 인간중심적 법제에서 건강한 환경을 향유할 권리를 명문화하면서, 생명권과 연결된 환경권의 인권적 성격을 인정하고 입증책임의 전도원칙, 자연우선원칙, 정보접근권, 환경소송, 시민참여권 등의 절차적 권리를 인정하는 생태헌법과 생태중심적 환경법으로의 이행을 주장하였다.

62) 박진우, "팬데믹의 순간과 '뉴노멀'의 문화정치: 위기 국면의 담론 구조에 대한 비판", 「한국언론정보학보」 통권 제109호, 2021, 25 – 26면.

63) "이규홍 한국환경한림원 회장, '환경권의 미래를 위한 전제조건' – 대한민국 지속가능발전의 최후 보루 '환경권'", 이미디어 2020.11.6.일자, https://m.ecomedia.co.kr/news/newsview.php?ncode=1065602624708642 (검색일자: 2021. 9.1) 뉴노멀 시대를 환경권 확장기로 보고 생명존중, 지속가능한 발전, 모든 경제주체의 고통분담, 확고한 법집행의 4가지 대원칙으로 제시한다.

안함으로써 국가에 동물을 포함한 모든 생명체와 생태계, 기후변화, 에너지의 수급 등 자연적 생활기반을 보호하는 의무를 새로 부과하고, 미래세대에 대한 책임과 환경의 지속가능한 보전의 원칙을 명시하고 있다. 이는 독일기본권 제20a조와 유사하게 규정한 조문이지만, 독일기본권의 경우에는 국민의 쾌적한 환경에 관한 권리는 명시하고 있지 않다.[64] 유럽연합 기본권 헌장 제37조에서도 "높은 수준의 환경보호 및 환경의 질적 개선은 유럽연합의 정책에 반영되어야 하고, 지속가능한 발전의 원칙을 보장해야 한다"고 규정하여 환경보호와 환경개선에 대한 국가공동체의 책임과 의무 및 지속가능한 발전 원칙을 명확히 하고 있다. 이와 같이 미래세대에 대한 책임, 모든 생명체와 생물다양성 및 생태계에 대한 존중, 기후변화와 에너지 수급 등의 자연적 생활기반을 보호할 의무, 환경의 지속가능한 보전은 뉴노멀 시대에도 여전히 유효할 뿐 아니라 더욱 강화되어야 할 국가의 의무로서 헌법 조문화될 필요가 있다.[65] 더불어 쾌적한 환경을 누릴 권리라는 기본권은 인간의 생명 신체의 안전에 위해로 연결될 수 있는 가능성이 있어 구체적 권리로서 보장될 필요가 있고 1987년 헌법에 명시된 이후 30년이 넘게 기본권으로서 헌법재판소도 구체적 권리성을 인정하고 있으며 입법으로 구체화되고 있으므로,[66] 헌법 조문에 기본권으로 명시되는 것이 바람직하다.

---

64) 최윤철, "헌법개정과 환경권-독일 기본법 제20a조와 비교", 「유럽헌법연구」 제28호, 2019, 172면. 독일기본권의 경우 주관적 공권으로서 자유권을 규정하는 기본권 장에 환경권을 명시하는 것이 헌법 체계상 맞지 않는다는 문제의식을 가지고 기본권으로 명시하는 대신 국가목표조항의 방식으로 규정한 것으로 판단되지만, 우리 헌법의 경우 자유권과 사회권을 구분하지 않고 기본권 목록으로 함께 나열하는 방식을 취하면서 헌법재판소도 여러 차례 기본권성을 인정하는 사례를 남겨왔기 때문에 환경권의 기본권으로서의 성격을 그대로 유지하는 조항이 타당할 것으로 보인다.

65) 한상운, 서은주, "최근 환경헌법 개정의 방향 및 법적 효과", 「환경정책」 제27권 제2호, 2019, 127-128면. 이 글과 같이 환경국가원리를 헌법 전문부터 반영하고, 환경권의 법률유보조항을 삭제하여 환경권의 독자성과 구체성을 삭제하자는 주장도 있는데, 환경국가원리는 이상적 원리로 이론적으로는 수긍할 수 있으나 자연의 이용과 개발에 있어서 이해관계의 충돌이 상시화될 것을 예고하므로 헌법 조문화될 경우 얼마나 규범력을 가질 수 있을지의 문제가 있고, 법률유보조항이 없다고 해서 갑자기 환경권 조항의 구체성이 발현되는 것이 아니고 입법과 사법에서 구체화된 형태를 띨 수밖에 없다.

66) 헌재 2015. 9. 24. 2013헌마384. 환경권을 자유권과 사회권의 성격을 종합적으로 가진 기본권으로 판단하고 있다; 송기춘, "헌법상 환경권 조항의 개정론-2018년 대통령 발의 헌법개정안에 대한 평가를 중심으로", 「세계헌법연구」 제24권 제2호, 2018, 85-87면.

7. 건강권 조항의 신설

코로나 사태를 계기로 국민의 안전과 연계된 건강권을 보장해야 할 필요성이 새롭게 부각되었다. 의과학기술과 첨단 과학의 발전은 예기치 못한 감염병 사태가 전 세계적으로 유행하는 팬더믹을 불러오는 데 일조기도 하지만 동시에 이를 해결하는 역할을 하며, 인류의 생존을 지키는 중추에 서 있기도 하다.[67] 현행 보건에 관한 규정은 "보건에 관하여 국가의 보호를 받는다"고 규정하는데, 실제로 건강과 보건이 침해될 경우 이를 방어할 수 있는 자유권적 성격과 국민의 건강 유지와 증진을 위한 배려를 요구할 수 있는 사회적 기본권으로서의 성격을 가지면서도[68] 다른 기본권 규정의 표현 방식이 달라 기본권의 위상이 분명히 드러나지 않는다.[69] 2017년 국회 개헌안[70]과 국가인권위원회 개헌안[71] 및 2018년 헌법개정안에서도 꾸준히 보건에 관한 권리를 건강권으로 명시할 필요성이 제기되어 왔다. 헌법재판소의 결정[72]과 유럽연합 기본권 헌장[73] 등의 국제인권법에도 건강과 보건에 관한 권리를 기본권과 인권

---

67) "코로나로 증명한 mRNA 백신 효과…암－에이즈－독감 정복 나선다", 동아닷컴 2021.11.12. 일자 (https://www.donga.com/news/It/article/all/20211112/110207762/1 (검색일자: 2021. 11.12)

68) 엄주희, "코로나 통제에 따른 기본권의 제한과 국가의 역할", 「법과 정책」 제26권 제3호, 2020, 62면.

69) 엄주희, "보건의료법학과 헌법의 교차점－보건의료 규범에 관한 헌법적 고찰", 「인권법평론」 제24호, 2020, 179면.

70) 이현출, "국회 헌법개정특별위원회 활동 및 논의 경과", 「의정연구」 제23권 제1호, 통권 50 호, 2017, 231면; 2017년 헌법개정특위원회의 개정안 의견에서는 보건권이나 건강권을 신설할 필요를 언급하면서도, 보건권과 건강권의 차이를 구별하면서 이들의 구체적인 규정범위에 대해서 계속적인 논의가 필요하다는 의견을 제시하였다.

71) 국가인권위원회 개헌안 제39조는 '모든 사람은 건강한 삶을 누릴 권리가 있다. 질병 예방과 보건의료 체계의 향상 등에 관한 구체적인 내용은 법률로 정한다.'라고 제시하고 있는데, 모든 인간이 누리는 기본권 인권이라는 점에서 '사람'이라고 쓰고, 건강권이라는 표현으로 기본권적 성격을 강조하고 있다. 국가인권위원회, 기본권보장 강화 헌법개정안(연구포럼안) 설명자료, 2017.12, 127.

72) 헌재 2005. 3. 31. 2001헌마87. "헌법이 보장하는 국민의 건강권과 국가가 국민에게 적정한 의료급여를 보장해야 하는 사회국가적 의무에 위배된다고 할 것이다."라고 하여 건강권이라는 용어를 명확히 사용하고 있다.

73) 유럽연합 기본권 헌장 제35조 모든 사람은 각 회원국의 국내법 및 관행에 따라 예방의료 이용권과 치료를 받을 권리를 갖는다. 유럽연합의 모든 정책과 조치를 확정하고 집행함에 있어서 높은 수준의 건강보호가 확보되어야 한다.

으로 명확하게 규정하고 있다. 모든 국민이 건강하게 살 권리와 이를 위한 국가의 보건의료 제도의 향상 의무가 명시되는 방향으로 개정되어야 한다.

8. 학습권 조항의 신설

학습권은 자유권, 생존권, 정치권적 성격을 동시에 가진 종합적인 기본권으로서, 생존권적인 성격을 가지는 교육을 받을 권리보다 상위의 개념이다.[74] 우리 현행 헌법 제31조 제1항 규정하는 국민의 교육을 받을 권리, 즉 교육권은 학교 교육을 전담하는 교원이 학생을 가르치는 권리이면서, 교육시설의 배치와 확충, 교육환경의 정비와 개선, 교육비 부담의 감경 등으로 사회 모든 계층에 교육의 혜택이 고루 배분될 수 있도록 하여 교육의 기회균등을 보장한다는 의미에서의 생활권적 내지 사회적 기본권의 의미를 가진다.[75] 교육 환경에 급작스럽게 전면적인 디지털화를 불러일으킨 코로나 사태는 디지털 교육이 준비되지 않는 교육환경의 차이로 인해 이를 극복하지 못하여 발생한 실질적인 교육 기회의 격차는 심각한 학력 격차를 발생시킨다. 이것이 학령기의 학력 격차에 그치지 않고, 평생에 영향을 미치는 취업과 생활격차로 이어질 수 있다는 우려와 교육에 관한 권리 보장의 범위가 미치는 사회적 양극화 심화의 문제가 존재한다.[76] 코로나 사태로 온라인 교육이 기본이 된 뉴노멀의 시대에 교육에 관한 권리는 단지 제도 교육의 수혜자로서만이 아니라, 학습자의 권리로서 자유민주주의 체계를 유지 발전시키는 주체로서 주권자의 식견과 자질 등의 기본능력을 배양

---

74) 헌재 1991. 7. 22. 89헌가106. 이 결정에서 재판관 김양균의 반대의견으로 헌법 제31조 제1항의 국민의 교육을 받을 권리가 원칙적으로 공민권성, 생존권성, 학습권성의 세 가지 의미를 모두 포함하는 것이라고 하면서 수업권으로 칭하고 있다. 반면 허종렬 교수는 오히려 현행 헌법 제31조의 교육을 받을 권리와는 별개로 제10조의 인간의 존엄과 가치 행복추구권 및 제37조 제1항의 열거되지 아니한 자유와 권리에서 도출되는 인권으로서 학습권을 교육권의 상위의 개념으로 보고, 학습권은 이 세 가지 성격을 모두 가지고 있는 것으로서 교육을 받을 권리가 학습권의 일부라고 보아야 한다고 하였다. 이런 관점에서 2018년도 헌법학회의 헌법 개정안의 학습권 신설이 제안된 바 있다.

75) 허종렬, "교육기본권 영역의 헌법 개정 문제 검토", 「헌법학연구」 제12권 제4호, 2006, 368, 380－381면. 허종렬·엄주희·박진완, "헌법상 기본권 개정안 논의 동향과 성과 검토 － 2018 한국헌법개정연구위원회 기본권분과위원회의 활동을 중심으로", 「법학논고」 제63집, 2018, 124면.

76) 류성진, "코로나19 방역조치와 기본권 제한 법제의 정당성", 「법학연구」 제29권 제3호, 2021, 122면.

할 수 있는 권리라는 공민권[77]이자 자유권으로의 성격으로서의 폭넓은 학습권이 헌법상의 권리로 규정되어야 한다. 따라서 제도 교육을 받을 권리라는 교육권과는 별개로 사회적 기본권을 넘어 자유권적, 정치권적 성격을 가진 학습권을 별도로 신설하여 헌법적 보장을 강화해야 한다는 당위성이 존재한다. 현행 헌법의 교육을 받을 권리 규정을 평생에 걸친 학습할 권리라는 학습권으로서 보장하고, 4차 산업혁명기의 뉴노멀에 대응하는 국민들에게 필요한 다양성 교육의 필요성과 국민들의 개성 신장과 자율성을 최대한 보장하는 뉴노멀 교육으로의 발전을 위하여, 능력뿐 아니라 '적성'에 따른 균등한 교육을 받을 권리로의 조항으로 개선할 필요가 있다.[78]

Ⅳ 결론

헌법개정의 기회가 온다면 집권 세력의 이해관계가 아니라 주권자인 국민의 입장에서 국민의 기본권을 실질적으로 보장할 수 있는 방향으로 기본권 규정이 개정되어야 한다. 헌법은 국가공동체가 보장하고 지향해야 할 이념적 정치적 가치체계로서 기능해야 하므로 뉴노멀의 환경 변화에도 불구하고 과거를 반성하고, 현재와 미래에 추구해야 할 헌법적 가치를 구체적으로 제시해야 한다. 헌법의 보편적이고 영속적인 가치는 헌법이 단순히 국가의 최고규범과 국가조직법에 머무르지 않고 국민의 자유와 권리를 구체적으로 구현하고 실질적으로 보장할 때 비로소 발현된다. 헌법이 보장하는 기본권을 구현하기 위해서는 산업화 민주화 과정에서 미처 충분히 체화하지 못한 인간 존중의 정신을 새롭게 하고, 뉴노멀 디지털 사회의 변화와 발전에 부응하는 새로운 기본권을 담아낼 수 있어야 한다. 국민 모두가 헌법의 살아있는 규범력을 향유할 수 있도록 하기 위해서 기본권 조항의 개정이 기본권 보장의 실질화에 기여할 수 있어야 하며, 그것이 뉴노멀 시대 기본권의 개정 방향이다.

---

77) 공민권은 주권에 참여하는 개인인 공민으로서 정치공동체에 참여하는 권리로서, 주권자로서의 개인인 공민으로서의 능력과 자질을 배양할 수 있도록 학습을 받을 수 있는 권리가 보장되는 것이 정치공동체 참여를 실질적으로 뒷받침하는 전제가 되므로 학습권이 공민권의 하나가 된다. 오동석, "교사의 정치적 기본권", 「민주법학」 제44호, 2010, 201면.
78) 2018년 헌법학회 헌법개정연구위원회의 개정안 제32조도 "모든 국민은 평생을 걸쳐 학습하고, 적성과 능력에 따라 균등한 교육을 받을 권리를 가진다"라는 조항을 제안하였다.

참고문헌

국회입법조사처 발행위원회, "2021 국회입법조사처 올해의 이슈", 국회입법조사처, 2021

국가인권위원회, 기본권보장 강화 헌법개정안(연구포럼안) 설명자료, 2017.12

고문현, "헌법상 환경권의 개정방안", 「법학논총」 제40집, 2018

김대환, "기본권과 기본의무의 개정 필요성과 방향", 「헌법학연구」 제16권 제3호, 2010

_____, "개별 기본권의 개정방향 - 헌법재판 25주년을 기념하여", 「세계헌법연구」 제19권
   제1호, 2013

김명식, "기본권 조항 개정의 쟁점", 「성균관법학」 제23권 제2호, 2011

김배원, "정보기본권의 독자성과 타당범위에 대한 고찰 - 헌법개정과 관련한 체계구성을 중
   심으로", 「헌법학연구」 제12권 제4호, 2006

김선택, "기본권 일반규정의 개정방안 연구", 「헌법학연구」 제12권 제4호, 2006

김성배, "지속가능발전과 토지공법의 과제 - 사회통합과 미래 위한 준비", 「토지공법연구」
   제75권, 2016

김일환, "헌법개정을 위한 기본권 관련 쟁점에 관한 고찰", 「세계헌법연구」 제16권 제2호,
   2010

김주현, "자율·자치·우정의 공동체를 조직하는 뉴노멀 시대의 인문학", 한민족문화연구
   73, 2021

김태오, "사이버안전의 공법적 기초 - 독일의 IT 기본권과 사이버안전법을 중심으로", 「행
   정법연구」 제45권, 2016

노일경, "포스트 코로나 시대 대학교육의 뉴노멀로서 온라인교육 시행의 지속가능성에 대한
   탐색", 학습자중심교과교육연구 제21권 제17호, 2021

류성진, "코로나19 방역조치와 기본권 제한 법제의 정당성", 「법학연구」 제29권 제3호,
   2021

박기주, "제4차 산업혁명시대 새로운 과학기술헌법의 의미와 가치", 「법제」 통권 제683호,
   2018

박은정, "자유민주주의 실현을 위한 헌법 개정의 방향 - 헌법 총강과 기본권조항을 중심으
   로", 「헌법학연구」 제10권 제1호, 2004

박진우, "팬데믹의 순간과 '뉴노멀'의 문화정치 : 위기 국면의 담론 구조에 대한 비판", 「한
   국언론정보학보」 통권 제109호, 2121

서용구, "뉴 노멀 시대와 기업윤리", 기업윤리 브리프스 2018 - 2, 2018

송기춘, "헌법상 환경권 조항의 개정론 - 2018년 대통령 발의 헌법개정안에 대한 평가를 중
   심으로", 「세계헌법연구」 제24권 제2호, 2018

안경환, 「법과 사회와 인권」, 돌베개, 2016

엄주희, "뇌신경윤리에 관한 법제 연구", 「법제」 통권 제683호, 2018

_____, "코로나 팬더믹 사태(COVID-19)에서 빅데이터 거버넌스에 관한 공법적 고찰", 「국가법연구」 제16집 제2호, 2020

_____, "생명권의 헌법적 근거와 연명치료중단에서의 생명권의 보호범위", 「헌법학연구」 제19권 제4호, 2013

_____, "혼인과 가족생활에 관한 소고 – 헌법재판소 결정과 헌법 개정 논의를 중심으로", 「연세법학」 제33호, 2019

_____, "4차 산업혁명 시대의 과학기술 발전에 따른 공법적 과제– 신경과학 발전과 기본권 보호의 지형", 「연세법학」 제34호, 2019

_____, "코로나 통제에 따른 기본권의 제한과 국가의 역할", 「법과 정책」 제26권 제3호, 2020

_____, "보건의료법학과 헌법의 교차점 – 보건의료 규범에 관한 헌법적 고찰", 「인권법평론」 제24호, 2020

이일영, 정준호, 「뉴노멀」, 커뮤니케이션북스, 2017

이현출, "국회 헌법개정특별위원회 활동 및 논의 경과", 「의정연구」 제23권 제1호(통권50호), 2017

윤기영, 이명호, (사)미래학회, 「뉴노멀」, 책들의정원, 2020

윤성현, "학부 헌법판례교육의 뉴노멀(New Normal)을 찾아서 – 학부생 설문조사 결과 분석과 대안 모색", 「법교육연구」 제16권 제1호, 2021

윤재만, "기본권보장제도 디자인으로서의 헌법개정", 「헌법학연구」 제16권 제2호, 2010

오동석, "교사의 정치적 기본권", 「민주법학」 제44호, 2010

전광석, "헌법개정의 역사와 이론", 「헌법재판연구」 제5권 제1호, 2018

전재황, "2014 국회 헌법개정자문위원회 개헌안에 대한 검토", 「세계헌법연구」 제23권 제3호, 2017

전황수, "뇌 – 컴퓨터 인터페이스(BCI) 기술 및 개발 동향", 「전자통신동향분석」 제26권 제5호, ETRI 한국전자통신연구원, 2011.10.

정태호, "권리장전의 개정방향", 「공법연구」 제34권 제4–2호, 2006

정필운, "정보기본권 신설 동향 – 새로운 미디어 환경을 헌법은 어떻게 수용하여야 하는가?", 「미디어와 인격권」 제4권 제1호, 2018

조홍석, "현행헌법 기본권 규정의 쟁점과 개정방향", 「법과 정책연구」 제9권 제2호, 2009

조희문, "건강한 환경권과 자연권– 생태적 환경헌법에 관한 소고", 「세계헌법연구」 제27권 제2호, 2021

최유경, 김주영, "헌법상 기본권 보장체계의 개방성에 관한 소고 – 헌법에 열거되지 아니한

권리의 헌법적 보장의 측면에서", 「세계헌법연구」 제21권 제3호, 2015

최윤철, "헌법개정과 환경권- 독일 기본법 제20a조와 비교", 「유럽헌법연구」 제28호, 2019

클라우스 슈밥, 티에리 말르레(저), 이진원(역), 「클라우스 슈밥의 위대한 리셋」, 메가스터
    디, 2021

한국헌법학회 헌법개정연구위원회, 「헌법개정연구」, 박영사, 2020

한상운, 서은주, "최근 환경헌법 개정의 방향 및 법적 효과", 「환경정책」 제27권 제2호,
    2019

허종렬, "교육기본권 영역의 헌법 개정 문제 검토", 「헌법학연구」 제12권 제4호, 2006

허종렬, 엄주희, 박진완, "헌법상 기본권 개정안 논의 동향과 성과 검토 – 2018 한국헌법개
    정연구위원회 기본권분과위원회의 활동을 중심으로", 「법학논고」 제63집, 2018

Martín Hevia, Regulating Neuroscience: Transnational Legal Challenges, Elsevier,
    2021

Nadine Liv, Neurolaw: Brain—Computer Interfaces, 15 U. ST. THOMAS J.L. & PUB.
    POL'Y 328 (2021)

3장

혼인과 가족생활
-헌법재판소 결정과 헌법 개정 논의를 중심으로-

Ⅰ 서론

혼인과 가족생활은 국가 공동체의 근간을 이루는 기초적인 제도로서의 지위를 가진다. 헌법이 명문화하고 규율하고 있는 제도 중에서도 혼인과 가족생활에 관한 규정은 누구나 실생활에서 체험하는 제도의 외형이자, 기본권적인 속성과 제도적인 모습이 동시에 나타나는 대표적인 규율이라고 할 수 있다. 제헌 헌법 이후로 혼인과 가족생활에 관한 규정은 조항의 문구에 다소 변화가 있었을 뿐 명문화되어 현재까지 이어져 오고 있다. 헌법 개정 논의가 있을 때마다 개정 사항 중에 하나로 거론되긴 하였으나, 국민 실생활에 미치는 중요성이 큼에도 불구하고 정부형태, 통치구조 관련 이슈 등과 같은 비중 있는 이슈들에 가려서 혼인과 가족생활 규정에 관한 심도 깊은 논의는 잘 이루어지지 않았다. 저출산 고령화 사회가 지속되면서 헌법적으로 포용할 수 있는 생활 제도에 대한 논의들이 계속되는 가운데, 다양한 형태의 가족을 포용하는 의미에서 헌법적으로 혼인과 가족생활의 재해석[1]이나 하위 법령에서의 제·개정은 이어져 오고 있다.[2] 혼인과 가족생활의 보호가 국민의 현재 생활의 토대일 뿐 아

---

1) 정문식, "혼인과 가족생활의 보호 의미와 변화-독일헌법상 혼인과 가족생활의 보호에 관한 논의를 중심으로", 「한양법학」 제28권 제2호, 2017; 김수정, "유럽에서의 동성혼 합법화 경향-특히 영국과 프랑스를 중심으로", 「가족법연구」 제29권 제1호, 2016 등 논문에서 혼인과 가족생활에 관한 헌법의 재해석과 유럽 국가의 혼인과 가족제도의 변화에 대한 시사점으로서의 제언들이 이어져왔다.

2) 가족관계 등록 등에 관한 법률(2017.10.31. 최종 개정·시행), 다문화가족지원법(2018.6.13. 최종 개정·시행), 남북 주민 사이의 가족관계와 상속 등에 관한 특례법(2016.1.19. 최종 개

니라 미래 세대까지 크게 영향을 미칠 것이라는 점을 감안한다면, 이에 관한 헌법의 개정에는 국민 대다수가 공감하고 받아들일 수 있는 충분한 사회적 협의와 합의 과정은 물론이고, 바람직한 규율을 위한 헌법적 고찰과 연구가 뒷받침되어야 할 것이다. 대한민국 헌법 질서 속에서 혼인과 가족생활의 개념과 위치를 정확히 파악하기 위하여, 본 장에서는 제헌 헌법 이후 우리 헌법 개정 역사 속에서 혼인과 가족 규정이 어떻게 발전되어 왔는지를 살펴보고(Ⅱ), 헌법과 법률의 해석으로서 헌법재판소가 바라보는 혼인과 가족생활의 개념을 살펴본다(Ⅲ). 그리고 2006년 한국헌법학회의 헌법 개정안을 시초로, 2018년 발표된 한국헌법학회의 헌법개정안까지 헌법 개정 논의 과정에서 혼인과 가족생활 규정이 어떻게 다루어지고 있는지 검토함으로써(Ⅳ) 혼인과 가족생활 규정에 관해 헌법적으로 의미 있는 통찰을 제시해 보고자 한다.

Ⅱ 헌법 개정 연혁에 있어서 혼인과 가족 규정의 변화

우리 헌법 제36조의 혼인과 가족생활의 보호 규정의 기원은 대한민국 제헌 헌법 제20조 규정으로 거슬러 올라간다. 1948년 제헌헌법 제20조에서는 "혼인은 남녀동권을 기본으로 하며, 혼인의 순결과 가족의 건강은 국가의 특별한 보호를 받는다"고 규정하여 남녀 간 결합으로서의 혼인의 개념과, 혼인과 가족이라는 생활공동체의 최소단위를 헌법에 명시하였다. 그리고나서 1980년 1월 27일 공포된 제8차 헌법 개정에서 "개인의 존엄과 양성평등"이라고 규정함으로써 개인의 기본권과 남녀의 평등을 기초로 한 가족생활이라는 근본 이념은 같이 하되 표현을 달리하여 명시하였다. 이 개정에서 '혼인의 순결'이라는 용어는 명문에서 빠졌지만, 해석상 그 규범 내용에는 일부일처제 보장, 축첩제도나 중혼 금지를 그 내용으로 하는 혼인의 진실성과 순결성을 포함한다.[3]

정 · 시행), 혼인신고특례법(2009.1.30 최종 개정 · 시행), 입양특례법(2017.9.19. 최종 개정 · 시행), 한부모 가족 지원법(2019.6.19. 최종 개정 · 시행), 결혼중개업의 관리에 관한 법률(2019.4.30. 최종 개정 · 시행), 양육비 이행확보 및 지원에 관한 법률(2019.6.25. 최종 개정 · 시행) 등 혼인과 가족생활의 헌법 질서를 바탕으로 한 법률들의 제 · 개정은 지속적으로 시행되어 왔다.

  3) 헌재 1990. 9. 10. 89헌마82; 헌재 2001. 10. 25. 2000헌바60. 헌법재판소도 판결로써 선

1987년 제9차 헌법 개정으로 이루어진 현행 헌법 조항[4])에는 제8차 개정헌법에서 명시한 혼인과 가족생활의 보호에다가 모성보호 의무규정과 보건에 관한 국가보호규정이 추가되었다. 현행 헌법상 혼인과 가족생활 규정에 대한 평가로는, 평등원칙의 제도화 내지는 구체적 실현이라는 점에서 평등권설, 혼인의 자유를 평등하고 독립한 당사의 합의를 필요로 하는 일종의 계약의 자유로서 공법체계에서 자유권적 기본권이라고 보는 자유권설, 권리보장규정이 아니라 혼인제도와 가족제도의 제도적 보장에 해당하는 것으로서 제도적 보장설로 나누어진다. 그러나 평등권설은 이 조항을 통하여 구체적 권리내용을 이론 구성할 실익이 없다는 주장이 있다.[5]) 우리 헌법재판소는 "헌법은 제36조 제1항에서 혼인과 가정생활을 보장함으로써 가족의 자율영역이 국가의 간섭에 의하여 획일화·평준화되고 이념화되는 것으로부터 보호하고자 하는 것이다."라고 하여 제도보장으로 파악하고 있다.[6]) 혼인의 자유와 권리는 보건, 건강과 같은 사회적 기본권이 강조되는 기본권과 함께 규정되어 있지만 사법적 권한을 요구할 수 있는 권리이므로 절차적 기본권의 성격이 있고, 그 의미가 강조되어야 한다는 견해도 있는데,[7]) 절차적 기본권이라는 것이 궁극적으로 기본권을 보호하기 위해 존재하는 것이므로, 혼인의 자유와 권리는 본질적으로 그 자유성의 보장에 중점이 두어져야 한다고 해석된다.[8])

모든 국민은 개인의 존엄과 양성의 평등을 바탕으로 혼인할지 여부를 결정할 수 있고 혼인을 한다고 할 때 그 시기와 대상자를 자유로이 선택할 수 있는 주관적 권리가 있으며, 이러한 결정에 따라 혼인과 가족생활이 유지되는 것을 국가가 보장해야 하는 것이다.[9]) 즉 소극적으로는 국가권력의 부당한 간섭으로부터 혼인과 가정이 침

량한 성도덕과 일부일처주의, 부부간 성적 성실의무의 수호 등을 제시하면서 혼인의 순결을 해석하고 있다.
4) 현행 헌법 제36조
① 혼인과 가족생활은 개인의 존엄과 양성의 평등을 기초로 성립되고 유지되어야 하며, 국가는 이를 보장한다.
② 국가는 모성의 보호를 위하여 노력하여야 한다.
③ 모든 국민은 보건에 관하여 국가의 보호를 받는다.
5) 김철수, 「헌법학개론」, 박영사, 2007, 1025면.
6) 헌재 2000. 4. 27. 98헌가16등 병합결정; 성낙인, 「헌법학」, 법문사, 2007, 631면.
7) 정극원, "혼인의 자유에 관한 헌법재판소의 판례의 동향", 「세계헌법연구」 제14권 제1호, 2008, 317면.
8) 정극원, 위의 논문, 317면; 「헌법주석서 Ⅱ」(제2판), 법제처, 2010, 422면.

해되는 것을 방어하면서, 적극적으로는 혼인과 가족제도를 개인의 존엄과 양성의 평등을 바탕으로 성립하고 실현하도록 국가에 의무와 과제를 부과하는 의미가 있다.[10] 다양한 가족제도를 포용하기 위하여 법률의 제정으로 결혼 대체제도로서 동성 간 가족관계의 형성을 입법화할 수 있는가 하는 문제와는 별론으로 하고, 현행 헌법의 해석으로 혼인은 남녀 간의 결합으로 해석된다.[11]

Ⅲ 헌법재판소 결정을 통해 본 혼인과 가족생활의 개념

1. 친생자 추정 관련 법조항 위헌 확인: 개인의 자율성과 양성의 평등[12](2015)

우리 헌법재판소는 혼인 관계 종료의 날로부터 300일 내에 출생한 자를 전남편의 친생자로 추정하는 민법 제844조 제2항 부분을 혼인과 가족생활에 관한 기본권을 침해한다고 판시하면서, 헌법 제36조 제1항이 "개인의 자율적 의사와 양성의 평등에 기초한 혼인과 가족생활의 자유로운 형성을 국가가 보장할 것을 규정한다."고 하여 개인의 자율성과 양성의 평등을 혼인과 가족생활의 기초 요소로 확인하였다. 인격권을 바탕으로 모든 사람이 스스로 자신의 생활 영역을 형성할 수 있는데 그런 의미에서 "혈통에 입각한 가족관계 형성이 개인의 인격 발현을 위한 자율영역을 보장하는 데 중요한 요소"라고 표현함으로써 혼인에 의한 혈연 관계의 형성이 가족생활의 근간이 됨을 확인하고 있다.

---

9) 헌재 2002. 8. 29. 2001헌바82.

10) 엄주희, "영아의 생명권을 위한 규범적 고찰: 베이비박스에 관한 영아유기 문제를 중심으로", 「서울법학」 제23권 제3호, 2016, 102 – 103면; 차선자, "혼인계약에서 정의의 원칙", 「가족법연구」, 제25권 제2호, 2011, 9면.

11) 이준일, "헌법상 혼인의 개념-동성간 혼인의 헌법적 허용가능성", 「공법연구」 제37집 제3호, 2009, 187 – 190면. 이 저자도 현행 헌법 규정상이나 민법 등 법률 해석상 혼인의 개념에 동성간의 결합이 포함될 수 없다고 하면서, 「섹슈얼리티와 법」, 「인권법」 등 저술에서 법정책적으로는, 평등원칙을 적용하여 동반자관계나 시민결합과 같은 혼인대체제도로서 법적 보호가 필요하다고 주장한다. 즉 헌법의 해석상 인정되지 않으니 법률로써 대체 제도를 창설해야 한다는 취지이다.

12) 헌재 2015. 4. 30. 2013헌마623.

2. 친생부인의 소 제척기간 관련 위헌 확인: 개인의 존엄과 양성의 평등, 부모와 자녀의 관계[13](1997)

친생부인의 소에 관한 판례에서도 "개인의 자율적 의사와 양성의 평등에 기초한 혼인과 가족생활의 자유로운 형성을 국가가 보장"한다고 판시함으로써, 개인의 존엄, 개인의 자율성, 양성의 평등을 혼인과 가족생활의 기초로 확인하였다. 그리고 친자관계가 자연적인 혈연관계를 바탕으로 성립되는 것이기 때문에 법률상의 친자관계를 진실한 혈연관계에 부합시키는 것이 혼인과 가족제도의 원칙이라고 판단하였다. 민법 제847조 제1항의 경우 친생부인의 소 제척기간을 출생을 안 날로부터 1년으로 설정한 것은 지나치게 짧아서, 진실한 혈연관계에 부합하지 아니하고 당사자가 원하지도 아니하는 친자관계를 부인할 기회를 충분히 주지 아니한 것이다. 친생 부인권을 극히 단기간 내에 상실하게 하고 나아가서 자에 대한 부양의무를 비롯한 그밖의 법적 지위를 계속 유지하도록 강요하는 결과가 되는데, 이는 개인의 존엄과 양성의 평등에 기초한 혼인과 가족생활에 관한 기본권을 침해하는 것이라고 판시하였다. 인간의 존엄과 행복추구권으로부터 일반적 인격권이 도출되고, 이 인격권은 개인이 개성을 발현시키고 유지하기 위해서 본인의 삶을 사적으로 형성하면서 필요한 자율영역을 보장하는데 자신의 혈통에 입각한 친자관계를 형성하는 것이 개인의 인격 발현에 중요한 요소 중 하나라고 보았다. 부모와 자녀의 관계가 부의 혈통에 입각해 있는가 하는 문제는 가족관계의 형성과 유지에 결정적으로 중요하므로, 자기 혈통이 아닌 자와의 친자관계를 부인할 수 없도록 법이 강요하는 것은 부의 일반적 인격권에 대한 중대한 제한으로 보았다. 또한 부모가 자녀에게 부양의무와 교육의무를 진다는 점을 언급함으로써 혼인과 가족생활에서 부모와 자녀의 관계와 의무사항을 확인하고 있다.

3. 과외교습 금지 관련 법조항 위헌 확인: 부모의 자녀교육권과 문화국가의 원리(2000)

학원, 교습소, 대학(원)생에 의한 과외교습은 허용하면서 그밖에 고액 과외교습의

---

13) 헌재 1997. 3. 27. 95헌가14 등.

가능성이 있는 개인적인 과외교습을 광범위하게 금지하고 있는 법조항(학원의 설립·
운영에 관한 법률 제3조)을 과잉금지원칙 위반으로 위헌으로 확인한 사건에서,[14] 부모
의 자녀교육권을 도출하기 위하여 혼인과 가족생활의 보호 규정을 전제하고 있다. 혼
인과 가족생활의 보호가 헌법이 지향하는 자유민주적 문화국가의 필수적 전제요건이
라고 판시하였다. 개별성·고유성·다양성으로 표현되는 문화가 사회의 자율영역을
바탕으로 하는데, 이 사회의 자율영역이 바로 가정으로부터 출발한다는 것이다. 헌법
이 혼인과 가족제도를 특별히 보장하는 이유는 견해와 사상의 다양성을 본질로 하는
문화국가를 실현하기 위한 필수적인 조건을 설정하기 위한 것이다. 그리고 이 가족생
활의 핵심적인 내용 중의 하나가 자녀의 양육과 교육이라고 보았다. 혼인과 가족생활
은 헌법의 근본 가치인 자유민주적 문화국가원리의 성립과 유지를 위해서 제도로서
보장되어야 하는 것이다.

4. 동성동본 혼인 금지의 위헌 확인: 사회환경의 변화와 평등의 원칙[15](1997)

동성동본 혼인 금지 규정에 대해 위헌성을 확인하는 사건에서 사회 환경의 변화로
인해 동성동본금혼제의 존립 기반이 무너졌다는 사실을 바탕으로 동선동본금혼제에
대해 재조명하고 헌법 이념을 바탕으로 그 위헌성을 해석하였다.

동성동본 혼인 금지를 폐지하는 것은 사회의 미풍양속과 전통문화에 어긋나는 것
이어서 사회질서의 혼란과 가족제도의 파괴를 초래한다는 반대 주장이 있으나, 어떤
행위에 대해서 국가가 법규범을 통하여 규제할 것인가, 아니면 단순히 관습이나 도덕
에 맡길 것인가의 문제는 인간과 인간의 관계나 인간과 사회의 상호관계를 고려하여
시대와 장소에 따라 그 결과를 달리할 수 있고, 그 사회의 시대적 상황과 사회구성원
들의 의식 등에 의해 결정된다고 하였다. 동성동본금혼제가 만고불변의 진리로서 우
리의 혼인제도에 정착된 것이 아니라 시대의 윤리나 도덕관념과 제반 사회·경제적
환경을 반영한 것이므로, 이 제도가 헌법의 이념과 규정 질서에 명백히 반하고 현재
시대의 보편타당한 윤리 내지 도덕관념으로서의 기준성을 상실하였다고 볼 수 있다

---

14) 헌재 2000. 4. 27. 98헌가16, 98헌마429(병합).
15) 헌재 1997. 7. 16. 95헌가6 내지 13(병합).

면 위헌이라고 할 수 있다는 것이다. 전통이라고 해서 모두 계승 발전시켜야 하는 것이 아니고, 시대정신에 맞고 오늘날에도 보편타당한 윤리와 도덕관념으로 인정되어야 한다고 판시하여, 사회적 악습, 폐습, 관습 같은 옛날 것들을 모두 문화로 간주하지는 않는다고 하였다.16) 현재의 우리 사회가 자유와 평등을 근본이념으로 하며 신분적 계급제도와 남존여비 사상을 배척한 자유민주주의 사회로 변화하여 헌법도 '개인의 존엄과 양성의 평등'이라는 기본권과 민주주의의 원리 위에서 국가의 혼인과 가족제도의 보장의무까지 규정하고 있으며, 국민의 의식구조도 그렇게 변화하고 있는데, 동성동본인 혈족 사이의 혼인을 그 촌수의 원근에 관계없이 일률적으로 모두 금지하고 민법은 이를 위반한 혼인을 취소할 수 있도록 하였을 뿐만 아니라 아예 그 혼인신고 자체를 수리하지 못하도록 하고 있어, 혼인에 있어 상대방을 결정할 수 있는 자유를 제한하고 있는 동시에, 그 제한의 범위를 동성동본인 혈족, 즉 남계혈족에만 한정함으로써 성별에 의한 차별을 하고 있다는 것이다. 그 성별에 의한 차별에 있어 합리적인 이유가 없으므로, 헌법상 평등의 원칙에도 위반되는 것으로 판단하였다.

또한 재판관 2인은 별개 의견으로 혼인제도가 입법부인 국회가 결정해야 할 입법재량 사항이라고 언급하였다. 즉 우리 민족의 전통, 관습, 윤리의식, 친족 관념, 우생학적 문제 등 여러 가지 사정을 고려하여 국회가 입법 정책적으로 결정하여야 할 입법재량 사항이라는 것이다. 곧바로 위헌으로 선언할 것이 아니라 해당 규정을 합헌적으로 개선할 방법이 없는지, 입법 개선의 여지를 고려하여 헌법불합치결정을 해야 한다는 의견을 제시하였다.17) 재판관 5인의 단순위헌 의견과 2인의 헌법불합치 의견을 종합하여 법률의 위헌결정에 필요한 심판정족수(헌법재판소법 제23조 제2항 제1호)에 이르지 못하였으므로 헌법불합치 결정이 내려졌다.18)

---

16) 이세주, "헌법상 문화국가원리에 대한 고찰", 「세계헌법연구」 제21권 제2호, 2015, 55면.

17) 재판관 정경식, 조중석의 헌법불합치의견.

18) 판결 선고일인 1997.7.16.부터 1998.12.31.까지로 개정 시한을 제시하긴 하였으나, 입법자가 개정할 때까지 해당 법률조항의 적용을 중지시킴으로써 사실상 단순 위헌 결정과 동일한 효과가 나타나게 되었다.

5. 호주제 위헌 확인: 가족제도에서의 전통의 현대적 해석과 헌법이념[19](2005)

헌법 전문과 헌법 제9조가 명시하는 전통·전통문화는 역사성과 시대성을 띠는 개념으로 헌법의 가치질서, 인류의 보편가치, 정의와 인도정신 등을 고려하여 현대적 의미로 포착하여야 한다고 하였다. 그래서 가족제도에 관한 전통·전통문화는 혼인과 가족제도에 관한 헌법이념인 개인의 존엄과 양성의 평등에 반해서는 안 된다는 한계를 가지고 있다는 점을 분명히 하고, 어떤 가족제도가 이에 반하는 것이라면 헌법적 정당성을 주장할 수 없다고 판시하였다. 즉 역사적으로 오랜 기간 유지되어 온 가족제도라는 사실만으로는 헌법적으로 정당화된다고 할 수 없고, 그 제도가 현재의 가치에 부합하고 헌법이념에 반하지 않아야 한다. 헌법이 국가의 최고규범이므로 가족제도가 역사적, 사회적 산물이라는 특성을 지니고 있더라도 헌법의 우위로부터 벗어날 수 없기 때문에, 가족제도가 헌법이념의 실현에 장애가 된다면 그 제도가 헌법에 위반되므로 수정되어야 한다는 것이다. 따라서 호주제가 남계혈통 중심의 가의 유지와 계승이라는 성역할에 관한 고정관념에 기초한 차별이라고 선언하고, 정당한 이유 없이 남녀를 차별하는 제도인 호주제가 헌법적으로 정당화될 수 없다고 하였다.

6. 부의 성을 따르도록 강제한 법조항 위헌 확인: 생활양식과 문화현상의 가치[20](2005)

성명은 개인의 정체성과 개별성을 나타내는 인격의 상징으로서 헌법상 인격권으로 보호되며, 성은 혈통을 상징하는 기호로서 가족제도의 한 내용을 이루는 것이다. 해당 사건에서는 성에 관한 규율에 있어서 폭넓은 입법 형성의 자유가 인정되지만, 헌법적 이념과 가치에 반할 수는 없다고 하면서, 개인의 존엄과 양성의 평등에 반하는 내용의 가족제도를 형성할 수 없다는 한계를 가지고 있다고 판시하였다. 다수의견으로 민법 제781조 제1항(자는 부의 성과 본을 따르고...)에 대해 부성주의 원칙을 규정한 것이 헌법에 위반된다는 의견 또는 부성주의 규정 자체는 헌법에 위반되지 않으나

---

19) 헌재 2005. 2. 3. 2001헌가9·10·11·12·13·14·15, 2004헌가5(병합).
20) 헌재 2005. 12. 22. 2003헌가5·6(병합).

부성주의를 강요하는 것이 부당한 경우에까지 그 예외를 인정하지 않은 것이 헌법에
위반된다는 의견으로 헌법불합치 결정을 하였다.[21] 문화현상이 헌법에 선행할 수 있
다는 점, 관습적 규범을 부인하는 규범의 변경은 부당한 공권력의 행사일 수 있다는
소수의견도[22] 음미할 만한 대목은 있다. 이 사건은 개인의 존엄과 양성평등을 기초
로 성립된다는 원칙을 재확인하면서, 헌법에 선행하는 문화현상이자 생활양식으로서
의 혼인과 가족생활로서의 가치를 짚어준 것에 의미가 있다고 할 수 있다.

7. 간통죄 위헌 확인: 선량한 성도덕과 일부일처주의 혼인제도, 부부간 성실의무, 남녀평등처벌주의(2015)

  간통죄를 처벌하는 형법 제241조의 위헌에 관한 첫 번째 판결(1990)에서는 간통죄
규정이 선량한 성도덕과 일부일처주의 혼인제도의 유지,[23] 가족생활의 보장 및 부부
쌍방의 성적 성실의무의 확보, 간통으로 인해 생길 수 있는 사회적 해악의 사전 예방
을 위해 필요한 법률이라고 하면서 남녀평등처벌주의를 취하고 있으므로 혼인과 가
족생활 규정에 부합한다고 하였다.[24] 간통 및 상간 행위가 혼인제도의 근간을 이루
는 일부일처제에 대한 중대한 위협이 되며 배우자와 가족 구성원에 대한 유기 등의
사회문제를 야기하므로, 만약 간통죄 규정이 부당하게 기본권을 침해하는 것이라고
한다면, 민법상 일부일처제의 혼인제도 즉 중혼 금지규정이나 부부간의 동거 및 상호
부양의무 등 규정도 헌법위반이라는 말이 될 것이라고 판시하였다. 그 이후 몇 차례
간통죄 위헌 사건을 거쳐 2015년 2월 26일 선고한 최근 판결[25]에서는 국민의 성적

---

21) 재판관 7인이 헌법불합치 결정을 내면서 헌법불합치 주문에 대한 이유는 달리 하였으나, 법
  적 공백과 혼란 방지를 위하여 법률조항이 개선될 때까지 잠정적용을 명하였다.
22) "부성주의가 우리 사회에서 여전히 유효하게 존속하며 그 가치를 인정받고 있는 생활양식이
  며 문화 현상으로 보아야 한다고 하면서, 추상적인 자유와 평등의 잣대만으로 부성주의를 규
  정하고 있는 규범의 합헌성을 부정하는 것은 규범의 변경을 통해 생활양식과 문화 현상의
  변화를 일거에 성취하고자 하는 반문화적인 공권력의 행사에 해당하고 부적절한 일"이라고
  하였다.
23) 헌재 2010. 7. 29. 2009헌가8 중혼의 취소 청구권자를 규정하면서 직계비속을 제외한 민법
  제818조가 평등원칙에 반한다고 헌법불합치결정을 한 판례에서도, 중혼의 반사회성과 반윤
  리성이 혼인적령위반 등 다른 혼인취소사유에 비해 심각함을 확인하였다.
24) 헌재 1990. 9. 10. 89헌마82.
25) 헌재 2015. 2. 26. 2009헌바17 · 205, 2010헌바194, 2011헌바4, 2012헌바57 · 255 · 411,

자기결정권과 사생활의 비밀과 자유를 침해하는 것으로 과잉금지원칙에 위배되어 간통죄를 처벌하는 형법규정이 위헌이라고 결정하였다. 선량한 성풍속과 일부일처에 기초한 혼인 제도를 보호하고 부부간 정조의무를 지키게 하는 법익이 여전히 중요하나, 성적 자기결정권 행사라는 개인의 존엄과 행복 추구 측면도 그에 못지않게 비중을 두어야 한다는 것으로, 비도덕적인 행위라 할지라도 개인의 내밀한 영역에 속하는 사생활로 사회에 끼치는 해악이 크지 않을 때는 국가의 간섭과 규제를 자제하여야 한다는 것이다. 그래서 혼인과 가정의 유지는 당사자의 자유로운 의지와 애정에 맡겨야지 형벌을 통해 타율적으로 강제한다는 것이 혼인제도 가정 질서를 보호하는 목적을 달성하는데 적절하고 실효성 있는 수단이 아니고 법익의 균형성을 상실하였으므로 간통죄 형사처벌 규정이 헌법에 위반된다고 판단하였다.

선량한 성도덕과 일부일처주의의 보호, 비윤리적인 중혼 금지 등이 건전한 혼인과 가족제도를 유지하는 데 필요하고 필수적인 조치이고, 이를 위협할 수 있는 요소들이 담긴 개인의 기본권을 주장하려면 사회통념으로 인정되는 윤리적인 혼인과 가족제도 유지라는 공익과 이익 형량이 된다.

8. 대법원의 혼인제도에 대한 판단

우리 대법원도 혼인한 성전환자의 성별정정 신청 사건에서 대법원 다수의견도 남녀 간의 결합만이 혼인이므로, 우리 민법이 동성 간의 혼인은 허용하지 않고 있는데, 현재 혼인 중인 성전환자에 대해 성별 정정을 허용할 경우 법이 허용하지 않는 동성혼의 외관을 현출시켜 동성혼을 인정하는 셈이 되므로, 이것이 상대방 배우자의 신분관계 등 법적 사회적 지위에 중대한 영향을 미치게 되므로 허용될 수 없다고 판시하였다.[26] 또한 성전환자에 대한 호적상 성별 기재의 정정을 허용한 사건에서 헌법 제36조 제1항을 해석하면서 "양성의 구별을 전제로 구분되는 양성 간의 평등"과 이를 기초로 하는 혼인과 가족제도인 점을 확인하였다.[27] 민법 등 법률 규정이 혼인이라는 인간 사회의 가장 기본적인 단위를 사회통념이나 공서양속에 위반되지 않을 것을

2013헌바139·161·267·276·342·365, 2014헌바53·464, 2011헌가31, 2014헌가4(병합)
26) 대법원 2011. 9. 1.자 2009스117 전원합의체 결정.
27) 대법원 2006. 6. 22.자 2004스42 전원합의체 결정.

요구하므로 혼인은 남녀의 결합이라고 보는 것이고 동성 간의 혼인은 혼인의 객관적인 법질서에 위반되는 것으로 해석된다는 것이다.[28]

9. 평가

위와 같이 헌법재판소와 대법원 판결들의 헌법과 법률의 해석을 통해 혼인과 가족생활 규정에 흐르는 헌법의 질서를 살펴보았다. 개인의 존엄과 자율성을 바탕으로 한다는 점, 양성 평등을 근간으로 한다는 점에 있어서는 몇 차례 헌법재판소 판결로서 중복해서 확인하고 있다는 점도 엿볼 수 있었으나, 혼인과 가족생활에 대한 헌법의 해석과 질서로서 하나의 맥락을 읽어낼 수 있다. 즉 혼인과 가족제도는 개인의 기본권으로의 의미도 있지만, 남녀의 결합을 바탕으로 혈연적인 관계의 부모와 자녀를 기본으로 구성되며,[29] 개인의 존엄성과 민주주의 원리가 적용되어야 하는 국가의 최소 생활공동체로서, 국가가 국민의 기본권 보장과 문화국가 원리를 성립, 유지하기 위한 전제[30]로서 중요하고 기본적인 제도로 보장되어야 하는 것으로 정리할 수 있다.[31]

---

28) 인천지법 2004. 7. 23. 선고 2003드합292 판결 등 동성 간에 사실혼 유사의 동거관계를 유지하여 왔다고 하더라도 부부로서 공동생활을 영위할 의사를 인정하기도 어렵고 혼인생활의 실체가 있었다고 보기 어려울 뿐 아니라, 사회 관념상 가족질서적인 면에서도 용인될 수 없는 것이어서 사실혼과 같은 법률혼에 준하는 보호를 할 수 없다고 판시하였다.

29) 윤진수, "전통적 가족제도와 헌법", 「서울대학교 법학」 제47권 제2호, 2006, 184면. 우리 헌법이 예정하고 있는 혼인이란 양성(兩性)의 결합을 의미하는 것이라고 보아야 할 것이고, 동성결혼을 인정하지 않는다고 하여 그것이 바로 평등원칙에 어긋난다고 말하기 어렵다. 동성 간의 결합 자체를 헌법상 행복추구권의 일부로 인정할 가능성이 있을지라도 이를 위하여 어떤 제도를 창설할 입법의무를 헌법에서 직접 이끌어내는 건 별개의 문제다.

30) 허영, 「한국헌법론」(전정14판), 박영사, 187면; 우리 헌법의 혼인과 가족제도에 관한 보장 규정은 우리 헌법이 추구하는 문화민족의 이념에 알맞게 인가의 존엄과 남녀평등을 기초로 문명적인 가족관계로 성립되고 유지되어야겠다는 헌법적 결단이고, 문화민족으로서 윤리적 생활철학을 갖도록 촉구하는 것이라고 해석되고, 이는 헌법이 사회통합을 위한 사회공동체의 가치질서이자 생활질서이기 때문이다.

31) 홍기옥, "동성결혼에 따른 현대결혼제도의 위기에 관한 검토", 「한국위기관리논집」 제10권 제11호, 2014, 216－217면. 등의 글에서 헌법 제정자가 헌법 제정 당시에 동성 간의 혼인에 대해 예정하지 않아 혼인에 대해 어떠한 결단도 내리지 않은 것이라거나, 헌법 규정에는 국민으로 명시하고 있지만 기본권 주체로 외국인까지 그 주체성을 인정해주고 있는 것과 같이 현행 헌법의 해석 상으로도 동성간 혼인할 권리를 인정하는 것이 가능할 것이라고 주장하나, 외국인도 기본권의 주체로 인정하는 경우는 천부인권적인 성격의 권리인 경우에 자연인 모두에게 인정되어야 하기 때문에 국적에 상관없이 보장한다는 헌법적 해석인 것이고, 동성간

Ⅳ 혼인과 가족 규정 관련 헌법 개정 논의

1. 개정안 제안 연혁

2006년에 한국헌법학회는 헌법개정연구위원회 최종 보고서를 통해 헌법 개정을 제안하였다. 이 최종 보고서에서 혼인과 가족생활에서의 양성평등에 대한 조항의 성격을 자유권적 기본권과 혼인과 가족에 대한 제도 보장의 성격으로 파악하고 헌법 제11조 제1항에서 보장되는 평등원칙을 혼인과 가족생활 영역에서 구체화하려는 목적으로 규정한 것으로 파악하였다.32) 그래서 조문의 내용의 변경이 아니라 조문의 위치에 대해 견해가 나뉘었는데, 일반적 평등 조항과 함께 규정할 것인지, 현재처럼 독자적으로 제36조에 규정할 것인지에 대해 논의되었다. 혼인과 가족생활의 평등에 관한 조항은 평등조항인 제11조에서 규정하는 것이 바람직하다고 견해를 모았다. 그리고 제36조는 혼인할 권리와 가족을 형성할 권리를 모두 규정으로 하고, 그 하위조항에 혼인과 가족제도의 원칙규정과 모성보호조항을 편입하며 직장생활과의 조화를 위한 가족생활 보호조항을 신설하자는 견해와, 보건 조항을 혼인과 가족생활 규정에서 분리하여 모두규정으로 신체적, 정신적 건강을 향유할 권리를 규정하고, 국가의 건강보호의무를 그 하위규정으로 두는 견해가 제시되었다.33)

2008년 9월에는 헌정사상 최초로 국회가 헌법개정 논의를 주도하기 위하여 국회의장 자문기구로 헌법 연구 자문위원회를 발족하여 헌법 개정에 대해 연구하여 2009년 8월에 결과보고서를 출간하였다.34) 자문위원회는 위원장을 포함하여 법학, 행정

혼인할 권리를 인정하자는 주장은 동성 간 혼인할 권리가 인권 내지 열거되지 않은 기본권이라는 것을 전제하는데서 시작하는 것이므로 인권 내지 기본권이 아니라면 이러한 주장은 설득력을 잃게 된다. 유럽인권재판소에서는 2010년부터 꾸준히 동성간 결혼할 권리 주장에 관한 협약국가의 권한과 의무를 판시하면서(유럽인권협약 제8조나 제12조 어떠한 조항으로도 동성 커플을 상대로 결혼에 접근권을 부여해야 한다는 의무를 협약국에게 부과하지 않는다고 함) 각 국가의 헌법으로 혼인을 남녀 간에만 허용되는 것으로 개념 정의하는 것을 금지하지 않는다고 판시한 점은 중요하게 고려할 필요가 있다. Hämäläinen v. Finlande (no. 37359/09) 2014.7.16, Chapin and Charpentier v. France (n°40183/07) 2019.9. 등

32) 헌재 2002. 8. 29. 2001헌바82. 헌법재판소도 기본권적 성격과 제도 보장적 성격을 동시에 이해하고 있다.

33) 2006 헌법개정연구위원회 최종보고서, 한국헌법학회, 2006.

34) [국회의장 자문기구] 헌법연구 자문위원회 결과보고서, 2009.8.

학, 정치외교학 전공의 교수들과 동아일보 논설실장 13인으로 구성되었고, 3인의 고문(헌법학자 2인과 前 국무총리 1인)을 두었다. 분과위원회를 2개로 각 8회의 해외 현지조사, 전문가 간담회, 정계·학계 원로 초청 자문회의를 개최하여 최종 결과보고서를 발간하였다. 혼인과 가족생활 규정은 그대로 유지하되, 평등권 조항에서 남녀평등에 관한 의무조항을 신설하여 적극적 평등실현 의무를 명시하였다. 제36조 제2항에 임신·출산·양육을 위한 권리와 그 보장을 위한 국가목표조항을 명시, 개정을 제안하였다. "개정안 제36조 제2항 누구든지 임신·출산·양육을 이유로 불이익한 처우를 받지 아니한다. 국가는 임신·출산·양육을 보호하여야 한다."라고 제안하여 여성의 직업과 가정의 양립을 지지하고 출산·양육이 여성에게만 한정된 의무로 이해되는 것을 해소하고, 국가적 보호의무를 명시함으로써 출산·양육에 있어 남녀의 평등이 보장한다는 취지이다.

　　대화문화아카데미는 2011년과 2016년에 헌법개정안을 제안, 발간하였다.[35] 이 개정안은 '새로운 헌법 필요한가'라는 주제로 2006년부터 2008년 7월까지 8차례의 모임[36]을 가지고 2008년도에 책을 출판한 후에 중견 법학자, 정치학자, 시민단체 등으로 새헌법조문화위원회를 구성하여 조문화 작업을 통해 내놓은 것이다. 개정안 제38조는 "① 혼인과 가족생활은 개인의 존엄과 성평등을 기초로 성립되고 유지되어야하며, 국가는 이를 보장한다"라고 제안함으로써, 헌법 개정안 상에 남녀평등이나 양성평등이 아닌 성평등이라는 개념이 처음 등장하였다.[37] 조문별 논의 과정에서 제36조의 제1항의 양성이란 표현이 동성결혼의 법률적 인정을 헌법적으로 가로막고 있기 때문에 문제가 될 수 있다는 지적을 하면서 참석했던 모든 이들이 '성평등'으로 수정하자고 제안했다고 기록되어 있다.[38] 새헌법조문화위원장은 기본권 분야의 개정안 이유를 적시하면서, 우리 사회가 성숙하고 개인의 다양성을 존중하는 사회로 나아가기 위해서 소수자의 인권을 존중하고 배려하지 않으면 안 된다고 하고, 소수자가 기

---

35) 1959년부터 크리스챤 아카데미로 시작한 개신교 교육단체로서, 2000년에 창립 35년을 맞아 재단 명칭을 대화 문화아카데미로 변경하였다.

36) 새헌법조문화위원장으로 헌법학 김문현 교수를 비롯하여 법학자, 정치학자 총 7인이 새헌법조문화위원으로 구성되었고, 김근태·원혜영·이부영·이은영 열린우리당 국회의원, 김종인 민주당 국회의원, 이홍구 전 국무총리 등 정치권, 국가인권위, 한국여성단체연합, 함께하는 시민행동 등 많은 시민사회에서도 이 모임에 참석하였다.

37) 대화문화아카데미 헌법안 대조표.

38) 김문현 등, 「대화문화아카데미 2016 새헌법안」, 대화문화아카데미, 2016, 205면.

본적으로 배려의 대상이 아니라 적극적 주체로서 자기 권리를 행사하는 방향에서 기
본권이 적용되어야 한다면서, 성평등을 적극적인 국가적 목표로 명시하였다고 설명
하였다.[39] 동성결혼을 허용하기 위한 헌법적 근거를 마련하기 위해 '성평등'으로 개
정 제안한 것이 명확해진다.

2014년에는 위원장을 포함하여 총 15인으로 구성된 헌법개정 자문위원회가 헌법
개정안을 출간하였다. 헌법개정 자문위원회는 국회의장 지명의 9인, 새누리당 추천
3인, 민주당 추천 3인으로 구성되었는데, 학계 8인, 정치인 2인, 법조인 2인, 언론계
2인, 전직 관료 1인이 포함되어 있다. 2014년 헌법개정 자문위원회의 헌법개정안 제
16조는 "혼인과 가족생활은 개인의 존엄과 성평등을 기초로 성립되고 유지되어야
하며, 국가는 이를 보장한다."고 현행 헌법의 '양성 평등'을 '성평등'으로 개정 제안
하였다.

2017년 12월에는 국가인권위원회에서 「기본권보장 강화 헌법개정안(연구포럼안)
설명자료」라는 이름으로 헌법 개정안을 내놓았다.[40] 헌법개정의 방향에 대한 전문가
자문을 2016년 11월에 시작하여, 2017년 1월 9일에 헌법개정 대비 대응 계획을 보
고하고 법학계와 국회 입법조사처, 참여연대, 국가인권위 내부 위원 등으로 구성된
연구포럼 위원으로 7인을 추진기획단 위원으로 17명을 위촉하였다. 연구포럼 회의와
워크숍, 대국민 의견 수렴 등을 거쳐서 12월에 헌법개정안을 전원위원회에 보고하였
다. 혼인과 가족생활 규정에 관한 개정안으로 "개정안 제32조 ① 모든 사람은 존엄
과 평등에 기초하여 혼인하고 가족을 구성할 권리가 있다. 혼인과 가족은 국가의 특
별한 보호를 받는다."고 제안함으로써 현행 '양성 평등'을 '평등'으로 수정하였는데,
이는 동성결혼을 포함하여 다양한 혼인과 가족의 형태를 받아들이기 위한 것이라고
설명하고 있다. '혼인하고 가족을 구성할 권리'라는 문구는 기본권으로서의 성격을
강조한 것이고, '국가의 특별한 보호를 받는다'는 제도보장적 측면의 용어를 분리하
여 표현하였다. 개정안 제32조 제2항은 부모의 자녀의 보호·양육·교육에 관한 권리
와 책임을 명시하고, 자녀의 복리를 위하여 필요한 경우 제한할 수 있도록 함으로
써,[41] 독일의 입법례와 유사하게 제안되고 있음을 볼 수 있다.

---

39) 김문현 등, 앞의 책(주 38), 19면, 61면.
40) 기본권보장 강화 헌법개정안 (연구포럼안) 설명자료, 국가인권위원회, 2017.12.
41) 국가인권위원회 헌법개정안 제32조 ① 모든 사람은 존엄과 평등에 기초하여 혼인하고 가족

2018년 1월에는 국회 개헌특위 자문위원회의 헌법 개정안을 발표하였다.[42] 국회 개헌특위 자문위원회는 2017년 2월 2일부터 활동을 시작하여 총강·기본권, 정부형태, 지방분권·국민주권 분과와 국민참여본부 등 33명으로 위원회가 구성되었으며, 분과위원회와 국민참여본부를 운영하여 3월 6일까지 분과별 주요쟁점 정리(총17회), 국민의견 수렴 방안 확정 및 대국민 토론회 등 진행하였다. 혼인과 가족생활에 관해서는 개정안 "제15조 ③ 혼인과 가족생활은 개인의 존엄과 평등을 기초로 성립되고 유지되어야 하며, 국가는 이를 보장한다."로 '양성 평등'에서 '평등'으로 개정 제안하였다. 그 이유로는 토론 과정에서 '성평등'이라는 표현이 '동성애 동성혼을 허용하는 의미'로 이해하고 있는 다수의 국민들이 있어 '성평등'이라는 표현 대신 '양성평등'이라는 표현을 써야 한다는 의견이 제시되었다고 밝히고 있다. 또한 '성평등'을 부연설명하면서 양성평등(sex)은 남과 여라는 생물학적 선천적 차이에서 발생한 불평등 문제이고 성평등(gender)은 사회역사적으로 형성된 후천적 차이에서 발생한 불평등라고 하면서 1995년 9월 북경 여성대회 이후 젠더론(성평등론)을 받아들여서 김대중 정부가 여성특별위원회를 설치한 후 여성가족부 출범으로 발전했다고 설명하고 있다. 정치·경제·사회적 구조에 의해 발생한 여성과 남성의 불평등한 문제를 해결하려는 것으로, 정책 효과가 남성과 여성에게 최대한 동등하게 반영될 수 있도록 국가정책의 형평성 및 실효성을 높이기 위한 방법론적 개념으로 볼 수 있다고 하였다. 2018년 3월 청와대에서 발표한 대통령개헌안에는 제36조 제1항을 현행대로 유지하였다.

마지막으로 한국헌법학회의 헌법개정연구위원회에서 2018년 초에 활동하여 같은 해 3월에 발표한 헌법개정안을 살펴보면, 혼인과 가족생활의 조항에 부모의 의무와 국가의 의무, 아동의 복리와 부모의 양육권과 교육권에 관한 내용이 추가되면서 진일보된 개정안이 제시되었음을 볼 수 있다.[43] 기존에 평등, 양성평등, 존엄이라는 원론적인 논의에서 발전하여, 헌법 규정에서 소외되어 있던 아동의 복리를 규정하고 있

을 구성할 권리가 있다. ② 부모는 자녀의 보호·양육과 교육에 관한 권리와 책임이 있다. 국가는 자녀의 복리를 필요한 경우에 한하여 부모의 권리를 제한할 수 있다. ③ 국가는 모성을 보호하여야 한다.

[42] 국회헌법개정특별위원회 자문위원회 보고서, 2018.1.

[43] 허종렬·엄주희·박진완, "헌법상 기본권 개정안 논의 동향과 성과 검토-2018 한국헌법학회 헌법개정연구위원회 기본권분과위원회의 활동을 중심으로", 「법학논고」 제63집, 2018.10, 125 – 126면.

다.[44] 가족생활을 통해 아동의 복리를 추구하여 부모와 국가의 의무를 규정함과 동시에, 임신, 출산, 양육으로 인한 불이익한 처우 금지를 명시하고 있다.[45]

2. 평가

혼인과 가족생활을 통해 보호되는 것은 부부와 가족 공동체만이 아니라 그 안에 존재하는 아동을 포함한다. 헌법개정안에서 아동의 복리가 언급되었다는 것은 부부 중심의 가족생활 규정에서 가족구성원 전원을 중시하는 변화를 통하여, 평등한 가족 관계를 제시했다는 면에서 큰 의미가 있다. 2008년 국회 헌법연구 자문위원회의 개정안에서 처음 임신·출산·양육에 관한 권리와 국가의 보장 의무를 제시한 이후로, 2018년 국가인권위원회와 한국헌법학회 개정안에서는 처음으로 아동의 복리를 언급하고, 아동에 대한 돌봄과 교육이 부모의 천부적인 권리이자 의무로 명시됨으로써, 아동이 부부 중심 가족의 부속품처럼 다뤄지지 않고 가족의 주체적 구성원으로 자리매김하고 있다.

2011년과 2016년 대화문화아카데미의 개정안부터 2018년 국회 개정안까지 혼인과 가족제도의 규정에 등장한 '성평등'의 용어는 동성결혼의 제도화를 위한 초석으로도 이해될 수 있다. 일단 헌법에서 성평등으로 용어가 개정된다면, 이제까지 헌법상 '양성평등'의 문구를 근거로 남녀 간의 결합으로 해석해 왔던 것으로부터 동성 간의 결합까지 포용할 수 있는 헌법적 근거가 발생하는 셈이다.[46] 단 한 글자의 변화로써,

---

44) UN아동인권협약, 유럽연합 기본권 헌장과 같은 국제인권법 분야에서는 아동의 복리를 근간으로 하는 가족생활을 제시하고, 독일 등 국가에서 아동의 돌봄과 교육이 부모의 권리이자 의무임을 헌법에 규정하고 있다; 기본권보장 강화 헌법개정안 (연구포럼안) 설명자료, 국가인권위원회, 2017.12, 108-110면 등.

45) 현행 규정에 추가된 조항들은, 한국헌법학회 개정안 제38조 ② 누구든지 임신, 출산, 양육을 이유로 불이익한 처우를 받지 아니하며, 국가는 모성을 보호하여야 한다. ③ 아동에 대한 돌봄과 교육은 부모의 천부적인 권리이며 우선적으로 부모에게 지워진 의무이다. ④ 아동이 방치될 위험에 처하게 되는 경우 등 자녀의 복리를 위해 필요한 경우에 한하여 법률로 부모의 권리를 제한할 수 있다.

46) Lynn D. Wardle,, "A Critical analysis of Constitutional Claims for Same-Sex Marriage", BYU Law Review, Volume 1996, Issue 1, 1995, pp.75-88. 우리 헌법처럼 혼인이 '양성평등'을 기초로 한다는 규정이 없는 미국의 경우 헌법상 평등의 원리를 근거로 결혼의 평등을 주장하여왔고, 그것이 연방대법원에서 받아들여지기도 하였다.

사회적인 근간을 흔들 수 있는 변화를 수반하게 된다.

　현재까지 혼인과 가족생활 조항은 건전한 성도덕, 성풍속의 유지, 남녀의 결합과 일부일처제 혼인의 보호와 부모와 자녀 간 혈연관계를 근간으로 구성되는 가족제도의 보호라는 가치를 수호함으로써 문화국가 원리를 지향하는 헌법 정신의 산물이기도 하다.[47] 21세기 들어 해외에서 부각되기 시작한 동성 간 결합의 법제화 물결로 인해 우리나라의 헌법상 혼인과 가족제도 조항의 해석을 달리해야 할 정도의 헌법 변천이 이루어졌다고 보기는 어려울 것이고,[48] 전통적인 헌법적 가치를 변경하기 위해서는 국민 전체의 컨센서스가 이루어졌다고 볼만한 사회적 변화의 정황과 이를 반영할 수 있는 절차적 정당성, 즉 헌법 개정 절차가 있어야 할 것이다. 혼인과 가족생활이 제도적으로 국민들의 가치세계를 표상하는 것이고, 제도라는 것이 내면화된 국민의 동화적 통합에 저해하지 않게 해야 할 헌법적 요청을 감안한다면,[49] 혼인과 가족생활 규정에 관한 헌법 개정에 있어서도 국민 의식과 체계 변화가 받아들여질 만큼 국민적 합의가 성숙되었다는 증거를 내놓을 수 있어야 하고, 그런 성숙도가 증명되더라도 민주적 과정을 통해 국민적 정당성을 확인할 수 있게 하는 절차가 반드시 필요하다고 판단된다.[50]

---

47) 허영, 앞의 책(주 30), 49－51면; 남녀평등을 기초로 보장되는 헌법 질서 내에서 혼인의 범주에 동성 커플까지 포함하는 것은 헌법의 통일성을 지키기 위한 체계 정당성의 원리에도 반할 위험이 있다.

48) 허영, 앞의 책(주 30). 49－50면. 헌법 규정이 생활규범적 기능이 약화되었을 때 헌법의 현실의 적응력을 높일 필요가 있거나, 헌법의 동화적 통합을 중시하는 입장에서도 헌법의 변천으로 인해 헌법을 살아있는 규범으로 지탱하기 위하여 헌법 개정이 논의될 수 있고, 이러한 경우에도 실정법적 한계, 내재적 한계 등 일정한 한계를 고려해야 할 것이다.

49) 혼인과 가족제도가 기본권이자 제도보장의 양면성을 가지고 있고, 여기에서의 기본권은 본질적으로 우리 사회구성원 모두가 공감을 느낄 수 있는 가치의 세계를 징표하는 것이어야 한다. 그 핵심적인 내용은 인간으로서의 존엄과 가치라고 할 것이고, 우리 헌법상 기본권 보장이 인간의 존엄성을 핵으로 하는 동화적 통합질서를 마련하는 것이다. 허영, 앞의 책(주 30), 245면; 기독교 윤리에서도 가정이란 무엇보다도 자연적인 공동체라고 규정하고 남녀가 결혼 언약에 기초해 있으며 가정의 내적 구조는 그 부부와 자녀를 포함한다. 최용준, "동성혼에 대한 기독교 세계관적 고찰", 「신앙과 학문」 제21권 제4호, 2016, 172면.

50) "민주 39% vs 한국 22% … 지지율 격차 17%p 로 확대[한국 갤럽]" 연합뉴스, 2019년 5월 31일, 동성결혼 법제화를 반대하는 국민이 56%, 찬성이 35%로 반대가 압도적인 우세를 차지하고 점에서 국민 정서와 법감정의 면에서 여전히 혼인과 가족생활의 전통적인 관념은 유지되고 있는 것을 볼 수 있다. "국가 법적 강제력이 동성애·동성혼 위해 쓰이면 안 된다", 기독일보, 2018년 2월 24일 비윤리적이고 반사회적인 요소를 강조하며 법제화에 반대하는 사회영역들이 상당히 존재하는데, 이러한 견해들은 소수자의 보호는 별론으로 하고 동성 커

헌법재판소 결정, 개정 연혁 및 개정안 속의 연결점과 흐름

1. 개인의 존엄과 양성 평등의 지속적 확인

혼인과 가족생활 조항을 해석함에 있어 헌법재판소 결정은 1997년 선고한 동성동본 혼인 금지 규정 사건부터 2015년 선고한 친생자 추정 법조항 위헌 판결까지 지속적으로 개인의 존엄성과 남성·여성의 평등을 기반으로 혼인과 가족생활이 형성된다는 점을 확인하고 있다. 이는 혼인과 가족생활과 관련된 결정이 있을 때마다 거의 빠짐없이 확인되고 있는 사실이라고 해도 과언이 아니다. 헌법 규정의 경우에도 1948년 제헌헌법 제정 당시부터 남녀동권을 규정한 이후 현행 헌법의 모습을 갖춘 1987년 헌법까지 양성평등을 규정으로 계속 유지하고 있다. 헌법 개정안이 최초로 공식적으로 제안된 2006년 한국헌법학회의 개정안과 2008년 국회의장 자문기구로 헌법연구 자문위원회의 개정안에서도 혼인과 가족생활에서 구현되는 평등의 모습은 양성평등이다. 그러나 2011년과 2016년 대화문화아카데미에서 처음으로 소수자의 인권과 동성결혼을 언급하면서 양성평등에서 성평등으로 개정 제안했고, 2017년 국가인권위원회 개정안 및 2018년 국회 개헌특위 자문위원회 개정안에서도 성평등으로의 개정 제안이 나타나고 있다. 2018년 대통령 개헌안과 한국헌법학회 개정안에서는 국민의 법감정과 정서를 감안한 듯 양성평등 조항을 유지하고 있다.

2. 문화현상과 관습적 생활양식을 담은 보편타당한 윤리와 도덕관념으로의 기준성

혼인과 가족제도는 전통성과 보수성, 그리고 윤리성이 두드러진다는 측면이 있다.[51] 위에서 살펴보았듯이 헌법재판소의 결정들로부터 도출되는 특성은, 오늘날에도 계승 발전시켜야 하는 것으로, 헌법적으로 인정된 전통문화와 윤리, 도덕관념이

플을 사회제도로 합법적으로 포섭하는 것을 경계하는 것은 이들에 대해 신앙과 양심의 자유로서 비판하는 것마저도 금지당할 수 있다는 문제를 우려하는 것이다. 국민의 상당수가 남녀 간의 혼인을 보호할만한 전통과 제도라고 여기고 있다는 점도 고려해야 한다.

51) 전광석, 「한국헌법론」(제14판), 집현재, 2019, 298면.

전체적인 사회적 경제적 여건에 적합하고 자유와 평등을 근본이념으로 하여 헌법정신에 부합할 뿐만 아니라, 남존여비 신분적 계급제도와 같이 악습이나 폐습으로 간주할 만한 것이 아니어야 한다는 것이다. 헌법적으로 보호하는 전통, 윤리, 도덕이라는 것이 역사성과 시대성을 가짐과 동시에, 단지 역사적으로 오래 유지되었다는 것으로 전통과 문화로서 인정받는 것이 아니라, 최고규범인 헌법의 정의 관념과 인류의 보편 가치, 즉, 헌법 내에 관통하는 인간의 존엄성과 개인의 자율성 및 양성 평등의 관념에 위배되지 않아야 한다. 그런 의미에서 동성동본 금혼제, 호주제 및 부성주의 원칙을 규정한 민법조항이 헌법에 합치되지 아니한다고 선언된 것이다.

또한 헌법재판소에서 지속적으로 확인된 혼인과 가족제도의 근간은 자연적인 혈연관계를 바탕으로 이루어지는 친자관계를 인정하고, 이를 기본으로 가족생활의 유지와 자녀 출산·양육과 교육권의 실현, 이를 통한 개인의 성장과 사회에 능동적인 참여와 문화국가의 실현 등이 제도적 보장으로 이루어지도록 하는 구조를 가지고 있다. 양성의 부부와 자연적 혈연관계로 맺어진 자녀로 이루어진 가족제도를 보호하고자 하는 관습적 규범성을 가지고 있다고도 볼 수 있다. 아무리 새로운 가족의 형태가 나타나고 사회 현상의 변화로 우리 사회가 새로운 가족제도를 받아들여야 할 필요성이 제기된다고 하더라도, 헌법적으로 보호하고자 하는 혼인과 가족제도의 근간이 확고하게 뿌리를 내림으로써 이를 터잡아 전통과 문화로 현재 유지되고 있는 이상, 이러한 전통과 제도의 기초 및 인간의 존엄성을 수호하는 헌법 정신을 위태롭게 할 수 있는 어떠한 제도적·법률 해석적 시도는 헌법에 위반된다고 판단될 가능성이 높다.[52]

3. 선량한 성도덕과 일부일처주의의 혼인제도 유지의 가치와 기준

2015년 간통죄 위헌 확인 사건에서 선량한 성풍속 내지 성도덕과 일부일처에 기초한 혼인 제도를 보호하는 법익은 중요하고 명백하나, 이를 규제하는 방식으로 공권

52) 정영화, "'동성혼' 도입을 위한 헌법개정의 위헌성 – 미국 연방대법원 '동성혼' 판례의 '인간존엄' 해석의 분석", 「홍익법학」 제18권 제3호, 2017, 139면, 143면; 동성결혼의 인정은 양성애자, 동성애자의 난혼과 일부다처제의 폐해를 조장할 가능성이 높고 다자간의 연인관계로 인하여 개인의 존엄을 해하는 가족관계를 초래할 수 있어서 인간존엄과 사회의 공존에 심각한 위협이 된다는 우려가 제기된다.

력에 의해 타율적으로 강제하는 것이 혼인과 가정 질서를 보호하고자 하는 목적 달성에 유효·적절한 수단이 아니기 때문에 헌법에 위반된다고 선언하였다. 이외의 헌법재판소 결정들에서도 성도덕과 일부일처주의 혼인제도에 따른 부부 간의 성실의무와 남녀평등 주의를 확보한다는 것이 근본 기준이 되고 있다. 예컨대 친생자 추정 (2015)이나 친생부인의 소 제척기간에 관한 판단(1997)에서 성도덕이나 부부간 성실의무가 기준이 되지 않았다면 헌법재판소에서 판시한 개인의 존엄성, 자율성, 양성의 평등에 관한 혼인과 가족생활의 원리라는 것이 무의미해졌을 것이다.

4. 가족생활에서 자녀 교육적 의미의 확대

혼인과 가족생활은 평등한 부부의 관계성만이 존재하는 것이 아니라, 임신, 출산에 의한 자연적인 가족의 형성과 자녀에 대한 양육과 교육을 주요 요소로 한다. 헌법재판소는 친생부인의 소 제척기간 사건(1997)과 과외교습 금지 관련 법조항 위헌 확인 사건(2000) 등에서 부모의 자녀 부양의무와 교육의무를 확인하고, 자녀의 양육과 교육이 가족생활의 핵심 요소라는 점을 확인하였다. 헌법 개정안 논의에서도 2008년 국회 개정안에서 처음으로 임신·출산·양육에 대한 헌법적 보장을 명시한데 이어, 2018년 국가인권위원회와 한국헌법학회에서 제시한 개정안에서는 혼인과 가족생활 조항에 아동의 복리와 이에 대한 부모의 의무와 양육권 및 교육권이 제시됨으로써 자녀 교육권의 의미가 헌법적으로 명확해지고, 자녀 교육권의 의미가 가족생활의 핵심 요소로 확인될 뿐 아니라, 제헌 헌법부터 현행 헌법까지 혼인과 가족생활을 존엄과 평등, 가족의 보건이라는 기초적인 원리를 표방하던 것을 넘어 양육·교육권까지 확대되는 모습을 볼 수 있다. 헌법 제31조 교육권 관련 규정에서 명시하고 있던[53] 부모의 교육의무와 교육권이 혼인과 가족생활 조항에도 명시된 것이다. 해외의 경우 독일 기본법에서 규정하고 있는 입법례에서 찾아볼 수 있다.[54] 현행 규정에는 부모

---

53) 헌법 제31조 ② 모든 국민은 그 보호하는 자녀에게 적어도 초등교육과 법률이 정하는 교육을 받게 할 의무를 진다.

54) 독일 기본법 제6조 제1항(혼인과 가족은 국가질서의 특별한 보호하에 있음) 제2항(아동에 대한 돌봄과 교육이 부모의 자연권이며 우선적인 의무라는 점), 제3항(교육권자가 아동돌봄이나 교육에서 실패할 경우나 아동이 방치될 위험에 처하는 경우 법률에 근거하여 가족과 분리될 수 있다는 점), 제5항(혼인외 아동에게도 법률로서 혼인중 출생아동과 동일한 조건으

의 자녀 교육권과 의무가 혼인과 가족제도 규정에 따로 명시되지는 않았으나, 헌법적인 요청과 조항의 해석상 혼인과 가족생활의 보호로부터 도출될 수 있는 가족공동체 유지를 위한 요소의 반영으로서 인정될 수는 있다.[55]

Ⅵ 결론

이상에서 혼인과 가족생활 헌법 규정에 대한 의미를 헌법 조항의 개정 연혁, 헌법재판소 결정 및 헌법 개정안 제시 현황을 통해 살펴보았다. 혼인과 가족생활은 부부와 자녀를 구성원으로 하는 사회 최소단위의 공동체에 대한 보호를 제도화하며, 혼인과 가족에 수반된 기본권들을 보장하는 것이다. 헌법재판소 결정과 헌법 개정 논의들을 살펴본바, 혼인과 가족생활은 개인의 존엄, 자율성, 평등의 가치를 내면화하는 제도이자 미성년인 아동을 양육·보호하고 교육할 수 있도록 제도적으로 보장할 수 있는 기반이 된다. 가족생활은 평등한 부부가 중심이 되는 것은 물론이거니와, 자녀의 양육과 교육도 가족생활의 핵심적인 내용 중 하나가 된다.

헌법 개정의 시도로서 2011년과 2016년 대화문화아카데미 개정안부터 새로운 가족형태를 받아들이기 위한 초석이라는 이유로 양성평등 문구를 성평등으로 개정을 제안하고 있으나, 제헌 헌법 이후 유지되어 온 조항에 대해 혼인과 가족제도의 해석을 달리해야 할 정도의 헌법 변천이 이루어졌다고 보기는 어렵기 때문에, 전통적인 헌법적 가치를 변경하기 위해서는 국민 전체의 컨센서스가 이루어졌다고 볼만한 헌법 개정의 절차적 정당성이 필요하다. 헌법의 큰 틀 안에서 정부의 정책과 맞물려 국회의 입법재량권을 발휘할 수 있는 제도의 속성상, 문화적·사회적 변화는 위헌적인 요소가 없다면 언제든지 제도 안에 반영될 가능성이 열려있기도 하다. 존엄, 평등, 자율성과 같이 헌법 질서의 큰 기둥을 이루면서도 전통적이면서도 근본적인 가치들은 제헌 헌법 당시나 현재나 미래나 보장되어야 마땅할 헌법적 가치이지만, 미세하게

로 육체적 ,정서적 발전과 사회내의 지위를 확보할 수 있도록 함) 에 규정하고 있다. 기본권 보장 강화 헌법개정안 (연구포럼안) 설명자료, 국가인권위원회, 2017.12, 110 – 111면.

55) 엄주희, "지방자치단체 내의 유치원·어린이집의 부패방지를 위한 행정과 정보공개", 「한국 부패방지법학회 2019년도 춘계학술대회 자료집」, 2019.5.20, 101 – 102면.

계속 변화되는 사회적 요소들은 법률의 제·개정을 통해서도 그 가치들이 반영될 수 있다. 헌법적으로 반영되어야 할 큰 맥락의 변화는 헌법 개정을 통해 절차적·실체적 정당성이 부여되어야 할 것이다.

참고문헌

[국회의장 자문기구] 헌법연구 자문위원회 결과보고서, 2009.8

국회헌법개정특별위원회 자문위원회 보고서, 2018.1

기본권보장 강화 헌법개정안 (연구포럼안) 설명자료, 국가인권위원회, 2017. 12

김문현 등, 「대화문화아카데미 2016 새헌법안」, 대화문화아카데미, 2016

김수정, "유럽에서의 동성혼 합법화 경향 – 특히 영국과 프랑스를 중심으로", 「가족법연구」
　　제29권 1호, 2016

김철수, "헌법개정 자문위원회의 헌법개정안", 「고시계」 59(7), 2014

대한민국헌법 개정안, 대통령 문재인, 2018. 3

엄주희, "영아의 생명권을 위한 규범적 고찰: 베이비박스에 관한 영아유기 문제를 중심으
　　로", 「서울법학」 제23권 제3호, 2016

이세주, "헌법상 문화국가원리에 대한 고찰", 「세계헌법연구」, 제21권 2호, 2015

이준일, "헌법상 혼인의 개념", 「공법연구」 제37권 제3호, 2009

2006 헌법개정연구위원회 최종보고서, 한국헌법학회, 2006

2018 헌법개정연구위원회 최종보고서 "개헌연구안", 한국헌법학회, 2018

윤진수, "전통적 가족제도와 헌법", 「서울대학교 법학」 제47권 제2호, 2006

전광석, 「한국헌법론」 제14판, 집현재, 2019

정극원, "혼인의 자유에 관한 헌법재판소의 판례의 동향", 「세계헌법연구」 제14권 제1호,
　　2008

정문식, "헌법상 혼인과 가족생활의 보호 의미와 변화-독일헌법상 혼인과 가족생활의 보호
　　에 관한 논의를 중심으로" 「한양법학」 제28권 제2호, 2017

정영화, " '동성혼' 도입을 위한 헌법개정의 위헌성 – 미국 연방대법원 '동성혼' 판례의 '인간
　　존엄' 해석의 분석", 「홍익법학」 제18권 제3호, 2017

허 영, 「한국헌법론」 제14판, 박영사, 2018

허종렬, 엄주희, 박진완, "헌법상 기본권 개정안 논의 동향과 성과 검토-2018 한국헌법학회
　　헌법개정연구위원회 기본권분과위원회의 활동을 중심으로", 「법학논고」 제63집, 2018.

헌법 주석서 Ⅱ, 법제처, 2010. 3

홍기옥, "동성결혼에 따른 현대결혼제도의 위기에 관한 검토", 「한국위기관리논집」 제10권
　　제11호, 2014

Lynn D. Wardle, "A Critical analysis of Constitutional Claims for Same–Sex
　　Marriage", BYU Law Review, Volume 1996, Issue 1, 1996.

2부

인공지능 시대의
국민 보호와 인권

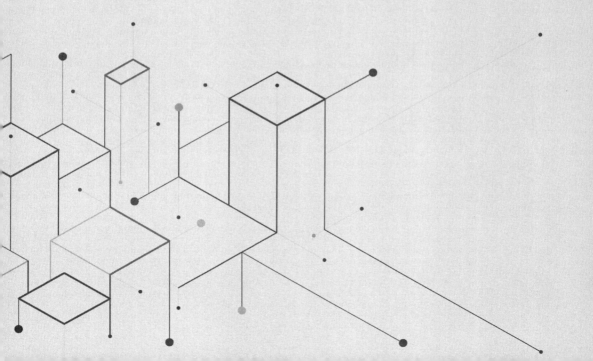

1장

면역 여권,
코로나 시대 양날의 검

I 서론

　면역 여권이 본격적으로 논의되기 시작한 건 코로나 사태(COVID–19)가 전 세계를 덮치고 난 2020년 이후이다. 2020년 초반에는 면역 여권(immunity passport)이라는 이름으로 논의되다가 COVID–19 백신이 개발되고 상용화되면서 백신 여권(vaccine passport)이라는 명칭으로 논의되었다. 사실 면역 여권은 코로나 사태 때문에 등장한 새로운 아이디어는 아니다. 코로나처럼 팬데믹(pandemic)이 아닌 경우에, 국소적으로 풍토병이 도는 국가를 입국하는 경우에 관련 예방접종을 맞은 증명서를 요구하는 데서부터 면역 여권이 기원하였다고 할 수 있다. 감염병에 대해서 면역이 생겼음을 입증함으로써 감염병 전파 가능성이 없다고 간주된 사람에게 자유로운 국가 간 이동을 보장하는 수단으로 논의되기 시작하였다.[1] 감염병 확산 방지와 예방을 위한 봉쇄, 격리 및 이동 제한 조치로 인하여 발이 묶인 인류에게, 코로나 시대 면역 여권은 일상의 삶으로 복귀하고 경제무역 활동에 속도를 내게 하는 데 도움을 주기 위한 방편으로 활용이 될 수 있다. 면역 여권을 가진 자에게는 격리나 마스크 착용 등의 방역 의무를 면제해 주면서 자유의 폭을 넓혀주고 이동의 자유를 촉진하게 된다.[2] 면역 여권은 COVID–19에 대해 면역력이 있거나 향후 감염될 가능성이 없다

---

1) Katrina A. Bramstedt, "Antibodies as Currency: COVID–19's Golden passport", 2020.
2) Key Takeaways from Petrie–Flom Center Discussion on Vaccine Passports, May 17, 2021, https://blog.petrieflom.law.harvard.edu/2021/05/17/vaccine–passports–petrie–flom–center/ (검색일자: 2021.6.1.)

는 사실을 입증하는 다양한 양식의 증명서를 칭한다. COVID─19에 감염되어 있지 않다는 사실을 증명하는 음성검사확인서, 감염되었다가 회복했다는 것을 증명하는 회복확인서 내지 격리해제확인서, 백신 예방 접종을 완료하여 감염될 가능성이 작다는 사실을 의미하는 예방접종확인서 등이 이에 속한다.[3] 국경 간의 입국을 허가하기 위해 통용된다는 의미로 '여권'이라고 칭하면서, 유럽의 경우에는 EU 회원국 간 통용되는 디지털 증명서의 형태로 논의되어 2021년 7월부터 상용화가 시작되었고, 회원국 내에서도 공중 이용 시설의 출입을 위한 디지털 증빙 수단으로 광범위하게 사용이 될 가능성에 대한 논란과 함께 자유로운 이동과 여행으로의 기대와 우려가 동시에 제기되었다.[4]

코로나 팬더믹은 단순히 감염병이라는 질병의 문제만이 아니라 전 세계적으로 경제, 사회, 환경, 정치적 상황과 맞물린 복합적인 문제를 야기했다. 일각에서는 면역 여권이 세계의 경제적·사회적 불평등과 부조리를 심화시킬 수 있다는 지적과 함께 면역 여권의 도입이 단순히 여행을 용이하게 하는 데 그치는 것이 아니라 고용, 학업, 서비스업 등에 접근성에까지 불평등, 불이익과 피해를 유발할 수 있다는 우려도 존재하였다. 2020년 코로나 창궐 이후 유럽과 미국을 중심으로 면역 여권의 윤리적 법적 함의에 대한 연구와 논의가 진행되면서, 면역 여권 도입에 대한 윤리적 법적 검토가 신중하게 이루어져야 한다는 필요성이 제기되었다.[5] 우리나라 질병관리청도 면역 여권의 기능을 하는 증명서 발급이나 앱을 도입하는 것을 긍정적으로 검토했던 적이 있다.[6] 이는 곧 면역 여권이 국경 간의 이동뿐 아니라 국내적으로 공공시설과

---

3) 김진환, 「백신 여권이 주는 꿈과 희망은 누구의 것인가」, 2021.5.20.

4) 신용석, 「세계관광기구(UNWTO) : 코로나19 국제관광 동향」, 2021, 94면.

5) Re─Opening the Nation: Should We Turn to Immunity Testing? https://www.thehastings center.org/re─opening─the─nation─should─we─turn─to─immunity─testing/ (검색일자: 2021.5.1.) 미국 Hastings Center, 영국 Nuffield Council on Bioethics (Nuffield foundation), 독일의 Deutscher Ethikrat 등의 권위있는 윤리 관련 연구기관과 단체가 면역 여권의 윤리·사회적·법적 영향에 대해서 연구하고, 그 연구 결과를 가지고 대중과 소통하며 각국의 정책 결정에도 큰 영향을 미치고 있다. 영국 Nuffield Council on Bioethics는 2021년 3월11일부터 4월12일까지 1개월간 국민의 백신 여권에 대한 선호도를 설문조사하여 발표하였다. 백신여권에 대해 강하게 지지하는 사람이 51.8%, 강한 반대가 28%로 나타났고, 백신 여권이 불공정한 차별을 불러일으키지 않을 것이라고 생각하는 사람이 41.6%, 사회적 차별을 발생시킬 것이라고 생각하는 사람이 35.1%로 조사되었다. https://www.nuffieldfoundation.org/news/uk─population─opinion─divided─on─vaccine─passports(검색일자: 2021.5.1.)

대중이 이용하는 장소의 출입 여부를 결정하는 데에도 영향을 미칠 가능성이 존재한다.[7] 이같이 면역 여권을 둘러싼 논의는 국민의 삶 전반에 영향을 미치는 윤리적 논점뿐만 아니라, 일반적 행동의 자유, 거주 이전의 자유, 이동의 자유를 보장하는 기본권의 제한 가능성을 담고 있어 공법적으로도 검토가 필요한 논점이 있다.[8] 자유권에 대한 보호와 동시에 국민 건강과 안전이라는 기본권과의 형량과 비례의 원칙이 고려되어야 하고,[9] 증명서라는 공문서의 발급과 그 효력에 대한 공법 체계적 검토 또한 필요하다. 코로나 시절을 지나 2024년 현재는 언제 그랬냐는 듯 평온한 일상으로 돌아왔지만, 언제든 다시 맞을 수 있는 팬더믹을 대비하면서 본 장에서는 유럽의 면역 여권을 둘러싼 윤리적·규범적 기반 검토를 통해, 포스트 코로나 시대에도 지속 가능한 감염병 위기 상황에서의 면역 여권·증명서에 관한 윤리적·규범적 시사점을 살펴보기로 한다.

---

6) "질병청 백신여권 도입 초읽기 ⋯ 상용화 두고 커지는 우려", IT 조선, 2021.4.14.일자 http://it.chosun.com/site/data/html_dir/2021/04/13/2021041303186.html; "질병청 접종증명앱, '디지털 백신여권' 될까⋯"부처간 논의 중"", 아주경제, 2021.5.27.일자 https://www.ajunews.com/view/20210527155919890(검색일자:2021.6.1.) 질병청이 2021년 초부터 백신여권 사업에 대한 논의를 하면서, 3−4월경에는 블록체인 업체(블록체인랩스)로부터 기술만을 기부받아 시스템 개발을 마쳤다고 보도되었다. 질병청이 구상하는 백신여권의 생성 절차는 사용자 본인확인, 스마트폰에 디지털증명서 저장, 디지털 백신 접종증명서 해시 값 변환 후 블록체인 네트워크 등록 등의 과정을 거친다.

7) 정부, 방역 안전국가 간 '여행안전권역' 추진, 의학신문, 2021.6.9.일자, https://www.bosa.co.kr/news/articleView.html?idxno=2152475 (검색일자: 2021.6.10.)

8) 미국의 경우 공화당 의원들을 중심으로 코로나19 백신 접종에 관한 정보를 요청하지 못하도록 하는 내용의 법안을 의회에 제출하는가 하면, 공화당 출신인 론 디샌티스 플로리다주 주지사는 면역 여권(백신 여권)을 금지하는 행정명령에 가장 먼저 서명한 뒤, 그 뒤를 이어 텍사스, 알래스카, 조지아, 애리조나, 와이오밍, 앨라바마 주 등도 면역 여권을 금지하는 행정명령을 시행하고 있다.; '없어서 난리인데 백신 안 맞겠다는 사람들⋯"접종 전쟁은 이제 시작"', 한국일보, 2021.6.5.일자, https://www.hankookilbo.com/News/Read/A2021060321300000696 (검색일자: 2021.6.5.)

9) 엄주희, 「코로나 통제에 따른 기본권의 제한과 국가의 역할」, 2020, 56−59면.

Ⅱ   유럽의 면역 여권에 관한 논의 전개

1. 독일

(1) 백신 여권 도입 준비 및 계획

4월 26일(독일 현지 시각) Jens Spahn 독일 보건부 장관 발표에 의하면, 독일 정부는 6월 말까지 독일 국민에게 백신 예방접종을 증명하는 디지털 "면역 앱(Immunity app)"을 출시할 계획이라고 공표하였다. 이 면역 앱은 사람들이 자신이 예방접종을 받았다는 것을 더 쉽게 증명하고 다른 지역과 국가를 여행할 수 있도록 하기 위해 고안된 것이다. 현재 독일은 면역 앱 관련 모든 표준과 인터페이스, '기술 용어(technical terms)'가 합의되었으며, 5월 중에 EU 측과 논의하고, 6월에 지역적 테스트를 거쳐 면역 앱을 배포할 준비가 완료되었다. 독일이 개발 중인 면역 앱 시스템은 현재 EU 유럽연합이 개발하고 논의 중인 백신 여권 인증 시스템과 호환이 되도록 하는 것이 목표이다. 2021년 5월 현재, EU 회원국 중에서 EU가 추진하는 백신 여권(Digital Green Certificate: DGC)에 관련하여 아직 국가 차원에서 시스템을 구축하고 기술적 합의를 완료한 나라가 없기 때문에 독일이 가장 앞서고 있고, 독일 보건부 장관은 글로벌 벤치마크가 될 것이라고 기대한다고 밝혔다.[10] EU 측은 백신 여권이 회원국 간 무조건적으로 자유로운 입국을 허용하도록 회원국들이 승인할 것을 기대하고 있지만, 회원국들 사이에는 COVID-19 시국에 자국의 국경을 통제할 수 있는 권한을 포기하는 데 대해 주저하는 움직임도 있었다.

---

10) "Germany to Use Digital Immunity Certificate", VOA News, May 12, 2021, https://www.voanews.com/europe/germany-use-digital-immunity-certificate(방문일자: 2021.5.12.) 독일의 경우, 2021.5월 초 현재 백신 접종 1회 이상 완료한 인구가 독일 인구의 1/3 이상이고, 독일 인구 10%가 2회 완전 접종을 완료한 상태이기 때문에, 백신 여권이 도입되면 EU 국경 간 이동과 여행에 있어 상당히 우위를 점할 수 있게 된다.

(2) 면역 여권 추진을 둘러싼 찬반 논란과 정책 반영

1) 윤리위원회의 권고 의견

보건부 장관은 2020년 유럽에서 면역 여권 도입에 대한 찬반 논란이 일어났을 당시에, 독일 윤리위원회에 면역 여권에 대한 윤리적 요구사항과 함의에 대해서 의견을 구했고, 2020.9.22. 독일 윤리위원회는 COVID-19에 대한 면역성에 대해 여전히 많은 불확실성이 존재하기 때문에 당분간 면역 여권을 금지해야 한다고 만장일치로 합의하였다.[11] 반면 미래에 의·과학기술 수준이 면역성의 정도와 기간에 대해 완전히 신뢰성을 가질 수 있게 될 때 면역 여권을 도입할지 여부나 어떤 조건에서 허용할지에 대한 규범적인 입장은 위원들 의견이 두 가지로 양분되었다. 위원 중 절반은 면역성에 대한 불확실성이 해소될 경우에 적용되어야 할 권장 사항을 제시하였다. 이러한 권장 사항으로는 불확실성이 해소될 경우 적어도 초기에는 특정 상황과 영역에 국한되어 적용할 수 있는 프로세스를 만들어야 하고, 동시에 면역 여권이 도입되었다고 하여 다른 공중보건 조치를 자동으로 대체해서는 안 되고 사례별로 공중 보건의 조치 결정이 이루어져야 한다는 것이다. 면역 여권으로 인한 고용주와 건강보험 제공자들의 부적절한 압박에 대한 대처가 있어야 한다. 면역 여권을 발급받을 수 있는 백신의 품질은 우수해야 하고, 과학연구개발의 발전 정도를 고려하여 면역 여권의 유효성을 인정해야 한다. 면역 여권을 규제하는 법은 정기적으로 재검토되고 개정되어야 한다. 위원 중 나머지 절반은 면역성과 백신에 대한 불확실성이 해소되더라도 면역 여권 사용은 2단계로 이루어진 계층 사회(two-tier society)로 이어질 것으로 보기 때문에 반대한다는 의견을 제시하였다. 면역 여권을 도입하기보다는 그 대신에 국가적으로 추진해야 할 방역에 관한 추천 사항을 다음과 같이 권고하였다. 신속하고 자유로운 코로나 검사의 확대, 감염 경로 추적과 감염자 및 접촉자 격리, 난민 신청자 및 도축장, 수용시설 등 감염 위험이 높은 기관의 구조를 조정할 것, 감염자 수가 증가할 때 지역적 차원의 감염병 보호 조치 강화, 코로나 경고 앱의 사용 확대, 항체검사에 대한 연구 확대, 감염병 공중보건에 관한 권고에 따르지 아니할 경우 발생할 수 있는 결과에 대한 포괄적인 정보를 제공할 것, 사적으로 발급된 면역 여권을 금지

---

11) Deutscher Ethikrat, Immunitätsbescheinigungen in der Covid-19-Pandemie, 22 September 2020.

할 것, COVID – 19에 대해서 면역을 가지고 있다고 의사의 진단서를 받은 자와 그 친족들이 특히 취약층을 접촉하는 것을 허용하도록 감염방지법을 개정할 것 등이다.

2) 독일 윤리위원회 권고 의견의 함의

독일 윤리위원회는 2007년 윤리위원회법에 근거하여 설치된 합의제 독립 기관으로서, 정부 공무원이 포함되지 않으며 과학, 의학, 철학, 윤리, 사회, 경제, 법률 분야 전문가 26인의 민간 전문위원들로 구성되어 있다. 정부의 요청이나 자체적인 결정에 의해서 윤리적, 사회적, 법적 영향을 미치는 사항들에 대해서 의견(Stellungnahme)을 내놓고 있고, 국가 정책에 상당한 영향을 발휘하고 있는데,[12] 이번 코로나 시국에서도 보건부 장관의 요청에 의해 의견서가 나온 것이다. 독일은 EU의 최대 경제국으로서[13] 윤리위원회의 권고에 따른 공중보건 조치를 취하면서도, 코로나로 인한 EU 간 이동 제한에 따른 경제적인 파급을 감안하여 EU가 추진하는 면역 여권을 선제적으로 수용하려고 하고 있고, 국가 자체적인 시스템도 구축하고 있는 것으로 판단된다.

2. 프랑스

(1) 백신 여권 관련 프랑스 앱 (French app) 시범사업

프랑스 교통부 장관 장바티스트 드제바리의 2021년 4월 발표에 의하면, 2020년부터 지난 1년 동안 사용되어 온 COVID – 19 추적 앱으로서 프랑스 앱(French app)에 코로나 바이러스 검사 결과와 백신 접종 기록을 호스팅하는 새로운 기능을 탑재시켜서 프랑스 파리와 지중해 코르시카섬 사이의 단거리 항공 서비스에 배치하였다. 6월 중순까지 프랑스 지역 전체에 EU의 디지털 녹색 증명서(Digital Green Certificate: DGC)를 도입하려는 계획의 일환으로 시스템을 가동하는 것이다. 프랑스 앱은 이미 약 1,500만 명의 사용자를 보유하고 있으며, 이는 AOKPass(국제 상공회의소 ICC의

---

12) 엄주희, 「국가윤리위원회의 법적 지위와 뇌신경윤리 활동 고찰: 뇌신경윤리 거버넌스에 주는 시사점」, 2019, 195면.

13) "France Plans Talks on U.S. Flights as It Trials Vaccine Passport", Bloomberg, 2021.4. 27. https://www.bloomberg.com/news/articles/2021 – 04 – 27/france – starts – vaccine – passport – trials – in – bid – to – reopen – travel (방문일자: 2021.5.12.)

앱), CommonPass, International Air Transport Association Travel Pass와 같이 일정 지역 내에서 테스트되고 있는 다른 앱들보다 많은 사용자들 가지고 있다. 프랑스 앱을 구동하는 시스템은 프랑스의 기존 'Tous AntiCovid' 접촉 추적 앱을 구축하면서, 중앙집중화된 보건의료 시스템으로부터 실험실 테스트 결과와 백신 기록을 업로드 할 수 있게 된다. 프랑스 앱은 COVID−19 백신 여권의 역할을 하면서, EU의 디지털 녹색 증명서(Digital Green Certificate :DGC)가 프랑스에 도입·인증되기 위한 인프라로서, EU DGC와의 연계가 가능할 것으로 전망된다.

(2) 백신 여권 도입 관련 찬반 논란

유럽에서는 Ada Lovelace Institute와 같은 연구기관은 백신 여권 출시에 대해서 검토하고, 현재로서는 차별과 불평등으로 이어질 수 있기 때문에 도입하는 것이 정당하지 않다는 결론을 내렸던 바 있고, 국제항공운송협회(IATA)는 '백신 예방접종을 증명하는 디지털 증거가 안전하게 기록될 수 있는 글로벌 표준'이 선제적 조건이라면서 조심스러운 입장을 보였고, 프랑스 내에서도 백신 여권 관련 찬반 논쟁이 존재해 왔다. 반대하는 주요 논거로는 변이 바이러스 발생 등으로 백신 접종의 유효성에 대한 의문과 불확실성, 백신 여권 보유에 따른 고용 등에서 사회적 차별 가능성·사회적 양분화, 가짜 백신 여권 등의 사기 문제와 보안 문제가 있다.

3. EU의 Digital Green Certificate(DGC)

유럽 위원회(European Commission)는 2021.3.17.에 COVID−19 팬더믹 상황에서 모든 EU 회원국에 적용되어 EU 국가의 시민들 간의 안전하고 자유로운 이동을 촉진할 수 있는 백신 여권, DGC(Digital Green Certificate, 디지털 녹색 증명서)를 만들자는 법안을 제출함으로써, 2021.5.20.에 유럽 의회에서 이 법안이 승인되었다.[14] 7월 1일부터 EU 전역에서 적용되며, 아직 새로운 디지털 녹색 증명서를 발급할 준비가 완료되지 않은 회원국의 경우에는 다른 형태의 증명서도 유효하게 사용될 수 있다.[15]

---

14) 유럽 위원회, COVID−19 : DGC (Digital Green Certificate) 정보
　　https://ec.europa.eu/info/live−work−travel−eu/coronavirus−response/safe−covid−19−
　　vaccines−europeans/covid−19−digital−green−certificates_en (방문일자: 2021.6.25.)

(1) 발급 자격과 발급 기관 · 주요 특징

COVID-19에 대한 면역력을 가지고 있거나, COVID-19 검사에서 음성 테스트 결과를 받았거나, COVID-19로부터 회복되었다는 것을 디지털 방식으로 증명하는 것이다. 디지털 또는 용지 형식의 두 가지 버전이 있고, QR 코드가 내장되어 있다. 무상으로 제공 · 발급되며, 언어는 자국어와 영어로 되어 있다. 안전성이 담보되도록 보안이 적용되고, 모든 EU 국가에서 유효하다.

증명서 발급은 정부의 소관으로서, 예컨대 병원, 검사 기관, 보건 당국에 의해 발급될 수 있고 eHealth 포탈을 통해 온라인으로 직접 발급받을 수도 있다. 발급 방법에 관한 정보는 국가 보건 당국에 의해 제공된다. 디지털 버전은 모바일 장치에 저장하거나, 종이로 된 인쇄용지 버전도 요청할 수 있다. 디지털 버전과 용지 버전, 두 개의 버전 모두 필수 정보가 포함된 QR 코드와 증명서의 진위를 확인할 수 있는 디지털 사인(digital signature)을 담고 있다. 회원국들이 DGC 용지 버전과 디지털 버전에 공통의 디자인을 적용하도록 협의하고 있다. 디지털 녹색 증명서는 이름, 생년월일, 발급일, 백신 · 검사 · 회복 관련 정보 및 고유 식별자 등의 필요한 핵심 정보를 포함하고 있다. 증명서에는 꼭 필요로 하는 제한된 정보만 수집하게 된다. 이 정보는 방문한 국가는 보유할 수 없고, 인증 확인을 위해 누가 발급하고 서명했는지 확인함으로써 증명서의 유효성과 진위성만 확인한다. 개인의 모든 건강기록 데이터는 DGC 증명서를 발급한 회원국이 보유한다.

(2) DGC의 기능과 효과

DGC 증명서는 모든 EU 회원국에서 통용된다. 여행 시에 DGC 증명서를 소지한 자는 원칙적으로 이동 제한에서 면제된다. 공중보건의 필요상 필수불가결하고 비례적이지 않은 한, 회원국들이 DGC 소지자에게 추가적인 여행 제한 조치 사항을 부과해서는 아니 된다. 위험성을 가진 새로운 변이 바이러스에 대한 대응 조치를 하는 경

---

15) European Commission, Proposal for a REGULATION OF THE EUROPEAN PARLIAMENT AND OF THE COUNCIL on a framework for the issuance, verification and acceptance of interoperable certificates on vaccination, testing and recovery to third-country nationals legally staying or legally residing in the territories of Member States during the COVID-19 pandemic (Digital Green Certificate), 2021.

우에, 회원국은 EU 위원회와 다른 회원국에 추가적인 제한 조치에 대해 공지하고 그러한 결정을 정당화하여야 한다.

DGC 증명서에는 위변조 방지를 위한 디지털 서명이 있는 QR 코드가 포함되어 있다. 증명서를 체크할 때는, QR 코드를 스캔하여 디지털 서명을 확인할 수 있다. 병원, 검사 기관, 보건의료 등의 발급 기관에는 자체 디지털 서명 키가 있다. 이러한 모든 내용은 각 국가의 보안 데이터베이스에 저장된다. 유럽 위원회는 모든 증명서의 서명이 통용되도록 유럽 국가들이 통과 관문(gateway)을 설치하도록 하였다. 이 관문을 통해 EU 전체에서 모든 증명서의 서명을 확인할 수 있다. 증명서에 입력된 개인의 건강기록 데이터는 이 관문을 통과하지 않는다. 또한 유럽위원회는 EU 회원국들이 관문을 통과하는데 필요한 검사를 하도록 지원하고 증명서를 인증·수집·발행하는 데 필요한 국가적 소프트웨어와 앱을 개발할 수 있도록 조력한다. 아직 백신 접종을 하지 않은 시민도 다른 EU 내의 다른 국가로의 여행은 얼마든지 가능하다. DGC 증명서는 EU 내에서 자유로운 이동을 촉진한다. EU의 기본권인 자유로운 이동을 위한 전제조건이 되지는 않는다. 또한 DGC 증명서는 공중보건상 제한 조치에 적용되는 검사 결과를 증명할 수 있으며, DGC 증명서는 EU 회원국들이 공중 보건의 근거로서 행하는 규제를 적용하는 기회가 된다.

(3) 백신의 종류, 검사와 격리 면제

백신 접종에 대한 증명서는 모든 COVID-19 백신에 대하여 백신 접종자에게 발급된다. 자유로운 이동 제한을 유예하기 위하여, EU 회원국들은 EU의 판매 허가를 받은 모든 백신에 대한 백신 접종 증명서를 인정하게 된다. EU 회원국들은 다른 백신을 맞은 EU 여행자들에게까지 확대하기로 결정할 수도 있다. 백신 접종을 완료하였거나 코로나로부터 회복한 자로서 디지털 녹색 증명서를 소지한 사람은 EU 전 지역에서 백신 마지막 접종 후에 여행 관련 검사나 14일 격리 의무에서 면제된다. 바이러스로 심각하게 오염된 지역으로부터 입국하는 자를 제외하고는, 코로나 검사에서 음성 결과를 받은 사람도 격리 의무에서 면제된다. 회원국 내에서 인정되는 표준 유효 기간은 PCR 검사의 경우 입국 전 72시간 내이고, 신속 항원 검사의 경우 48시간 내이다.

Ⅲ 면역 여권의 윤리적 함의

어떤 사람이 면역력을 가지고 있다는 사실과 감염병에 걸리지 않아 질병 전파력이 없다는 것을 증명한다는 것은 현재 시점의 과학기술 수준과 의학적 증거들에 의존할 수밖에 없기 때문에, 현재 기술 수준에서는 인식론적 불확실성(epidemic uncertainties)이 상당히 존재한다.[16] 현재 의·과학 수준에서는 COVID-19(SARS-CoV-2)라는 새로운 바이러스의 불확실성과 지속적으로 변이가 발생할 수밖에 없는 바이러스 자체의 특성, 그로 인한 감염병 전파 양상에 대한 예측력, 그에 대응하여 개발된 백신의 면역 지속 기간 그리고 면역 정도에 대한 신뢰성이 부족하다. 미래에는 면역력에 대한 신뢰성을 담보할 수 있을 정도로 의·과학기술 수준이 발전할 가능성이 있지만, 백신을 둘러싼 신뢰성과 예측 가능성이 담보된다고 하더라도, 국가가 면역 여권·증명서를 발행하는 데에는 그 공문서가 제대로 작동하도록 하기 위해서는 필요한 윤리적 원칙에 따른 조건들이 고려되어야 하고, 여전히 논쟁의 소지가 있는 윤리적 논점을 가지고 있다.

1. 위험 윤리와 국가 방역

새로운 바이러스와 이를 억제하는 기술에 대한 인식론적 불확실성은 바이러스를 억제하기 위한 조치 즉 방역 활동들이 불확실성의 조건 하에서 결정될 수밖에 없으며, 억제 조치를 시행해도 실패할 수 있다는 가능성을 내포한다. 방역 실패의 위험성, 바이러스 전파와 이로 인한 생명과 건강에 대한 위협이 상존하면서도 억제와 방역을 위한 조치가 취해져야 하는 상황에서는 수많은 형태의 부수적 피해도 수용할 수 있어야 한다.[17] 위험 윤리의 관점에서[18] 면역 여권을 허용할 수 있으려면 면역성과 비

---

16) Riccardo Viale, "The epistemic uncertainty of COVID-19: failures and successes of heuristics in clinical decision-making", Spirnger, October 2020. (https://doi.org/10.1007/s11299-020-00262-0)

17) 부수적 피해란 코로나 전파·감염으로 인한 영업 폐쇄로 경제적 마비, 경제적 손실과 피해, 중환자실, 응급실 용량을 비롯한 병원 시스템의 과포화와 의료 인력 수급의 어려움, 백신 및 치료제의 대량 생산/수급/배분/조달의 어려움, 관료적 행정으로 인한 장애물 등을 포함한다. Deutscher Ethikrat, Solidarität und Verantwortung in der Corona-Krise. AD-HOC-

감염성에 관한 의·과학기술의 지식수준뿐 아니라 어떤 조건과 환경에서 어떤 시기에 허용할 것인지도 고려되어야 한다.

우선 인식론적 불확실성의 요소로 꼽을 수 있는 것은 백신의 안정성 문제이다. 통상의 백신 개발이 5년에서 10년이 걸리는 데 비해 COVID-19 백신의 경우 수개월 만에 긴급하게 임상시험 3상이 시행되어 안정성에 대해서 충분한 검증이 이루어지지 못했고, 백신에 존재하는 아나필락시스(Anaphylactic shock)와 같은 특별한 부작용에 대한 염려와 불안도 존재한다.[19] 모든 바이러스는 자연적으로 돌연변이가 생기는데 COVID-19 바이러스도 예외가 아니다. 처음 COVID-19 바이러스가 발견된 이래 수천 가지의 변이가 발생했는데 그중에서도 감염성이 더 높아지고, 백신 효과를 반감시키거나,[20] 치명률에 더 부정적으로 영향을 미치는 변이들이 발견되어 왔다.[21] 지속적으로 변이가 등장할 것이고 해외 유입도 지속될 것이기 때문에 COVID-19가 우리 사회에서 사라지기는 어려울 것이고, COVID-19 감염자가 발생하지 않는 이상적인 종식은 불가능하여 풍토병처럼 자리 잡게 될 것이라는 공중보건 및 감염병 전문가들의 전망도 설득력이 있다.[22] 백신의 보급률과 백신에 대한 접근성도 보편적인 수준에 오르지 못하여, 나라마다 경제적 차이만큼이나 격차가 존재하고 백신 불평등이 가속화되고 있다.[23] 또한 백신 접종 후에도 COVID-19에 감염되는 돌파 감염

    EMPFEHLUNG, Berlin, 27. März, 2020.

18) 박미애, 「위험사회의 성찰적 책임윤리 – 막스 베버의 책임윤리와 울리히 벡의 성찰적 근대화 개념을 중심으로」, 2005, 274-277면.

19) "코로나19 백신 안 맞겠다" 그들의 '이유 있는' 외침, Pharm News 2020.8.13., https://www.pharmnews.com/news/articleView.html?idxno=101107 (검색일자: 2021.5.)

20) '백신 효과' 믿던 영국도 위협하는 인도 변이에 대해 지금까지 알려진 것들, 동아사이언스, 2021.5.25.일자, http://dongascience.donga.com/news.php?idx=46798; 5차 유행 변수 된 '델타 변이'…美 "백신 안 들을 수도" 경고, 한경, 2021.6.16.일자, https://www.hankyung.com/society/article/2021061659011 (검색일자: 2021.5.1.)

21) What are the India, Brazil, South Africa and UK variants?, BBC News, https://www.bbc.com/news/health-55659820 (검색일자: 2021.6.20)

22) 美 모더나 CEO "코로나19 종식 불가능", 데일리메디, 2021.1.14.일자. http://www.dailymedi.com/detail.php?number=865201 (검색일자: 2021.6.20.)

23) Gabriele Arguedas-Ramirez, "Instead of Vaccine Passports, Let's Push for Global Justice in Vaccine Access", May 24, 2021 https://www.thehastingscenter.org/instead-of-vaccine-passports-lets-push-for-global-justice-in-vaccine-access/(검색일자: 2021.6.20.) 미국과 유럽 등지의 부유한 나라들의 백신 접종률이 증가하는 반면, 인도, 브라질, 페루, 멕시코 등의 많은 저소득 국가들은 백신은커녕, 보건의료시설도 부족하고 의

의 사례도 2021년 6월 현재 우리나라에서 44건 이상 존재하고,[24] 백신의 종류에 따라 면역력의 효과가 달라지는 등으로 백신의 면역력은 상당히 불안정하다.[25] 면역 여권·증명서에 담긴 개인 건강정보 데이터의 보안에 관한 기술적 위험도 인식론적 불확실성을 구성하는 한 요인이다.[26] 면역력 보유 여부에 상관없이 가짜로 증명서만 발급받기 위해서 면역 여권·증명서를 위·변조할 수 있는 위험은 항시 존재하는 것이어서 이에 대한 대응도 필요하다.[27]

백신에 대한 정치적 거부감이나 정부 정책에 대한 반감은 백신에 대한 국민 개개인의 자발적인 접근성을 떨어지게 만들 수 있다.[28] 그렇다고 국가가 모든 국민을 대상으로 백신 접종을 강제 의무화하려는 것은 신체의 자유와 같은 기본권과 인권의

료 접근성도 떨어질 뿐 아니라, 격리와 봉쇄 시에 국민의 생계유지를 위한 국가 차원의 경제적 지원책도 미비한 형편이다. 부유한 나라라고 해서 전반적으로 백신에 대한 접근성이 좋기만 한 것은 아니다. 미국의 유럽의 불법이민자들은 정부에 노출되면 추방될 위험이 있기 때문에 백신 접종을 회피한다.

24) 백신 맞아도 코로나 감염 … 돌파감염 사례 국내 44명, 의사신문, 2021.6.28.일자, http://www.doctorstimes.com/news/articleView.html?idxno=215499(검색일자: 2021.6.28.)

25) 정부 "델타 변이 유입 방지 위해 방역강화국가 지정 검토, 뉴시스, 2021.6.24.일자 https://www.donga.com/news/Society/article/all/20210624/107624272/1; 이제 마스크 벗었는데…'더 센 놈' 델타 변이 공포 덮친 美(종합), 이데일리, 2021.6.24.일자 https://www.edaily.co.kr/news/read?newsId=02522326629085000&mediaCodeNo=257 (검색일자: 2021.6.24)

26) Fake Vaccine Cards and the Challenges of Decentralized Health Data, April 27, 2021 https://blog.petrieflom.law.harvard.edu/2021/04/27/vaccine-data-fake-cards/(검색일자, 2021.5.1.)

27) "자가격리 면제되는 백신 증명서, 대학생도 손쉽게 위조 가능?", 중앙일보, 2021.5.2일자. https://news.joins.com/article/24048684(검색일자: 2021.5.1.) 박근덕 서울외대 AI블록체인연구소장은 질병청이 추진하는 QR코드 방식의 백신 여권 앱에는 여권 발급주체와 본인 진위 여부를 확인할 '전자서명정보'가 포함되지 않아 확인할 방법이 없다는 염려사항을 지적했다. 즉 해킹된 개인정보를 통해 제삼자가 접종증명서를 발급받아 활용할 수 있다는 것이다. 사용자의 편의성에서도, QR코드 방식은 매번 제출할 때마다 앱을 실행해 카메라로 스캔해야 하는 불편함을 감수해야 하지만 DID 방식은 블루투스를 통해 근거리에서도 자동 제출이 가능하다고 한다. 세계적으로 백신 접종률이 높아지면서 해외 일각에선 DID 방식(블록체인 기반 분산신원증명)의 백신 여권 도입을 검토하고 있는데 이 백신 여권이 국제적 효력을 갖기 위해서는 글로벌 차원에서 통용될 수 있는 DID 같은 공통 기술을 기반으로 해야 한다는 의견이다.

28) 'EU 코로나 백신 접종 물었더니 너나 맞으세요?-27개 회원국 4명당 1명꼴 "안 맞을래"…東·西 디바이드까지', 약업닷컴, 2021.5.14.일자 http://www.yakup.com/news/index.html?mode=view&nid=257209; '없어서 난리인데 백신 안 맞겠다는 사람들…'접종 전쟁'은 이제 시작', 한국일보, 2021.6.5.일자 https://www.hankookilbo.com/News/Read/A2021060321300000696 (검색일자: 2021.6.1.)

침해가 될 수 있어 강제 접종 실행은 곤란하다.[29] 바이러스와 면역을 둘러싼 의·과학기술에 대한 인식론적 불확실성에 따른 윤리적 문제 외에도 프라이버시 보호와 낙인이라는 사회적 차별을 방지해야 하는 논점도 있다.[30]

봉쇄, 집합 금지 등의 조치가 이루어지는 사회적 거리두기 정책은 사람 간의 접촉을 최소화함으로써 바이러스의 확산을 억제하는 일차적인 조치이지만, 사회적 거리두기를 지속함으로 인하여 경제, 문화, 정치, 심리·사회적인 면에서 부수적 피해들이 심각하기 때문에 이러한 통제 정책만 유지하는 것은 그 자체로 상당한 국민적 위험을 감수할 수밖에 없게 된다. 이것이 확진자 수에만 연연하는 봉쇄와 통제 위주의 방역이 능사가 아니라, 위험 윤리 관점에 따라 국가마다 방역의 방식이 다르게 나타나는 이유이다. 바이러스 위험 물질에 어느 정도 노출될 수 있는 위험을 감수하는 것은 불가피한 것이고, 국민의 자유와 인권, 생존권을 보장하면서, 국가 재정 역량의 수준에서 국민이 국가의 방역 정책을 충분히 신뢰할 수 있도록 다른 조치들이 병행적으로 시행된다. 영국의 경우 백신에 대한 접근성이 우수하고, 1차 백신 접종률이 전체 인구의 2/3를 상회하고 2차 접종률도 34%가 넘어가면서, 마스크 착용 권고를 서서히 없애고 대형 집합 행사 규제를 완화하는 등으로 코로나 감염 위험에 노출될 감수하는 한편, 국민의 자유와 인권을 보장하는 형태로 시행하고 있다.[31] 독일의 윤리위원회도 의무론적 억제(deontologischen Einhegung)라는 개념으로 독일의 현재 방역 상황을 설명한다.[32] 이는 국민의 생명과 건강과 같은 특정한 보호 대상이 위험에 노출될 수 있도록 허용할 수는 있지만, 정의와 인권의 윤리와 같은 표준적이고 근본적인 범위의 대상은 보장한다는 것이다. 호주의 경우 급속한 감염병 확산을 통

---

29) '파스퇴르의 나라' 프랑스 왜 백신 불신하나, 조선일보, 2020.12.5.일자, https://www.chosun.com/international/europe/2020/12/05/FSIHYDF7O5EALP3Y72X76WE5CU/(검색일자: 2021.5.1.); 엄주희, 「코로나 통제에 따른 기본권의 제한과 국가의 역할」, 2020, 67면.

30) Teck Chuan Voo, et al, "Immunity certification for CIVID−19: ethical considerations", 2021: 99: pp.155−161.

31) 영국 코로나19 규제 완화 … 학교서 '노마스크' 권고, 연합뉴스, 2021.5.21.일자, https://www.yna.co.kr/view/AKR20210511003000085 (검색일자: 2021.5.12.)

32) Deutscher Ethikrat, Immunitätsbescheinigungen in der Covid−19−Pandemie, 22 September 2020, 19. 코로나 바이러스의 확산을 현저히 늦추겠다는 목표가 가장 우선시되지만, 중장기적으로는 경제, 문화, 정치, 심리·사회적 피해를 최대한 낮게 억제·유지하는 선에서 합리적인 방안으로 정상적인 사회생활과 일상생활, 경제 활동을 영위할 수 있도록 하겠다는 의미이다.

제하기 위하여 봉쇄 조치(lockdown restrictions)를 발표하면서 거주지 이탈 제한 (Stay-At-Home) 명령을 내리고 생필품을 위한 쇼핑, 의료 및 돌봄, 2인 이하 운동, 원격으로 대체 불가능한 업무나 교육 등 4가지 사유의 경우에만 외출을 허용하나, 17세 이상의 호주 시민, 영주권자, 취업 비자 소지자에게 주당 최대 500불의 재난지원금을 제공하고, 그 외에도 격리자에게는 팬더믹 휴가 재난지원금, 기업과 자영업자에게는 수입 보조 지원금, 위기 지원금, 소상공인 지원금 등을 지원함으로써 국민의 경제적 피해를 최소화하고 생계유지가 가능하게 하고 있다.[33]

2. 면역 여권 사용에 따른 기회와 위험

면역 여권을 사용하는 것은 많은 기회와 위험을 동시에 수반한다. 먼저 기회로 꼽을 수 있는 것은, 면역 여권을 통해 면역성의 증명이 충분히 신뢰 가능하다는 것을 전제로 했을 때 다음과 같은 이점을 들 수 있다. 이동·집합의 자유를 넓혀준다는 점, 부정적인 경제적 효과를 차단하는 데 도움을 줄 수 있다는 점, 면역 여권을 운영하면서 입증된 면역력에 대한 발견이 바이러스 전파 위험을 최소화하는 데 사용될 수 있기 때문에 감염병 확산을 억제하는 데 도움을 줄 수 있다는 점, 집단 요양시설 거주자, 고령자, 장애인 등의 취약층과 직접 접촉해야 하는 사람들의 심리적 부담을 덜어주어 감염 고위험군으로 분류되는 취약층[34]에 대한 접촉을 자유롭게 하고 심리·사회적 안정을 더 기할 수 있다는 점, 취약층을 돕는 데 있어서 자발적인 국민의 참여를 유도할 수 있다는 점 등을 들 수 있다. 면역성의 증명할 수 있다는 것은 감염병 예방과 통제의 전제가 되는 감염의 위험 상황이 존재하지 않음을 의미하기 때문에, 면역성을 증명한다면 감염병 통제 조치로부터 자유롭게 될 수 있다. 즉 면역 여권을

33) Australia's Sydney enters two-week Covid-19 lockdown to stem outbreak of Delta variant, France 24, 26 June 2021, https://www.france24.com/en/asia-pacific/2021062 6-australia-s-sydney-enters-two-week-covid-19-lockdown-to-stem-out break-of-delta-variant; COVID-19 Disaster Payment for people affected by restrictions, Australian Government-Services Australia, 14 June 2021, https://www. servicesaustralia.gov.au/individuals/news/covid-19-disaster-payment-people- affected-restrictions (검색일자:2021.6.26.)

34) Takeshi Kasai, "From the "new normal" to a "new future": A sustainable response to COVID-19", 2020.

제시하면 출입과 이동에 있어서 통제로부터 벗어날 수 있기 때문에 일반적 이동의 자유와 영업과 경제 활동의 자유가 넓어지게 되고, 의료 시설에서 치료받는 환자도 면역 여권·증명서를 제시하면 추가적인 검사 없이 즉시 코로나로부터 안전한 병동으로 전원 조치 될 수 있게 된다. 또한 국가 주도로 면역 여권·증명서의 발급 시스템이 운영됨으로써, 민간 공급업체의 불량 또는 위·변조를 차단하고 면역 여권·증명서의 품질과 신뢰성을 유지할 수 있게 된다.

이같이 기회가 존재하는 반면, 다음과 같은 위험도 따르게 된다. 개개인이 본인의 면역력에 기초하여 면역 여권을 발급받음으로써 자유를 얻는 것이기 때문에, 스스로 감염을 유발하여 면역력을 획득하려고 한다면, 감염병 차단과 국민 건강 유지·향상이라는 공중보건의 목표에서 역효과를 발생시킬 수 있다. 대중 교통수단이나 쇼핑몰과 같은 공중 시설에서의 마스크 착용과 같은 통제 조치의 면에서도 위험이 수반되게 된다.[35] 또한 본인의 질병 등의 이유로 인해 면역력을 입증할 수 없는 사람들이나 면역 여권을 가지지 못한 사람에 대한 차별과 낙인으로 인하여 고용, 근무 등에서 사회적 불평등을 발생시킨다는 점도 심각한 위험 문제로 꼽힌다. 그로 인해 개인적 이익을 위해서 면역 여권 증명서를 위변조하려는 유혹을 받을 수 있고, 면역력을 입증하는 검사 결과도 100% 완벽하다고 할 수 없기 때문에 면역 여권·증명서를 가진 자가 바이러스를 전파할 가능성도 배제할 수 없다. 또한 면역 여권·증명서에 담긴 개인 건강기록 데이터가 해킹되거나 오·남용될 수 있는 기술적 위험도 존재한다. 위에 언급했던 기회 중에 심리·사회적 안정감이 역으로 작용하여, 면역 여권·증명서를 가지고 있는 사람들이 특별히 더 감염 위험에 노출된다는 우려를 할 수 있다.

3. 국가 주도의 면역성 증명이 사회에 미치는 영향

면역 여권의 문제를 정의의 관점에서 볼 때, 백신 배분이 공정하지 않은 상태에서 백신 접종과 같은 면역의 상태에 따라 사회적 혜택이나 자유권이 부여된다면 다음의 두 가지 방향으로 부정적인 사회적 영향이 있을 수 있다. 한 면으로는 면책 여권·증

---

35) 외관으로 봐서는 면역력을 보유했는지를 구분할 수 없기 때문에, 면역 여권 보유자에게만 마스크 착용 의무가 면제된다면 일반 시민들의 마스크 착용 의지를 감소시키고, 감염병 통제에도 어려움을 유발하게 된다는 것이다.

명서가 없는 사람이 교육 훈련의 참석과 같이 어떤 기회들을 거부당하게 되는 것과, 다른 한 면으로는, 의료진, 청소 인력, 판매 인력, 보육원 또는 학교의 종사자 등과 같이 특정 업무 활동을 수행할 때 면책 여권·증명서 보유를 의무화하면 직업 수행이 사실상 어려워지는 사람이 발생하는 것이다. 특히 면역 증명서의 위변조 등의 불법, 사기, 오용의 가능성과 함께, 백화점, 문화 스포츠 행사와 같은 공중 시설에 대한 접근성에 차별을 두는 사회, 여행의 자유나 고용계약의 체결이 면책 여권을 가진 사람에게만 부여되는 사회, 즉 독일 윤리위원회가 지적했듯이 2개의 계층으로 나누어진 사회가 출현할 위험도 있다. 면역 여권·증명서의 시행은 이동의 편의성을 증진해 주는 정도가 바람직하고, 그 외의 사회적 차별이 발생하는 것은 경계해야 할 것이다. 면역 여권·증명서를 시행한다고 해서 다른 방역 활동을 해제할 것이 아니라, 사회적으로 감염병으로부터 보호 조치와 국민의 일상으로의 복구 지원도 적절히 시행되어야 한다.

Ⅳ 면역 여권에 관한 공법적 검토

기본권의 제한은 법률에 의하여 과잉금지의 원리에 의해 이루어져야 하므로, 프라이버시와 일반적 행동의 자유라는 기본권의 범위와 그 제한이 면역 여권의 보유 여부에 따라 달라질 수 있게 하려면, 면역 여권을 획득할 기회도 동등하고 보편적으로 주어지는 것이 전제되어야 하고, 그 시행도 명확한 법적 근거를 가지고 비례성에 부합하게 이루어져야 한다. 현재 「감염병의 예방 및 관리에 관한 법률」(약칭: 감염병 예방법)에는 명확한 근거 조항이 없으나, 중앙방역대책본부 해외 출입국관리팀의 검역 대응 지침에 의하여 백신 예방접종 완료를 증명한 자에 대한 격리 면제 혜택이 시행되고 있다. 즉 국내에서 출국 전에 예방접종을 완료한 입국자는 자가격리앱을 설치하고 PCR 검사 후 음성인 경우에 실거주지로 이동하여 자가격리 대상에서 제외된다. 현재 행정 지침의 기준으로는 입국일로부터 6~7일차에 PCR 검사를 시행하여 양성이면 즉시 자가격리 제외 대상이 아닌 확진자 관련 조치가 시행되지만, 해외 출국 전 예방접종을 완료하고 2주 경과 후에 출국하고, 임상 증상이 없으며, 베타형, 감마형,

델타형 변이 바이러스 유행 국가에서 입국한 경우가 아닌 경우에는 자가격리 의무가 면제된다.[36] 백신 예방 접종자에게 국내의 공공시설, 근무지 등의 출입 시 혜택을 부여하는 등의 일상으로 확대 적용될 수 있을지 검토하려면, 위에서 상술한 위험 윤리적 고려 사항과 불확실성에 관한 논의가 충분히 고려되어야 한다. 면역 여권의 보유 여부가 고용 및 공공시설로의 접근성 등에 있어서 사회적 불평등을 유발하지 않도록 방역 행정 활동이 이루어져야 하고, 디지털 형태로 구현되는 면역 여권·증명서가 국가 차원의 공문서로서 보장되기 위해서 프라이버시와 개인정보의 보호를 위하여 증명서 자체에 보안 조치를 강화하면서도[37] 국제적인 호환성을 갖출 수 있도록 기술적인 면도 보완되어야 할 것이다.[38]

 결론

　면역 여권·증명서에 관한 논의는 코로나 사태를 진정시키고 경제, 문화, 정치, 심리·사회적인 피해를 억제하여 국민의 일상을 회복시키는 데 도움을 주는 기회인 한편, 끝나지 않는 수렁으로서 코로나 상황의 장기화, 사회 통제 상황의 악화 그리고 계층 사회를 만드는 사회적 불평등까지 심화시키는 양날의 검으로 작용할 수 있다. 앞서 유럽과 미국에서 논의되어 온 면역 여권을 둘러싼 위험 윤리에 관한 쟁점들과 규범적 검토가 우리나라에서도 동일하게 적용될 수 있다. 코로나 바이러스와 백신의 불확실성 위에서 의·과학적 발전의 추이를 따라 방역 활동에 적용되어야 하고, 동시에 국민의 자유와 안전이 최대한 보장될 수 있도록 하여야 한다.

---

36) 중앙방역대책본부 해외출입국관리팀, 코로나바이러스감염증 검역대응[COVID−19] 지침[제10판], 부록2. 예방접종완료자 대상 능동감시 안내문(해외입국자용), 2021.7.1, 66면.
37) 엄주희, 「코로나 팬더믹 사태(COVID−19)에서 빅데이터 거버넌스에 관한 공법적 고찰」, 2020, 75−77면.
38) 임명성, 「COVID−19 시대에 건강한 여행을 위한 Digital Health Passport에 대한 접근법」, 2021, 81−82면.

참고문헌

김진환, 「백신 여권이 주는 꿈과 희망은 누구의 것인가」, 글로벌 헬스 와치, 시민건강연구
    소, 2021.5.20

박미애, "위험사회의 성찰적 책임윤리 – 막스 베버의 책임윤리와 울리히 벡의 성찰적 근대
    화 개념을 중심으로", 「철학연구」 제96권, 대한철학회, 2005

신용석, "세계관광기구(UNWTO) : 코로나19 국제관광 동향", 「한국관광정책」 제83호, 한국
    문화관광연구원, 2021

엄주희, "코로나 팬더믹 사태(COVID – 19)에서 빅데이터 거버넌스에 관한 공법적 고찰",
    「국가법연구」 제16권 2호, 한국국가법학회, 2020

_____, "코로나 통제에 따른 기본권의 제한과 국가의 역할", 「법과정책」 제26권 제3호, 법
    과정책연구원, 2020

_____, "국가윤리위원회의 법적 지위와 뇌신경윤리 활동 고찰: 뇌신경윤리 거버넌스에 주
    는 시사점", 「법과정책」 제25권 제1호, 법과정책연구원, 2019

임명성, "COVID – 19 시대에 건강한 여행을 위한 Digital Health Passport에 대한 접근법",
    「디지털융복합연구」 제19권 제5호, 한국디지털정책학회, 2021

Comment, COVID – 19 immunity passports and vaccination certificates: scientific,
    equitable and legal challenges, www.thelancet.com Vol 395, May 23, 2020.
    (htttps://doi.org/10.1016/S0140 – 6736(20)31034 – 5)

Deutscher Ethikrat, Immunitätsbescheinigungen in der Covid – 19 – Pandemie,
    STELLUNGNAHME, 22 September 2020.

Deutscher Ethikrat, Solidarität und Verantwortung in der Corona – Krise. AD –
    HOC – EMPFEHLUNG, Berlin, 27. März, 2020.

European Commission, Digital Green Certificate fact sheet, 17, March 2021.

European Commission, Proposal for a REGULATION OF THE EUROPEAN
    PARLIAMENT AND OF THE COUNCIL on a framework for the issuance,
    verification and acceptance of interoperable certificates on vaccination, testing and
    recovery to third – country nationals legally staying or legally residing in the
    territories of Member States during the COVID – 19 pandemic (Digital Green
    Certificate), 2021.

Katrina A. Bramstedt, 「Antibodies as Currency: COVID – 19's Golden passport」,
    Bioethical Inquiry, 2020.

Takeshi Kasai, From the "new normal" to a "new future": A sustainable response to COVID－19, Commentary, The Lancet Regional Health－ Western Pacific 4, 2020.

Teck Chuan Voo, et al, Immunity certification for CIVID－19: ethical considerations, Policy & practice, Bull World Health Organ 2021: 99.

The Hastings Center, Ethics for a World in Crisis, Annual Report 2020, 2020.

2장

백신 정책에 관한 헌법적·윤리적 고찰: 면역 여권부터 방역 패스까지

I 서론

코로나 팬데믹을 극복하기 위하여 백신과 치료제가 과학적 해결책으로 개발이 된 이후, 코로나19 백신 예방 접종이 시작되면서, 음식점, 백화점, 공연장, 실내 체육시설 등의 대중 이용 시설을 출입하거나 집회나 회합을 위해서는 백신 접종 증명을 해야 하는 이른바 '백신 패스'가 시행된 바 있다. 백신 접종률을 높이는 데도 큰 역할을 할 수 있었으므로 전 세계적으로 방역의 일환으로 백신 패스가 시행되었다. 2021년에는 유럽과 미국 등지에서 백신 접종을 거부하나 이로 인한 불이익을 피하기 위해서나 코로나 검사 비용 부담을 회피하기 위해, 사람들이 저렴한 가짜 백신 접종 증명서를 거래하면서 위조 백신 패스가 성행해서 사회적 문제가 되기도 하였다.[1] 2022년 많은 나라에서 코로나 확산이 진정 국면에 접어들어 백신 패스 정책은 해제되었지만, 그렇게 되기까지 백신 패스 시행을 금지하는 법률이 제정하거나 백신 패스 시행을 중단시키기 위한 소송이 제기되는 방식으로 백신 패스에 대한 국민적 저항이 존재했다. 백신 패스의 시행은 국민의 기본권을 제한하는 이슈를 가지고 있기 때문이다. 본장은 백신 패스의 원조인 면역 여권이 등장하게 된 배경부터 윤리적 쟁점, 그리고 백신 패스를 둘러싼 기본권적 쟁점과 기본권 제한의 정당성 요건 및 기본권 보호를 위한 국가의 책임을 검토하였다. 이와 같이 백신 패스를 둘러싼 윤리적, 기본권적 쟁점

---

1) 「가짜 백신접종 증명서, 1200여곳서 밀거래」, 동아일보, 2021.5.18. https://www.donga.com/news/Inter/article/all/20210518/106988811/1. (검색일: 2022.3.18.)

을 살펴봄으로써 국민들의 자유와 안전을 보장하면서도, 그리고 직업 경제 활동의 영역까지 좀 더 기본권을 보호하면서 과학적이고 합리적인 방역 대응이 이루어지는데 좋은 함의를 제공할 수 있으리라 본다.

Ⅱ   면역 여권의 등장과 윤리적 논쟁

면역 여권은 코로나 팬더믹 이후에 새로 등장한 것이 아니다. 면역 여권이 등장한 역사를 보면 18세기와 19세기까지 거슬러 올라간다. 미국의 경우 '면역 여권(vaccine passport)'이라고 부를 수 있는 최초의 정책은 18세기와 19세기에 천연두가 창궐했을 때 나타나게 되었다.[2] 독립 전쟁 초기에 군인의 사망자의 90%가 전염병으로 인해 발생했다. 감염된 사람의 거의 3분의 1을 사망하게 만든 천연두가 대부분 사망의 원인이었다. 감소하는 병력 수에 직면하여 조지 워싱턴 장군은 1777년에 모든 군인들에게 천연두 접종을 의무화하도록 요청했다. 당시 이러한 요구 사항은 상당한 정치적, 종교적 반발을 불러일으켰다. 그럼에도 불구하고 군사적으로 백신 접종을 의무화하는 조치는 여러 차례 결정적인 미국의 전투 승리를 위한 토대가 되었고, 그 후 300년 동안 미국에서는 군인을 대상으로 백신 예방 접종 요구하게 되었다. 오늘날 미국뿐 아니라 많은 국가에서 군에 입대하려면 다양한 전염병에 대한 예방 접종을 실시하고 있다. 천연두 감염병을 억제하기 위해 미국 공중보건 공무원들은 1800년대 후반에 대량 예방 접종을 적극적으로 추진하기 시작했는데.[3] 천연두 백신은 팔에 접종하면서 독특한 흉터를 남겼다. 20세기로 접어들면서 국경 통제선, 직장, 사교 클럽, 학교에서는 천연두 백신 흉터를 출입에 필요한 일종의 초기 '면역 여권'으로 취급하기 시작했으며, 미국의 많은 주에서 예방 접종 완료 상태를 공공장소에 출입하기 위한 조건으로 채택하기 시작했다. 예컨대 미국의 메인주(Maine)는 '적합한 예방 접종

---

2) Geppert & Paul(2019), pp.298-299.

3) Jordan E. Taylor, The U.S. Has Had 'Vaccine Passports' Before－and They Worked, TIME, Apr. 5, 2021, https://time.com/5952532/vaccine－passport－history/ (검색일: 2022.3.17.) 미국에서 독립전쟁(American Civil War, 1861 － 1865)이 끝나갈 무렵부터, 천연두 흉터를 '면역 패스'로 다루기 시작했다.

흥터'가 없는 사람은 벌목장에 들어가는 것이 금지되었다. 그리고 1904년까지 11개 주에서는 공립학교에 다니기 위해 예방 접종 증명서를 요구했다.[4] 1922년 텍사스주 샌안토니오 행정명령에 따라 예방 접종을 받지 않은 학생이나 성인은 학교의 출입이 금지되었다. 연방대법원은 좁은 공간에서 감염력이 큰 학생들이 함께 공동생활을 한다는 점에 주목하고 학교의 등교에 백신 접종 요건을 부과하는 것이 합헌이라고 판시하였다. 이 행정명령에 대하여 '공무원에게 공중보건을 보호하기 위해 필요한 폭넓은 재량권'이 있다고 인정하기도 했다.[5] 20세기 중반에는 국제적으로 천연두 백신 인증 확인이 보편화되었다.[6] 항공 여행의 도래로 인해 세계적으로 천연두 확산이 가속화될 위험이 있기 때문에 국가들은 여행 전에 천연두 예방 접종 확인을 시행하여 협력할 필요성을 확인하였고, 천연두 예방 접종 증명서가 없는 여행자는 선박이나 비행기에 탑승할 수 없었다.[7] 현재는 남미나 아프리카 등의 많은 국가에서는 여행자에게 "옐로우 카드(yellow card)"라고 불리는 국제공인 예방접종증명서를 제시하도록 요구하고 있다. 이는 세계 보건 기구(WHO)에서 사용하는 황열병(yellow fever) 예방 접종을 증명해 주는 서면 증명서이다.[8] 백신 접종 증명을 요구하는 사례는 공립학교, 의료 종사자[9] 등에도 계속 존재해 왔지만, 면역 여권이 전 세계적, 대중적으로 적용하게 된 큰 사건은 코로나 COVID-19 팬더믹이다.

---

4) Chemerinsky & Goodwin(2016), p.596; 1827년에 보스턴에서 공립학교에 들어가기 위해 백신 접종 기록을 요구한 것이, 공립학교에서 백신 접종을 의무화한 세계 최초의 사례이다.
5) Zucht v. King, 260 U.S. 174, 177 (1922).
6) Fran Kritz, The Vaccine Passport Debate Actually Began in 1897 over a Plague Vaccine, NPR: GOATS AND SODA, Apr.8, 2021, https://www.npr.org/sections/goatsandsoda/2021/04/08/985032748/the-vaccine-passport-debate-actually-began-in-1897-over-a-plague-vaccine/ (검색일: 2022.3.17.)
7) 우리나라도 해공항검역규칙(군정법령 제2호, 1947.8.25.제정) 제6조(예방주사의 요구조건)에 의거하여 입항 시에 천연두 예방주사 실시 후 6개월이 경과하지 않은 증명서 등을 소지해야 했다. 천연두는 세계 각국의 노력으로 1976년 아프리카 소말리아에서 최종 발생한 이후로 1987년 11월 28일 법률 제3942호로 검역대상 질환에서 삭제되었다. 질병관리청 국립검역소, 검역의 유래 https://nqs.kdca.go.kr/nqs/quaInfo.do?gubun=history (검색일: 2022.3.17.)
8) 우리나라는 검역법 제28조의2 및 시행규칙 제23조에 의거하여 외국으로 나가는 사람의 요청이 있을 때 국제공인예방접종증명서를 발급한다.
9) Chemerinsky & Goodwin(2016), p.596; Baxter(2017) p.904; Cantor(2019) p.101.

1. 코로나 사태에서 EU의 면역 여권 실행

　유럽위원회(European Commission)는 2021.12.21. EU 내의 자유로운 여행을 위한 백신 증명서의 유효기간을 9개월로 정하는 규칙을 채택하였다.[10] 2021.5.20. 코로나 팬더믹 상황에서 DGC(Digital Green Certificate 디지털 녹색 증명서)를 만들어서 EU 회원국 내에서 안전하고 자유로운 이동을 촉진하자는 법안이 승인[11] 된 데 따른 것이었다. 이에 따라서 EU 국가에서는 2022년 2월 1일부터 EU 디지털 COVID 증명서(EU Digital COVID Certificate)가 사용되었다.[12] EU 회원국 국적인 사람뿐 아니라 EU 국가에 거주 또는 여행하는 사람에게까지 면역 여권인 EU 디지털 COVID 증명서가 무료로 발급되었다. DGC 시스템은 백신 증명서, 코로나 검사 증명서, 회복 증명서의 3가지 종류를 포함한다. 이 면역 여권은 백신 접종, 검사, 회복을 증명하는 기능을 하기 때문에, 코로나 검사나 격리 요구와 같은 EU 회원국에서 시행되는 공중보건 목적의 제한 조치들을 유예하고 자유로운 이동을 보장하는데 활용된다. 2022년 3월 현재, 두 번째 백신 접종일로부터 9개월(270일) 동안 유효성이 인정된다. 존슨&존슨 백신의 경우에는 유일한 접종일인 첫 번째 접종일로부터 270일 동안 유효하다. 증명서의 유효기간은 과학적 증거에 의존할 수밖에 없기 때문에, 새로운 과학적 증거가 나타나면, 공중보건 요구 사항이 과학적 증거와 맺고 있는 관련성에 따라서 유효기간이 적용된다. 코로나 검사는 RT-PCT검사를 포함하여 이른바, NAAT(Nucleic Acid Amplification Test, 핵산 증폭 검사) 결과와 신속항원검사만 인정하고 자가진단

---

10) COMMISSION DELEGATED REGULATION (EU) 2021/2288 of 21 December 2021 amending the Annex to Regulation (EU) 2021/953 of the European Parliament and of the Council as regards the acceptance period of vaccination certificates issued in the EU Digital COVID Certificate format indicating the completion of the primary vaccination series.

11) REGULATION (EU) 2021/953 OF THE EUROPEAN PARLIAMENT AND OF THE COUNCIL of 14 June 2021 on a framework for the issuance, verification and acceptance of interoperable COVID-19 vaccination, test and recovery certificates (EU Digital COVID Certificate) to facilitate free movement during the COVID-19 pandemic.

12) European Commission, EU Digital COVID Certificate. https://ec.europa.eu/info/live-work-travel-eu/coronavirus-response/safe-covid-19-vaccines-europeans/eu-digital-covid-certificate_en (검색일: 2022.3.18.)

검사 결과는 인정하지 않는다. 디지털과 서면으로 된 두 가지 포맷의 증명서를 발급
하며 QR코드를 포함하고 있다.[13)]

2. 면역 여권 도입에 관한 윤리적 가치와 염려사항

　방역 활동을 위해 면역 여권을 도입할 만한 가치가 있지만 동시에 윤리적 위험을
수반한다. 윤리적 가치로 고려되어야 할 것은 다음의 세 가지이다. 첫째, 사람들의
모임에서 감염의 우려 없이 이용할 수 있도록 해주는 안전성, 둘째, 감염병에 의해
의학적·사회경제적으로 취약한 사람들에 대한 우선권 부여, 셋째, 면역성을 허가하
는 형태가 사회적 낙인과 차별을 유발할 수 있다는 위험이다.[14)] 이를 하나씩 살펴보
면, 첫 번째 안전성은 면역 여권의 시행으로서 음식점, 유흥시설 등을 안전하게 이용
할 수 있게 되고, 문화 행사, 예배, 스포츠 행사 등 사람들이 모이는 집회에 안전하게
참여할 수 있게 해주어 자유를 넓혀주는 혜택이다. 감염의 위험 없이 사람들이 모여
서 진행하는 활동이 가능해짐에 따라 경제 활동이 원활해지고 이로 인해 세수가 증
가하여, 코로나 사태에 대응할 수 있는 자금 조달에 도움이 되고, 실업이나 고립으로
인한 사회적 피해를 줄일 수 있다. 두 번째 취약층에 대한 우선권 부여는 면역 여권
의 시행으로 취약층을 감염병으로부터 보호하면서 취약층이 모여있는 고령자 요양
원, 장애인 시설, 의료기관 등의 시설을 안전하게 방문할 수 있도록 하고, 취약층 돌
봄을 위해 그들과 대면하는 사람들이 심리적 부담을 덜고 대면 서비스에 종사할 수
있도록 해준다는 점이다.[15)] 엄격한 공중보건의 제한하에서는 모든 사람이 사람을 대
상으로 하는 서비스와 사회경제적 활동이 불가능하게 되지만, 일부 활동에 있어서 면
역성에 대한 증명을 조건으로 가능하게 될 경우에는 면역성에 대한 증명이 없는 사
람만이 불이익을 받게 되기 때문이다. 감염병 확산 방지를 위해 봉쇄 조치를 취함으
로써 모든 사람의 자유를 제한하는 하향 평준화 정책보다는, 면역성 소지자에게 제한
을 풀어줌으로써 불이익의 문제를 해결한다는 것이다. 취약층을 돌보는 사람들에게

---

13) 유럽 위원회(european Commission), COVID-19 : DGC (Digital Green Certificate) 정보
　　https://ec.europa.eu/commission/presscorner/detail/en/qanda_21_1187 (검색일: 2022.3.17.)
14) Persad(2020), pp.2241-2242.
15) Voo et al.(2021), pp.156-157.

는 면역 여권을 활용해 대면 서비스가 가능하게 해주고 취약층 시설에 감염병 확산 위험을 줄일 수 있으며, 취약층의 가족과 지인들도 고립·소외된 사람들과 소통할 수 있게 해준다. 세 번째 낙인과 차별 발생의 위험은 면역 여권이 없는 사람들에게 사회적 낙인의 효과를 유발함으로써 공동체를 둘로 분열시키고 사회적 차별을 발생시킬 수 있다는 것이다.[16] 다만 헌법적으로 엄격히 금지되는 인종, 종교, 신분에 의한 사회적 차별과는 달리 공정성의 면에서, 코로나 감염에 대한 취약성은 감염의 위험으로부터의 보호라는 공중보건 정책상 합법적으로 고려하는 요소이고, 공중보건의 목적상 취약층을 보호하는 데 도움이 된다면 면역 여권으로 인해 발생하는 불평등이 부당한 것이라고 보기 어렵게 된다. 새로운 치료법이 개발되었을 때 사회경제적 지위와 같은 요인이 그 치료법에 대한 접근성과 치료의 선택에 영향을 미치고 불평등이 발생할 수는 있지만, 그러한 이유로 새로운 치료법 도입을 거부해야 하는 것이 정당화되지 않는다. 새로운 치료법을 거부하는 대신에, 자원의 불평등한 배분에 대한 해결책을 찾고 불평등의 원인을 해결하기 위해 노력해야 한다는 정책적 요청이 도출된다. 마찬가지로, 면역 여권이라는 방역 정책을 도입함으로써 사회적 혜택을 줄 수 있다면, 도입을 반대하기보다는 이로 인해 사회적 불평등, 차별을 강화하지 않도록 노력해야 한다는 것이다.[17] 그렇다고 마스크 착용, 손 위생, 사회적 물리적 거리두기 조치와 같은 다른 방역 조치로서 충분히 감염의 위험성을 줄일 수 있는데도, 면역 여권을 시행하여 개인과 그룹의 활동이나 장소적 접근을 제한하는 것이 윤리적으로 정당화되는 것은 아니다. 특히나 투표권, 교육권, 건강 돌봄의 권리로의 접근성과 같은

---

16) 엄주희, "면역 여권, 코로나 시대 양날의 검－공법적 검토와 윤리적 함의－", 「철학 사상 문화」 제36권, 2021, 107－108면; 독일의 국가윤리위원회는 면역 여권에 관한 윤리적 검토 의견서를 통하여, 접종자와 미접종자(자발적으로 접종을 거부한다고 하여 '비접종자'로도 칭할 수 있는 그룹, 의학적 사유 등에 의해 접종을 할 수 없는 미접종자 그룹을 포함)의 2개의 계층으로 나누어진 사회가 출현할 우려를 표한 바 있다. Deutscher Ethikrat, STELLUNGNAHME, Immunitätsbescheinigungen in der Covid－19－Pandemie, 2020; 선행연구에서는 이외에도 고려되어야 할 윤리적인 쟁점으로 백신의 불완전성(백신 접종만으로 면역력이 완벽하지 않기 때문에, 즉 백신 접종자도 바이러스를 전파할 가능성을 배제할 수 없기 때문에 감염 위험을 노출시킬 수 있다는 점), 국가 주도의 면역 여권 발급으로 인한 신뢰성 확보(면역 여권의 위변조를 차단하고 데이터의 오남용을 방지하여 품질을 보증할 수 있다는 신뢰성), 면역 여권이 없는 사람에 대한 교육훈련 참석 등의 특정 기회의 박탈이나 의료인, 학교 교육종사자 등의 직업 수행의 제한의 문제 등을 꼽았다.

17) Brown, Kelly, Wilkinson, Savulescu, (2021) p.e61.

헌법상 권리가 면역 여권의 보유 여부에 따라서 차별 취급을 받는 것이 정당화되긴 어렵다. 면역 여권의 보유는 예컨대 해외여행을 위한 검역을 위해 코로나 검사 등의 완화 조치를 면제해 줄지 여부 등과 같이, 어떠한 활동, 기회, 권리에 접근할 때 완화 조치에 요구되는 범위가 달라지는 정도로 활용될 수 있을 뿐이다.[18]

Ⅲ　　방역 패스의 기본권 제한 문제와 사법적 판단

코로나 사태 이후 국경 봉쇄를 해소하여 국가 간 여행을 자유롭게 하는 역할을 하는데 등장했던 면역 여권은, 각 국가 내에서 백신 접종 상태를 나타내주는 증명서, 이른바 백신 패스(vaccine pass)로 발전되었다. 나라마다 부르는 명칭은 다른데 호주에서는 디지털 접종 증명서(Digital vaccination certificate), 이스라엘의 그린 패스(Green pass), 미국 뉴욕주의 Excelsior Pass,[19] 우리나라에서는 '방역 패스'로 불린다. 백신 접종 증명은 전 세계적으로 방역 조치 때문에 제한되는 이동권과 출입 통제와 같은 기본권의 제한에서 벗어날 수 있도록 하는 수단이자, 백신 접종을 통해 이동권을 누리게 됨으로써 백신 접종을 간접적으로 강제하는 역할도 수행해 왔다. 백신 접종 독려의 유익은 바이러스 유행을 멈추게 하기 위해서 전체 인구의 최소한 60~70%가 면역을 가지도록 하는 데 있다. 인구 집단 내에서 전파력이 높은 감염병이 유행할 경우에 병원체에 대한 면역력을 가진 사람이 충분한 수 이상으로 올라가면 병원체의 감염을 멈추게 할 있다는 개념이 '집단면역'이다.[20] 임상 연구 결과에 따라[21] 코로나19 백신의 예방 효과가 70~95%라고 할 때 60~75% 이상의 사람이

---

18) Voo et al.(2021), p.157.

19) New York State, COVID−19 Vaccine Excelsior Pass and Excelsior Pass Plus, https://covid19vaccine.health.ny.gov/excelsior−pass−frequently−asked−questions (검색일: 2022.3.17.)

20) 김현수·김대중·허중연, 「현직 의사들이 친절하게 알려드립니다 코로나19 백신」, 서울: 알피스페이스, 2021, 31−35면.

21) 미국 질병예방센터 COVID−19 (Science Brief: SARS−CoV−2 Infection−induced and Vaccine−induced Immunity) https://www.cdc.gov/coronavirus/2019−ncov/science/science−briefs/vaccine−induced−immunity.html (검색일: 2022.3.17.) 많은 면역학 역학 연구결과에 따라서, COVID 19 백신 접종이 최소 6개월 동안에는 감염 위험을 낮춰주는

백신 접종을 해야 집단면역을 달성할 수 있다. 그러나 문제는 델타, 오미크론, 스텔스 오미크론(BA.2) 등 코로나19 바이러스의 변이가 계속 출몰하고 있어 기존에 권고되던 2차 백신 접종만으로 면역의 효과를 기대하기 어렵다는 점이다.[22] 방역 패스라는 용어는 코로나19 백신 접종을 했다고 해서 면역력을 획득했다고 보기 어려운데도 방역에는 이 백신 접종만이 능사라는 뉘앙스를 가지기 때문에[23] 정치적인 레토릭이라는 비판을 받기도 한다.[24] 특히 청소년들이 이용하는 학원에 적용이 확대됨으로써

데 효과가 있고, 면역 반응을 향상시켜 변이에 대한 감염의 위험도 감소시키는 것으로 나타났다. 그러나 전체 인구 수준에서는 감염을 막아주는데 상관관계는 발견되지만, 개인 차원에서 감염으로부터 보호가 되는지를 나타내 줄 수 있는 항체 역가 임계점(antibody titer threshold)을 결정할 수 있을 만큼 충분한 데이터가 없고, FDA도 어떤 사람이 감염으로부터 보호되는지 여부를(면역력이 있는지를) 확정하는데 사용할 수 있는 검사법은 승인한 바가 없다고 한다.

22) 미국 질병예방센터 코로나19 부스터샷 정보 및 코로나19 백신 효과(CDC: Centers for Disease Control and Prevention, COVID-10 Vaccine Booster Shot, COVID-19 Vaccines Work) https://www.cdc.gov/coronavirus/2019-ncov/vaccines/booster-shot.html (검색일: 2022.3.17.) 미국 질병예방센터(CDC)는 부스터샷(3차)을 권고하고 있지만, 화이자, 모더나, 얀센 백신의 기존 2차 백신 접종만으로도 완전 백신접종 완료자(fully vaccinated)로 인정하고 있다. 그러나 완전 백신접종을 완료했다는 것이 최적으로 보호받는 상태와 동일한 의미는 아니며, 최적으로 보호를 받으려면 부스터샷을 맞을 것을 권고한다. 부스터샷을 맞는 경우에 중증화 진행, 입원률, 사망률을 막아주는 효과가 있고, 코로나19 백신이 델타, 오미크론과 같은 변이에서도 중증화 진행을 막아주는 효과가 있다고 알려져지만, 새로 발생되는 변이에서는 어떤 효과가 있을지 아직 모른다고 설명하고 있다. 반면 호주 방역당국의 경우에는 2022년 2월10일부터 '완전 백신접종 완료자'가 아니라 '최신 백신접종'("up to date" vaccination)으로 개인의 코로나 백신 상태에 대한 개념을 변경하였다. 호주의 백신 패스인 COVID-19 디지털 증명서(digital certificate)에 백신접종 상태가 표시되므로, 부스터샷을 맞았다면 이것이 백신 패스에 적용된다. 호주 정부 Services Australia(Changes to the definition of fully vaccinated for COVID-19, 11 February 2022) https://www.services australia.gov.au/changes-to-definition-fully-vaccinated-for-covid-19 (검색일: 2022.3.17.)

23) 이은혜, 「아이들에게 코로나 백신을 맞힌다고?」, 서울: 북앤피플, 2021, 151면; 방역당국이 그동안 '백신 접종＝감염 예방'이라는 잘못된 메시지를 계속 전달해왔고 방역 패스라는 이름도 그러한 프레임 중 하나인데, 코로나19 백신 비접종자가 접종자를 감염시킨다는 오해와 사회적 분열을 일으키고 있다는 비판이다.

24) 「방역 패스 둘러싼 의료전문가 '갑론을박' 심화…법률가들은 '갸우뚱'」, 「메디게이트뉴스」, 2022. 1.3. https://www.medigatenews.com/news/2905816592; "방역 패스 예외조항 확대·업종별 구분……백신패스와 차별화 돼야", 「의사신문」, 2022.1.24. http://www.doctorstimes. com/news/articleView.html?idxno=217573(검색일: 2021.3.18.) 더불어민주당 신현영 의원은 백신 패스와 방역 패스를 차별화된 목적으로 적용해야 된다고 하면서, 백신 패스는 백신 접종 여부에 따라 강제적으로 생활 반경을 제한하는 방식이고, 방역 패스는 백신 접종률 제고 및 접종 독려와 감염 예방을 위하여 한시적으로 적용해야 한다고 주장했다. 방역 패스

학습권 침해에 대한 문제가 제기되고, 방역 패스를 포함한 방역의 방식이 사업장 영업에 제한을 가하는 방식으로 진행되니 영업이 어려워진 소상공인들의 자살이 속출하는 등 서민경제에 피해가 막심해졌고 국회에서는 방역 패스를 폐지하라는 결의안을 발의하기도 하였다.[25] 정확히는 백신 접종을 완료했다는 것을 의미하는 '백신 패스'는 그런 논란을 차단하는 중립적인 용어로 권장될 만하다.

백신이 감염병으로부터 방어하는 역할을 하므로 국민의 생명을 보호하는 생명권을 보장하는 면이 있다. 생명권은 대표적인 기본적 인권으로서 인간의 생명을 보호하고 부당한 공권력의 생명 침해로부터 방어하는 근거가 되는 기본권인데, 국가가 감염병 공중보건 위기 상황에서도 적절한 백신 정책을 실행할 수 있는 데 근거가 되기도 한다. 건강권도 감염병으로부터 국민의 생명과 건강을 지키기 위해서 국가가 입법·행정상의 조치를 취하게 하는 근거가 되므로, 국가는 백신 정책으로 감염병 사태를 타개하고 국민을 감염병으로 유효적절하게 보호해야 하는 의무가 발생한다.[26] 우리 헌법상으로는 보건에 관하여 국가의 보호를 받는다는 조항으로 규정되어 있다.[27] 그런데 백신 패스가 적용되면 백신을 접종하지 않은 사람은 각종 시설의 출입 제한을 당하게 되기 때문에, 백신 접종자와의 차별의 문제가 발생하게 된다. 이러한 백신 패스와 관련된 기본적인 인권의 문제는 평등의 원리, 즉 차별 금지의 인권이다. 백신 패스의 시행으로 차별이 발생할 수 있다는 것이다. 세계인권선언 제2조와 자유권규약

가 일상생활을 과하게 통제하지 말고 예외조항을 확대하는 방향으로 설계해달라는 주문이었고, 의료계에서도 대한백신학회 마상혁 부회장 등은 방역 패스가 방역 책임을 국민에게 전가하는 것으로서 학원에 방역 패스가 적용됨으로써 청소년들의 학습격차가 심화될 수 있다고 우려하였고, 오랜시간 쌓인 데이터를 근거로 환자에게 도움이 되기 때문에 권하고 환자에게 이익과 부작용을 상세히 설명하고 환자의 자율성에 맡기는 전통적인 예방접종 원칙과 의료윤리적 기준에 비추어 볼 때도 방역 패스가 이러한 원칙과 기준에 어긋난다는 주장이 — 빠른 접종을 위해 청소년 접종시 부모 동의 절차는 생략되고 설명의무가 중요하지 않게 치부되고, 정부가 백신 미접종자에 대한 낙인찍기에 앞장서고 있다는 점에서 — 제기되기도 했다.

25) 의안번호: 14167, 발의자: 최춘식 의원 등 10인, 코로나19 백신접종 강제화 방역 패스 등 즉각 철폐 촉구 결의안, 발의일자: 2021.12.29.

26) 손명세 외, 「보건의료법윤리학」, 박영사, 2021, 164면. 기본권 보장적인 감염병에서의 치료와 관리는 치료자가 기준으로 삼는 의학적 접근법에 대한 최대한 존중, 환자의 생명권과 건강권의 보장, 그리고 생존권적 배려를 실현하는 것이다.

27) 엄주희, "코로나 통제에 따른 기본권의 제한과 국가의 역할", 「법과 정책」 제26권 제3호, 2020, 61면.

(ICCPR) 제2조로서, 차별은 인권의 사안으로 선언하고 인종, 성, 종교 등에 기한 차별은 금지한다고 규정하고 있다.[28] 인권의 차원에서의 차별 금지의 요청은 헌법상 기본권에서 평등권의 요청이므로 아래에서는 백신 패스가 야기하는 평등권 침해의 문제에 대해서 살펴본다.

1. 백신 패스와 평등권의 적용

방역 패스는 요양기관과 같은 코로나 고위험군이 밀집된 시설에 들어가는 것을 포함하여 업종과 시설에 출입할 때, 직장으로의 출입과 국내외 여행에서 교통수단을 이용하는 때를 포함하여 광범위하게 적용될 수 있다. 감염병의 확산 방지라는 공익 목적으로 방역 패스를 적용하려면 기본권 제한의 요소를 감안하여 적절한 수단을 통하여, 침해되는 기본권이 최소화되도록 필요한 정도로 하되, 적절한 감염병 통제로서 사회 전체의 생명, 건강, 안전을 보호한다는 공익과의 균형을 이루어야 한다. 기본권 제한의 원리인 수단의 적합성, 피해의 최소성, 법익 균형성을 준수해야 한다는 것이다. 그리고 방역 패스가 야기할 수 있는 불합리한 차별의 잠재성을 고려해야 하는 것이 평등권 적용의 문제이다. 여기에는 백신 접종으로의 접근성에서 부당한 차별이 발생하지 않도록 시기적절하게 충분한 백신을 공급해야 한다는 의미도 있지만, 의학적인 이유 등의 합리적 사유로 예방 접종을 받을 수 없는 사람에 대한 면제를 허용함으로써 실질적 평등이 이루어지도록 해야 한다는 것도 포함된다. 백신 패스에 관한 접근성은 백신 접종에 대한 접근성 이외에도 백신 패스 사용의 면에서의 접근성도 보장되어야 한다. 따라서 방역 패스를 디지털로만 제공될 경우에 이용이 어려운 사람들—일부 장애인이나 고령자 등을 포함한 취약층—이 존재함을 감안하여 디지털과 서면으로 된 증명서, 두 가지 종류를 모두 제공할 수 있어야 한다.[29] 사회적인 필수

---

28) 김철수, 「인간의 권리」, 산지니, 2021, 681-682면; 세계인권선언은 인간의 존엄(제1조 존엄권, 제6조 법적 인격권), 평등권(제2조 누구나 어떤 종류의 차이없이, 종족, 성별, 언어, 종교, 정치적 의견이나 다른 의견, 국가적 기원, 사회적 기반, 재산, 출생이나 기타 어떠한 신분을 이유로 한 어떤 종류의 구별 없이, 이 선언의 모든 권리와 자유를 향유할 수 있다), 생명의 권리, 인신의 자유와 안전에 관한 권리(제3조) 등을 기본권으로 인정하고 있다.

29) Australian Human Rights Commission, Human rights considerations for vaccine passports and certificates. https://humanrights.gov.au/our-work/rights-and-freedoms/human-rights-considerations-vaccine-passports-and-certificates (검색일: 2022.3.17.)

서비스와 생필품 구입과 같은 인간의 생존에 직결되는 영역에는 방역 패스가 아니라 감염병의 전파를 막을 수 있는 다른 수단이 고려되어야 한다. 감염병의 전파력이나 변이 발생 상황에 따라서는 최근에 실시한 신속항원검사나 항체검사 결과를 증명하는 것이 더 효과적인 방역이 될 수 있으므로 방역 패스를 대체할 방안이 다각도로 모색되어야 한다.

평등권이 실현에 있어서 과잉금지의 원칙을 적용할 때에도 엄격한 비례의 원칙을 적용하기보다는 공익상 목적을 감안하여 입법재량권을 다소 넓게 인정하는 완화된 심사 기준을 적용할 수 있다.30) 모든 국민을 감염병으로부터 안전하게 보호해야 하는 공중보건의 공익적 필요가 커진 코로나 팬더믹 상황에서 과잉금지의 원칙에 따라서 피해의 최소성을 판단하기는 어렵다. 타인의 건강을 위협할 수 있는 감염병을 막기 위한 백신 접종을 거부할 수 있는 자유권은, 본인의 법익을 위해서 배타적으로 헌법적 권리를 보호받을 수 있는 일반적 자유권과는 다르다. 백신접종을 거부할 자유권은 제한되는 자유가 타인의 기본권과 관련이 있다는 특징이 있다. 이 때문에 기본권 제한의 목적과 이를 달성하기 위한 수단 사이의 실질적 관련성이 있는지를 심사 기준으로 삼을 수 있다.31) 즉 방역 패스 적용에 관한 평등권 심사 기준으로는 급박한 위험방지라는 목적과 수단 간의 견련성을 합헌성의 판단으로 삼는 기준으로 삼을 수 있다.

---

30) 헌재 2002. 10. 31. 2001헌마557(법원조직법 제45조 제4항 위헌확인) "공무담임권의 제한의 경우는 그 직무가 가지는 공익 실현이라는 특수성으로 인하여 그 직무의 본질에 반하지 아니하고 결과적으로 다른 기본권의 침해를 야기하지 아니하는 한 상대적으로 강한 합헌성이 추정될 것이므로, 주로 평등의 원칙이나 목적과 수단의 합리적인 연관성 여부가 심사대상이 될 것이며, 법익형량에 있어서도 상대적으로 다소 완화된 심사를 하게 될 것이다."라고 하여 법관의 직위에 따라 정년을 설정하여 공무담임권을 제한하는 법률 조항에 대하여 입법재량권을 넓게 인정하여 완화된 심사를 적용하였다. 이 사건에서 공익 목적의 실현이 걸려있는 기본권 제안 사안에서 목적과 수단의 합리적 연관성, 즉 실질적 관련성 내지 견련성을 심사 기준으로 삼은 것을 볼 수가 있다; 헌재 2019. 9. 26. 2018헌마128등(공직선거법 제56조 제1항 제4호등 위헌확인) 이 사건에서도 선거방송 대담·토론회의 공익적 사항에 있어서 입법 형성의 자유를 넓게 인정하여 엄격한 비례의 원칙이 아니라, 초청 대상 제한의 합리성과 요건 설정의 합리성, 즉 완화된 합리성 심사로 평등권 침해에 대한 심사를 진행하였다.
31) 이노홍, "코로나 시대 기본권 제한의 새로운 쟁점과 법치주의 – 미국의 백신접종정책을 중심으로 – ",「헌법학연구」, 제27권 제4호, 2021, 91면; 이부하, "평등원칙 심사 기준에 관한 헌법적 고찰 – 헌법재판소 결정을 분석하며",「법과 정책연구」제18권 제2호, 2018, 594 – 595면.

　　미국의 경우에 주마다 코로나 사태 이후에 COVID-19 예방접종을 의무화하는 법률들에 대해서 위헌을 주장하는 소송이 제기되어 2022년 최근에 판단이 내려졌는데, 법원은 일반적으로 백신접종 의무화를 위헌이라고 선언하거나, 합헌성 판단에서 엄격한 비례심사를 적용하지도 않았다.[32)33)] 백신접종 의무화를 무효화 한 결정의 경우에는 의회의 적절한 입법적 승인이 부족했거나-즉 법률유보의 원칙을 위반한 경우이거나,-백신접종 의무화 법률이 종교적 면제를 허용했는지 여부에 따라서 판단된 것 때문이었다.[34)] 예컨대 연방대법원은 NFIB v. OSHA 사건에서 100명 이상 고용한 기업에서 일하는 근로자에 대해서 예방접종을 의무화하면서 유일한 예외로는 매주 코로나 검사를 하고 마스크를 착용해야 하는 의무를 부과하는 산업안전보건청(Occupational Safety and Health Administration: OSHA)의 긴급 임시 지침(emergency temporary standard)에 대하여 2022년 1월에 무효화하는 결정을 하였다.[35)] 이는 산업안전보건청이 백신접종의 포괄적인 의무화에 대하여 의회로부터 충분한 승인을 받지 못했기 때문이다. 반면 같은 날 결정이 나온 연방대법원의 Biden v. Missouri 사건에서는 메디케어와 메디케이드 프로그램에 참여하는 의료기관의 종사자들에게 백신접종을 의무화하고, 의료적·종교적 사유로 예외를 인정한 보건행정부(The department of Health and Human Service: HHS)의 잠정 행정 조치의 효력을 인정하였다.[36)] 메디케어와 메디케이드 프로그램이 적용되는 시설 환자들은 고령자, 장애인, 빈곤층으로

---

32) We The Patriots U.S., Inc. v. Hochul, No. 21-2179 (2d Cir. Nov. 4, 2021).

33) 강승식, "미국 연방대법원의 평등심사에 대한 비판적 고찰", 「원광법학」 제28권, 2012, 183면; 1976년 크레이그(Graig) 사건에서 성차별이 중대한 공익에 기여해야 함과 동시에 공익과 성차별의 양자 간에 실질적 관련성이 존재해야 한다고 하였는데, 이것이 중간 심사 기준이다.

34) Dahl v. Board of Trustees of W. Michigan Univ., 15. F.4th 728 (6th Cir. 2021) 재판부는 미시건 대학이 운동선수 학생이 백신접종 의무화에 대한 종교적 면제를 요청한 것을 거부한 데 대하여 집행정지 가처분(Preliminary injunction)을 내렸다. 반면 코로나 사태 이전 사건으로, 자녀의 예방 접종이 종교적 신념에 위배된다고 주장하며 자녀의 백신접종을 거부했던 사건에 대해서는 '국가가 아동의 복리에 영향을 미치는 일에 있어서 부모의 자유와 권리를 제한하는 광범위한 권한을 가지고 있고, 이것이 어느 정도 양심과 종교의 문제도 포함한다'고 하면서 '종교의 자유가 지역사회나 어린이를 감염병에 노출시키거나 건강과 사망에 이르게 할 수 있는 자유를 포함하지는 않는다'고 판단하였다. Prince, 321 U.S. at 166-167; Phillips v. City of New York, 775 F.3d 538, 543 (2d Cir. 2015); Workman v. Mingo Cnty. Bd. of Educ., 419 Fed. App'x 348 (4th Cir. 2011).

35) NAT. FEDERATION OF INDEPENDENT BUSINESS v. OSHA , 142 S.Ct. 661 (2022).

36) Biden v. Missouri, 595 U.S. ＿＿＿, 142 S. Ct. 647, 651 (2022).

서 다른 사람들보다 코로나 감염증 전파 위험에 더 취약하다는 점과 환자의 건강과 안전을 보호하기 위하여 보건행정부가 구체적 규칙으로 제정할 수 있는 합당한 권한을 위임받았다는 이유가 그 논거였다. 물론 미국에서는 일찍이 개인의 자유와 국가공권력 사이의 갈등 사이에서 천연두 예방 접종을 의무화하는 조치에 대해 타당성을 인정한 Jacobson v. Massachusetts 사건을 통해[37] 공중보건, 공공안전을 위해 필요한 경우에 예방접종을 의무화하는 것은 합리적인 국가공권력의 행사로서 합헌적이라는 확인을 한 바 있다. 또한 Zucht v. King 사건에서는[38] 공립학교 출석을 위해 미성년자의 예방 접종을 필수 조건으로 의무화하는 것도 합헌적이라는 결정을 내린 선례도 있기 했기 때문에, 기본적으로 감염병 확산을 방지하고 공중보건의 공익의 목적으로 한 예방접종 의무화 조치에 대해서는 합헌성을 인정하고 있다. 그렇다고 해서 이 판례들이 모든 백신접종 의무를 백지 위임했다는 의미가 아니라, 즉 모든 백신접종 의무가 정당화되는 것이 아니고, 예방접종의 적절한 대상이 아니거나, 당시의 예방접종이 대상자의 건강을 심각하게 손상시키거나, 심지어 사망을 초래할 수 있는 경우에는 사법적 개입이 정당화된다. 예방접종의 안전성과 예방 효과가 존재한다는 신념을 전제로 하여 공중보건의 이익을 위하여 백신접종 의무화는 하는 것은 합리적인 국가권력의 행사라고 평가되는 것이다.[39]

헌법적으로 정당한 국가 공권력의 조치라고 하더라도 그 실행에 있어서는 법률의 위임에 의하여 구체적인 입법으로 나타나게 된다. 미국의 학교 백신접종 의무화에 관한 법률은 모두 의학적 사유에 의한 예외－백신 의무 접종 면제－를 허용하고 있다. 의학적 사유 이외의 다른 사유에 대해서는 주마다 다른 양상을 보이는데, 학교의 백신 의무화 법률 중에서 워싱턴 D.C와 44개 주에서 종교적 사유로 백신을 반대하는 사람들에 대한 종교적 면제 조항을 가지고 있고, 15개 주는 개인적 도덕적 신념에 의하여 백신을 반대하는 사람들에 대한 철학적 면제 조항을 허용하고 있다.[40] 코로나 사태

---

37) Jacobson v. Massachusetts, 197 U.S. 11 (1905).

38) Zucht v. King, 260 U.S. 174 (1922).

39) Viemester v. White, 84 N.Y.S. 712 (1903); Jacobson v. Massachusetts, 197 U.S. 11 (1905) 34－35.

40) NCSL(National Conference of State Legislatures), States With Religious and Philosophical Exemptions From School Immunization Requirements, 1/10/2022. https://www.ncsl.org/research/health/school－immunization－exemption－state－laws. aspx(검색일: 2022.3.17.)

이후에 캘리포니아주와 루이지아나 주 등에서 2022년도 학교 입학을 위해 코로나19 백신 접종을 요구하고 있다. 연방대법원은 이러한 면제 조항의 합헌성에 대해 아직 결정을 내린 적은 없지만, 하급심 법원의 견해는 다양하게 엇갈리고 있다.[41]

결론적으로 공중보건의 필요에 의하여 국민의 생명과 안전을 위하여 방역 조치는 정당하나, 그 실행에 있어서는 정당한 절차와 위임을 거친 입법에 의해 국민적 정당성을 획득할 수 있어야 한다는 것이다. 평등권의 관점에서 보자면, 취약 시설의 감염병 확산 방지로 국민의 생명과 안전을 보호한다는 공익과 방역 패스라는 수단 사이의 실질적 관련성이 있는지를 기준으로 하여, 백신의 안정성이 보장된다는 전제 하에 감염병 양상에 따라서 감염 취약 시설로서 의료기관이나 학교 등 감염병 취약층이 존재하며 밀집한 공간에서 공동생활을 해야 하는 공간을 출입하는 사람의 경우에는 공공의 이익을 위해 백신 접종 의무화와 같이 강화된 방역 의무를 부과하더라도 합리적인 처우로서 평등권의 위배는 아닌 것으로 판단될 가능성이 높다. 적절한 면제 사유를 설정하는 것도 평등권에 실현에서는 중요한데, 우리나라에서는 방역당국이 인정하는 방역 패스 적용의 면제 사유가 코로나19 백신 접종 후 중대한 이상 반응으로 접종금기·연기 통보를 받은 경우(아나필락시스, TTS, 모세혈관누출증, 심근염·심낭염), 코로나19 백신 구성 물질에 중증 알레르기 발생 이력이 있는 접종 금기자, 면역 결핍·면역억제제·항암제 투여로 접종 연기가 필요한 경우, 코로나19 백신접종 후에 이상 반응 의심 증상이 나타나 입원 치료를 받은 경우, 코로나19 백신 피해보상 신청 결과 인과성 근거 불충분 판정을 받은 경우만을 인정하고 있어 접종 예외의 범위가 다소 좁다는 문제가 있다.[42] 우리나라의 경우 양심적 병역 거부에 대한 헌법불합치 결정[43] 이후 양심상 이유로 병역 의무의 예외를 인정해 준 법리를 고려한다면, 감염

---

41) Lu, Hope(2013), "Giving Families Their Best Shot: A Law－Medicine Perspective on the Right to Religious Exemptions from Mandatory Vaccination", Case W. Res. L. Rev., 63, p.869.

42) "방역 패스 '예외확인서 대상' 확대…입원치료자 등 2건", 「의학신문」 2022.1.19. http://www.bosa.co.kr/news/articleView.html?idxno=2166859(검색일: 2022.3.18.) 현재 방역 패스 예외의 의학적 면제 사유는 백신 성분에 대한 알레르기 발생 이력이 있는 경우를 제외하고는, 사유 대부분이 백신 접종을 이미 마친 후이거나, 백신 접종 후에 이상반응 (의심) 증상이 나타나고 나서야 비로소 면제 사유에 해당될 수 있기 때문에, 백신 접종으로 인한 피해가 이미 발생한 후만을 상정하고 있다는 것이 문제이다. 코로나19 백신의 불확실성을 감안하면 백신 접종 이전이라도 의학적 면제 사유가 존재해야 하고, 방역당국이 지정한 협소한 면제 사유 이외에 의학적 면제를 인정할 수 있어야 한다.

병의 확산 양상, 전파력, 백신의 면역 효과, 백신의 안전성, 개인에게 백신이 미치는 위험과 이득의 비교형량, 종교적 철학적 사유로 백신을 거부하는 사람의 수를 종합적으로 감안하여 비례의 원칙에 따라서 종교와 양심상의 이유를 백신 접종 면제의 범위에 포함하는 방안도 검토해 볼 수는 있겠다.44) 감염병에 대응하는 공중보건 목적을 달성하기 위하여 과학적으로 타당한 방식의 대체적인 방역 조치를 — 예컨대 신속 항원검사, 마스크 착용 등 — 부과하는 방안도 공중보건 목적상 다양하게 고려하면서도, 무엇보다도 국민적 합의를 거친 법제화를 통하여 합리적으로 예외 인정 범위로 설정된 집단에 대해 건강과 안전을 보호하면서도 백신 접종 의무로부터의 자유를 누리게 하는 것이 타당하다.

---

43) 헌재 2018. 6. 28. 2011헌바379 등. 병역법 제88조 제1항 등 (양심적 병역 거부 사건) "양심적 병역거부자의 수는 병역자원의 감소를 논할 정도가 아니고, 이들을 처벌한다고 하더라도 교도소에 수감할 수 있을 뿐 병역자원으로 활용할 수는 없으므로, 대체복무제를 도입하더라도 우리나라의 국방력에 의미 있는 수준의 영향을 미친다고 보기는 어렵다. 국가가 관리하는 객관적이고 공정한 사전심사절차와 엄격한 사후관리절차를 갖추고, 현역복무와 대체복무 사이에 복무의 난이도나 기간과 관련하여 형평성을 확보해 현역복무를 회피할 요인을 제거한다면, 심사의 곤란성과 양심을 빙자한 병역기피자의 증가 문제를 해결할 수 있으므로, 대체복무제를 도입하면서도 병역의무의 형평을 유지하는 것은 충분히 가능하다. 따라서 대체복무제라는 대안이 있음에도 불구하고 군사훈련을 수반하는 병역의무만을 규정한 병역종류조항은, 침해의 최소성 원칙에 어긋난다."라고 하는데 이를 백신 접종의 예외 인정으로 대입해 본다면, "종교적 양심적 백신 접종 예외자는 집단면역에 영향을 준다고 논할 정도가 아니고, 이들을 강제로 접종에 참여시킬 수도 없으므로, 종교적 양심적 백신 접종 예외자 제도를 도입하더라도 우리나라의 감염병 대응 공중보건에 의미 있는 수준의 영향을 미친다고 보기 어렵다. 방역당국이 관리하는 사전심사절차와 사후관리절차를 갖추고 백신의 안정성과 예방접종과 대체 방역 조치 사이의 형평성을 확보하여 백신 접종을 회피할 요인을 제거한다면, 백신 미접종의 증가 문제를 해결할 수 있으므로, 종교적 양심적 백신접종 예외자 제도를 도입하면서도 백신접종의 형평성을 유지하는 것이 충분히 가능하다."

44) 전세계 법학자들이 모여서 코로나 사태에 대한 국가적 법적 대응책에 관하여 논의하는 네트워크인 Lex–Atlas Covid–19 (LAC19)에서 50인의 법학자는 백신 의무화의 합헌성과 적법성에 관한 원칙을 채택하였다. 각국의 법체계가 종교적 신념과 양심의 자유를 수용하는 접근 방식이 다양하며 이러한 권리는 비례의 원칙 심사를 거치게 된다. 이러한 이유로 원칙적으로 인권법에 의해 종교적 양심적 사유에 따른 백신 접종 의무 면제가 요구되지는 않는다고 하였다. 반면 의학적 사유의 면제는 폭넓게 인정하는 것이 인권 보호에 부합한다는 합의를 도출하였다. Lex–Atlas Covid–19. Legal, constitutional, and ethical principles for mandatory vaccination requirements for Covid–19 part II.E. Nov 1, 2021. https:// lexatlas–c19.org/vaccination–principles/e–constructive–engagement–with–vaccine– hesitancy (검색일: 2021.3.18.)

2. 법치주의의 실현

위에서 살펴본 바와 같이 백신 패스의 적용은 국민의 기본권 제한에 관련된 사항이기 때문에, 기본권 제한에 필요한 법률유보의 원칙이 구현되고 있는지 살펴볼 필요가 있다. 법률유보 원칙은 행정 활동이 명시적인 법률적 근거를 필요로 하는 것이고, 이는 시민적 영역의 기본권의 침해에 대항하기 위하여 의회의 다수결의 원리에 의존하여 입법 절차를 통해 자유를 수호해야 한다는 의미이다.[45] 우리나라의 경우 2021년 3월에 제정된 「공중보건 위기대응 의료제품의 개발 촉진 및 긴급 공급을 위한 특별법」에 의하여, 대유행이 현저히 우려되는 감염병의 발생을 포함한 감염병의 대유행 등의 상황에서 백신과 같은 위기대응 의료제품의 개발을 촉진하고 긴급 사용을 위한 공급 기반을 조성하기 위한 내용이 규율되고 있다. 위기대응 의료제품으로 지정(제6조)되면 다른 의료제품에 대한 심사보다 우선 심사(제7조)할 수 있게 되고 긴급 사용 승인도 가능(제12조)해진다. 「감염병의 예방 및 관리에 관한 법률」(약칭: 감염병예방법)은 감염병 대응을 위한 치료제 · 백신 등의 연구개발 사업을 추진하도록 하고(제8조의6), 감염병 대비 의약품과 필수 예방접종 약품 미리 비축하거나 장기 구매를 위한 계약을 미리 할 수 있도록 하며(제33조의2, 제40조 제1항) 공급의 우선순위 등 분배기준 등을 질병관리청 산하의 감염병 관리위원회에서 심의를 거쳐 정할 수 있도록 하고 있다(제40조의2). 예방접종 등에 따른 피해에 대한 국가보상 규정(제71조)도 두고 있다. 감염병 예방 조치로서 관할 지역에 대한 교통의 전부나 일부를 차단하거나, 집합의 제한이나 금지, 출입자 명단 작성과 마스크 착용의 준수를 명하는 것, 공중위생 시설과 장소에 대한 소독과 사용 금지 등을 규율한다(제49조). 그런데 백신 패스 운영에 관한 세부적인 절차와 기준에 관해서 규율하고 있는 법률상 근거는 존재하지 않는다. 백신 접종자에 대한 기본권 제한 완화 조치에 대한 근거로서나, 백신 미접종자의 기본권적인 차별과 불이익을 규율하기 위해서 필요한 법률유보의 원칙에서는 벗어나 있다.[46] 백신 패스라는 백신 접종자에 대한 기본권 제한 예외 조치에 대한 규율상 흠결인 것이다.

반면 독일의 경우 「감염병예방법」은 "연방정부가 코로나19 바이러스에 대한 면역

---

45) 김대환, "슈타르크 헌법논집 민주적 헌법국가", 서울: 시와진실, 2015, 489 – 491면.
46) 김태호, "법치주의의 시험대에 선 코로나 방역 대응", 「공법연구」 제49권 제4호, 2021, 223 – 224면.

력을 가지고 있거나 감염 검사에서 음성 결과를 제시하는 사람에 대해서는 감염병 확산을 방지하기 위한 특별한 보호조치를 취하기 위한 각종 명령과 금지 행위의 완화를 내용으로 법규명령을 제정할 권한을 가진다"고 명시하면서, 이 법규명령이 연방의회의 동의를 필요로 한다고 규정하고 있다.[47] 이와 같이 행정부가 백신 패스로서 기본권 제한의 예외를 허용할 수 있는 법적 근거를 가지고 기본권 제한에 있어 법률유보의 원칙을 준수하고 있는 것이다. 일반적으로 백신 접종에 의해서 면역력을 가지게 될 것으로 기대되고, 백신 접종이 면역력을 가진다는 것과 동일한 의미로 해석되기도 하므로,[48] 이 조항에 따라 면역력을 가지는 사람이라는 문구를 백신 접종을 완료했다는 의미로 해석될 여지는 있다. 그러나 문제는 면역이 형성되어 있는지 현재 기술로는 확인하기가 불가능하다는 데 있다. 우리나라 식약처와 보건복지부에서 발표한 권고에서도 현재 항체 검사로는 면역력을 확인할 방법은 없다고 선언하고 있다.[49] 이에 대해 독일은 아예 백신 패스 정도가 아니라 10월 1일부터 성인에 대한 코로나 백신 접종을 의무화하는 법안과 50대 이상에 대한 백신 접종을 의무화하는 법안들이 의회에 제출되었다.[50] 의회 표결이 이루어진바 674인의 하원의원 중 378

---

47) Gesetz zur Verhütung und Bekämpfung von Infektionskrankheiten beim Menschen (Infektionsschutzgesetz–IfSG) § 28c Verordnungsermächtigung für besondere Regelungen für Geimpfte, Getestete und vergleichbare Personen.

48) 미국 질병예방센터 코로나19 백신과 면역 (CDC: Centers for Disease Control and Prevention, Vaccines & Immunizations) https://www.cdc.gov/vaccines/vac–gen/imz–basics.htm (검색일: 2022.3.17.)

49) 식품의약품안전처 혁신진단기기정책과, [보도참고자료] 코로나19 항체진단시약 관련 정보 제공 및 설명, 2021.10.21.배포. 항체검사시약은 코로나19 바이러스 항체가 혈액 내에 생성되었는지 확인하는데 도움을 주는 체외진단의료기기인데 코로나19에 대한 면역상태나 감염 예방 능력 확인이나 백신 접종 후 항체 생성 여부를 확인할 수 없다고 하면서, 코로나19 항체 생성 정도와 면역력 상관관계 등의 과학적 근거가 충분하지 않아 연구가 더 필요한 단계라고 하면서 항체검사시약은 개인의 면역력을 확인하기 위한 검사로 적합하지 않다고 발표하였다.

50) 독일 연방 법무부 사이트 발표에 따르면 2022년 3월 17일 연방하원 의원들이 백신 의무화 관련 법안 5개에 대한 토의를 진행한 바 있고, 4월 7일 법안에 대한 표결이 이루어졌다. https://www.bundestag.de/dokumente/textarchiv/2022/kw11–de–impfpflicht–881824 (검색일: 2022.3.18.) 법안에 관한 토의에서, 독일 SPD(사회민주당: 사민당, 1971년 노벨 평화상을 수상한 빌리 브란트(Billy Brandt), 현재 독일 제9대 총리인 올라프 숄츠(Olaf Scholz)를 배출하였다) 측의 바렌스(Heike Baerens) 의원은 예방 접종의 격차간이 너무 크다는 점을 지적하면서, 바이러스는 예측할 수 없기 때문에 의료 시스템의 과부하로부터 보호하기 위해서는 올해 가을까지는 기본적으로 높은 수준의 예방 접종이 필요하다고 주장하였다. CDU(기독교

명의 반대로 백신 접종 의무화 법률 제정이 무산되었다.[51] 미국의 경우에는 백신 패스의 적용으로 자유가 제한되는 것에 반대하여, 알라바마주, 알래스카주를 포함하여 20개 주에서 백신 패스 금지 법안이 통과되었다.[52] 백신 패스가 금지된 주에서는 출입을 위해 백신접종 증명이 요구되지 않는다. 법률로서 백신 패스 적용을 금지함으로써 기본권 제한의 예외 사유가 차별적으로 적용되지 않도록 하고 있고, 의회의 입법을 통하여 사회적 합의와 국민적 정당성을 확보할 수단으로 기본권의 차별을 방지하고 있는 것을 볼 수 있다.

우리나라에는 2021년 1월 19일 백신 접종 의무화 법안이 제출되었다가(2021.1.19. 홍준표 의원 대표발의),[53] 신체의 자유 등의 기본권을 과도하게 제한하면서도 백신의

민주연합: 기민당, 독일의 초대 총리인 콘라드 아데나워(Konrad Hermann Joseph Adenauer), 제6대 총리이자 독일 통일을 이끈 헬무트 콜(Helmut Josef Michael Kohl), 제8대 총리인 안젤라 메르켈(Angela Dorothea Merkel)을 배출하였다)의 뮐러(Sepp Müller) 의원은 18세 이상 성인의 대다수가 의무적인 예방접종에 찬성하지 않는다고 하면서, 강제 접종 대신에 예방 메커니즘을 채택해야 한다고 하면서 연방정부가 접종 등록하고 주기적으로 코로나 현황을 보고하는 것이 대다수의 찬성을 얻을 것이라고 하였다. 같은 CDU의 티노 솔지(Tino Sorge) 의원도 연방정부의 코로나 대응의 실정을 비판하면서 연방보건부 장관이 백신접종 의무화 관련 합의된 법안을 지지하더라도 이에 대한 영향력이 없을 것이어서 다수의 동의를 받기는 어려운 상태라고 언급하였다. AfD(독일을 위한 대안 정당: 대안정당) 측의 엘리스 바이델(Dr. Alice Weidel) 박사는 백신 접종이 효과적으로 보호하거나 바이러스 확산을 방지하지 못하고, 현재 기술로 백신의 부작용에 대한 지식도 너무 불확실하다면서 더 온건한 수단으로 바이러스 확산 방지, 예방을 할 수 있으므로 백신 접종 의무화는 적절하지 않다고 하였다. 예방접종의 의무화로 바이러스의 근절하는 것은 불가능하기 때문에 헌법적으로 허용되지 않는다고 하면서, 의무적인 예방접종이 헌법상 기본권으로 명시된 신체적 무결성(완전성)에 대한 권리를 침해한다고 주장하였다. 같은 AfD의 마틴(Martin Sichert) 의원도 충분한 효능과 안전성을 담보하지 않고 행하는 예방 접종의 의무화는 위헌이라고 주장하였다.

51) German lawmakers reject vaccine mandate for people over 60, DW(Deutsche Welle), April4,2022 https://www.dw.com/en/german−lawmakers−reject−vaccine−mandate−for−people−over−60/a−61387119 (검색일: 2022.4.20.)

52) 'Vaccine passports: 10 states with digital credentials & 20 states with bans', Becker's HospitalReview,Sep.17th2021, https://www.beckershospitalreview.com/digital−health/vaccine−passports−7−states−with−digital−credentials−21−states−with−bans.html (검색일: 2022.3.18.) 백신 패스를 법으로 금지된 주는 알라바마, 알래스카, 알칸사스, 아리조나, 플로리다, 조지아, 아이다호, 인디아나, 아이오와, 캔사스, 미조리, 몬타나, 뉴햄프셔, 노스 다코다, 오클라호마, 사우스 캘리포니아, 사우스 다코다, 테네시, 텍사스, 와이오밍 20개 주이다.

53) 의안번호: 7477, 발의자: 홍준표의원 대표발의, 코로나바이러스감염증−19의 퇴치를 위한 특별조치법안, 발의일자: 2021.1.19.; 법안 제6조 ① 모든 국민은 특별한 사정이 없는 한 의무적으로 코로나19 백신의 접종을 받아야 한다.

부작용에 대한 안전성 대책도 없고 백신 접종이 어려운 사람에 대한 면책 규정도 없는 문제점이 제기되는 등의 비판에 직면하자[54] 지난 2월 7일에 곧 철회되었다. 실제 이 법안은 처벌 규정이 존재하지 않아 실효성이 없는 선언적 규정으로 이루어져 있고, 백신 패스와 같이 기본권 제한에 관한 법률상 근거로도 작용하기가 어렵다. 백신 기술의 불확실성이 존재하는 상황에서는 법률의 수권 없는 법규명령만으로 기본권을 제한하는 조치들은 기본적인 법률 유보의 원칙에 어긋나는 것으로 볼 수 있고 위헌의 소지가 있다.

3. 소송을 통한 구제

방역당국이 2022년 3월부터 청소년을 대상으로 학원에 백신 패스 적용을 예고하면서 안전성이 검증되지 않는 백신의 강제 접종의 위험과 청소년의 학습권 침해에 대한 논란이 불거졌고, 2022년 2월에는 전국에서 방역 패스 적용 처분 취소 소송이 줄을 이었다.[55] 학원과 독서실 등의 교육시설에 방역 패스를 의무화하는 특별방역대책후속조치처분에 대한 취소소송과 이에 함께 제기된 집행정지 신청에 대해서 2022년 1월에 법원이 일부 인용 결정을 내리면서, 학원, 독서실, 스터디 카페를 방역 패스 의무 적용 시설로 포함시킨 부분에 대해서 본안 판결 선고일까지 효력이 정지되었다.[56] 재판부는 헌법 제11조 1항은 모든 국민은 법 앞에 평등하고 누구든지 합리적 이유 없이는 생활의 모든 영역에서 차별을 받지 않는다는 평등원칙을 언급하면서, 국가기관이 객관적이고 합리적인 이유 없이 특정 집단의 국민을 불리하게 차별하는 것은 위헌·위법한 조치이므로 허용되지 않는다는 사실을 재확인하였다. 방역 패스 효력을 일시 정지하는 것이 공공복리에 중대한 영향을 미칠 우려가 있다고 단정하기

---

54) "'게임체인저' 코로나 백신, 강제로 맞으라면 어떡하시겠습니까", 「의사신문」, 2021.1.27, http://www.doctorstimes.com/news/articleView.html?idxno=213834 ; "'코로나 백신 의무 접종' 법안에 국민 7000명 반발…"비윤리적"", 「쿠키뉴스」 http://www.kukinews.com/newsView/kuk202102150444(검색일: 2022.3.10.)

55) "전국서 밀려드는 방역 패스 소송 … '셀프방역 무용론'에 법원도 고심 -'자율과 책임'에 맡긴 방역 대책… "방역 패스 유지는 모순"", 「조선일보」, 2022.2.14. https://biz.chosun.com/topics/law_firm/2022/02/14/EFVISJ25IBE63EP4GVVVXTFPWQ/ (검색일: 2022.3.10.)

56) "서울행정법원 2021아13365; [결정] 법원, 교육시설 '방역 패스 적용에 제동", 「법률신문」, 2022.1.4., https://m.lawtimes.co.kr/Content/Article?serial=175544 (검색일: 2022.3.10.)

도 어렵다고 하면서, 학원 등을 방역 패스 의무 적용 시설로 포함시킨 부분으로 인해 A씨 등에게 생길 회복하기 어려운 손해를 예방하기 위한 긴급한 필요가 있다고 인정된다고 설명했다. 재판부는 "백신 미접종자 중 학원·독서실 등을 이용해 진학 시험, 취직 시험, 자격 시험 등에 대비하려는 사람이나 직업교육 내지 직업훈련을 수행하려는 사람은 그 시설을 이용한 학습권이 현저히 제한되므로, 사실상 그들의 교육의 자유와 직업선택의 자유 등을 직접 침해하는 조치에 해당한다. … 의사에 관계없이 코로나 백신 접종을 완료해야 한다는 압박을 받게 되므로, 백신 접종이라는 개인의 신체에 관한 의사결정을 간접적으로 강제 받는 상황에 처하게 돼 신체에 관한 자기결정권을 온전히 행사하지 못하게 되고, 결국 이는 백신 미접종자 집단에게만 중대한 불이익을 주는 조치라고 볼 수밖에 없다. … 백신 미접종자는 자신의 연령과 건강 상태, 코로나 백신 접종의 효용성, 코로나 백신에 대한 부작용 우려 등 여러 사정을 고려해 현재까지 백신 접종을 유보하고 있는 것으로 보인다. … 백신 미접종자들의 학원·독서실 등에 대한 이용마저 제한해 그들의 학습권과 직업의 자유 등을 직접 제한하는 중대한 불이익을 가하는 것이 정당화될 정도의 객관적이고 합리적인 근거가 충분하다고 할 수 있는지 의문이다. … 학원·독서실 등을 이용하기 위해선 현재의 방역지침에 의하더라도 이용 시간 동안엔 원칙적으로 마스크를 계속 착용해야 하는 등 코로나 감염을 방지하기 위한 기본적인 방역수칙을 적용받고, 학원·독서실 등의 운영자들도 그러한 방역수칙을 준수하려는 상당한 노력을 기울일 것으로 기대된다. … 학원·독서실 등을 이용하려는 백신 미접종자에게 방역 패스를 적용하지 않는다고 해서 코로나 감염률과 위중증률 등이 현저히 상승하는 등 공공복리에 중대한 악영향을 초래하리라고 단정하기는 어렵다"고 판시하였다.

이와 같이 방역 패스 적용의 집행정지 결정이 인용되었고, 방역당국도 2022년 3월 1일자로 방역 패스 시행을 전면 중단하였기 때문에, 소의 이익이 없어 방역 패스 시행 처분의 취소를 구하는 사건들의 본안 판단은 각하될 것으로 전망된다. 방역 패스 시행으로 인한 기본권의 제한과 그 예외가 가지는 기본권적 쟁점에 대한 법원의 판단을 받을 기회는 미뤄지게 되었다. 그러나 언제든지 감염병 확산 상황과 감염병 공포를 이용하여 법치주의 원칙을 간과하고 방역의 빌미로 확대된 행정권을 발휘하여 방역당국이 방역 패스라는 수단을 사용할 가능성은 열려있다.[57] 감염병의 공포가 크

---

57) 2020년과 2021년에 걸쳐 이루어진 국민 인식 조사 설문 연구에 따르면, 코로나 위기 극복을

고 국민 전체 안전에 대한 요구가 증대된 상황이라 하더라도, 법치주의가 무시되는
데 대한 정당성을 제공하지는 못한다. 감염병의 확산세를 막는다는 목적과 방역 패스
를 적용하는 대상, 영역, 장소 사이의 실질적 관련성을 세심하게 고려하여 방역 패스
적용 범위를 정하고, 이를 의회를 통한 합의로 국민적 정당성을 확보해야 할 것이다.
또한 불확실한 백신의 효과와 개개인에게 끼칠 수 있는 잠재적 위험성을 감안하여
방역 패스 예외자의 인정 범위로서 의료상의 이유를 넓게 고려하여야 하고, 미국의
경우와 같이 종교상의 이유도 방역 패스 제외 사유로서 감안해야 할 필요가 있다. 이
를 통해서 방역 패스 시행의 공익성을 유지하고 감염병 확산 방지책으로서의 실효성
을 담보할 수 있을 것으로 판단된다. 방역 패스 방식이 국민의 기본권과 연관되어 있
기 때문에, 국회에서 정당한 합의를 거쳐서 입법적 근거가 마련됨으로써 국민적 정당
성을 확보하는 것이 방역 패스 시행의 전제가 되어야 한다.

Ⅳ   결론

 백신 패스는 감염병 확산을 방지하는 문턱으로서 백신 접종을 촉진하여 국민 건강
을 유지하는 역할을 할 수 있다. 그러나 백신 효과의 불확실성과 개개인의 건강에 미
치는 위험의 잠재성뿐 아니라 접종자와 미접종자를 불합리하게 차별하는 기본권 제

위해 국가의 적극적 역할에 대한 요구가 크고(감염병 위험에 대응하는 것이 국가의 책임이라
고 생각하는 국민이 2020년 87% 이상, 2021년에 85% 이상), 개인의 자유를 희생할 수 있다
고 생각하고 법질서와 개인의 자유 등의 민주주의의 중요한 원칙을 희생시킬 수 있다는 의
견도 매우 큰 것으로(현행법 이상의 정부권한이 필요하다는 의견이 2020년 80% 이상, 2021
년 78% 이상; 개인의 자유의 제한보다 코로나19 대처가 더 중요하다는 의견이 2020년 90%
이상, 2021년 80% 이상; 법을 지키는 것보다 코로나19 대처가 더 중요하다는 의견이 2020
년 70% 이상, 2021년 50% 이상) 나타났다. 코로나 사태가 장기화되면서 2021년 8월에는 1
년 뒤인 2021년 8월에는 다소 줄어들었기는 했지만, 다수 국민의 견해는 국가 행정의 역할
에 무게를 크게 싣고 있으면서 개인을 희생하고 법치가 희생되는 것에 대해 관대하다는 것
을 보여주고 있다. 2020년 4월부터 2021년 6월까지 사이에 27개국을 대상으로 코로나19에
대한 우려를 조사한 국제여론조사에서 우리나라가 코로나19에 대한 우려도 7위로서, 코로나
확진자와 사망자가 더 많았던 다른 나라들보다도 걱정도 큰 것으로 나타내고 있다. 방역당국
이 이러한 다수의견의 힘을 이용하면 앞으로도 소수의 희생을 방패막이 삼아 행정권력을 휘
두르면서, 소수 국민의 기본권을 쉽게 무시하는 경향이 나타날 수 있다는 예측이 가능하다.
통계청 통계개발원, 한국의 사회동향, 2021.12, 365－366면.

한의 한계를 안고 있다. 그래서 방역 패스 시행에 있어서 기본권 보장이 철저히 지켜져야 하기도 하지만, 백신 접종에도 안전성을 담보할 수 있는 국가의 책임이 강조되어야 한다. 방역 패스 시행 때문에 백신 접종을 했다가 심각한 이상 반응으로 상해 또는 사망했는데 백신 접종과 상해 또는 사망의 결과 사이의 명백한 인과관계가 인정되지 않은 사람에 대한 논란은 여전히 진행 중이다. 안전성과 면역력에 관하여 불확실성을 가지고 있는 코로나19 백신에 대해서는 전형적인 의료사고의 인과관계 법리가 적용되기보다는 국민의 건강권이라는 기본권 보호와 사회보장적 보호의 관점에서 접근될 필요가 있다. 즉 공중보건 위기 상황에서 방역당국의 정책과 권고에 따라 백신 접종을 한 후에 이상 반응이 나타난 손해에 대해서는 국가의 책임의 범위가 폭넓게 인정될 필요가 있다. 개인의 선택보다는 공동체의 안전과 연대 의식을 위해 행동한 데 대한 결과에 대해서 국가가 공동체적 책임과 보장을 발휘할 필요가 있다는 것이다.58) 현재 국회에는 백신 피해 보상에 관한 법안이 제출되어 있다.59) 대통령 소속으로 코로나19 백신 피해보상 위원회를 설치하는 내용과 코로나19 백신 피해자 인정 여부 결정 시에 명백하게 인과관계가 없는 경우가 아닌 한 생명이나 건강상의 피해가 코로나19 백신으로 인하여 발생한 것으로 간주한다는 내용이 핵심이다. 현재 코로나 백신으로 인한 이상 반응에 대한 보상 체계는 질병관리청 산하의 예방접종 피해보상 전문위원회(시행령 제7조)를 두고 명백한 인과관계가 인정되어야 하지만, 2022년부터는 인과관계 평가가 불충분하더라도 사망자의 경우에는 백신 피해자로 인정하여 인당 5천만 원의 위로금을, 중환자의 경우 3천만 원 이내의 의료비를 증액하여 지원하기로 한 정책은 바람직하다고 판단된다.60) 방역의 일환에 동참함으로써 발생하게 되는 피해에 대해 완전한 보상을 하는 제도가 마련됨으로써, 국민들이 백신의 안전성에 대한 불신을 해소하고 백신 패스와 같은 백신 정책에 대한 신뢰를 가지고 동참하는 계기가 될 수 있을 것이다. 감염병 위기 상황이 앞으로 더 자주 발생할

---

58) 이은솔, "공중보건 위기대응을 위한 예방접종피해 국가보상 제도의 개편 방향", 「고려법학」 제102호, 2021, 242면.

59) 의안번호: 14289, 발의자: 홍석준의원 대표발의, 코로나19 백신 피해 보상 특별법안, 발의일자: 2022.1.7.; 법안 제7조(코로나19 백신 피해자 인정신청 등) ⑤ 제1항 및 제2항에 따른 코로나19 백신 피해자 인정 여부 결정에 있어 명백히 인과성이 없는 경우가 아닌 한 생명 또는 건강상의 피해가 코로나19 백신으로 인하여 발생한 것으로 본다.

60) 백경희 · 정연화, "코로나19 백신 접종과 국가의 책임에 관한 소고", 「법학논집」 제28권 제3호, 2021, 135면.

수 있는 가능성이 제기되고 있다. 장기간의 코로나 팬더믹을 겪으면서 방역 활동으로 사용되는 공권력이 국민의 기본권에 끼치는 막대한 영향력을 온 국민이 몸소 체험하고 있다. 향후에는 백신으로 인한 국민의 희생이 최소화되면서도 개별 국민들의 자유와 경제 활동, 그리고 건강과 안전이 담보될 수 있는 과학적이고 합리적인 방역 대응으로서 백신 패스가 활용될 수 있기를 바란다.

참고문헌

강승식, "미국 연방대법원의 평등심사에 대한 비판적 고찰", 「원광법학」 제28권, 2012

김대환, "슈타르크 헌법논집 민주적 헌법국가", 서울: 시와진실, 2015

김철수, 「인간의 권리」, 부산: 산지니, 2021

김태호, "법치주의의 시험대에 선 코로나 방역 대응", 「공법연구」, 제49권 제4호, 2021

김현수·김대중·허중연, 「현직 의사들이 친절하게 알려드립니다 코로나19 백신」, 서울: 알피스페이스, 2021

백경희·정연화, "코로나19 백신 접종과 국가의 책임에 관한 소고", 「법학논집」 제28권 제3호, 2021

손명세 외, 「보건의료법윤리학」, 서울: 박영사, 2021

엄주희, "코로나 통제에 따른 기본권의 제한과 국가의 역할", 「법과 정책」 제26권 제3호, 2020

_____ , "면역 여권, 코로나 시대 양날의 검 - 공법적 검토와 윤리적 함의 - ", 「철학 사상 문화」 제36권, 2021

이노홍, "코로나 시대 기본권 제한의 새로운 쟁점과 법치주의 - 미국의 백신접종정책을 중심으로 - ", 「헌법학연구」, 제27권 제4호, 2021

이부하, "평등원칙 심사 기준에 관한 헌법적 고찰 - 헌법재판소 결정을 분석하며", 「법과 정책연구」 제18권 제2호, 2018

이은솔, "공중보건 위기대응을 위한 예방접종피해 국가보상 제도의 개편 방향", 「고려법학」 제102호, 2021

이은혜, 「아이들에게 코로나 백신을 맞힌다고?」, 서울: 북앤피플, 2021

Baxter, Teri Dobbins (2017), "Employer−Mandated Vaccination Policies: Different Employers, New Vaccines, and Hidden Risks", UTAH L. REV. 5(2)

Brown, Rebecca C H, Kelly,Dominic, Wilkinson,Dominic, Savulescu,Julian (2021), "The scientific and ethical feasibility of immunity passports", Lancet Infect Dis, 21: e61. (www.thelancet.com/infection)

Cantor, Julie D. (2019), "Mandatory Measles Vaccination in New York City— Reflections on a Bold Experiment", NEW ENG. J. MED., 381

Chemerinsky, Erwin & Goodwin, Michele (2016), "Compulsory Vaccination Laws Are Constitutional", NW. UNIV. L. REV, 110

Deutscher Ethikrat, Immunitätsbescheinigungen in der Covid−19−Pandemie,

STELLUNGNAHME, 22 September 2020.

Geppert, Cynthia M.A.& Paul,Reid A. (2019), "The Shot That Won the Revolutionary War and Is Still Reverberating", FED. PRAC, 36(7): 298-99.

Lu, Hope(2013), "Giving Families Their Best Shot: A Law−Medicine Perspective on the Right to Religious Exemptions from Mandatory Vaccination", Case W. Res. L. Rev., 63

Persad, Govind(2020), "The Ethics of COVID−19 Immunity−Based Licenses ("Immunity Passports")", JAMA, 323(22)

Voo, Teck Chuan et al.(2021), "Immunity certification for COVID−19: ethical considerations", Bull World Health Organ, 99

Biden v. Missouri, 595 U.S. _____, 142 S. Ct. 647, 651 (2022).

Dahl v. Board of Trustees of W. Michigan Univ., 15. F.4th 728 (6th Cir. 2021)

Jacobson v. Massachusetts, 197 U.S,11 (1905)

NAT. FEDERATION OF INDEPENDENT BUSINESS v. OSHA , 142 S.Ct. 661 (2022)

Viemester v. White, 84 N.Y.S. 712 (1903)

We The Patriots U.S., Inc. v. Hochul, No. 21−2179 (2d Cir. Nov. 4, 2021)

Zucht v. King, 260 U.S. 174, 177 (1922)

동아일보 (2021), "가짜 백신접종 증명서, 1200여곳서 밀거래", https://www.donga.com/news/Inter/article/all/20210518/106988811/1. (검색일: 2022.3.18.)

메디게이트뉴스 (2022), "방역 패스 둘러싼 의료전문가 '갑론을박' 심화…법률가들은 '갸우뚱'", https://www.medigatenews.com/news/2905816592. (검색일: 2022.3.18.)

미국 질병예방센터, "COVID−19 (Science Brief: SARS−CoV−2 Infection−induced and Vaccine−induced Immunity)", https://www.cdc.gov/coronavirus/2019−ncov/science/science−briefs/vaccine−induced−immunity.html. (검색일: 2022.3.17.)

미국 질병예방센터, "코로나19 백신과 면역 (CDC: Centers for Disease Control and Prevention, Vaccines & Immunizations", https://www.cdc.gov/vaccines/vac−gen/imz−basics.htm. (검색일: 2022.3.17.)

미국 질병예방센터, "코로나19 부스터샷 정보 및 코로나19 백신 효과(CDC: Centers for Disease Control and Prevention, COVID−10 Vaccine Booster Shot, COVID−19 Vaccines Work)", https://www.cdc.gov/coronavirus/2019−ncov/vaccines/booster−shot.html. (검색일: 2022.3.17.)

법률신문 (2022), "서울행정법원, 아13365; [결정] 법원, 교육시설 '방역 패스' 적용에 제동", https://m.lawtimes.co.kr/Content/Article?serial=175544. (검색일: 2022.3.10.)

유럽위원회(european Commission), "COVID−19 : DGC (Digital Green Certificate) 정보", https://ec.europa.eu/commission/presscorner/detail/en/qanda_21_1187. (검색일: 2022.3.17.)

의사신문 (2021), "'게임체인저' 코로나 백신, 강제로 맞으라면 어떡하시겠습니까", http://www.doctorstimes.com/news/articleView.html?idxno=213834. (검색일: 2021.1.27.)

의사신문 (2022), "방역 패스 예외조항 확대·업종별 구분… '백신패스와 차별화 돼야'", http://www.doctorstimes.com/news/articleView.html?idxno=217573. (검색일: 2022.3.18.)

의학신문 (2022), "방역 패스 '예외확인서 대상' 확대…입원치료자 등 2건", http://www.bosa.co.kr/news/articleView.html?idxno=2166859. (검색일: 2022.3.18.)

조선일보 (2022), "전국서 밀려드는 방역 패스 소송… '셀프방역 무용론'에 법원도 고심 − '자율과 책임'에 맡긴 방역 대책… "방역 패스 유지는 모순", https://biz.chosun.com/topics/law_firm/2022/02/14/EFVISJ25IBE63EP4GVVVXTFPWQ/. (검색일: 2022.3.10.)

질병관리청, "국립검역소, 검역의 유래", https://nqs.kdca.go.kr/nqs/quaInfo.do?gubun=history. (검색일: 2022.3.17.)

쿠키뉴스 (2021), "'코로나 백신 의무 접종' 법안에 국민 7000명 반발…"비윤리적"", http://www.kukinews.com/newsView/kuk202102150444. (검색일: 2022.3.10.)

통계개발원 (2021), "한국의 사회동향", http://kostat.go.kr/assist/synap/preview/skin/miri.html?fn=d288427242256827133807&rs=/assist/synap/preview. (검색일: 2021.3.18.)

Australian Human Rights Commission, "Human rights considerations for vaccine passports and certificates.", https://humanrights.gov.au/our−work/rights−and−freedoms/human−rights−considerations−vaccine−passports−and−certificates. (검색일: 2022.3.17.)

European Commission, "EU Digital COVID Certificate.", https://ec.europa.eu/info/live−work−travel−eu/coronavirus−response/safe−covid−19−vaccines−europeans/eu−digital−covid−certificate_en. (검색일: 2022.3.18.)

Fran Kritz (2021), "The Vaccine Passport Debate Actually Began in 1897 over a Plague Vaccine, NPR: GOATS AND SODA", https://www.npr.org/sections/goatsandsoda/2021/04/08/985032748/the−vaccine−passport−debate−actually−began−in−1897−over−a−plague−vaccine/. (검색일: 2022.3.17.)

"German lawmakers reject vaccine mandate for people over 60, DW(Deutsche Welle)", https://www.dw.com/en/german−lawmakers−reject−vaccine−mandate−for−people−over−60/a−61387119. (검색일: 2022.4.20.)

Jordan E. Taylor (2021), "The U.S. Has Had 'Vaccine Passports' Before—and They Worked, TIME", https://time.com/5952532/vaccine−passport−history/. (검색일: 20 22.3.17.)

"Lex−Atlas Covid−19. Legal, constitutional, and ethical principles for mandatory vaccination requirements for Covid−19 part II.E.", https://lexatlas−c19.org/ vaccination−principles/e−constructive−engagement−with−vaccine−hesitancy. (검 색일: 2021.3.18.)

NCSL(National Conference of State Legislatures) (2022), "States With Religious and Philosophical Exemptions From School Immunization Requirements", https://www. ncsl.org/research/health/school−immunization−exemption−state−laws.aspx. (검 색일: 2022.3.17.)

New York State, "COVID−19 Vaccine Excelsior Pass and Excelsior Pass Plus", https://covid19vaccine.health.ny.gov/excelsior−pass−frequently−asked−questions. (검색일: 2022.3.17.)

Services Australia (2022), "Changes to the definition of fully vaccinated for COVID− 19", https://www.servicesaustralia.gov.au/changes−to−definition−fully−vaccinated− for−covid−19. (검색일: 2022.3.17.)

"'Vaccine passports: 10 states with digital credentials & 20 states with bans', Becker's Hospital Review", https://www.beckershospitalreview.com/digital−health/vaccine− passports−7−states−with−digital−credentials−21−states−with−bans.html. (검 색일: 2022.3.18.)

3장

성폭력 범죄피해자의 인권
-약물 이용 성범죄(DFSA) 대응 법제를 위하여-

Ⅰ 서론

　2018년에 우리나라에 발생한, 이른바 '버닝썬 사건'은 약물을 이용한 성범죄의 실체가 드러나 사회적으로 큰 충격을 주었던 바 있다.[1] 이 사건에서 등장한 '약물 이용 성범죄'란 고의로 행동·인지력을 상실시키기 위해 타인에게 약물 등을 먹인 후 성범죄를 일으키는 것을 의미한다. 고의로 타인의 행동·인지력 상실을 위해 약물을 먹인 후 범죄를 저지르는 것으로 수 세기 동안 다양한 약물이 강력범죄에 오용·악용되어 왔으며 최근에는 약물 이용 성범죄가 꾸준히 증가하고 있어 심각한 사회적 문제가 되고 있다. 통상 우리나라에서 약물 이용 성범죄는 수면 진정 작용이 있는 의약품이나 불법 마약류를 피해자에게 투약한 후 행해지는 강간, 성폭행, 성추행 및 성희롱 등을 지칭한다.[2] 해외의 경우에 약물 이용 성범죄(Drug facilitated Sexual Assault: DFSA)에 관하여 2000년을 전후하여 형사 처벌 관련 판례나 법제화가 등장하기 시작하였다.[3] 이 성범죄 유형이 사회적으로 부각되었던 초기에는 데이트 강간(date rape)

---

1) "혹시 이 술에도? 버닝썬 탓 커지는 '약물 성범죄' 공포", 한국일보, 2019.2.19.일자 (검색일자: 2022.1.1.) 버닝썬 사건은 서울 역삼동의 클럽 버닝썬에서 마약 유통과 성범죄, 폭행, 그리고 경찰 유착 범죄, 불법 촬영물 공유 등의 범죄들이 광범위하게 얽혀있었던 대형 범죄 사건으로서 약물 이용 성범죄에 대해 사회에 경각심을 불러일으켰다.

2) 박미정 외, "약물 성범죄 관련 검출 약물 현황(2014－2018)", 「한국법과학회지」 제20권 제1호, 한국법과학회, 2019, 2면.

3) A.H. Dorandeu et al. A case in south－eastern France: A review of drug facilitated sexual assault in European and English－speaking countries, Journal of Clinical

과 동일하게 취급하기도 했고,[4] 이를 규율하는 법률명이 미국의 경우 '데이트 강간 약물 예방법(Date‒Rape Drug prohibition Act)'으로 명명되기도 했다. 그러나 범죄자와 피해자 사이의 친밀도가 데이트하는 관계인지의 여부와 상관없이 발생할 수 있고 데이트 강간이라는 용어가 데이트 강간 약물로 불리는 일부 약물에만 치중하여 강간 범죄에만 집중하고, 범죄 양태에 대해 오해를 불러일으키기 때문에[5] 약물 이용 성범죄(DFSA)가 이 범죄에 보다 더 적합한 용어이다.[6] 약물 이용 성범죄의 피해자는 약물의 영향으로 무능력, 무의식 또는 무저항 상태에서 범죄 피해의 대상이 된다. 약물 이용 성범죄에 사용되는 대부분의 약물은 진정효과와 기억력 손상, 마취의 효과를 가진 중추신경 억제제[7]이며, 음료수에 섞이면 무취, 무색 무미가 되고, 대체로 섭취 후

Forensic Medicine 13 (2006), pp.256‒259. 이탈리아는 1996년부터 시행된 형법 조항에 의해 가해자의 직접적인 행동으로 신체적 정신적인 열세에 놓치게 하는 범죄를 처벌함으로써 약물 이용 성범죄에 대해 규율하여 2003년에 약물 이용 성범죄로 형사 처벌을 한 사건이 있었고, 프랑스에서는 2003년에 최초로 약물 이용 성범죄(DFSA)로 유죄 판결이 내려진 바 있다.

4) D. McBrierty et al. A review of drug‒facilitated sexual assault evidence: An Irish perspective, Journal of Forensic and Legal Medicine 20 (2013) pp.189‒190.

5) U.S. Department of Justice Offic, Drug Enforcement Administration, DEA Victim Witness Assistance Program ‒ Drug‒Facilitated Sexual Assault, April 2017, p.3. 많은 약물들이 알콜과 섞이면 중독적이고 억제성 효과를 나타내고, 수면유도제와 같이 전문의 처방없이도 시중 약국에서 구하기 쉬운 약물들이 대거 사용될 수 있다. 심지어 가해자가 본인이 처방받은 약물을 범죄에 사용하기도 한다. 약물 이용 성범죄는 가해자와 피해자 사이의 사적 관계에 상관없이 다양한 성범죄의 양태를 가진다. 데이트 강간은 약물 이용 성범죄의 한 유형으로 볼 수 있겠다.

6) UNODC United Nations Office on Drug and Crime, Guidelines for the Forensic analysis of drugs facilitating sexual assault and other criminal acts, United Nations New York, 2011, pp.1‒2; 데이트 강간은 남녀간 자발적인 사회적 관계 가운데서 발생한 강간을 의미하고, 신체적 위협의 흔적이 없어 피해자에게 외상을 남기지 않는 특징을 가지고 있어 "데이트"라는 표현이 사용되며, 이전에 또는 현재 연인, 남편, 친척 등의 관계인 남성인 경우가 과반수 이상으로 알려져 있다. 비위협적 성폭력이며 동의 없는 성관계라는 특징이 있다. 데이트 강간 사건의 유죄를 결정하는 가장 큰 쟁점은 피해자의 사실상 동의가 존재했는가의 여부이다. 데이트 강간에서 약물이 사용되는 경우가 종종 있는데, 이 때문에 데이트 강간에서 자주 등장하는 로히프놀, GHB, 케타민 등의 약물은 '데이트 강간 약물'(date rape drugs)이라고 칭해진다. https://www.law.cornell.edu/wex/date_ rape (검색일자: 2022. 1.1.)

7) U.S. Department of Justice Offic, Drug Enforcement Administration, DEA Victim Witness Assistance Program ‒ Drug‒Facilitated Sexual Assault, April 2017, pp.3‒4. 로히프놀(Rohypnol), GHB(감마‒하이드록시부티르산, Gamma Hydroxybutyric Acid), GBL(감마‒부티로락톤, Gamma‒Butyrolactone), 케타민(Ketamine) 등이 자주 사용된

30분 내로 말하거나 움직이지 못하게 기절시키는 등 사람을 무능력 상태로 무력화시키는 효과가 나타나며 가장 심각하게는 무의식, 혼수상태, 사망에까지 이르게 할 수도 있다. 우리나라도 약물 이용 성범죄가 지속적으로 증가하고 이용되는 약물의 종류도 다양해지고 있으나[8] 성범죄에 이용된 대부분의 약물이 단시간에 체내로부터 배출되고, 피해 당시에 자각하기 힘든 경우가 많기 때문에 피해자에 대한 적절한 보호 조치나 범죄 발생을 인지하기 어려운 특성을 가지고 있다. 약물 이용 성범죄는 성범죄 피해뿐 아니라 약물로 인한 기억 상실, 인지 기능 장애, 운동 기능 상실, 무의식, 사망 등과 같은 작용이 나타나 피해자의 신체와 정신에 대하여 이중적 피해를 줄 수 있다는데 문제의 심각성이 더하여진다. 미국, 영국 등 많은 나라에서 일찍이 약물 이용 성범죄가 사회에 미치는 피해의 심각성을 인지하고, 성범죄에 이용되는 약물을 데이트 강간 약물로 별도로 지정해 특별관리하고 관련 법령의 제·개정을 통하여 대응 제도를 수립하여 약물 이용 성범죄에 대해 엄중히 처벌·단속하고 있다. UN에서도 2011년에 약물 성범죄를 감식할 수 있는 법의학 분석을 위한 가이드라인을 발간하고 약물 성범죄 대응에 힘을 보태고 있다.[9] 우리나라는 이러한 약물에 대한 규제가 마약류에 대한 관리 정도로 편중되어 있고, 약물을 이용한 데이트 강간과 같은 성범죄에 대해서 별다른 법제적인 대응은 아직 마련되어 있지 않다. 따라서 약물 이용 성범죄 규제 및 피해자 보호와 지원을 증진하여야 할 필요성이 있는데, 이것은 성적 자기 결정권과 범죄피해자 보호라는 기본적 인권과 기본권의 차원과도 연결되는 헌법적인 쟁점이 있다. 아래에서는 약물 이용 성범죄 피해자에 대한 보호와 이에 대한 사회적 대책과 관련한 헌법적 쟁점과 해외의 대응 법제와 사례, 이를 검토하여 우리나라에 적용할 수 있는 법제적 개선방안에 대해서 살펴보도록 한다.

다. GBL은 간단한 화학 반응으로 GHB로 전환하거나 화학 반응을 일으키지 않고 직접 섭취할 수 있는 화학 전구체로서, GBL을 섭취 시에 GHB로 변환된다. 행복감, 도취감을 유발하며 중추신경계 억제 효과를 나타낸다.

8) 최혜영 외 6인, "약물관련 성범죄 사건 유형 분석 및 검출 약물 경향", 「약학회지」 제59권 제5호, 2015, 230면.

9) UNODC United Nations Office on Drug and Crime, Guidelines for the Forensic analysis of drugs facilitating sexual assault and other criminal acts, United Nations New York, 2011.

Ⅱ　약물 이용 성범죄 관련 헌법상 기본권 보호의 쟁점

　약물 이용 성범죄라는 행위로부터 피해자에게 침해나 제한을 유발하거나 보호의 필요성 등의 관련성을 가지는 기본권으로는 성적 자기결정권, 개인정보자기결정권, 신체적 정신적 완전성을 보호법익으로 하는 신체의 자유, 건강권이 있다. 형사 절차상의 기본권으로는 범죄피해자 구조 청구권과 형사재판 절차에 참가하여 증언하는 이외에 형사사건에 관하여 의견진술을 할 수 있는 청문의 기회를 부여하는 피해자진술권이 있다.[10] 아래에서는 약물 이용 성범죄의 특성상 논의되어야 할 헌법상 기본권의 쟁점을 상술한다.

1. 성적 자기결정권의 보호

　성적 자기결정권은 성적 관계에 대한 선택에 대해서 본인의 자발적인 의사와 결정이 이루어질 것을 요하는 자유권으로서,[11] 소극적으로 원치 않는 성관계를 하지 않을 권리, 강압에 의해 성관계를 강요당하지 않을 권리와 적극적으로는 성적 관계와 활동에 대해서 자발적인 본인의 선택이 이루어질 권리이다.[12] 후자의 적극적인 면은 간통죄 헌법불합치 결정과 성매매처벌법 헌재 사건 등을 통해 헌법재판소가 확인한 바 있다.[13] 이 권리는 누구와 어떤 종류의 성적 관계를 맺을 것인지를 결정할 수 있는 자유이다. 전자의 소극적인 면에서는, 원치 않은 성적 관계로부터 보호받는 것은 피해자의 인간으로서의 존엄성, 그로부터 도출되는 인격권과 자기결정권을 보호하는 법익이므로 이 법익을 침해하는 것은 범죄로 다루어진다. 성적 폭력, 착취, 억압으로

---

10) 헌재 1989. 4. 17. 88헌마3; 소병도, "범죄피해자의 헌법적 권리와 적법절차를 통한 보장", 「홍익법학」 제17권 제2호, 2016, 311면. 이 논문은 건강권으로부터 형사절차에서 2차 피해를 받지 않을 권리를 도출하고 있고, 피해자진술권의 헌법적 의미와 형사소송법 개정에의 시사점에 대해 다루고 있다. 본 장은 성폭력 범죄 유형 모두에서 나타나는 쟁점보다는 약물 이용 성범죄의 특성상 나타나는 쟁점에 집중하기 위하여, 성폭력 범죄에 공통적으로 적용될 수 있는 피해자진술권에 대해서는 다루지 않는다.

11) 김종일, "헌법상 성적 자기결정권에 관한 검토", 「헌법학연구」 제27권 제3호, 2021, 83-84면.

12) 윤덕경, "형사법상 성적 자기결정권 본질 및 성적 자기결정권 보호증진을 위한 입법과제 검토", 「이화젠더법학」 제4권 제1호, 2012, 13-14면.

13) 헌재 2015. 2. 26. 2009헌바17; 헌재 2016. 3. 31. 2013헌가2.

부터의 자유로부터 성적 자기결정권이 도출된다[14]고 해석할 때 소극적 의미의 성적 자기결정권을 의미하는 것이다. 이는 단순히 성적 관계라는 행위에 대해서 선택할 자유보다 넓은 의미의 인격적 법익이다. 인격권의 핵심 내용이 외부의 침해나 구속 없이 자유롭게 본인의 모습을 결정할 권리이므로 성적 자기결정권도 인격권의 측면에서 성적 활동으로 인해 본인의 인격과 정체성에 부당하게 영향을 받지 않고 자유롭게 형성할 수 있는 권리라는 것이다.[15] 우리 「형법」은 성폭력 범죄에 대해서 「성폭력범죄의 처벌 등에 관한 특례법」(약칭: 성폭력처벌법)을 두고 처벌을 강화하는 규율을 시행하는 한편, 「성매매알선 등 행위에 처벌에 관한 법률」(약칭: 성매매처벌법)에서는 성매매 피해자의 범위가 자발적인 성매매의 의사로 행한 경우가 아닌 외부 강압과 착취의 환경 가운데서 성매매를 하지 않을 수 없도록 사실상 강요된 자들까지 포함하고 있다.[16] 위계, 위력 또는 이에 준하는 방법, 업무 관계, 고용 관계 내지 보호 감독하는 사람과의 관계, 청소년이나 사물을 변별하거나 의사를 결정할 능력이 없거나 미약한 사람, 인신매매 등에 의해 성매매를 강요당한 사람(성매매처벌법 제2조 제1항 4호, 제6조), 선불금 제공 등의 방법으로 대상자의 동의를 받은 경우라도 그 의사에 반하여 이탈을 제지하는 경우, 다른 사람을 고용 감독하는 사람, 출입국 직업을 알선하는 사람 또는 그를 보조하는 사람이 성을 파는 행위를 하게 할 목적으로 여권이나 여권을 갈음하는 증명서를 채무이행 확보 등의 명목으로 받은 경우에(성매매처벌법 제2조 제2항) 그 성매매 당사자를 성매매 피해자로 칭하고 이들의 성매매는 처벌하지 않으면서도 신변 보호, 수사의 비공개 등의 보호 조치를 보장하고 있다. 혼인빙자 간

---

14) 헌재 2016. 3. 31. 2013헌가2 판례집 28−1상 263.

15) 소은영, "헌법상 성적 자기결정권의 의미에 관한 재검토", 「이화젠더법학」 제11권 제3호, 2019, 56−57면. 성적 자기결정권의 인격권적 성격을 세 가지 차원에서 설명할 수 있는데, 개인의 존재와 존엄과 결부된 정체성으로서의 성, 성적 표현행위로서 성적 자기표현과 활동으로서의 성, 임신이라는 재생산으로 이어지며 여성의 삶에 중요한 영향을 미치는 성행위로서의 성, 이렇게 세 가지 차원에서 설명한다.

16) 헌재 2016. 3. 31. 2013헌가2 판례집 28−1상 277. 이 결정문에서는 「성매매처벌법」이 형법상의 범죄피해자의 개념에서 "벗어나" 넓은 범위의 피해자 개념을 인정하여 성매매피해자를 보호하고 있다고 했는데, 범죄피해자의 개념에는 이 「성매매처벌법」의 범죄피해자의 범위에서 의미하는 것과 같이 본인의 자기결정을 부인당할 수밖에 없는 상황에 처하여 강압적이고 착취적인 환경에서 마지못해 행위가 발생하게 되는 것, 즉 자기결정권의 본질인 자발성을 완전히 훼손당하는데 대한 피해를 입은 자를 보호하고자 하는 것이므로, 이와 같은 범죄피해자의 범위 설정이 형법상의 범죄피해자 개념을 벗어난 게 아니라, 성적 자기결정권의 보호에 합당한 범위 설정이라고 판단된다.

음죄에 대한 헌법재판소의 위헌 결정에서도 여성이 자기책임 아래 성적 자기결정권을 스스로 행사할 주체가 있다는 의미를 확인하면서, 혼인빙자 간음죄가 남성의 결혼을 약속했다는 이유만으로 성적 관계 여부가 결정된다는 의미로 여성의 성적 자기결정권을 부인하는 것이므로 입법 목적이 정당하지 않다고 판단하였다.[17) 이러한 법률상 제도와 헌법재판소의 판단은 원치 않는 성적 억압으로부터 벗어날 자유와 성적 관계에서 자기결정의 본질을 되새기게 한다. 성적 자기결정권의 본질이자 이 기본권의 침해를 판단하는 요소는 행위의 자발성, 자기 책임, 본인의 법익 침해에 대한 인지라고 정리될 수 있겠다. 약물 이용 성범죄의 경우에 이러한 성적 자기결정권의 요소가 반영되고 있는지에 대하여 아래에서 하나씩 구체적으로 상술한다.

(1) 성적 자기결정에서의 자발성의 의미

약물 이용 성범죄에서도 피해자는 자발적으로 약물을 복용하는 것도 아닌 상태에서 성적 관계도 본인이 제대로 인식하지 못하는 사이에 일어나기 때문에 행위자의 자발성이 존재하지 않는다. 약물을 섭취한 선행 행위(1차 행위)를 하면서도 피해자가 약물이 첨가되었다는 것을 인지하지 못한 상태였다면, 즉 가해자의 기망에 의해 약물이 투여된 것이라면 후행 행위인 성적 관계에 대해서 피해자의 성적 자기결정은 전혀 발동할 여지가 없다. 설령 자발적으로 약물을 복용한 선행 행위(1차 행위)가 존재한다고 하더라도 후행 행위(2차 행위)인 성적 관계까지 피해자가 자발적으로 동의한 것은 아니다. 약물 투여의 영향으로 인지 능력을 잃어버린 상태에서 후행 행위에 대한 동의 과정과 절차는 생략이 되어버린다. 자기결정은 결정할 능력에 장애가 없는 온전한 능력을 갖춘 본인의 진지하고도 자발적인 의사로 행사하거나 동의한 것이어야 한다. 특히 약물의 섭취는 신체적 정신적으로 침습적인 영향을 미칠 수 있기 때문

---

17) 헌재 2009. 11. 26. 2008헌바58. 이 결정의 합헌의견에서는 남성이 결혼을 앞세워 위장된 호의와 달콤한 유혹으로 여성을 유혹하고 성을 짓밟음으로써 여성의 자기결정권을 침해하는 것이라고 하면서 법정의견과는 다른 인식을 보여주고 있다. 법정의견에서 남성의 성적 자기결정권의 침해를 선언하면서 여성도 결혼 약속 때문만으로 성관계 여부를 결정하지는 않고 자유로운 의사로 자기결정을 하는 성적 자기결정권을 행사하는 주체라는 의견을 피력하고 있다. 이는 성적 자기결정을 둘러싼 외부환경이 압력과 개입의 정도와 국민들의 성에 대한 태도와 인식을 반영하여, 여성이 성적 자기결정권의 자발성을 발휘하는 것이 실제 가능했는가를 판단했던 것이다.

에 약물 복용에 따른 효과와 예후에 대한 정확한 설명이 수반되고, 이에 따라 섭취하는 사람이 진지하게 약물 복용을 동의하여 받아들여야 하는 과정이 필요하다. 이때 약물 복용이라는 선행 행위와 성적 관계라는 후행 행위에서의 동의는 각각 별개로 다루어져야 하며, 선행 행위에 동의했다는 것이 후행 행위의 동의를 대체해서는 아니 된다. 침습적 약물 섭취의 효과에 대한 진지한 설명과 이를 수용하는 자의 동의가 존재하지 않는 한, 약물을 자발적으로 섭취했다는 선행 행위가 후행 행위인 범죄의 피해자가 되는데 스스로 의도했다는 잘못된 결론으로 나아가서는 아니 된다.18) 선행 행위와 후행 행위에서 합리적이고 설득력 있는 상관관계가 존재해야지만 후행 행위가 자발성에 의한 행위라고 평가할 수 있으며, 성적 자기결정권의 행사라고 할 것이다. 성적 자기결정권은 단지 표면적으로 동의하고 선택을 하는 권리의 측면만이 아니라, 그 동의와 선택이 진정하고도 진지한 자기결정을 할 수 있는 환경에 있었는가, 즉 외부의 압력과 개입이 실질적으로 성적 자기결정권이 발휘되기 어렵게 만드는 것이었는지 고려되어야 성적 자기결정권의 인격권적 측면을 반영하는 것이다. 이러한 의미에서 약물 이용 성범죄의 경우에는 자발적인 동의가 결여된 행위에 대한 책임과 결과를 피해자가 부담하는 결과가 되기 때문에, 피해자의 성적 자기결정권은 침해된 것이다.19)

---

18) UNODC United Nations Office on Drug and Crime, Guidelines for the Forensic analysis of drugs facilitating sexual assault and other criminal acts, United Nations New York, 2011, pp.5－6.

19) 헌재 2016. 3. 31. 2013헌가2(재판관 김이수, 재판관 강일원의 일부위헌의견) "성매매가 남성의 성적 지배와 여성의 성적 종속을 정당화하는 수단이자 성판매자의 인격과 존엄을 침해하는 행위이고, 여성과 모성 보호라는 헌법정신에 비추어 여성 성판매자를 특별히 보호해야 한다"고 하고, "성매매를 할 수 밖에 없는 이유가 절박한 생존 문제이고 사회구조적인 것이어서 개인이 해결할 수 있는 것이 아니라는 지적"을 하면서 성판매자에 대한 형사처벌 규정이 기본권 침해의 중대성이 크고 절박하여 위헌이라는 의견이 있었다. 이 의견에서 성판매자의 성적 자기결정권의 침해라고 명시적으로 표현하지는 않았지만, 당사자의 인격과 존엄을 기반으로 하는 기본권의 침해라고 지적은 구체적인 기본권으로 보면 성적 자기결정권의 침해로 해석될 수 있다고 사료된다. 사회문화적 맥락을 고려하여 평등하지 않은 사회적 관계 속에서 사회구조적 문제로 인해 자기결정이 발동될 수 없는 환경에서의 성적 유린은 성적 자기결정권의 침해에 해당된다.

(2) 약물에 의한 자기 책임의 무력화

자기결정권의 행사가 법적 효과를 지니려면 자기 책임을 행사할 수 있는 사람이어야 한다. 자기가 결정하지 않은 사항이나 결정할 수 없는 것에 대해서는 책임을 지지 않도록 하는 것으로서, 본인의 결정과 이에 따른 행동의 의미를 이해하고 이 행동에 의해 나타나는 결과가 본인의 행동과 밀접한 상관관계를 지니는 범위 내에서만 책임을 지우는 원리이다.[20] 이러한 자기책임의 법리에 따라서 정신장애, 13세 미만의 아동, 항거불능 상태[21] 등 심신상실이나 심심신미약 상태의 경우에는 의사결정 능력에 미약하여 자기결정권을 행사하는 데 장애가 있는 것으로서. 이러한 의사무능력자의 경우에 소극적 의미의 성적 자기결정권이 침해되지 않도록 보호받을 대상이 된다. 약물의 영향을 받은 경우에 자기결정권 행사의 전제 조건이 되는 자기책임의 결여 상태로서, 즉 피해자를 형법의 법리상 책임능력이 결여된 심신미약의 상태로 만드는 것이 약물의 역할이고, 이를 바탕으로 가해자가 범죄가 실행하기 용이하게 되는 환경이 조성되는 것이다.

(3) 피해자 본인의 법익 침해에 대한 인지 불능

약물 이용 성범죄 피해자는 약물의 부작용 때문에 본인이 범죄 피해자임을 자각하지 못하는 상태에 처하는 경우가 흔하고, 수사 단계에서는 여성에게 적용되는 이중 잣대로 인해 피해자로 향하는 비난과 이로 인한 수치심,[22] 피해자의 행위에 대해 책임을 물리려고 하거나[23] 가해자의 강압적 성적 관계를 정당화하려는 현상이 나타난

---

20) 엄주희, "낙태와 관련한 자기결정권의 행사와 그 한계에 대한 재조명", 「성균관법학」 제31권 제3호, 2018, 76면. 헌재 2004. 6. 24. 2002헌가27; 헌재 2013. 5. 31. 2011헌바360; 헌재 2014. 4. 24. 2013헌가12; 헌재 2017. 5. 25. 2014헌바360 등.

21) 헌재 2022. 1. 27. 2017헌바528. 사람의 항거불능 상태를 이용하여 간음 또는 추행을 한 자를 준강간죄 또는 준강제추행죄로 형사처벌하는 형법 제299조에 대한 헌법소원 사건에서 헌법재판소는 '항거불능' 부분이 피해자의 판단능력과 대응 조절능력이 결여된 상태로서 심신상실에 준하여 해석되어야 한다고 하였고 항거불능의 상태를 이용하는 불법의 크기가 강간죄나 강제추행죄에서의 폭행, 협박의 정도에 준한다고 판단함으로써 이 법조항이 죄형법정주의의 명확성원칙에 위반되지 않는다고 선고하였다.

22) National criminal justice reference service, Drug Facilitated Sexual Assault Issues paper, 2000, p.18.

23) 피해자가 성폭력에 대해서 가지고 있는 통념으로 "네가 술 취한 상태에서 피해를 당했다면 너에게도 책임이 있다"는 것이어서 약물 이용 성범죄에서도 술을 마신 상태라는 자체로 피

다.[24] 동시에 피해자가 알콜이나 약물을 섭취한 경우에 피해를 자각하고 가해자에게 책임을 돌리기보다는 본인을 자책하는 경향이 크고,[25] 성범죄 피해자가 불법 약물 복용을 하였을 경우에는 그 사실이 드러나서 처벌을 받게 될 것을 두려워하여 고소하지 않고 숨기려는 경향도 있다.[26] 미국의 캘리포니아주 형법의 경우에 이러한 피해자의 지위에 따른 폐해 때문에 피해자가 약물을 섭취하였더라도 이에 관한 민·형사상의 책임을 면제하는 법조항을 규정한다.[27] 이상과 같이 피해자의 지위와는 무관하게, 상호 합의와 동의가 존재하지 않는 성적 관계, 그 자체가 성폭력으로 규율되는 범죄 행위임에는 틀림이 없다.

약물 성범죄의 경우도 다른 성범죄와 마찬가지로 성적 자기결정권 행사의 침해를 받은 외부 폭력이었음에도 불구하고, 피해자 본인이 피해 사실을 기억하지 못하거나 어렴풋하게 인지해도 이에 대해 확신하지 못한다거나 또는 피해 구제 조치를 취할지 망설이고 신고를 지체하는 사이에 약물의 체내 잔류 시간이 단시간이라는 약물 범죄

해자나 고소 대리인 변호인도 피해 호소에 어려움을 가지게 된다; 김재희, "데이트 성폭력 사건의 특징과 법적 지원 방안", 「젠더법학」 제8권 제2호, 2017, 109면.

24) 이은진, "성적 자기결정권에 대한 심리학 연구", 「한국심리학회지」 여성 제20권 제3호, 2015, 430-431면. 다양한 폭력적인 환경에서 불안, 우울 등의 정신건강, 자아존중감 등이 영향을 미쳐 여성이 주체적인 성적 자기주장을 하지 못하는 현상과 이유가 존재한다.

25) U.S. Department of Justice Office, Drug Enforcement Administration, DEA Victim Witness Assistance Program - Drug-Facilitated Sexual Assault, April 2017, p.5. 술이나 약물을 섭취했다는 것 때문에 피해자가 자책하는 일이 많지만, 술이나 약물이 피해자의 능력을 감소시켜 피해자를 무력화시키는 도구로서의 목적이 있기 때문에 이를 이해하고 피해자의 잘못이 아니라는 것을 강조하는 것이 중요하다. 피해자는 범죄로부터 피해를 입은 사람이지 잘못을 한 사람이 아니고, 약물은 범죄에 사용된 도구이자 피해자의 신체와 정신을 무력화시킨 범죄의 한 유형이라는 것이다.

26) UNODC United Nations Office on Drug and Crime, Guidelines for the Forensic analysis of drugs facilitating sexual assault and other criminal acts, United Nations New York, 2011, p.2. 실제 약물 이용 성범죄 중에 사법당국에 보고되는 건은 20% 미만이라고 많은 연구에서 보여주고 있다. 기억력과 의식상태를 무력화하는 중추신경 억제 약물의 효과 때문인데, 약물 이용 성범죄의 조사가 복잡해지는 요인으로는 경찰 조사관, 의료인 등 관련자들의 약물 이용 범죄에 대한 경험 부족, 사법 당국 관계자의 인식 부족, 피해자가 사고에 대한 신고 지연, 범죄에 사용되는 물질의 광범위함 때문으로 꼽는다.

27) Cal. Pen. Code Section 13823.11; 검찰/경찰이 피해자에게 약물 복용 혐의를 추궁하는 것이 성폭력 신고를 하는 의지에 부정적인 영향을 미칠 수 있기 때문에, 약물로 인해 취약성을 가지고 있는 피해자를 보호하기 위한 법률이다. U.S. Department of Justice Office on Violence Against Women, 「A National Protocol for Sexual Assault Medical Forensic Examinations」 Adults/Adolescents Second Edition, 2013, pp.107-108.

의 특성상 약물 성범죄 사실을 입증할 수 있는 기간은 지나가 버릴 가능성이 높아지고[28] 범죄의 피해에 대한 구제는 점점 어려워진다. 이와 같이 피해자가 본인의 법익 침해 사실을 인지하기 어렵다는 점이 피해자의 약점으로 작용하고 수사기관이 인지하지 못하거나 수사기관에 인지되어도 증거를 충분히 입증하지 못하거나 사건의 중대성이 축소되는 경향이 있어, 실제 범죄율로서 수면 위로 드러나기보단 공식적 범죄 통계에 집계되지 않을 가능성이 높아진다는 것이다.[29]

2. 신체적 · 정신적 완전성 등 기본권 보호와 행위와 처벌의 균형성

(1) 신체적 · 정신적 완전성 및 개인정보자기결정권의 보호

세계보건기구(WHO)는 성범죄에 의학적 치료 관점을 적용하여 의료인이 범죄 사실을 알아차리고 신속히 검체 채취 조치를 하는 등의 피해자 보호를 위한 절차를 통해 체계적으로 대응하는 것이 중요하다는 사실을 일깨우는 '성폭력 피해자를 위한 의료적 법적 가이드라인'을 설립한 바 있다.[30] 이 가이드라인은 약물 이용 성범죄의 특성과 사용되는 약물의 종류, 범죄 사실에 대한 증거를 안전하게 확보하면서도 피해자의 인권을 보호할 수 있도록 의료인의 행동 요령을 가이드하고 있다. 환자의 의식 상태 손상, 기억 상실, 방향 감각 상실 또는 혼란, 언어 또는 조정력의 장애, 설명할 수 없는 외상, 특히 생식기 외상의 징후, 환자가 진술한 알코올 소비량과 일치하지 않는 명확한 독성 중독 현상, 환자가 입고 있던 의복이 손실되었다거나 다시 입은 것 같은데 설명하지 못하는 경우, 유체 이탈 경험(out-of-body experience)에 대해 진술하

---

28) Y.R.S. Costa et al. Violence against women and drug-facilitated sexual assault (DFSA): A review of the main drugs Journal of Forensic and Legal Medicine 74 (2020), p.8; U.S. Department of Justice Office, Drug Enforcement Administration, DEA Victim Witness Assistance Program - Drug-Facilitated Sexual Assault, April 2017. 로히프놀(Rohypnol)은 36-72시간, GHB는 10-12시간 체내에 잔류하며, GBL은 6 시간 이내에는 소변에서 검출되고 24시간 혈액에서 검출되는 것으로 알려진다.

29) L.J. Anderson et al. A global epidemiological perspective on the toxicology of drug-facilitated sexual assault : A systematic review, Journal of Forensic and Legal Medicine 47 (2017) p.53.

30) WHO, Guidelines for medico-legal care for victims of sexual violence, 2003.

는 증상이 나타나면 약물 중독과 이로 인한 성범죄가 개입되었음을 암시하는 징후로 보고, 약물 이용 성범죄를 의심하고 환자의 동의를 받아 최대한 신속하게 환자의 검체를 채취하는 등의 조치가 권장된다. 이러한 가이드라인은 약물 이용 성범죄는 피해자의 보호와 범죄에 대한 대응이라는 법적인 대응에 의료적인 조치와 의료인의 범죄 인지와 협조가 긴요함을 일깨워준다. 피해자가 범죄 행위뿐 아니라 수사기관의 활동으로 인해 침해될 수 있는 건강의 피해로부터의 회복과 신체와 정신의 완전성이라는 기본권의 보호에도 필수적인 것이다.[31]

　피해자의 개인정보자기결정권이라는 기본권 측면에서 보자면, 약물의 섭취에는 성적 관계의 동의와는 별개의 동의 요건이 필요하다. 약물은 대상자의 신체와 정신에 영향을 미치는 다양한 효과를 수반하기 때문이다. 진료 현장에서 설명에 의한 동의권과 의료진의 설명의무가 존재하고. 약물을 다루는 의사와 약사 모두가 이러한 설명 동의 의무와 절차를 준수해야 한다.[32] 그러나 약물 성범죄에서는 약물의 수반하는 위험에 대한 어떠한 설명도 존재하지 않은 채 가해자에 의해 범죄를 위한 수단으로 기만적으로 사용될 뿐이다. 부지불식간 이루어지는 약물의 섭취에 따른 부작용은 본인이 필요에 의하여 효과를 기대하고 약물을 섭취하는 경우보다 심각할 수 있다.[33] 그에 따라서 과다 약물 복용과 약물 독성에 의한 중독 증상, 그로 인한 신체적 정신적 피해가 동반된다. 본인이 인식하지 못하는 사이에 약물이 투여된 것 자체로 이미 신체적 침해가 발생했고, 그로 인해 기억 상실, 트라우마 등의 각종 정신적 인지적 후유증이 발생했다면 신체적 완전성뿐 아니라 정신적 완전성도 훼손된 것이다. 이는 성폭력이라는 행위로 인한 성적 자기결정권과 신체의 훼손에 관한 법익의 침해에 추가하여 발생하는 기본권의 침해이다. 그와 더불어 피해자의 동의가 필요한 영역은,

---

31) 소병도, "범죄피해자의 헌법적 권리와 적법절차를 통한 보장", 「홍익법학」 제17권 제2호, 2016, 312－313면. 이 글은 범죄 피해로부터 회복할 권리를 건강권으로부터 도출하면서 국가가 회복시켜야 하는 피해자의 건강이 신체적인 면 뿐 아니라 정신적인 면도 포함되므로 의료기관에서의 상담 치료, 형사절차 내에서 피해자 진술권도 치료적 효과를 가진 회복적 사법으로 설명하고 있다.

32) 엄주희, "미성년자 연명의료 결정에 관한 소고: 미국에서의 논의를 중심으로", 「법학논총」 제41집, 2018, 6－7면.

33) P.Prego－Meleiro et al. Increasing awareness of the severity of female victi－mization by opportunistic drug－facilitated sexual assault: A new viewpoint, Forensic Science International 315 (2020), pp.8－9.

범죄 사실의 증거로써 채취한 검체를 수사기관에 성범죄 증거로 제출하고 형사 절차에 사용되게 하는 때이다. 피해자의 동의 없이 피해자의 소변, 혈액, 모발 등 검체를 수집하여 형사 절차에 사용하는 행위는 피해자의 신체의 자유와 개인정보자기결정권의 침해가 될 수 있기 때문에,[34] 성폭력 범죄와는 별개로 이를 입증하기 위한 절차에서도 피해자로부터의 사전 동의 획득이라는 요건이 준수되어야 한다.[35]

(2) 행위와 처벌의 균형성

「성폭력처벌법」 제4조는 흉기나 기타 위험한 물건을 지닌 채 또는 2인 이상이 합동하여 강간 또는 강제추행을 한 사람은 특수강간으로 취급하여 「형법」상 강간 내지 강제추행보다 가중 처벌한다.[36] 약물 이용 성범죄는 약물 투여 행위가 가해자의 고의성을 가진 폭행으로 볼 수 있으므로 「성폭력처벌법」상 특수강간이나 특수강제추행 등의 범죄에 해당될 수 있다. 그러나 실제 형사 사건 판례에서는 특수강간 혐의로 취급한 사례가 없고, 경찰청에서 2019년에 개정, 발간한 성폭력 근절 업무 매뉴얼은 약물 이용 성범죄를 강간죄로 취급하고 있다.[37] 그나마 2019년 이전에는 약물 이용 성범죄에 준강간 또는 준강제추행 혐의를 적용함으로써 약물을 강제 투여한 범죄 행위에 대해서는 간과하고 성범죄 당시에 피해자가 항거불능 상태인지 여부에만 수사의 방점을 두어왔던 태도에서는[38] 진일보한 것이다. 현행 강간죄나 강제추행죄가 성립

---

34) 엄주희, "유전자 프라이버시와 적법절차 - 헌재 2018.8.30. 2016헌나344에 대한 평석", 「저스티스」 통권 제173호, 2019, 444-445면.

35) 성폭력 피해자 통합지원을 위하여 경찰청과 여성가족부가 협업하는 해바라기센터 사업에서도 신체 외상 진료를 통해 범죄 피해 입증에 필요한 증거를 채취할 때에 피해자 사전 동의 후에 사진 촬영 등 증거 확보에 필요한 절차를 진행하도록 안내하고 있다. 여성가족부, 2022년 해바라기센터 사업안내 자료집, 56-57면.

36) 「성폭력처벌법」 제4조(특수강간 등) ① 흉기나 그 밖의 위험한 물건을 지닌 채 또는 2명 이상이 합동하여 「형법」 제297조(강간)의 죄를 범한 사람은 무기징역 또는 7년 이상의 징역에 처한다.
② 제1항의 방법으로 「형법」 제298조(강제추행)의 죄를 범한 사람은 5년 이상의 유기징역에 처한다.

37) "경찰, 성폭력 근절 매뉴얼 손질…'약물 이용 성범죄' 강간혐의 적용, 에너지경제신문, 2019.8.10.일자. https://m.ekn.kr/view.php?key=447410 (검색일자: 2022.1.1.)

38) 「형법」 제299조 (준강간, 준강제추행) 사람의 심신상실 또는 항거불능의 상태를 이용하여 간음 또는 추행을 한 자는 제297조(강간), 제297조의2(유사강간) 및 제298조(강제추행)의 예에 의한다.

하기 위해서는 가해자의 폭행이나 협박이라는 위협적인 행위를 요구하고 있고[39] 대법원에서도 「형법」 제299조의 준강간 준강제추행죄 조항의 항거불능의 상태에 대한 판단을 심리적 또는 물리적으로 반항이 절대적으로 불가능하거나 현저히 곤란한 경우를 의미한다고 일관되게 판시하고 있다.[40] 피해자가 원천적으로 항거불능의 상태인 것인지, 타인에 의해서 항거불능 상태가 되었는지 피해자의 항거불능의 원인에 대한 평가와 이에 상응하는 처벌은 빠져있는 것이다. 또한 마약을 타인에게 강제 내지 임의로 투여한 자(마약류 타인사용사범)에 대해서 「마약류 관리에 관한 법률」(약칭: 마약류관리법) 제58조 제1항 제7호,[41] 제61조 제1항 제3호[42]를 적용할 경우, 마약류를 타인에게 사용하여 유발한 2차 범죄에 대해서는 적용이 불가능하므로 단순 투약사범으로 처벌하게 된다.[43] 약물 이용 성범죄는 강제 약물 투여 행위(1차 범죄)와 성범죄(2차 범죄)의 두 가지 범죄 행위가 결합된 것인데 1차 행위인 강제 약물 투여 행위의 위험성과 불법성에 대해서는 올바로 평가되거나 처벌이 이루어지지 않고 있다는 문제가 존재한다. 이는 행위에 상응하는 처벌이 이루어지지 않는다는 것은 책임과 형벌 간의 비례원칙이나 형벌 체계상 균형성의 문제이다.[44] 주거침입죄, 특수절도죄 등과 강제추행죄, 강간죄, 유사강간죄 등의 결합범인 경우에 가중처벌하는 「성폭력처벌법」의 체계에 비추어 보았을 때에도 약물투약범죄와 성범죄의 결합범에 대한 비난가능

---

39) 제297조(강간) 폭행 또는 협박으로 사람을 강간한 자는 3년 이상의 유기징역에 처한다.
  제298조(강제추행) 폭행 또는 협박으로 사람에 대하여 추행을 한 자는 10년 이하의 징역 또는 1천 500만 원 이하의 벌금에 처한다.

40) 헌재 2022. 1. 27. 2017헌바528.

41) 「마약류관리법」 제58조 ① 다음 각호의 어느 하나에 해당하는 자는 무기 또는 5년 이상의 징역에 처한다.
  7. 제4조 제1항 또는 제5조의2 제5항을 위반하여 미성년자에게 마약을 수수·조제·투약·제공한 자 또는 향정신성 의약품이나 임시마약류를 매매·수수·조제·투약·제공한 자

42) 「마약류관리법」 제61조 ①다음 각호의 어느 하나에 해당하는 자는 5년 이하의 징역 또는 5천만원 이하의 벌금에 처한다. 3. 제3조 제6호를 위반하여 제2조 제3호 가목에 해당하는 향정신성의약품의 원료가 되는 식물 또는 버섯류를 흡연·섭취하거나 그러할 목적으로 소지·소유한 자 또는 다른 사람에게 흡연·섭취하게 할 목적으로 소지·소유한 자

43) 김태형·한현정·김용현·류종훈, "성범죄 관련 마약류 타인사용사범 규제의 필요성에 대한 고찰", 「FDC 법제연구」 제14권 제1호, 2019, 65-55면.

44) 헌재 2012. 5. 31. 2011헌바10. 특수강간 상해 치상죄의 무기징역 또는 10년 이상의 징역을 부과하는 조항이 책임과 형벌 간의 비례원칙에 위반되지 아니하고, 특수강간 미수죄가 사형만 제외하고 살인죄의 법정형과 동일하게 규정되어 있는 것이 형벌 체계상의 균형성을 상실한 것이 아니라는 결정이었다.

성의 정도와 죄질을 감안하여 가중처벌하는 법제를 가짐으로써 형벌체계가 균형을 갖추어야 할 필요가 있다.[45]

3. 헌법상 범죄 피해자의 보호

범죄피해자는 헌법에 의해 보장된 기본적 인권을 개인 또는 사회, 국가에 의하여 침해당한 사람과 사람들의 조직체이다.[46] 헌법상 보장하는 피해자 보호의 개념에는 직접적으로 범죄행위의 피해뿐 아니라, 범죄 발생을 예방하고 피해자에 대한 사회보장의 측면도 무시할 수 없다.[47] 우리 헌법에서 범죄피해자구조청구권은 범죄 피해에 대하여 국가에 직접 법적 책임을 묻게 하는 것이 아니라, 범죄예방 의무를 부담하는 국가의 책무에 관한 국가책임사상과 복지국가원리로서 범죄 피해자에 대한 구조를 입법정책적으로 해결하도록 만드는 근거라고 할 수 있다.[48] 이로써 범죄피해자에 대한 보호는 법제의 형성을 통해 이루어지게 되기 때문에, 약물 성범죄의 경우에도 범죄피해자 보호법에 의하여 피해자가 형사절차상의 권리를 행사할 수 있도록 보장하고(범죄피해자 보호법 제8조), 피해자의 명예와 사생활의 평온을 보호하고(범죄피해자 보호법 제9조) 범죄 수사에 종사하는 자, 범죄피해자에 관한 상담, 의료 제공, 기타 범죄피해자 보호와 지원 활동과 관계있는 자에 대해 필요한 교육 훈련을 실시하는 등(범죄피해자 보호법 제10조)의 일반적인 피해자 보호 활동의 대상이 될 뿐 아니라, 후술하는 바와 같이 약물 성범죄의 특성에 대응하는 피해자 보호를 위한 법제가 요구된다.

---

45) 헌재 2006. 12. 28. 2005헌바85 판례집 18−2, 621; 주거침입죄와 강제추행죄를 결합범으로 가중처벌하는 특별법에서 주거침입강제추행죄의 구성요건을 신설한 것은 필요하고도 바람직하다고 판시하였는데, 이와 동일한 법리로 법익침해자에게 불법의 정도에 상응하는 책임을 묻도록 하는 것은 헌법 질서상 타당한 것이다.
46) 원혜욱 등 6인, 「범죄피해자 보호제도론」, 도서출판 피데스, 2019, 14면.
47) 신주호, "경찰수사절차상 성폭력피해자의 인권보호를 위한 개선방안", 「법학연구」, 제21권 제2호, 2010, 39−41면.; 허영, 「한국헌법론」, 박영사, 2021, 642−643면. 우리 헌법상 범죄피해자구조청구권(제30조 타인의 범죄행위로 인하여 생명, 신체에 대한 피해를 입은 국민은 법률이 정하는 바에 의하여 국가로부터 구조를 받을 수 있다)의 규정은 기본권 형성적 법률유보에 해당하므로 범죄피해자구조제도를 만드는 것이 헌법적 의무이다.
48) 전광석, 「한국헌법론」, 집현재, 2014, 480면.

Ⅲ 해외의 약물 성범죄 대응 법제와 기본권 보호를 위한 제도적 보장

1. 약물 이용 행위를 처벌하는 명시적 규정의 존재

미국에서는 1996년 「약물 유발 강간에 관한 처벌과 예방에 관한 법률」(Drug-Induced Rape Prevention and Punishment Act 1996)을 제정·시행하였다.[49] 「통제 물질법」(Controlled Substances Act)의 개정으로서, 피해자의 동의나 피해자가 인지하지 못하는 상태에서 플루니트라제팜(flunitrazepam)과 같은 통제 약물을 투여함으로써 강간을 포함한 폭력 범죄를 저지른 사람에게 20년까지 징역형을 부과할 수 있는 연방 법률이다. 이 법률로서 법무장관의 허가로 미국 전역의 경찰관서에 배포되는 약물 이용 성범죄 관련 교육 자료도 제작·배포되었다. 또한 1999년 11월에는 「데이트 강간 약물 금지법」(Hillory J. Farias and Samantha Reid Date-Rape Drug prohibition Act of 1999: Pub. L. 106-172, 114 Stat. 7)이 의회를 통과하여 2000년 2월 18일부터 시행되어 왔다.[50] GHB의 복용으로 사망한 약물 성범죄 피해자인 사만다 리드(Samantha Reid)의 이름을 따서 법명을 만든 것으로, 이 법에서 GHB라는 물질을 통제 약물 법에 따라 즉각적인 규제 조치가 필요한 공공 안전에 대한 임박한 위험이 있다고 선언하면서, 성범죄에 약물이 사용된 경우를 가중 처벌하는 내용의 법률이다. 강간, 성폭행 등의 범죄를 저지를 의도로 피해자가 인식하지 못하는 사이에 GHB, 케타민(Ketamine), 플루니트라제팜(flunitrazepam) 등의 통제 물질을 사용할 경우에 가중 처벌한다. 통상적인 DFSA 약물의 불법 소지도 3년 이상의 징역형으로 처벌된다.

주마다 약물 성범죄를 가중 처벌하는 법률을 제정 시행하고 있고, 예컨대 텍사스주 형법에서는 데이트 강간 약물로 알려진 로히프놀(Rohypnol) 또는 케타민(Ketamine)과 같은 약물이 사용된 경우에 2급 중죄(최소 2년에서 20년 징역, 최대 10,000불 벌금)가 아니라 1급 중죄(최소 5년에서 99년 징역, 최대 10,000불 벌금)로서 가중된 성폭력으로 취

---

49) H.R.4137 - Drug-Induced Rape Prevention and Punishment Act of 1996, 104th Congress (1995-1996)

50) H.R.2130 - Hillory J. Farias and Samantha Reid Date-Rape Drug Prohibition Act of 2000 106th Congress (1999-2000), 21 U.S.C. §§ 801, 802, 812, 827, 841, 960.

급된다.[51] 특히 가중 처벌되는 성폭력 중에서 피해자가 6세 이하인 경우, 14세 이하
이고 죽일 수 있는 무기가 사용되거나 보여주는 경우, 아동이 심각한 상해를 입은 경
우는 최소 25년 징역형으로 올라간다.[52]

　미국에서 약물 이용 성범죄를 성폭력 범죄 중에서도 비난가능성이 큰 범죄로 보게
된 배경에는 강간이라는 행위를 정의하는 인식의 변화와 이를 반영한 법제의 개선에
있다. 미국의 경우 과거에는 강간의 개념을 실행 과정에서 폭력 또는 폭력을 사용하
겠다는 협박을 요건으로 하고 있었고, 이때 피해자가 가해자에게 최대한(to the most)
저항(resistance)했을 것을 요구하는 저항의 원칙(resistance rule)을 채택하였다. 다만
의도적인 협박 앞에서 저항이 아무 소용이 없었다고 인정되는 경우에 저항의 요건이
적용되지 않았다. 이는 남성이 성적으로 공격적이고 여성은 수동적이며, 여성이 성관
계할 생각이 없다면 남성을 자극하거나 모호한 상황을 만들지 말아야 할 의무가 있
다는 것, 남성이 성관계를 제안하면 여성은 일단 거부하는 것이 늘 있는 일이라는
것, No가 항상 No를 의미하지 않는다는 전통적인 인식에서 기인한다. 그러나 현대
에 강간죄에 대한 접근 방식은 여성에게 성적 자기결정권이 있다는 것과 남성은 여
성이 성적 접촉에 동의하는지 확인할 의무가 있다는 인식을 바탕으로 하고 있다.
1994년 펜실베니아주 대법원이 판단한 Commonwealth v. Robert Bertkowitz[53]
사건이 전통적인 인식을 반영한 판례로서 피해자가 No라고 하긴 했지만, 가해자의
물리적 제압이 없으므로 강간죄의 구성요건인 폭력성을 부인한 것이고, 이와 달리
1992년 뉴저지주 대법원의 State in the Interest of M.T.S.[54] 사건에서는 강간죄의
성립에서 물리적 힘의 행사 보다는 동의의 유무를 중요한 요소로 보고 있다. 즉 적극
적이고 자유롭게 주어진 허락이 없었다면 동의 없는 성적 관계 자체가 물리적 폭력
의 요건을 충족한다는 것이다. 후자의 판례와 같이 여성의 성적 자기결정권과 동의
여부의 중요성에 대한 인식에 대한 변화에 따라 많은 주가 전통적인 저항의 원칙을
폐지하고 강간죄의 개념을 수정하였다. 현재는 폭력과 동의의 부재라는 두 가지 요소

---

51) Texas Sexual Assault Statute (Tex.Pen.Code. Title 5, § 22.011 Sexual Assault, §22.021
　　Aggravated Sexual Assault (a) (2) (vi), §12.32 FIRST DEGREE FELONY
　　PUNISHMENT)
52) Texas Sexual Assault Statute (Tex.Pen.Code. §22.021 (f))
53) Commonwealth v. Berkowitz ― 537 Pa. 143, 641 A.2d 1161 (1994)
54) State in the Interest of M.T.S. ― 129 N.J. 422, 609 A.2d 1266 (1992)

를 요구하거나, 또는 폭력이나 폭력으로 강제된 동의의 부재 내지 단순히 동의의 부재만을 강간죄의 요건으로 규정하고 있다.[55] 이러한 맥락에서 데이트 강간 약물을 타서 마시게 하고 성적 관계가 이루어진 경우와 데이트 상대가 알콜이나 약물에 심하게 중독되어 명료하게 생각하거나 거부의 의사를 밝히지 못하는 사이에 성적 관계가 이루어진 경우, 두 가지 모두를 범죄행위로 규정한다. 전자는 가해자가 피해자의 무력화를 적극적으로 유발했다는 점에서 더 비난가능성이 높은데, 두 가지 행위의 공통점은 피해자의 정신장애로 인하여 성적 관계의 본질과 위험을 이해할 수 있는 능력이 떨어지는 사람은 유효한 동의를 할 수 없다고 규범상 인정하는 것이다.

영국의 경우 2006년에 '약물 남용에 관한 자문 위원회(Advisory Council on the Misuse of Drugs: ACMD)'는 내무장관의 요청에 따라서 약물 성범죄 관련 대응을 검토하고 보고서를 2007년에 발표하였다.[56] 그 내용은 다음과 같다.[57] 첫째, 감마 부티로락톤(GBL) 및 1,4-부탄디올(1,4-butanediol)의 가용성을 제한하기 위한 조치를 검토해야 한다. 알코올을 제외하고는, 약물을 이용한 성폭행에 가장 자주 연루되는 물질이 이미 약물 남용법에 따라 적절하게 통제되고 있지만 그럼에도 불구하고 통제되고 있지 않은 감마 부티로락톤(GBL) 및 1,4-부탄디올(1,4-B)의 지속적인 가용성에 대해 우려되는 바가 있으므로, 이 물질의 사용을 재검토할 것을 제안하였다. 둘째, 경찰청장협회(ACPO: Association of Chief Police Officers)는 법의학 부서(forensic

---

55) Jay M. Feinman, 김영준(역), 「미국법에 대하여 알아야 할 모든 것」, 박영사, 2021, 457-460면. Commonwealth v. Robert Bertkowitz 사건에서는 고소인 여성이 No라고 얘기한 것은 인정되나 가해자가 피해자를 때려눕히는 등의 물리적인 행사나 제압을 한 것은 아니므로 강간죄의 구성요소인 '폭력적 강제에 의한'(by forcible compulsion) 성행위에 해당하지 않는다는 것이고(즉 폭력적 강제는 구두의 저항 그 이상이어야 한다는 의미), State in the Interest of M.T.S. 사건에서는 강간은 반드시 물리적 폭력이 있어야 하는 것이 아니라 피해자의 동의가 없는 성적 관계라는 것으로, 동의가 꼭 구두로 선언되어야 하는 것은 아니지만 합리적 사람의 입장에서 동의가 존재한다는 것을 보기에 충분한 증거가 있어야 한다는 것이다.

56) Advisory Council on the Misuse of Drugs, ACMD Drug Facilitated Sexual Assault (DFSA), UK, 2007

57) 2007년 1월에 유럽 의회(Council of Europe)도 영국의 ACMD이 내놓은 보고서와 유사하게 EU 회원국들을 대상으로 약물 이용 성폭력의 피해자 보호를 위해 적절한 조치를 취하도록 권고하였다. 적절한 조치의 내용으로 성폭력 관련 법률의 개정, 관련 정보에 관한 홍보 캠페인을 개발할 것, 피해자에 대한 지원을 강화할 것, 표준화된 법의학 분석 방법을 증진시킬 것, 성폭력에 사용될 가능성 있는 제품들을 개선하도록 제약회사들을 압박할 것 등이다. European Monitoring Centre for Drugs and Drug Addiction, Sexual assaults facilitated by drugs or alcohol, 2008, pp.11-12.

science service)가 가능한 한 빨리 데이트 강간 약물을 검사할 수 있도록 증거 수집을 강화해야 한다. 셋째, 보건부는 유사한 검사를 허용하기 위해 병원이 신속 증거 키트(early evidence kits)를 보유할 수 있도록 보장해야 한다. 이 신속 증거 키트는 모든 응급사건부서(Accident and Emergency Departments)와 성범죄 대응 센터(Sexual Assault Referral Centres)에서 구할 수 있도록 해야 한다. 넷째, 정부는 성범죄 관련법을 강화해야 하는지 여부에 대해 자문을 구해야 한다. 다섯째, 약물을 이용한 성폭력(DFSA)은 영국 범죄 통계조사의 일부로 경찰에 기록되어야 한다. 여섯째, 학교 및 기타 교육 기관은 범죄 피해자가 발생하지 않도록 하기 위하여, 음료를 마실 때 주의를 기울이도록 국민들에게 경각심을 일깨워주는 조치를 취하여야 한다.

이와 더불어 성폭력법(Sexual Offences Act 2003)이 제정되어, 누구든지 피해자와 관련된 성적 활동을 할 수 있도록 하기 위하여 피해자를 무력화시키거나 제압할 의도로 피해자의 동의가 없다는 것을 알면서 고의로 약물을 투여하거나, 약물이 섭취되도록58) 만드는 경우에 개별 범죄로 취급되어 가중처벌 된다.59)

2. 증거 수집 지원과 치료를 위한 제도

(1) 의료기관의 법의학 검사 지원과 치료를 위한 프로그램 운영

약물 이용 성범죄의 경우에 과학적 사실을 입증하는 것이 중요하기 때문에 사건 발생 초기에 법의학 기술이 활용될 수 있도록 약물 이용 성범죄에 특화된 검사 프로그램을 운영할 수 있다. 예컨대, 미국 뉴욕주가 운영하는 성폭력 법의학 검사 프로그램(SAFE: Sexual Assault Forensic Examiner)의 경우에, 뉴욕주 보건부(DOH: Department of Health)는 성폭력 법의학 검사 프로그램인 SAFE 프로그램의 구성 요소를 인증하는 표준을 수립하였다. 이 프로그램의 핵심은 SAFE 지정 병원이 성폭력 환자에게 전문적인 치료와 범죄 입증을 위한 증거 수집에 필요한 툴을 제공한다는 것이다.60) 「공중보건법」(Public Health Law) 제28조에 의거하여 면허를 받은 병원이

---

58) 여기에서 약물이란 이른바 '데이트 강간 약물'(date rape drugs)을 포함하는 것이라고 정부의 유권해석으로 설명하고 있다. https://www.legislation.gov.uk/ukpga/ 2003/42/notes/ division/5/1/48 (검색일자: 2022.1.1.)

59) Sexual Offences Act 2003 Section 61: Administering a substance with intent

60) New York State, Division of Criminal Justice Services, Drug Facilitated Sexual Assault

SAFE 지정을 요청하려면 여성·유아·청소년 건강국(BWIAH: Bureau of Women, Infant, and Adolescent Health)에 언제든지 신청할 수 있다. 일단 SAFE 프로그램 지정이 승인되면 보건부의 가족 건강 부서(Division of Family Health)와의 공급자 협정에 따라, 모든 병원은 SAFE 프로그램 요구 사항에 부합하는 서비스를 제공해야 한다. SAFE 병원 지정은 보건 시스템 관리국(Office of Health Systems Management)에서 심사를 받진 않고 운영 인증서를 추가해야 되는 것은 아니지만. 병원 프로필에는 적시된다. SAFE 프로그램을 지정받은 병원은 다음과 같은 사항을 준수하여야 한다. 첫째, 성폭력 피해 서비스 제공을 수행하고 감독하기 위해 특별히 조직된 프로그램/서비스를 수립한다. 이 프로그램에는 정책 및 절차의 개발 및 구현, 인력 요구 사항 세부 정보, 지역 사회 봉사 프로그램 시작 및 수행, 조직화된 데이터 수집 시스템 참여, 증거 수집 활동과 관련하여 환자, 법 집행 관련 공무원 및 범죄 연구소 직원과의 정기적인 후속 조치가 포함된다. 둘째, 프로그램에 대한 행정적 관리와 임상 감독을 수행할 프로그램 코디네이터를 지정해야 한다. 셋째, 프로그램에 성폭력 법의학 조사관(SAFE)으로 알려진 특별히 훈련된 개인 집단이 포함되어 있는지 확인해야 한다. SAFE는 집중적인 강의 기간과 프리셉터 교육 프로그램을 통해 훈련되며 뉴욕주 보건부 가족건강부서(NYSDOH)가 인증하는 프로그램이다. 넷째, 지역 강간 위기 프로그램 및 기타 서비스 기관, 법 집행 담당자, 지역 검사를 포함하는 다학제간 TF를 구성·운영하여 지역 사회의 요구를 충족하고 양질의 피해자 서비스를 제공할 수 있도록 한다. 다섯째, 긴급 상황을 제외하고 병원에 도착한 후 60분 이내에 환자가 현장 또는 상주하는 성폭력 법의학 조사관이 상주한다. 여섯째, 성폭행 피해 환자의 전문적인 요구 사항을 충족하기 위해 병원 응급실 또는 근처에 지정되고 적절하게 구비된 개인실을 유지해야 한다. 숙박 시설에는 샤워 시설이 포함되어야 하며 장애인이 이용할 수 있어야 한다. 일곱째, 모범 사례(Best practice)를 공유하고, 교육 기회를 제공하고, 가능한 범위 내에서 프로그램의 가용성을 촉진하기 위해 지역 사회 및 다른 병원과 협력 체계를 구축하여 운영한다. 여덟째, 프로그램 효율성 및 보고 요구 사항을 측정하도록 설계된 지역 및 주 전체 품질 보증 계획에 참여한다.

(DFSA) Fact Sheet (https://www.criminaljustice.ny.gov/ofpa/pdfdocs/ Drug-Facilitated-Sexual-Assault-Fact-Sheet.pdf)

(2) 법의학 검사를 위한 전문적인 가이드라인 마련

UN 마약 위원회는 2011년에 약물 성범죄(DFSA) 법의학 검사 가이드라인[61]을 제정하였고, 2013년에 미국 법무부는 약물 성범죄 관련 내용을 포함하여 성범죄 법의학 검사 프로토콜[62]을 제정 배포한 바 있다. 전자의 법의학 검사 가이드라인은 증거 수집 키트의 요건과 사용 방법, 구비 방법, 피해자 검체의 수집 방법과 소변, 혈액, 모발 등의 검체별 특성, 검체의 이전과 보관의 연속성 등에 대해 주의해야 할 전문적인 사항들에 대해서 지침을 내리고 있다. 후자인 프로토콜에서는 의료인, 수사관, 사건 관련 법조인들에 대한 교육, 피해자와 신뢰성을 구축하고 협조를 얻어내기 위한 주의사항, 약물 독성 검사 절차, 검체 채취 방법상 주의사항, 독성 검사 전문기관의 확보, 증거 보존과 관리의 연속성 유지 등에 대하여 가이드하고 있다. 범죄의 입증과 사실관계를 밝히는 수사 단계에서 법의학의 첨단기술을 활용할 수 있는 용이한 절차와 제도들을 구축하면서 범죄 대응 관련 행정당국이 이에 대한 지침을 수립한 것이다.

(3) 약물 이용 성범죄에 특화된 증거 수집 키트 보급

성폭력 사건을 인지했을 때 관계 기관에서 취해야 할 일차적인 주안점은 피해자에게 즉각적인 건강 돌봄(care)이나 치료의 필요가 있는지를 평가하는 것이고, 두 번째로는 증거 수집과 보존을 하는 것이 중요하다. 미국 뉴욕주의 경우를 설명하자면, 뉴욕주 보건부가 법무부(DCJS)와 뉴욕주 범죄 연구소와 공동으로 협력하여 성폭력 법의학 증거 수집 및 보존을 위한 성범죄 증거 수집 키트[63]를 개발하는 한편, 약물 이

61) UNODC United Nations Office on Drug and Crime, Guidelines for the Forensic analysis of drugs facilitating sexual assault and other criminal acts, United Nations New York, 2011.
62) U.S. Department of Justice Office on Violence Against Women, 「A National Protocol for Sexual Assault Medical Forensic Examinations」 Adults/Adolescents Second Edition, 2013 (https://www.ojp.gov/pdffiles1/ ovw/241903.pdf)
63) New York State, Drug Facilitated Sexual Assault BLOOD AND URINE SPECIMEN COLLECTION INSTRUCTIONS (https://www.health.ny.gov/professionals/safe/docs /dfsa_kit_collection_instructions.pdf)
    우리나라도 성폭력 증거채취 응급키트를 개발하여 무상으로 보급하고, 성폭력방지법 제27조에 의거하여 성폭력 전담 의료기관을 지정·관리하고 있다. 미국의 SAFE프로그램과 같이 성폭력 전담 병원 지정의 요건이나 관리가 까다롭게 설정되어 있지는 않고, 약물 이용 성범죄에 특화된 증거수집 키트는 아직 보급되지 않고 있다. 여성가족부, 2022년 해바라기센터

용 성범죄에 특화된 증거수집 키트인 DFSA 키트를 개발하여 약물 이용 성폭력이 의심되는 경우에만 사용할 수 있도록 제도를 마련해 두고 있다. DFSA 키트는 증거 수집 키트와 함께 사용해야 하며, 성폭력 법의학 증거 수집 키트와 DFSA 키트는 법무부로부터 주 내 병원에 무료로 제공된다. 병원에서 키트를 주문하려면 법무부에 연락하기만 하면 된다. 뉴욕주 법무부가 2003년 11월부터 약물 이용 성범죄가 의심될 경우 사용할 수 있도록 DFSA 키트를 제공하기 시작하였다. 또한 법무부는 이 증거 수집 키트의 올바른 사용법을 교육하기 위하여, 의료 공급자(보건의료인, 보건의료기관) 대상으로 교육 비디오인 "A Body of Evidence: Using NYS Sexual Offence Evidence Collection Kit"를 제작 배포하고 있다.

(4) 환자로부터 동의 취득

DFSA 키트로 검체를 채취하기 전에 피해자로부터 약물 이용 성범죄 검사결과에 관한 동의서를 받아야 한다. 환자로부터 동의를 획득하는 것은 환자에 대한 치료와 형사 사건의 증거 수집을 위해 환자 신체로부터 검체를 채취하는 데 필요한 첫 번째 관문이자, 환자에 대해 치료와 검체 채취를 하는 데 정당성을 부여하는 유효한 전제요건이다. 성폭행 피해자의 전체적인 치료와 증거에 관한 검사는 환자의 재량에 따라 수행된다. 환자는 언제든지 동의를 철회하거나 치료를 위한 검사, 증거 채집을 위한 검사 또는 건강관리와 치료의 특정 부분만 선택하여 제공받을 수 있다. 의료기관에서 의료인은 의학적 치료와 HIV 검사에 대한 서면으로 된 설명 동의(informed consent)를 받아야 한다. 또한 법의학을 위한 사진을 포함하여 성범죄 증거 수집 및 보관에 대한 동의를 받아야 한다. 정보와 특권 증거를 경찰, 검찰 등의 법 집행 기관에 공개하려면 환자의 서명이 완료된 동의서가 필요하다. 환자는 또한 환자가 증거 검사 절차에 참여하지 않기로 선택한 경우, 특권 증거를 수집·보관하지 않도록 병원에 지시하는 동의서에 서명해야 한다.

경찰 수사관이 개입하게 할지 여부, 형사 절차로 진행할지는 동의한 환자의 선택이다. 그러나 의료인 내지 의료 제공자는 총상 또는 총기 발사로 인한 기타 부상을 포함한 부상과 사망에 이를 가능성이 있는 상처나 실제로 또는 명확하게 칼, 얼음 송

사업안내 자료집, 242 – 249면.

곳, 또는 다른 날카로운 도구에 의한 상처의 경우에는 수사기관에 보고할 법적 의무가 있다. 성폭력 피해 의심 환자가 의식이 없는 경우, 병원은 의식이 없는 환자의 돌봄과 치료를 위해 확립된 절차를 따라야 하고, 미국법상 부모의 동의권을 필요로 하지 않는 성숙한 미성년자(mature minor)[64]의 경우는 성폭력 후 치료 과정에서 부모의 개입 없이 법의학 검사에 동의하거나 동의하지 않을 수 있다.

3. 약물 이용 성범죄의 피해자 보호 제도

약물 성범죄의 피해자에 대한 보호제도는 다른 성범죄 피해자를 위한 보호 제도에서 약물 성범죄에 특화된 몇 가지 추가된 요소를 가지고 있다. 성폭력 피해자 권리장전의 전달, 성범죄 피해자에게 제공되는 법의학 검사와 의료 검진 등에 대한 보상, 강간 위험 위기 징후 또는 피해자 지원 프로그램(rape crisis or victim assistance advocate programs) 운영, 다학제적인 성범죄 대응팀(SART) 운영은 성범죄 피해자에게 공통적으로 적용되며, 약물 이용 성범죄(DFSA) 키트의 보급과 피해자에 대한 면책 조항은 성범죄에 약물이 이용된 경우에만 적용되는 피해자 보호 제도라고 할 수 있다.[65]

(1) 피해자 권리장전의 제공

의료 시설이 성범죄 피해자의 신체 검사를 시작하거나 경찰관, 검찰 관계자 또는 기타 법 집행 기관이 성폭력 피해 관련 인터뷰를 시작하기 전에 '뉴욕주 성폭력 피해자 권리장전'[66]이 모든 성범죄 피해자에게 제공되어야 한다. 검사를 수행하는 보건의료 전문가, 경찰청, 검찰청 또는 기타 법 집행 기관은 피해자에게 '성폭력 피해자 권

---

64) '성숙한 미성년자'는 부모의 동의권 없이 스스로 법적 의사결정을 할 수 있다고 인정되는 미성년자로서, 미국의 주법을 통해 인정된다. 친권에서 독립한 미성년자로도 칭한다 엄주희, "미성년자 연명의료 결정에 관한 소고: 미국에서의 논의를 중심으로", 「법학논총」 제41집, 2018, 4면.

65) New York state. Department of Health, Sexual Assault Forensic Examiner (SAFE) Program https://www.health.ny.gov/professionals/safe/ (검색일자: 2.2)

66) New York State, Department of Health, New York State e Sexual Assault Victim Bill of Rights (https://www.health.ny.gov/publications/1934.pdf)

리장전'의 사본을 제공하고 그러한 권리의 설명을 제공함으로써 피해자의 권리를 알려야 한다.

(2) 성범죄 피해 환자에게 제공되는 서비스(법의학 검사, 의료 검진 등)의 보상

뉴욕주 법은 법의학 건강 돌봄 검사 서비스의 제공자에게 직접 보상하는 규정을 명시하고 있다. 이 보상은 성폭력 피해 환자의 사생활 보호를 가능하게 하며, 생존자들에게 HIV 사후 예방 7일 스타터 팩을 포함하여 법의학 건강 관리 검사 서비스의 비용이 청구되지 않도록 보장한다.

(3) 강간 위험 위기 징후 및 피해자 지원 프로그램
(rape crisis or victim assistance advocate programs) 운영

보건부는 강간 위기 또는 피해자 지원을 위한 변호사를 훈련시키기 위해 강간 위기 프로그램에 대한 표준을 설립하였다. 이에 따라서 교육 훈련 과정을 이수한 변호사는 법적으로 성폭행 환자에게 기밀 상담 서비스를 제공할 수 있다. 병원 종사자는 치료 및 법의학 검사 과정에 환자와 동행할 수 있는 지역 강간 위기 프로그램이 있다면 그 서비스의 이용 방법에 대해 성폭력 환자에게 조언해야 한다. 환자가 변호사의 입회를 원하는 경우 병원은 해당 기관에 연락하여 변호사를 제공하도록 요청해야 한다.

(4) 성범죄 대응팀(SART) 운영

성범죄 피해자를 지원하기 위한 SAFE 프로그램의 목표는 지역 강간 위기 프로그램, 법 집행 기관, 검찰, 병원 및 기타 필요한 서비스 제공자와 협력하여 다학제적인 접근 방식을 활용하여 성폭력 피해자와 지역 사회의 요구를 효과적으로 충족시키는 것이다. 성범죄 대응팀 SART는 정기적으로 관련자들이 모여서 피해자의 필요를 최우선으로 하고, 공공의 안전 목표를 달성하기 위해 협력한다. SART 팀의 핵심 구성원은 통상적으로 변호사, 법 집행관, 성폭력 간호 조사관(SANEs), 법의학 검사 전문가, 검사가 포함된다. 이 멤버 이외에도 추가적인 팀 구성원에는 디스패처, 응급 의료 기술자, 교정 직원, 문화적으로 특정한 집단을 대표하는 대표자, 성범죄자 관리 전문가, 정책 입안자, 연방 보조금 관리자, 종교 관련 제공자, 민사소송을 대리할 수 있는 변호사가 포함될 수 있다.

4. 피해자 면책 조항의 존재

미국 캘리포니아주 형법의 경우에 "법 의학 검사의 일환으로 알코올 또는 기타 약물이 성폭력의 시도나 성폭력 시행과 관련이 있는지 확인하기 위한 검사에서 피해자에게는 민사 또는 형사 소송이 허용되지 않으며, 기타 면책과 기밀 보호 수단이 제공된다"[67]라고 규정함으로써, 피해자가 자발적인 약물 섭취가 드러나 책임 추궁을 당할 것을 두려워하여 약물 검사를 회피하는 것을 방지하도록 하기 위하여 피해자 면책 규정을 두고 있다.

Ⅳ   약물 이용 성범죄 관련 헌법적 보호를 위한 국내 법제의 개선점

우리나라 법제에서 약물 이용 성범죄에 대한 규율은 「형법」상 강간죄 내지 강제추행죄 그리고 「마약류관리법」에 의한 마약류 투약 사범에 대한 것이다. 두 가지를 범죄행위를 결합되었을 때에 나타날 수 있는 법률 체계상·법 적용상·수사상 복잡성에 대한 고려가 되지 않고 있다는데 규율상의 문제가 있다. 현행 「형법」상 강간죄가 폭력과 협박을 구성요소로 적시함으로써 가해자 중심으로 강간 개념을 구성하다 보니, 피해자의 성적 자기결정권의 실현을 판별할 수 있는 동의 여부에 대해 고려하지 않고 있어 약물 이용 성범죄와 같은 복잡하고 난해한 상황에서 피해자의 인권은 뒷전으로 밀려나고 있다. 「성폭력처벌법」 제4조의 특수강간죄 상의 "기타 위험한 물건을 지닌 채"에 해당하는 행위라고 해석함으로써, 이 특수강간죄를 약물 성범죄에 적용할 수 있는 여지는 있으나, 이 조항에서 의미하는 특수강간 행위에 약물 투여가 해당되는지는 명확하지 않다. 또한 전술하였듯이 약물의 효과와 그 위험성은 성폭력 행위와

---

67) Cal. Pen. Code Section 13823.11.

별개로 취급되어야 할 필요가 있고 실제 판례에서도 이 조항을 적용한 예도 존재하지 않는다. 따라서 다음과 같은 개선 방향으로 법제가 보완되어야 할 필요가 있다.

1. 약물 이용 성범죄 행위에 대한 처벌의 균형성 보장

성폭력이 발생하는데 약물은 피해자를 무력하게 하는 역할을 하여 성폭력을 인지하지 못하게 하고, 사건 자체에 대한 기억을 어렵게 만들어 성폭력을 용이하게 하는 수단일 뿐 아니라, 약물이 사용된 자체로 피해자의 정신적·신체적 침해가 발생함으로써 피해의 범위가 넓어지게 된다. 형사법 체계에서 약물 사용에 대한 범죄와 성폭력의 범죄 이 두 가지의 범죄행위가 결합하는 데서 위험성과 불법성의 위중함을 감안하여 이 범죄의 구성요건을 명시하고, 이에 따른 처벌 조항을 둔다거나, 가중 처벌할 수 있는 명시적인 근거를 두는 방향으로의 법제 개선이 필요하다고 판단된다.

2. 수사기법과 병원 의료기관의 협력과 공조 및 교육의 필요성

의료인은 환자의 이러한 징후를 발견하였을 경우 약물 독성 검사를 속히 시행할 수 있도록 의료인이 대응하는 약물 성범죄 대응 프로토콜을 가지고 있는 것이 바람직하다. 약물 검출로 증거를 확보하는 것이 약물 성범죄를 입증하는데 무엇보다도 중요하기 때문에 피해자가 범죄 발생 초기에 마주할 수 있는 의료기관에서 이를 인지하고 DFSA 키트와 같은 증거 확보가 가능한 수단을 마련해 놓을 필요가 절실하고, 의료기관이 신속히 증거 확보와 보전에 기여하는 사회적 안전망의 역할을 하도록 하고 약물 검출의 정확·정밀성을 담보할 수 있도록 약물 독성 검사기관의 전문성 확보하여 두는 것도 필요하다. 성폭력 피해는 성폭력에 의한 직접적 피해를 1차 피해뿐 아니라, 범죄 사건 이후에 피해자와 밀접한 관계가 있는 자들이나 사법기관, 의료기관, 언론기관 등에 종사하는 자들이 1차 피해에 대해 무지하거나 무관심한 태도, 불친절하고 비인격적인 태도, 수치심을 유발하는 행동이나 명예훼손 등의 행태를 보임으로써 피해자에게 고통과 피해를 주는 2차 피해에도 주의할 필요가 있다.[68] 앞서

---

68) 신주호, "경찰수사절차상 성폭력피해자의 인권보호를 위한 개선방안", 「법학연구」 제21권 제2호, 2010, 14－15면.

약물 성범죄의 성적 자기결정권의 측면에서 살펴본 바와 같이, 약물 성범죄 피해자의 경우도 수사단계에서 수사기관과 의료기관 관계자들이 약물 성범죄에 대한 지식과 피해자에 대한 인권 의식을 가지고 있지 않다면 손쉽게 피해자가 2차 피해를 입을 수 있다는 특성을 가지고 있다. 또한 이러한 수사기관과 의료기관의 무지는 약물 성범죄의 발견의 지연과 어려움, 암수범죄화에 기여하게 된다는 점도 문제점으로 꼽히고 있다.[69] 그러므로 수사기관과 의료기관의 협력을 통해 실체적 진실을 발견하는 작업에 더하여, 이들 종사자들과 후술하는 국민들을 대상으로 약물 성범죄 피해자를 대하는 전문적인 교육과 조치를 통하여 2차 피해가 발생하지 않도록 하여야 한다.[70]

3. 피해자 면책 규정 검토 및 도입

자발적으로 약물을 복용한 경우에 약물 복용 당시 이미 성관계 가능성을 인지하고 본인이 수용한 경우도 존재할 수 있을 것이다. 자발적인 약물 복용이 곧 성적 관계에 동의한다는 의미가 아니라는 것은 전술한 바와 같다. 자발적으로 약물을 복용한 경우의 양태를 두 가지로 살펴볼 수 있는데, 첫 번째 양태는 본인이 약물 복용 전에 약물의 효과에 대해서도 충분히 이해할 뿐 아니라 후행 행위까지 수용한 경우, 두 번째 양태는 막연히 쾌락용의 취지로 약물 복용이 이루어진 것으로서 후행 행위에까지 진지한 동의는 없었던 경우로, 두 가지 행위의 양태가 명확히 구분되어야 필요는 있다. 첫 번째 양태의 경우에는 합의에 의한 관계로서 성폭력이라는 범죄는 성립할 수 없으므로 이 경우에는 성폭력 범죄로 취급되어서는 안 되고 「마약류관리법」에 의하여 마약류 사용·취급·섭취·소지·투약 등 행위에 대한 책임이 부과되어야 한다. 성폭력의 본질은 외부로부터의 성적 자기결정권의 침해라고 할 수 있고, 이러한 의미에서 약물 이용 성범죄에 대한 규율은 헌법상 보장되는 성적 자기결정권을 충실히 보호한다는 의미가 있다. 두 번째 양태의 경우에 성폭력으로 가해자의 처벌을 구하면서 본인이 불법 약물 복용에 대한 책임이 면제된다면 피해자의 행위와 그 처벌 사이의 균

---

69) UNODC United Nations Office on Drug and Crime, Guidelines for the Forensic analysis of drugs facilitating sexual assault and other criminal acts, United Nations New York, 2011, pp.5－7.

70) D. McBrierty et al. A review of drug－facilitated sexual assault evidence: An Irish perspective, Journal of Forensic and Legal Medicine 20 (2013), pp.196－197.

형성에서 문제가 제기될 수 있다. 그럼에도 불구하고 자발적 약물 복용 행위의 불법성에 비해서 성폭력이 숨겨짐으로써 피해자에게 부담되는 피해의 양은 이중으로 가중된다는 점 ─ 자발적 복용이지만 약물에 의한 피해는 본인이 고유하게 받아들여야 함과 동시에 성폭력으로 인한 피해를 동시에 받게 되므로 ─ 과 가해자의 죄질과 비난가능성을 감안할 필요가 있다. 성폭력이 발생했음에도 불구하고 본인도 동반하여 처벌을 받게 될 것을 두려워하여 고소를 회피하려고 할 때 피해자 보호는 무색해진다. 따라서 이러한 폐해를 극복하고 실체적 진실 발견을 통한 피해자 보호 증진을 위해서 두 번째 양태의 경우에는 피해자 면책 규정의 도입이 긍정적으로 검토될 필요가 있다.

4. 대국민 및 피해자를 맞이하는 관련자 대상의 경각심 개선 교육

「아동·청소년의 성보호에 관한 법률」 제35조(신고의무자에 대한 교육)에 의거하여 폭력 예방교육이 시행되고 있는데, 여기에 약물 이용 성범죄 내용을 포함시킬 필요가 있다. 초·중·고·대학, 학원, 의료기관, 성폭력피해자상담소 및 보호시설 등 성폭력예방교육을 시행하는 기관, 시설, 단체에서 성폭력 예방 교육 시 약물 이용 성폭력의 위험성, 수사와 피해자 보호에 관한 내용 등 약물 이용 성범죄 예방을 위한 전반적인 내용을 포함하여 교육을 시행할 필요가 있다. 또한 「성폭력방지 및 피해자 보호 등에 관한 법률」(약칭: 성폭력방지법) 제5조(성폭력 예방교육 등), 「양성평등기본법」 제31조(성희롱 예방 교육 등 방지조치)에 따라서, 공공부문(국가기관, 지방자치단체, 공공단체 등)과 직장에서도 의무적으로 성폭력·가정폭력 예방교육을 시행하고 있는데 이 교육 내용에 약물 이용 성폭력 예방에 관한 내용을 포함하도록 할 수 있다. 두 번째로 성폭력 관련 상담에서도 성폭력 상담에서도 약물 이용 성범죄 피해자 보호와 구제 절차를 상세히 가이드할 수 있도록 정부 차원의 지침과 상담 교육자료를 제공할 필요가 있다. 성폭력방지법[71]에 근거하여 민간 성폭력상담소를 포함하여 성폭력피해상

---

71) 성폭력방지법 제10조(상담소의 설치·운영)
  ① 국가 또는 지방자치단체는 성폭력피해상담소(이하 "상담소"라 한다)를 설치·운영할 수 있다.
  ④ 상담소의 설치·운영 기준, 상담소에 두는 상담원 등 종사자의 수 및 신고 등에 필요한 사항은 여성가족부령으로 정한다.
  제18조(피해자를 위한 통합지원센터의 설치·운영)

담소, 성폭력피해자통합지원센터 등에서 성폭력 상담이 이루어지고 있는데, 피해자들
이 사고 이후 초기에 접할 수 있는 관문 중 하나이므로 상담 시설의 종사자를 대상
으로 약물 이용 성범죄에 관하여 철저히 교육함으로써 적절한 대응이 이루어지도록
도모할 필요가 있다.

 결론

해외에서는 일찌감치 사회 문제가 되었던 약물 이용 성범죄에 대하여 우리 사회도
그 위험성과 피해의 중대성에 대해서 눈을 뜨기 시작했다. 약물 이용 성범죄를 둘러
싼 개인적인 행위의 원인과 결과, 사회구조적인 양상과 성에 대한 인식을 반영하여
성적 자기결정권에 대한 발전적 해석이 필요하다. 성적 자기결정권, 인격권, 개인정
보자기결정권, 신체적 정신적 완전성, 범죄피해자의 보호라는 헌법상 기본권 보호의
측면에서 살펴본바, 약물 이용 성범죄의 예방과 범죄의 실체적 진실의 발견과 범죄
대응을 위해 법제적으로도 강화된 조치를 요구한다. 현행 강간죄 조항에는 '폭행과
협박'이라는 구성요건을 규정하고 있지만 약물 투여가 폭행과 협박의 범주에 포함될
여지는 있지만 불법 약물 투여와 결합된 성폭력 행위의 불법성을 명확하게 나타내지
못하고 있고, 「성폭력처벌법」상의 특수강간의 구성요건에 해당되는지도 별도의 해석
이 필요한 실정으로 수사와 공판 실무, 법정 판례에서 어느 조항을 어떻게 적용했느
냐에 따라서 약물 이용 성범죄라는 행위에 대한 평가와 처벌의 결과는 달라질 수 있
다. 이러한 규율의 흠결은 약물 이용 성범죄의 피해자에게 보장되는 헌법상 기본권이
정당하게 보호되기에 장애가 되기 때문에, 범죄에 약물을 이용한다는 행위의 의미를
구성요건으로 명시하는 것이 필요하다. 그러므로 구체적으로는 "당사자의 동의 없이
이루어진 성관계로서, 독성이나 마취 효과가 있는 물질이나 다른 법률에 의해 규제되
는 물질에 영향을 받아 당사자가 저항할 수 없는 상태라는 것을 알았거나 당사자의

---

① 국가와 지방자치단체는 성폭력 피해상담, 치료, 제7조의2제2항에 따른 기관에 법률상담등
　연계, 수사지원, 그 밖에 피해구제를 위한 지원업무를 종합적으로 수행하기 위하여 성폭
　력피해자통합지원센터(이하 "통합지원센터"라 한다)를 설치·운영할 수 있다.
③ 통합지원센터에 두는 상담원 등 종사자의 수 등에 필요한 사항은 여성가족부령으로 정한다.

항거불능 상태를 유발한 경우"[72] 내지 "당사자의 동의 없이, 당사자가 인지하지 못
하는 사이에 어떤 물질을 투여하여 그 사람의 의사결정 능력이나 통제력을 고의로
손상시킴으로써 이루어진 성관계"[73]라는 약물 이용 성범죄의 구성요건을 강간 범죄
의 양태로 추가함으로써, 약물로 인해 무력화된 피해자의 성적 자기결정권에 대한 실
정법적 보호를 견고하게 할 필요가 있다. 이처럼 범죄 구성요건이 구체적으로 적시된
법 조항을 두는 의미는 행위의 자발성, 자기 책임, 법익 침해에 대한 인지라는 요소
로 구성된 헌법상 성적 자기결정권의 본질을 실현하면서, 형사법의 원리로서 명확성
의 원칙을 지키는 길이다. 이렇게 정의된 약물 이용 성범죄에 대하여는 기존의 강간
죄보다 처벌을 가중하는 법률의 개정도 제안할 수 있다. 또한 현대는 법의학 기술이
발달하여 적절한 제도가 뒷받침된다면 범죄 사실의 탐지와 발견이 어느 때보다 용이
해진 사회이다. 약물 이용 성범죄의 발생한 즉시 신속하게 피해자가 법의학 기술을
활용할 수 있는 약물 이용 성범죄 증거수집 키트(DFSA 키트) 등의 수단을 통해 증거
를 확보하고 피해자에게 적절한 치료가 병행될 수 있도록 하여, 의료기관과 수사기관
의 공조가 이루어진 가운데 피해자 보호를 강화하는 제도가 필요하다. 이와 같이 실
체적 진실을 담보하는 수사 절차 구비와 피해자의 인권 보호가 적절히 이루어지는
법제도적 정비가 약물 이용 성범죄라는 특수한 형태의 범죄에 적합한 대응이 될 것
이다. 무엇보다도 사후 대응보다는 범죄의 예방이 더 바람직하고도 긴요할 것이므로
국민들에게 약물 이용 성범죄에 대한 인식을 제고하고, 청소년·학생 등의 약물 이용
성범죄 노출에 취약한 집단에 대해서 교육과 캠페인도 이루어질 필요가 있다. 머지않
은 장래에 약물 이용 성범죄의 행위 불법성에 비례하는 처벌이 이루어질 수 있는 법
제의 개선이 이루어지고, 사회적 편견과 폐해를 넘어 약물 이용 성범죄 피해자의 인
권과 기본권에 대한 인식을 새롭게 증진할 수 있는 제도가 세워지기를 기대한다.

---

72) 캘리포니아주 형법 California, Pen. Code Chap.1. § 261
73) 텍사스주 형법 Tex. Pen.Code § 22.011 (b) (6)

참고문헌

김태형 외 3인, "성범죄 관련 마약류 타인사용사범 규제의 필요성에 대한 고찰", 「FDC 법
　　제연구」 제14권 제1호, 2019

김재희, "데이트 성폭력 사건의 특징과 법적 지원방안", 「젠더법학」 제8권 제2호, 2017

김종일, "헌법상 성적 자기결정권에 관한 검토", 「헌법학연구」 제27권 제3호, 2021

박미정 외 7인, "약물 성범죄 관련 검출 약물 현황(2014－2018)", 「한국법과학회지」 제20
　　권 제1호, 2019

신주호, "경찰수사절차상 성폭력피해자의 인권보호를 위한 개선방안", 법학연구 제21권 제2
　　호, 2010

소병도, "범죄피해자의 헌법적 권리와 적법절차를 통한 보장", 「홍익법학」 제17권 제2호,
　　2016

소은영, "헌법상 성적 자기결정권의 의미에 관한 재검토", 「이화젠더법학」 제11권 제3호,
　　2019

엄주희, "미성년자 연명의료 결정에 관한 소고: 미국에서의 논의를 중심으로", 「법학논총」
　　제41집, 2018

＿＿＿, "낙태와 관련한 자기결정권의 행사와 그 한계에 대한 재조명", 「성균관법학」 제31권
　　제3호, 2018

＿＿＿, "유전자 프라이버시와 적법절차 － 헌재 2018.8.30. 2016허나344에 대한 평석", 「저
　　스티스」 통권 제173호, 2019

여성가족부, 2022년 해바라기센터 사업안내 자료집, 2022

윤덕경, "형사법상 성적 자기결정권 본질 및 성적 자기결정권 보호 증진을 위한 입법과제
　　검토", 「이화젠더법학」 제4권 제1호, 2012

이은진, "성적 자기결정권에 대한 심리학 연구", 「한국심리학회지」 여성 제20권 제3호,
　　2015

최혜영 외 6인, "약물관련 성범죄 사건 유형 분석 및 검출 약물 경향", 「약학회지」 제59권
　　제5호, 2015

Jay M. Feinman, 김영준(역), 「미국법에 대하여 알아야 할 모든 것」, 박영사, 2021

A.H. Dorandeu et al. A case in south－eastern France: A review of drug facilitated
　　sexual assault in European and English－speaking countries, Journal of Clinical
　　Forensic Medicine 13 (2006)

Advisory Council on the Misuse of Drugs, ACMD Drug Facilitated Sexual Assault

(DFSA), UK, 2007 (https://assets.publishing.service.gov.uk/ government/uploads/s ystem/uploads/attachment_data/file/119111/ACMDDFSA.pdf)

D. McBrierty et al. A review of drug-facilitated sexual assault evidence: An Irish perspective, Journal of Forensic and Legal Medicine 20 (2013)

European Monitoring Centre for Drugs and Drug Addiction, Sexual assaults facilitated by drugs or alcohol, 2008 (https://www.emcdda.europa.eu/attachements. cfm/att_50544_EN_TDS_sexual_assault.pdf)

L.J. Anderson et al. A global epidemiological perspective on the toxicology of drug-facilitated sexual assault : A systematic review, Journal of Forensic and Legal Medicine 47 (2017)

New York State, Division of Criminal Justice Services, Drug Facilitated Sexual Assault (DFSA) Fact Sheet (https://www.criminaljustice.ny.gov/ofpa/ pdfdocs/Drug-Facilitated-Sexual-Assault-Fact-Sheet.pdf)

New York State, Department of Health, New York State e Sexual Assault Victim Bill of Rights (https://www.health.ny.gov/publications/1934.pdf)

New York State, Drug Facilitated Sexual Assault BLOOD AND URINE SPECIMEN COLLECTION INSTRUCTIONS (https://www.health.ny.gov/ professionals/safe/docs/ dfsa_kit_collection_instructions.pdf)

M.G. García et al. Drug-facilitated sexual assault and other crimes: A systematic review by countries, Journal of Forensic and Legal Medicine 79 (2021)

National criminal justice reference service, Drug Facilitated Sexual Assault Issues paper, 2000 (https://www.ojp.gov/pdffiles1/Digitization/188888 NCJRS.pdf)

P.Prego-Meleiro et al. Increasing awareness of the severity of female victimization by opportunistic drug-facilitated sexual assault: A new viewpoint, Forensic Science International 315 (2020)

UNODC United Nations Office on Drug and Crime, Guidelines for the Forensic analysis of drugs facilitating sexual assault and other criminal acts, United Nations New York, 2011 (https://www.unodc.org/documents/ scientific/forensic_analys_of _drugs_facilitating_sexual_assault_and_other_criminal_acts.pdf)

U.S. Department of Justice Office on Violence Against Women, 「A National Protocol for Sexual Assault Medical Forensic Examinations」 Adults/ Adolescents Second Edition, 2013 (https://www.ojp.gov/pdffiles1/ovw/ 241903.pdf)

U.S. Department of Justice Office, Drug Enforcement Administration, DEA Victim Witness Assistance Program-Drug-Facilitated Sexual Assault, April 2017

(https://www.campusdrugprevention.gov/sites/default/files/ 2021 − 11/DFSA.pdf)

_____, Drug Enforcement Administration, Drugs of Abuse, A DEA Resource Guide 2020 Edition, 2020 (https://ww.dea.gov/sites/default/files/2020 − 04/Drugs%20of% 20Abuse%202020 − Web%20Version − 508%20compliant − 4 − 24 − 20_0.pdf)

WHO, Guidelines for medico − legal care for victims of sexual violence, 2003 (https://apps.who.int/iris/bitstream/handle/10665/42788/924154628X.pdf?sequence = 1&isAllowed = y)

Y.R.S. Costa et al. Violence against women and drug − facilitated sexual assault (DFSA): A review of the main drugs Journal of Forensic and Legal Medicine 74 (2020)

3부

삶의 미지막 시기의 인권

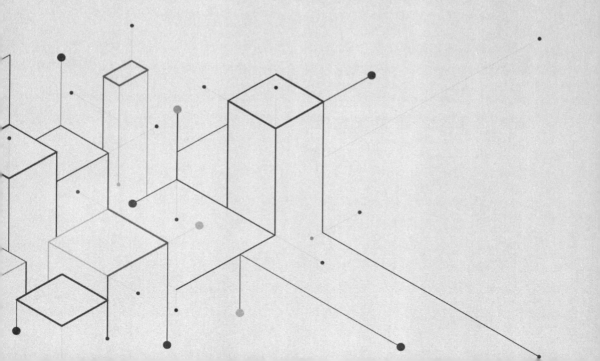

1장

대만 「환자 자주 권리법」에 대한 연구

I 서론

　임종기에 회복 불가능한 상태에서 사망 직전까지 생명만 연장하는 연명의료를 받지 않겠다는 의지의 표현과 그 제도화는 미국과 같은 서구에서 먼저 시작되었고, 이는 환자의 자기결정권, 연명의료에 관한 자기결정권, 치료거부권이라는 권리로 표현된다. 사망에 근접한 임종기에는 적극적인 치료행위보다는 높은 수준의 호스피스·완화의료가 행해지는 것이 좋은 죽음을 맞이하는 기준, 다시 말하면 삶의 마지막까지 좋은 삶을 사는 척도가 된다.[1] 대만은 아시아에서 최초로 임종기 환자의 연명의료에 관한 권리를 법제화한 나라이면서, 정부와 사회의 합의에 따라 호스피스·완화의료가 꾸준히 발전하면서 아시아권에서 가장 높은 수준의 죽음의 질을 보이고 있다.[2] 대만의 당시 고등학생이었던 왕샤오민이라는 여성이 교통사고로 48년간 식물상태로 살게 되면서, 그녀의 어머니가 안락사를 청원한 사건인 소위 '왕샤오민 사건'을 계기로 연명의료결정제도와 존엄사의 문제가 대만 사회에서 공감대를 형성하였고,[3] 2000년 6

---

1) "The 2015 Quality of Death Index - Ranking palliative care across the world", The Economist Intelligence Unit, Lien Foundation, 2015, p.6, p.15. Lien Foundation에서 발간하는 The Economist intelligence Unit 보고서는 전 세계 80개국의 임종기 죽음의 질을 20가지 양적·질적 지표로 평가하여 완화의료 돌봄 수준을 순위를 매기는데, 2015년 발표에서 대만이 아시아에서 가장 높은 수준을 보였다. 전체적인 순위로 보면, 영국이 1위, 호주가 2위, 뉴질랜드 3위, 아일랜드 4위, 벨기에 5위, 그리고 대만이 6위를 차지하였다. 20위권 안에 있는 아시아국가는 12위 싱가포르, 14위 일본, 18위 한국이 그 뒤를 이었다.

2) Shao-Yi Cheng, et al, "Advances of Hospice Palliative Care in Taiwan", 「Korean, J Hosp Palliat Care」 제19권 4호, 2016, p.294.

월에 「안녕완화의료조례」4)(安寧緩和醫療條例, The Hospice and Palliative Act: HSPA)가
제정·공포되어 심폐소생술을 거부, 연명의료를 중단·보류 및 호스피스·완화의료
돌봄을 받을 수 있도록 하는 내용의 법제가 도입되었다. 이 법은 친족 우선순위에 따
라 환자 가족 중 1명만 동의해도 연명의료의 중단·보류가 가능하도록 하는 등 3차
에 거쳐서 개정되었다.5) 최근에는 환자의 임종 시 폭넓은 의료 선택지로서 환자
본인의 자기결정권을 인정하는 내용6)의 법률인 환자 자주 권리법(病人自主權利法,
Patient Self-determination Act: PSDA)이 2015년 12월 18일 의회를 통과하였고 2019
년 1월부터 시행을 앞두고 있다. 이 법은 대만에서 환자의 자기결정권을 본격적으로
도입하여 의료에 있어서 의료인 중심에서 환자 중심으로 패러다임을 바꾸었다.

　사실 안녕완화의료조례를 제정한 때부터 호스피스·완화의료가 본격적으로 활성화
되고 죽음에 관해 환자 본인의 의사를 존중하는 제도가 시작되었다. 죽음에 대해서
이야기하는 것을 터부시하는 문화를 가지고 있는 대만으로서는7) 가족 자율성(family
autonomy) 내지 가족 중심의 결정 문화에, 개인적 자율성(individual autonomy)과 자
기결정권 문화가 유입되어 안녕완화의료조례에서 환자 본인의 의사를 미리 표현해
두는 의원서와 가족·의료진 및 윤리위원회의 대리 결정이 혼재되어 있었다.8) 그래

---

3) 양정연, "타이완 「安寧緩和醫療條例」 법제화의 시사점", 「강원법학」 제43권, 2014, 448면.
4) 대만어 한자를 한글로 표현한 '안녕완화의료'가 '호스피스·완화의료'와 동일한 뜻이므로, 문
　헌에 따라서는 '안녕완화의료조례' 또는 '호스피스완화의료 조례' 라고도 번역한다.
5) 최은경 등, "각국의 연명의료 관련 결정 절차와 기구에 관한 고찰: 대만, 일본, 미국, 영국을
　중심으로", 「한국의료윤리학회지」 제20권 제2호(통권 제51호), 2017. 6, 133면.
6) 대만 보건복지부는 이 법이 대만 최초의 환자 자기결정권에 관한 법이라고 소개하면서 삶과
　죽음의 문제에 대해서 의료에 관련된 의사결정을 할 수 있도록 하는 환자의 권리의 중요성
　에 대해 강조하였다. HFT Newsletter, "Patient Self-Determination Act Passes Third
　Reading", April 2016. 安寧照顧會訊 소식지 홈페이지 (검색일자: 2018.12.1.) http://www.
　hospice.org.tw/hospice/newsletter_data.php?pid=P15101200014fa5&lv01_id=B1604060001616位&lv02_id=C1
　60406000292cf
7) Mei-Ling Lin, et al, "Reasons for family involvement in elective surgical
　decision-making in Taiwan : a qualitative study", Journal of Clinical Nursing, 26,
　2016, p.1969-1977.
8) Yen-Yuan Chen, et al, "The ongoing westernization of East Asian biomedical
　ethics in Taiwan", Social Science & Medicine 78, 2013, p.125. 개인적 자율성과 자기결
　정권의 문화는 서구의 생의학 내지 생명 윤리의 중심이고, 대만과 같은 동양의 문화는 가족
　이 결정하는 가족 자율성이 지배적이라고 알려져 있으나, 1991년 이후 20여년 넘게 점차 서
　구의 자기결정권 문화가 대만에 유입되어 크게 영향을 끼치고 있다. 판(uiping Fan) 등 유
　교 문화권에서 활동하는 생명윤리학자들은 동아시아에서 서구의 개인 자율성 원칙과 통약

서 안녕완화의료조례에서는 임종기 의료에 관한 결정에 있어서 의료가부장주의 의식 때문에 환자가 자기결정권을 가지고 있다는 승인을 하지는 않았다.[9] 환자 자주 권리 법에 와서야 비로소 환자를 의료결정에 있어 미리 계획하고 결정하는 권리의 주인으로 인정하는 법제도가 완비된 것이다.[10] 안녕완화의료조례에서 심폐소생술과 연명의료의 중단·보류가 핵심이었다면, 환자 자주 권리법에서는 환자 본인을 중심으로 하는 사전 돌봄 계획이 핵심이다. 안녕완화의료조례는 말기 환자를(말기 환자로 통일) 대상으로 하여 호스피스·완화의료와 심폐소생술과 같은 연명의료를 중단·보류할 수 있도록 의원서(Advance Directives)를 작성할 수 있게 했고, 말기 환자가 의사표시를 할 수 없는 상태이고 이 의원서도 없더라도 환자 가족의 동의로 대리 결정할 수 있게 하였다. 그리고 환자 자주 권리법은 행위능력 있는 성인이면 누구나 의료진, 관련 자들과의 상담·의사소통 과정을 의미하는 사전 돌봄 계획(사전 돌봄 계획으로 통일)(Advance Care Planning)을 거쳐 사전 의료 결정(Advance Decision)을 할 수 있고, 사전 의료 결정이 실행될 수 있는 상태가 말기 환자뿐 아니라 회복 불가능한 혼수상태, 영구적 식물상태, 중증의 치매, 기타 치유 불가능한 환자에게까지 가능하며, 중단할 수 있는 연명의료의 범위도 인공영양과 수분 공급까지 폭넓게 인정된다. 우리나라도 「호스피스·완화의료 및 임종과정에 있는 환자의 연명의료결정에 관한 법률」(약칭: 연명의료결정법, 이하 '법'이라고 칭함)로서 연명의료결정제도가 2018년 2월부터 시행되어[11] 이제 1주년을 맞이하고 있는데, 환자가 사전에 본인의 임종기 의료결정에

불가능한(incommensurable) 개념으로서 가족 자율성 원칙을 주장한다. 김정아, "연명의료 대리결정에서의 자율성의 두 관념: 호스피스·완화의료 및 임종과정에 있는 환자의 연명의료 결정에 관한 법률 제18조를 중심으로", 「한국의료윤리학회지」 제20권 제1호(통권 제50호), 62면.

9) 석희태, "중화민국(타이완) 「안녕완화의료조례(安寧緩和醫療條例)」의 연혁과 내용", 「대한의료법학회 의료법학」 제18권 제2호, 2008, 79-80면. 적극적 의료의 관점과 의료가부장주의를 탈피한 최초의 계기는 안녕완화의료조례라고 할 수 있을 것이고, 환자 자주 권리법은 환자 본인의 의사추정이나 대리 결정의 통로가 없고, 환자가 사전 의료 결정을 직접 하거나 본인이 직접 대리인을 지정해두도록 함으로써 본격적으로 환자의 자기결정을 실현하는 법제를 구현하고 있다.

10) Michael Cheng-tek Tai, "Patient self-determination act of Taiwan", Hospice & Palliative Medicine International Journal, Volume 2 Issue 5, 2018, p.289.

11) 연명의료결정법에서 연명의료 결정과 관련된 조항(제9조~제20조, 제25조 제1항, 제31조, 제33조, 제37조, 제39조, 제40조, 제43조 등) 이외는 2017년 8월 4일부터 시행되었다. 연명의료결정법 부칙 제1조(시행일)

대한 의사를 밝힐 수 있는 제도를 처음으로 도입하였다는 의미가 있으나 대만과 동일한 동양 문화권으로서 죽음에 관해 터놓고 소통하는 것을 꺼리는 관행이 존재하고 있어 이것이 극복해야 할 요소로 작용한다.[12]

이에 본 장에서는 대만의 안녕완화의료조례와 환자 자주 권리법을 비교하여 분석하여 임종기 환자의 권리에 관한 법제의 변천사를 살펴보고 임종기 환자의 자기결정권 실현의 내용과 의미를 구명함으로써, 우리나라의 연명의료결정제도에 주는 함의를 도출하고 우리 연명의료결정 법제가 나아갈 미래를 전망해 보기로 한다.

Ⅱ 대만 「환자 자주 권리법」과 연명의료 결정 제도

환자 자주 권리법의 체계는 1) 입법 목적과 용어의 정의, 그리고 환자의 설명 동의권 및 의사의 설명의무를 규정하는 총론적인 내용(제1조-제5조)을 시작으로, 2) 관련 법률 간의 관계(제6조-제7조) 3) 사전 의료 결정의 요건과 실행에 관한 사항(제8조-제9조, 제12조-제17조), 그리고 4) 의료위임 대리인에 관한 사항(제10조-제11조)으로 구성되어 있다. 이하에서는 환자 자주 권리법을 안녕완화의료조례와 비교, 분석하면서[13], 두 법제의 변천사와 양립되는 관계, 임종기 환자의 자기결정권의 의미 등을 살펴보도록 한다.

---

12) 고윤석, "의료현장에서의 임종환자 연명의료의 결정", 「생명윤리포럼」 제5권 제1호, 2016, 23면. 허대석, 「우리의 죽음이 삶이 되려면」, 글항아리, 2018, 105면; Tatsuya Morita et al, "Palliative Care Physician's Attitudes Toward Patient Autonomy and a Good Death in East Asian Countries", 「Journal of pain and symptom Management」 Vol.50 No.2, August 2015. p190. 일본, 대만, 한국의 의사들을 대상으로 환자의 자율성과 의사가 인식하는 좋은 죽음에 관한 양적 연구조사에서도 환자의 질병상태에 대해 환자 본인보다는 가족에게 먼저 알린다는 의견이 대만과 한국에서 각각 41%와 49%로 일본의 7.4%보다 월등히 높게 나타났다.
13) 안녕완화의료조례 내용은 다음을 참조: 박미숙, 강태경, 김현철, "일명 '웰다잉법'(존엄사법)의 시행에 따른 형사정책적 과제", 「한국형사정책연구원 연구총서」 16-AB-01, 2016 166-168면, [부록2]와 석희태, 앞의 논문(주 9), 98-106면, [부록] 안녕완화의료법.

1. 입법 목적

환자 자주 권리법은 환자의 자율성, 즉 자기결정권을 존중하고, 선종(善終, Good death) 할 권리를 보장하며, 의사와 환자의 조화로운 관계를 증진하는 것을 목적으로 한다고 밝히고 있다. 안녕완화의료조례가 치료 불가능한 말기 환자의 의향을 존중하고 권익을 보장한다는 목적을 두고 있어 말기 환자의 의료 중단에 초점을 맞추고 있는 데 반해, 환자 자주 권리법은 의료진과 환자의 소통과 관계 증진을 통해 환자의 자기결정권을 강조하고 좋은 삶의 마무리를 추구하는 것을 볼 수 있다.

환자 자주 권리법의 입법목적에서 말하는 선종은 편안한 죽음, 안락한 죽음을 의미한다고 보는 점에서 안락사('good, well = 좋은'이라는 의미의 'eu'와 'death = 죽음'이라는 뜻의 'thanatos'의 합성어)라고 불릴 수 있겠으나, 안락사는 적극적·소극적, 자발적·비자발적, 직접적·간접적 안락사 등 다양한 죽음의 양태를 지칭할 수 있기 때문에[14] 이 법률에서 의미하는 바를 정확히 명시할 수 없다. 이 법의 내용상 해석으로는 의료진과 가족 등 관계자들과 함께 소통하는 사전 돌봄 계획을 통해 환자 본인의 의지와 권리를 존중하는 삶의 마무리를 좋은 죽음이라는 의미로 표현하고 있다고 보는 것이 타당하다. 천주교에서도 선종이라는 단어를 죽음을 의미하는 것으로 사용하고 있는데, 김수환 추기경의 경우 '무리하게 생명을 연장하지 말라'는 유지에 따라 인공호흡기 등의 연명의료를 거부하면서 자연스러운 죽음을 맞이한 선례를 남겼다. 한국천주교주교회의 생명윤리위원회는 김수환 추기경의 선종을 존엄사로 지칭되지 않기를 주장하여 그의 사망의 방식은 '더 이상 회피할 수 없는 죽음이 다가오는 것을 겸손하게 순응한다'는 의미로 해석하였다.[15] 환자 자주 권리법에서 추구하는 환자의 선종은 본인의 의사에 따라 사전 돌봄 계획을 수립하여 사전 의료 결정을 하고 특정 임상 조건이 되었을 때 무리한 연명의료나 인공영양과 수분공급을 거부하고, 완화의료 돌봄을 받으면서 삶의 마지막까지 삶의 질을 최선으로 유지하여 편안하게 삶을

---

14) 이윤성, "아직도 안락사인가",「 J Korean Med Assoc」 2012 December, 55(12): 1163 – 1170면.

15) 이윤성, 앞의 글(주 15), 1164면, 천주교에서는 김수환 추기경의 죽음을 존엄사로 왜곡하여, 안락사까지 슬그머니 끼워넣는 식의 존엄사법 입법 추진을 반대한다는 것이다. 미국의 경우 존엄사(Death with Dignity)는 오레곤주 등에서 시행중인 의사조력자살(Physician Assisted Suicide)을 칭하는 용어로 사용된다.

마무리할 수 있도록 하는 것이다.

구 분	안녕완화의료조례(HPCA)	환자 자주 권리법(PSDA)
입법목적	치료 불가능한 말기 환자의 의향을 존중하고 권익을 보장함	환자의 자기결정권을 존중하고, 좋은 죽음을 맞이할 권리를 보장하며, 의사와 환자의 조화로운 관계를 증진함

2. 핵심 용어의 개념

환자 자주 권리법에서 연명의료는 심폐소생술, 기계적 생명유지 장치, 혈액 제제, 특정 질환을 위한 전문 의료, 중증 감염에 투여하는 항생제 등 환자의 생명을 연장하기 위해 필요한 의료 처치를 말한다고 정의하고 있다(제3조 제1호). 그리고 인공영양과 수액공급이란 몸에 넣는 도관 또는 침습성 처치로 음식이나 물을 공급하는 것을 말한다고 한다(제3조 제2항). 안녕완화의료조례에서는 심폐소생술과 연명의료를 각각 별도로 규정하고 있는데, 심폐소생술은 임종, 빈사 또는 생명의 징후가 없는 환자에 대해 기관 내 삽입, 체외 심장마사지, 구급 약물 주사, 심장 전기충격, 심장 인공격동 인공호흡기 등 표준 구급 절차 또는 기타 구급치료를 시행하는 행위라고 정의하고(제3조 제3호) 연명의료는 말기 환자와 생명 징후를 유지하기 위해 이루어지지만, 치유 효과는 없고 빈사 과정을 연장할 수 있는 의료라고 정의하고 있다(제3조 제4호). 또한 이 심폐소생술 또는 연명의료 시행에 대한 선택을 '연명의료 선택'이라는 명칭으로 추가하고 있다. 안녕완화의료조례가 심폐소생술의 중단보류에 주안점을 두고 규정한 반면, 환자 자주 권리법에서는 연명의료에 심폐소생술을 포함하여 임종기 회복 불가능한 환자의 생명만 연장하는 의료를 연명의료로 폭넓게 정의하면서, 윤리적으로 쟁점이 되는 인공영양과 수액공급을 별도로 규정하고 있다.[16] 그리고 인공영양과 수액공급은 사전 의료 결정의 범위에 포함되므로 중단, 보류할 수 있다(제8조).

안녕완화의료조례에서는 규정되지 않았던 개념으로 사전 돌봄 계획(Advance Care Planning, 預立醫療照護諮商)이 환자 자주 권리법의 핵심 개념으로 등장한다. 환자와

---

16) Hsien－Liang Huang, et al, "Prevailing Ethical Dilemmas Encountered by Physician in Terminal Cancer Care Changed after the Enactment of the Natural Death Act : 15 years' Follow－up Survey", Journal of Pain and Symptom Management Vol.55 No.3, March, 2018, p.847.

의료서비스 제공자, 가족 및 친척, 기타 관련된 사람들이 논의하는 과정으로서, 그
내용은 환자가 특정 임상 조건이 되었을 때나 의식이 혼미하거나 본인이 원하는 바
를 명확하게 표시할 수 없는 상태일 때 환자에게 제공해야 할 돌봄의 방식이나 환자
가 수용하거나 거절할 수 있는 연명의료나 인공영양과 수액공급에 대한 것이다(제3조
제6호). 사전 돌봄 계획은 의료기관이 제공하고(제9조), 임종기 환자의 권리 보장의
전제가 되는 의사와 환자 사이의 소통이 중요한 요소이다. 사전 돌봄 계획을 통해 환
자 본인의 사전 의료 결정 내용을 작성해 두는 것이 권장되는데 이것이 환자의 자기
결정의 내용이다.[17] 사전 돌봄 계획을 수립하는데 특정한 시기가 정해져 있지 않다.
통상 중증 질병이나 사고로 의료기관을 방문하여 계속 치료를 받아야 하는 상태이거
나 머지않은 장래에 사망이 예상되는 경우에 사전 돌봄 계획을 수립하게 되는 것이
보통의 절차가 될 것이나 특정한 시기를 정해 놓고 있지 아니하고 있으므로, 환자의
상태에 따라서 의료진과 상호 소통할 수 있는 길을 열어놓았다.

사전 의료 결정은 특정 임상 조건이 되면 실행할 수 있는 연명의료나 인공영양과
수분공급, 기타 의료 돌봄, 편안한 사망 등에 관하여 환자의 소망을 미리 서면으로
작성하고 서명하는 것을 말한다(제3조). 이에 비견되는 절차로서 우리나라 연명의료
결정법 상에는 사전연명의료의향서의 작성이 있다.

완화의료는 환자의 신체적·심리적·영적 고통을 완화하거나 제거하기 위하여 시
행하는 완화 또는 지지성 의료 돌봄을 말하며 완화의료의 목적이자 목표는 환자의
삶의 질을 향상시키는 것이다(제3조 제7호). 앞서 안녕완화의료조례(安寧緩和醫療條例)
도 완화의료를 동일하게 정의하고 있다(안녕완화의료조례 제3조 제1호). 말기 환자의
대상 질환에 제한이 없으므로, 말기 환자는 질환에 상관없이 누구나 호스피스·완화
의료를 받을 수 있다(안녕완화의료조례 제3조).

---

17) Dachen Chu, et al, "Factors associated with advance directives completion among
   patients with advance care planning communication in Taiwan", PLoS ONE 13(7),
   2018, p.8. 미국과 같은 서구 사회에서는 오래전부터 사전의료지시서(Advance directives)
   가 의료현장에서 실행되어왔으나, 아시아 지역에서는 널리 쓰이지 않고 있었다. 대만 타이페
   이 시립병원에서 2015년 4월부터 2016년 1월까지 사전 돌봄 계획 프로그램을 실행하면서
   환자와의 상담을 통해 사전의료지시서 작성을 조사한 연구에서, 사전 돌봄 계획 프로그램의
   참여자 중 82.6%의 높은 사전의료지시서 작성률을 보여주었다. 사전의료지시서는 환자 자주
   권리법 상의 사전 의료 결정 양식으로 볼 수 있다.

3. 대상 환자의 범위

사전 의료 결정을 실행할 수 있는 특정 임상 조건으로 환자 자주 권리법은 1) 말기 환자, 2) 비가역적 혼수 상태, 3) 지속적 식물상태, 4) 매우 중한 치매, 그리고 5) 고통이 극심하거나 회복할 수 없는 질병으로 인해 적절한 해결 방법이 없는 경우로서 중앙주관기관이 지정한 경우 중 하나에 해당할 때(제14조)를 규정하고 있다. 안녕완화의료조례는 심각한 부상이나 질병에 걸려, 의사의 진단을 통해 치유 불가로 판단되고 의학상 증거가 있으며 단기 내에 병세가 진행되어 사망에 이르는 것이 불가피한 사람을 말기 환자라고 정의(안녕완화의료조례 제3조 제2호)하면서, 말기 환자에 대해서만 연명의료의 중단, 보류나 호스피스완화의료를 시행하도록 했다. 이와는 달리, 환자 자주 권리법에서는 말기 환자로 표현하기 어려우나 치료 불가능한 상태의 환자들인 치매, 혼수상태, 식물상태까지 포섭함으로써 자기결정을 실행할 수 있는 시기와 대상자가 보다 넓게 인정되는 것이다. 안녕완화의료조례에서 정의한 말기 환자에 식물상태 환자나 혼수 상태 환자가 포함될 것인지 불분명했던 문제를[18] 환자 자주 권리법에서 입법적으로 해결했다고 볼 수 있다.[19]

구분	안녕완화의료조례(HPCA)	환자 자주 권리법(PSDA)
대상 환자	- 말기 환자	- 말기 환자 - 비가역적인 혼수 상태 - 영구적인 식물 상태 - 매우 중한 치매 - 기타 환자의 질병 상태나 고통이 참을 수 없고, 회복할 수 없는 정도로서 중앙주관기관이 공고한 경우

---

18) 석희태, 앞의 논문(주 9), 95면.

19) Rong-Chi Chen, "Promotion of Advance Care Planning in Taiwan", J Sci Discov 1(1) 2017, p.2. 환자 자주 권리법에 따라서 치매환자와 말기 신장 투석 환자에 대한 호스피스·완화의료 가이드라인이 2017년에 발간되었다. 그 외 환자들에 대한 사전 돌봄 계획과 호스피스·완화의료 가이드라인도 2019년에 발표될 예정이다.

4. 설명 의무와 설명 동의권

안녕완화의료(제8조[20])에 이어 환자 자주 권리법에도 설명에 의한 동의권(Informed Consent)[21]을 명시하고 있는데, 전자의 규정은 의사 중심의 설명 고지라고 하면, 후자는 환자 중심의 설명 동의권으로 규정한 것이다. 환자 자주 권리법은 환자의 설명 동의권과 의사의 설명 의무를 별개의 조항을 구성하여 규율하고 있는 것이 특징이다. 환자의 알 권리를 바탕으로 의사의 설명의무를 명확하게 제시하고 있다. 조항을 자세히 살펴보면, 환자는 자신의 질병에 관하여 진단, 의료적 선택지[22]와 그에 따른 가능한 효과나 합병증 등의 예후에 대해 충분하게 설명을 듣고 알 권리와 의사가 제공하는 의료적 선택지를 선택하고 결정할 권리가 있다(제4조 제1문). 그리고 환자의 진료 시에 세부 원칙으로서, 환자가 진료를 받을 때 의료기관이나 의사가 스스로 판단한 적절한 시기에 적절한 방법으로 환자의 진단, 치료 방침, 처치, 투약, 예후, 발생 가능한 유해반응 등 관련된 사항을 환자 본인에게 알려야 하고, 환자의 명시적인 반대가 없으면 환자의 관계인들에게 고지할 수 있다(제5조). 관계인은 환자의 법정대리인, 배우자, 친척, 의료위임대리인 또는 환자와 특별한 관계가 있는 사람들을 말한다. 수술이나 검사를 받을 때의 설명의무와 동의권으로서, 환자가 수술 또는 중앙주관기관이 정한 검사나 치료를 받기 전에 의료기관이나 의사는 환자나 관계인의 동의를 거쳐서 서명 동의서를 받아야 하는데, 다만 응급 환자의 경우는 설명의무와 동의권 실행의 예외가 된다(제6조).

---

20) 안녕완화의료조례 제8조 의사는 반드시 환자의 병세, 안녕완화의료 조치의 방침 및 연명의료의 선택을 말기 환자 또는 그 가족에게 고지하여야 한다.

21) 설명에 의한 동의권은 충분한 정보에 의한 동의권, 설명 동의, 설명 후 동의, 고지된 동의, 인폼드 컨센트 등으로 표현하기도 하는데, 강제성 없이 자발적으로 이성적인 설명과 지식에 기초하여 환자 본인이 의료진의 치료 행위에 대해 승인할 수 있는 권한이다. 의료진의 의료 행위가 합법적인 정당한 행위가 되도록 뒷받침하는 근거이면서, 유효한 승낙을 받기 위한 전제로 의료진에게 설명의무를 부과하는 법리로서, 의료에 있어서 환자의 자기결정권의 내용이 된다. 엄주희, "미성년자 연명의료 결정에 관한 소고: 미국에서의 논의를 중심으로", 「법학논총」 제41집, 2018.5, 6면.

22) 환자의 상태에 따라 선택할 수 있는 여러 가지 치료방법들을 말한다.

구분	안녕완화의료조례(HPCA)	환자 자주 권리법(PSDA)
설명 고지의 관점	의사 중심	환자 중심
관련 조항	**제8조** 의사는 반드시 환자의 병세, 안녕완화의료조치의 방침 및 연명의료의 선택에 관하여 말기 환자 또는 그 가족에게 고지하여야 한다.	**제4조** ①환자는 자신의 질병에 관하여 진단, 의료적 선택지, 그에 따른 가능한 효과나 합병증 등 예후에 대하여 충분하게 설명을 들어 알 권리가 있다. 이와 더불어 환자는 의사가 제공하는 의료적 선택지를 선택하고 결정할 권리가 있다. ② 환자의 법정대리인, 배우자, 가족-친척, 의료 위임 대리인 또는 환자와 특별히 밀접한 관계인은 환자의 의료적 선택지 결정을 위하여 의료기관이나 의사가 하는 행위를 방해하거나 막을 수 없다. **제5조** ①환자가 진료를 받을 때 의료기관이나 의사는 스스로 판단하기에 적절한 시기에 적절한 방법으로 환자의 진단, 치료 방침, 처치, 투약, 예후, 발생할 수 있는 유해 반응 등 관련된 사항을 환자 본인에게 알려야 한다. 환자의 명시적 반대가 없으면 그 관계인에게 고지할 수 있다. ② 환자가 행위무능력자이거나 한정 행위능력자이거나, 후견 선고를 받은 사람이거나, 의사표시를 할 수 없거나 다른 사람의 의사를 이해하지 못한다면, 의료기관이나 의사는 환자와 관계인 모두에게 적절한 방법으로 고지하여야 한다.
개념	의사의 설명의무를 명시하나, 환자 본인이 아닌 가족에게 고지하는 것으로 충분한 것으로 명시	환자 본인의 알권리 개념으로 의료적 정보를 고지받고 선택할 권리를 명시

5. 사전 의료 결정의 절차와 실행 및 의료인의 면책과 의무

환자 자주 권리법상 온전한 행위능력이 있는 사람은 언제라도 서면으로 사전의료 결정(Advance Decision)을 할 수 있는데, 사전의료 결정을 하기 위해서 사전 요건으로 의료기관에서 사전돌봄 계획(Advance Care Planning)을 제공 받아야 한다(제9조 제1항). 사전 돌봄 계획에는 환자 본인, 2촌 이내의 가족 중 최소한 1인, 대리인이 참여하여야 한다. 환자 본인이 승낙한 경우에는 다른 가족들도 참여할 수 있고, 2촌 이내의 가족이 모두 사망하였거나 실종되었을 경우처럼 특별한 사유가 있으면 참여하지 않을 수 있다(제9조 제2항). 그리고 공증인이 공증하거나 2명의 현장 증인이 있고 의료기관이 사전 의료 결정에 날인을 하면 유효한 사전의료 결정이 된다. 그 서명은 국민건강보험 카드에 등록된다. 의료위임 대리인이나 해당 환자를 진료를 받는 의료팀의 구성원은 이 환자의 사전의료 결정의 증인이 될 수 없다(제9조 제4항). 사전의료 결정을 한 환자가 말기 환자 등 위에서 상술한 대상 환자의 상태라는 의사 2인의 진단과 호스피스 팀 2인의 자문이 있을 경우에 인공영양(인공영양으로 통일) 및 수분 공급을 포함하여 연명의료의 일부나 전부를 중단·철회·미실행할 수 있게 된다. 안녕완화의료조례에서 연명의료로서 명확하게 언급하지 않았던 인공영양과 수분 공급에 대해 환자 자주 권리법에서는 사전 의료 결정 범위에 포함하여 환자의 자기결정의 효력을 실질화하였다.[23]

반면, 안녕완화의료조례의 의거하여 심폐소생술이나 연명의료를 중단·보류하려면 의원서(Advance directives)를 작성해야 하는데, 대만인으로서 만 20세 이상이면 누구나 본인의 의사로 의원서를 작성할 수 있어, 2인 이상의 증인이 함께 서명하면 효력

---

23) 미국의 경우 일찌감치 1980년대부터 Bouvia 사건(1986년), Cruzan 사건(1990년), Terry Schiavo 사건(2005년) 등을 통해 인공영양과 수분 공급을 신체에 위험을 초래할 수 있는 부작용을 수반하여 숙련된 의료진이 시행해야 하는 것으로 다루면서, 인공호흡기, 심폐소생술과 같은 특수 연명의료와 동일하게 취급해야 한다고 보았다. 음식 섭취라는 사랑, 양육, 보살핌, 관심의 상징으로 감정적 중요성을 가지고 있어 말기 환자가 스스로 먹을 수 없을 때 내버려두는 것이 굶어 죽게 하는 것이라 생각하여 이 사건들 전에는 인공적인 수술로라도 영양을 공급하려고 해왔으나, 인공영양 튜브로 삽입하는 것이 오히려 환자의 삶의 질을 현저하게 저하시키고 감염 등 부작용을 동반할 수 있는 의료로서 환자의 뜻에 따라 중단하는 것이 환자에게 온정적인 처사가 될 수 있어 치료거부권을 행사할 수 있는 의료의 범위로 인정하였다. 엄주희, "환자의 생명 종결 결정에 관한 연구: 입법적 실천 방안을 위한 미국과의 비교법적 모색", 박사학위논문, 연세대학교 대학원, 137-143면, 160-161면.

을 가지게 된다. 20세 미만의 미성년자는 법정대리인과 의료위임 대리인의 서명이
필요하다. 의원서는 통상 3가지의 선택 사항을 두고 있다. 완화의료를 시행할 것인
지, 심폐소생술을 시행할 것인지, 연명의료를 시행하지 않는 데 동의하는지를 선택하
도록 한다.[24] 의원서를 작성하는 데 사전 돌봄 계획과 같은 소통 절차나 내용은 요
구되지 않고, 의원서가 없더라도 가족이 대리 결정할 수 있으며−즉 가족이 동의서
작성하여 의원서와 동일한 효과를 가지게 할 수 있고−가족이 없는 사람도 윤리위원
회를 경유하여 환자의 최선의 이익을 위해 의학적 권고 결정할 수 있다는 점이 환자
자주 권리법과 크게 다른 점이다.

　안녕완화의료조례에서는 연명의료 중단·보류의 절차 조항 위반 시에 벌금, 징역,
자격상실 등의 벌칙을 정하고 있는 데 반해, 환자 자주 권리법에서는 이 법에서 정한
사전 의료 결정의 이행의 경우에 의료인의 민사적·행정적·형사적 책임을 면제하고
있다. 안녕완화의료조례는 환자를 대신해서 가족이나 의료인이 작위적으로 치료 중
단을 하는 방식이므로 의료인의 위반행위에 대해 적극적인 벌칙을 부여하는 것이고,
환자 자주 권리법은 환자의 자발적인 자기결정을 의료인이 따르도록 하는 것이므로
이에 대해서 의료인의 책임을 면제해 주는 방식을 취하고 있는 것인데 행위와 형벌
간 균형성에 부합하는 방식으로 규정되어 있는 것으로 판단된다.

구분	안녕완화의료조례(HPCA)	환자 자주 권리법(PSDA)
선택 가능한 임종기 의료의 종류	심폐소생술(CPR)이나 연명의료의 중단·보류	연명의료 중단·보류, 인공영양과 수분공급, 기타 의료 돌봄, 편한 사망 등에 관하여 환자가 원하는 바를 사전 의료 결정
임종기 의료 이행 절차	의원서의 작성(제4조) ⇨ 의사 2인의 말기 상태라는 진단 (제7조) ⇨ 1) 의원서가 있으면 이행 가능함. 　2) 의원서가 없는 경우 가족- 배우자, 성인 자녀, 부모, 형제자매 등-이 대신 결정하고(동의서 작성), 가	의료기관이 사전 돌봄 계획을 제공하고 이에 따른 사전 의료 결정에 날인(제9조) ⇨ 사전의료 결정을 실행할 수 있는 대상 환자라는 전문 의료인 2의 진단과 호스피스 팀의 최소 2인의 자문 확인(제14조 제2항)

---

24) 최은경 등, 앞의 논문(주 5), 133면. 의원서 서식은 대만 정부의 행정원 위생서가 공고한 서
　식을 사용할 수 있다. 안녕완화의료조례에서는 국민건강보험카드(건강보험IC카드)에 기재하
　는 것을 명시하지 않았으나, 의원서 서식에서 이것을 선택 사항으로 두고 있다.

	족이 없는 경우는 윤리위원회를[25] 거쳐 환자의 최선의 이익에 따라 의학적 권고를 내림: 미성년자의 경우 의원서에 법정대리인의 동의 필요, 또는 의식이 혼미한 경우 등 의원서에 정확한 의사표시를 할 수 없는 경우 법정대리인이 대리 결정 (제7조)	⇨ 환자가 의사능력이 있는 경우에는 사전의료 결정을 이행하기 전에 확인 (제15조)
의원서/ 사전 돌봄 계획서의 유효 요건	- 의원인[26]의 서명날인 의원인의 성명, 거주지, 신분증번호, 완화의료 또는 연명의료를 선택한다는 의향과 내용, 작성 시기 기재 - 2명 이상의 현장 증인 날인 • 증인이 될 수 없는 자: 안녕완화의료를 실시하거나 연명의료 중단보류를 실행하는 의료기관 소속 관계자(제4조)	- 의료기관의 사전 돌봄 계획 제공과, 의원인의 서명날인 - 공증인이 공증하거나, 행위능력자 2명 이상이 현장에서 증인이 됨 • 증인이 될 수 없는 자: 의료위임 대리인, 주관 의료팀의 구성원, 의원인으로부터 유증을 받은 자나 의원인의 사망으로 이득을 볼 수 있는 사람 등 (제9조 제4항, 제10조 제2항) - 사전 의료 결정 내용을 국민건강보험카드에 등록[27]
의료인의 면책과 기타 의무사항 (완화의료 의무)	- 의사가 위 임종기 연명의료 중단보류 절차(제7조)를 위반할 경우 대만화 6만 위안 이상 30만 위안 이하의 벌금에 처하고 1개월 이상 1년 이하의 징역 또는 자격 상실(제10조) - 의사가 병력을 상세히 기재하고 환자의 의원서 또는 동의서를 병력과 함께 보관해야 함(제9조)	- 연명의료 중단 · 보류 내지 영양 및 수액 공급의 중단 · 보류에 대해 의료인의 형사적 · 행정적 · 민사적 책임 면제(제14조 5항) - 연명의료 중단 · 보류 또는 영양 및 수액 공급의 중단 · 보류시 완화의료와 기타 적절한 처치를 제공해야 함(제16조) 환자의 병력을 상세히 기록하고, 동의서, 사전의료 결정서 등 서류를 환자의 의무기록과 함께 보존해야 할 의무(제17조)

---

25) 윤리위원회는 안녕완화의료조례 상 '안녕완화의료돌봄회(安寧緩和醫療照會)'라고 규정되어 있는데, Hospice palliative care team의 의미이다. 대만 정부의 행정원 위생서의 '의학윤리위원회 설치 요점'에 근거하여 최소 3개월에 한차례씩 회의를 연다고 한다. 최은경 등, 앞의 논문(주 5), 139면.

26) 의원서를 작성하여 호스피스완화의료의 전부 또는 일부를 선택한 사람을 의원인 또는 의향인이라고 칭한다. 석희태, 앞의 논문(주 9), 86면.

27) 안녕완화의료조례 시행세칙 제7조와 행정원 위생서(행정규칙)에 따라서 건강보험IC카드에 표기 여부를 선택할 수 있고, 2010년까지 약 34,610명이 표기한 것으로 보고되었으나 실제

6. 의료위임 대리인의 자격과 역할과 해임 및 선임

환자가 의식이 혼미해지거나 본인의 의사를 명료하게 표현할 수 없을 때 의사를 대신해 줄 수 있는 대리인을 의료위임 대리인이라고 하는데, 20세 이상의 온전한 행위능력자는 언제든지 서면으로 의료위임 대리인으로 지정할 수 있다. 안녕완화의료 조례나 환자 자주 권리법 모두에 의료위임 대리인을 둘 수 있도록 규정하고 있는데, 대리인의 자격요건, 대리인 자격 배제 요건, 당연 해임 사유 등을 환자 자주 권리법에서 더 상세히 규율하고 있다.

구분	안녕완화의료조례(HPCA)	환자 자주 권리법(PSDA)
의료위임 대리인 요건	- 의원인은 사전에 의료위임 대리인을 선임하고 본인이 그 의향을 표현할 수 없는 때에 대리인이 대신 서명한다는 위임취지를 명시할 수 있음(제5조)	- 대리인이 될 수 있는 자: 20세 이상의 행위능력자로 의원인이 서면 동의로 지정한 사람 - 대리인이 될 수 없는 자: 의원인으로부터 유증을 받은 자, 의원인의 신체나 장기를 기증받기로 지정된 자, 기타 의원인의 사망으로부터 이익을 얻게 될 자(제10조)
의료위임 대리인의 권한	- 의원인을 대신하여 의원서에 동의 표시하거나(제6조의1) 의원서를 철회하는 의사표시를 함(제6조)	- 의원인을 대신하여 의원인의 진단 상태 등에 관한 정보를 고지받고, 수술, 치료 등의 동의서에 서명하고 의원인의 사전 의료 결정 내용을 명시적으로 표시함(제10조)
위임종료 · 해임	- 언제든지 서면으로 위임 종료 가능(제6조)	- 언제든지 서면으로 위임 종료 가능 - 당연 해임: 대리인이 의학적 평가 후 정신능력이 손상되었다고 판단되는 경우, 대리인의 후견 선고 등(제11조)

로 법적 효력이 명확하지 않아 의료현장에서 실시된 경우는 많지 않았던 점이 문제로 지적되어 왔으나(양정연, 앞의 논문(주 3), 464면), 환자 자주 권리법에서 국민건강보험IC카드에 등재 표기하는 것을 의무화하였다.

7. 임종기 의사결정 관련 법률 간 상호 관계

안녕완화의료조례는 임종기 환자 의료에 관한 일반법적 지위를 가진다. 그래서 말기 환자, 혼수 상태, 지속적 식물상태, 중증의 치매 등 환자 자주 권리법에서 규정하고 있는 대상 환자가 아닌 경우 또는 환자가 사전 돌봄 계획이나 사전 의료 결정을 하지 않는 등 환자 자주 권리법이 적용될 수 없는 경우에는 안녕완화의료조례가 적용될 수 있다(제7조). 즉 안녕완화의료조례가 환자의 의사뿐 아니라 환자의 가족의 대리 결정을 인정하고 있기 때문에 환자가 명확한 사전 의사표시를 남겨두지 않은 상황에서도 환자의 임종기의 돌봄에 관한 일반법으로 작용할 수 있으므로 심폐소생술을 포함한 연명의료 중단보류가 가능해진다. 또한 가족이 없는 사람이면서 의원서 작성이나 의료 대리인을 선임하지 않았고 사전 의료 결정도 하지 않은 경우에도 안녕완화의료조례가 적용되어 윤리위원회의 논의를 통해 환자의 최선의 이익을 위한 의료 결정이 내려질 수 있다.

Ⅲ 한국의 연명의료결정제도에 주는 시사점

1. 임종기 연명의료에 관한 환자의 자기결정 실질화

우리 연명의료결정법에서의 연명의료는 심폐소생술, 혈액투석, 항암제 투여, 인공호흡기 착용, 그 밖의 대통령령으로 정하는 시술로만 제한된다(법 제2조 제4호). 중단·보류할 수 있는 연명의료의 종류를 한정하고 있는 우리나라의 연명의료결정법과는 다르게, 환자 자주 권리법은 연명의료와 인공영양과 수분 공급을 포함하여 기타 좋은 죽음을 위한 의료적 돌봄을 환자가 택할 수 있는 선택지로 남겨두고 있다. 연명의료의 종류를 법률로 제한하지 않는 유연한 연명의료의 정의 개념과 인공영양과 수액공급까지 환자가 사전 의료 결정을 할 수 있는 범위에 포함함으로써 환자의 자기 결정을 실질적으로 보장하고 있다. 의료기술이 발달하여 무의미한 생명만 연장할 수 있는 새로운 연명의료의 종류는 더 증가할 수 있기 때문에 이를 법률로 제한하지 않는 것이 바람직하다.

　우리 연명의료결정법 상에는 말기 환자와 구분해서 임종과정에 있는 환자를 정의
하고(법 제2조 제2호, 제3호) 회생 가능성이 없고 치료에도 불구하고 회복되지 않으며
급속도로 증상이 악화되어 사망에 임박한 상태라는 하는 임종과정에 있는 환자에 대
해서만 연명의료 중단·보류에 관해 결정할 수 있다(법 제2조 제5호). 사실 사망이 극
도로 임박한 환자라면 연명의료결정법에 의한 연명의료 중단·보류의 절차가 필요
없이, 연명의료를 하지 않고 자연스러운 사망의 과정을 지나가도록 환자를 돌보는 것
이 인간의 존엄과 가치라는 기본권 정신과 법의 취지에 부합하고 정당하다고 평가될
수 있다.28) 반면, 환자 자주 권리법은 말기 환자 뿐 아니라 영구적 지속적 식물상태,
극심한 치매 환자도 사전 의료 결정을 통해 인공영양과 수분 공급을 포함하여 불필
요한 연명의료나 적극적 치료를 거부하고 좋은 죽음을 맞을 수 있도록 하고 있다.29)
이러한 환자의 경우 본인의 명확한 의사에 의한 실행은 자기결정권의 실현이지만, 타
인의 의도에 의한 실행이라면, 그것이 가족이라고 할지라도 타인에 의한 안락사로 여
겨질 수 있어 윤리적 논쟁의 위험이 있다. 만약 대만의 환자 자주 권리법의 경우처럼
임종기 의료 중단이 가능한 환자의 범위와 중단 가능한 의료의 범위를 확대하려는
논의를 하게 된다면, 가족의 대리 결정으로 의료 중단을 가능하게 허용하는 것은 비
윤리적이 될 수 있다. 법 규정상으로 말기 환자와 임종과정에 있는 환자는 "사망에
임박한 상태"라는 것만이 구분기준이 되어 시간상 얼마나 사망에 근접해야 임종기인
지 모호하고 불명확한데, 임상적으로도 말기와 임종과정의 상태를 구분하여 진단하
기 어려운 질환이거나 환자의 사망 시간을 예측한다는 것이 사실상 곤란함에도 불구
하고 임종기 판단이 온전히 의사에게 맡겨져 있다는 점을 고려하면, 우리나라도 임종

---

28) 대법원 2009다17417 27면 대법관 김지형, 차한성의 보충의견; 죽음은 인간 실존의 한 영역
　　이고, 죽음이란 삶의 마지막 과정에서 겪게 되는 삶의 또 다른 형태라고 할 것이고 죽음을
　　맞이하는 순간까지 인간으로서의 존엄과 가치를 보존할 헌법적 권리가 있으므로, 진료가 의
　　학적으로 무의미하고 오히려 인간의 존엄성을 침해하는 신체 침해 행위가 될 때에는 이 신
　　체 침해 행위에서 벗어나 자연적인 신체 상태에 맡기도록 하는 것이 인간의 존엄성에 부합
　　한다. 헌재 2009. 11. 26. 2008헌마385, 2234-2235면. 재판관 이공현 별개의견; 죽음에 임
　　박한 환자의 연명치료 중단은 객관적으로 환자의 최선의 이익에 부합하는지가 문제가 될 뿐
　　이다.
29) 엄주희, "환자의 생명 종결 결정에 관한 헌법적 고찰 - 한국과 미국의 헌법 판례를 중심으
　　로", 「헌법판례연구」 제14권, 2013.2, 99면.

과정에 있는 환자와 말기 환자의 구분을 없애고, 연명의료계획서의 작성 가능 시기를 말기 환자 이상으로 확대하는 것을 고려할 필요가 있다.[30]

가족이 없는 사람의 경우에 안녕완화의료조례에 의하여 윤리위원회를 통해 환자의 최선의 이익을 추구할 수 있고, 가족이 아닌 타인을 사전에 의료위임 대리인으로 선임할 수 있도록 하고 있는데 반면, 우리 연명의료결정법에 의해서는 연명의료계획서나 사전연명의료의향서를 작성해 두지 않았다면 가족이 없는 사람의 경우 사실상 연명의료중단을 이행할 수 있는 통로가 없게 된다는 문제가 있다. 1인 가족이 급속도로 증가하고 고령 사회가 심화되고 있으며, 개인의 자율성과 자기결정권 의식이 더 강해지면서도 가족 간 이해관계 상충 문제의 해결이 필요한 상황도 직면하고 있는 현실에서, 가족 중심의 결정 문화와 같은 전통적인 가족의 기능을 기대하기는 어렵다는 점을 감안할 때,[31] 가족이 없는 사람들이나 대리인 지정 문제의 입법 미비도 개선되어야 한다.[32]

2. 환자 · 가족 · 의료진의 상호적 의사결정 강화

환자 자주 권리법의 사전 돌봄 계획과 비견되는 우리나라 연명의료결정법 상 제도는 연명의료계획서라고 할 수 있다. 사전 돌봄 계획의 작성 시기를 특정하지 않은 것에 비해[33] 연명의료계획서는 작성할 수 있는 환자의 범위를 말기 환자와 임종과정에 있는 환자로만 한정하고 있는데(법 제10조, 시행규칙 제3조) 환자의 상태에 따라서는

---

30) 김명희, "연명의료결정법의 문제점과 개선방안", 「Korean J Hosp Palliat Care」 제21권 1호, 2018 March, 4면.

31) 이석배, "소위 「연명의료결정법」의 주요 내용과 현실 적용에서 쟁점과 과제", 「법학논총」 29(30), 2017.2, 329－330면. 가족이 다른 가족의 생명과 관련된 문제에 대해서 결정하는데 대한 위험성이 고려되어야 하고. 법 체계상 민법상 후견제도와의 체계정당성을 고려되어야 할 필요가 있다.

32) 연명의료결정법 제15조에서 연명의료계획서, 사전연명의료의향서, 가족의 2인의 진술이나 가족 전원의 합의에 의해서만 연명의료중단 · 보류 결정을 하도록 하고 있다.

33) Taiwan Times, "Experts encourage communicating end－of－life wishes with advance care planning and advance directives" 2017.6.29.일자 : 실제 대만에서 타이페이 시립병원의 조사에 따르면 사전 의료 결정을 완성한 90%의 사람이 건강한 상태이거나 만성질환자 중에서도 건강하다고 스스로 느끼는 사람들이었다고 한다(https://www.taiwannews.com.tw/en/news/3199499 검색일자: 2018.12.1.).

만성질환자였는데 상태가 갑자기 나빠지거나, 말기에서 임종기로 단계적인 절차를 밟아나가지 않는 환자의 경우에는 의료현장에서 말기 환자로 진단하기 곤란한 경우가 많다. 임종과정에 있는 환자는 실제로 대화를 나누기도 어려울 정도로 상태가 중하거나 의식이 불투명한 경우가 많아 연명의료계획서 작성이 불가능하거나, 이렇게 대화 불가능 상태의 환자에게 의료진이 설명하면서 연명의료계획서를 작성하라고 하는 것이 오히려 비인간적이고 가혹한 일이 되고, 굳이 연명의료계획서를 작성하지 않더라도 사망의 단계에 들어선 임종 환자에게서 연명의료를 하지 않는 것은 환자의 존엄성에 부합하기 때문에 위법이라고 할 수도 없다.[34) 연명의료결정법이 환자의 자기결정을 존중한다는 입법 목적과 취지가 무색하게 되지 않으려면[35) 환자 본인이 의료진과의 면밀한 상담을 통해 임종기에 대해 진정한 자기결정으로 숙고하고 결정할 수 있도록 연명의료계획서를 작성하는 시기를 말기 환자와 임종과정에 있는 환자로 제한해서는 안 될 것이다. 또한 사전 돌봄 계획은 환자뿐 아니라 가족과 관계자들도 참여하는 공동의 소통 과정이고, 사전 의료 결정 시에 담당의사뿐 아니라 호스티스 팀이 자문하도록 하므로 종합적인 환자 돌봄이 이루어지게 하고 있다. 우리 연명의료계획서는 담당의사가 정보 제공과 상담을 하도록 되어 있는데 호스피스·완화의료가 설명 사항일 뿐이다. 우리 법제에서도 사전 돌봄 계획이 연명의료결정제도의 절차의 내용에 들어올 수 있도록 고려할 필요가 있다.[36)

설명의무와 설명 동의권의 내용에 관해서 살펴보자면, 대만의 사전 돌봄 계획은 의료진과 환자 및 가족 등 관계자들의 소통 과정이고, 환자의 설명 동의가 충실히 이행될 수 있게 하기 위한 전제로 의료진의 설명과 상담이 뒷받침되어야하기 때문에 설명의무가 의료진에게 부과된다. 우리 연명의료결정제도에서도 연명의료계획서는

---

34) 각주 28) 대법원 판례 내용 참조

35) 실제 우리나라에서 연명의료결정제도 시행 후에 연명의료 중단보류의 결정 요인은 환자 전원의 합의가 36.3%이고 2인 이상 환자가족의 진술이 30%로서, 과반수가 넘는 전체의 66.3%를 차지하고, 연명의료계획서에 의한 결정은 32.4%를 나타내고 있다. 이런 점은 말기나 임종 환자를 대상으로 직접 연명의료계획서를 작성 한다는게 어렵다는 사실을 반증한다. [국립연명의료관리기관 소식] 연명의료결정제도 운영 현황(2018.9.3. 기준) https://www.lst.go.kr/comm/noticeDetail.do?pgNo=1&cate=&searchOption=0&searchText=&bno=732 국립연명의료관리기관 포털 사이트 (검색일자: 2018.12.1.)

36) 이일학, "연명의료결정법과 임상윤리서비스", 「생명윤리」 제18권 제1호, 2017.6; 이 논문에서는 우리 연명의료결정법 상에서도 임상윤리서비스로서 연명의료계획 수립과정에서 환자와 가족을 지원하는 서비스로 면담 전 정보 지원, 면담 중 코칭, 의료진 교육 등을 제안하였다.

의료진이 설명의무를 가지지만, 사전연명의료의향서의 경우에 등록기관의 상담사가 설명의무를 지는 것으로 규정(법 제12조) 되어 있는데 환자를 진료했던 의료 전문가도 아니고 환자의 상태를 알지도 못하며 책임 있는 당사자도 아닌 제삼자가 설명의무를 가진다는 것이 설명 동의권의 법리에 부합하지 않는다. 사전연명의료의향서는 본인의 의학적 상황에 대응해서 특정 의료적 행위에 동의하는 서식인 연명의료계획서와는 다르게, 본인의 질병 여부에 무관하게 임종기를 대비한 자발적인 사전 의사표시이고 진료나 치료를 전제로 하지도 않으므로 설명 의무를 요구할 필요도 없는 서류이다.[37] 또한 대만의 의원서나 사전 의료 결정에서는 진실성을 담보하기 위하여 공증인의 공증이나 2명의 증인을 요구하면서 의료위임 대리인, 주관 의료팀의 구성원, 의원인으로부터 유증을 받은 자나 의원인의 사망으로 이익을 얻게 될 자 등의 이해 상충 관계가 있는 사람을 증인에서 배제하는 자격요건을 두고 있는 데 비하여, 우리나라 사전연명의료의향서의 경우에는 증인을 요구하지 않고 사전연명의료의향서의 서식 상으로 보면 등록기관의 상담사만이 사전연명의료의향서의 진실성을 입증할 수 있는 증인 역할을 하게 된다는 점도 개선될 여지가 있다. 또한 공적 기관도 아니고 개별 기관의 자발적인 신청에 의해 지정된 등록기관들을 통해서만 사전연명의료의향서의 작성·등록이 가능하도록 함으로써 접근성이 높지 않다는 문제와 절차적 정당성에 문제의 여지가 있으므로,[38] 임종기 자기결정권이라는 국민의 중대한 기본권 보호로서 충분하다고 보기에 미흡한 면이 있다.[39] 사전연명의료의향서의 진실성 입증 요건과 사전연명의료의향서의 법적 효력을 부여하기 위한 절차와 통로에 대한 개선이 필요하다.[40]

---

37) 이정현, "의료윤리에 있어서 충분한 설명 후 동의원칙의 진보와 향후의 과제", 「생명윤리」 제12권 제2호, 2012, 47-48면.
38) 우리 헌법상 적법절차의 원리는 절차상의 적법성 뿐 아니라 법의 실체적 내용의 합리성과 정당성을 갖추도록 하고 있다. 적법절차의 원리나 체계정당성의 헌법 원리에 비추어 우리 연명의료결정법 상의 제도와 절차들이 정당한지는 추후 연구로 남겨두기로 한다. 임지봉,"적법절차조항의 우리 헌법에의 도입과 그 적용", 「헌법학연구」 제11권 제3호, 2005.9, 289-292면
39) 임종기 판단에 관한 전문의의 요건 규정 미비, 연명의료중단 결정 이행을 위한 회생불가능성에 대한 구체적인 절차 미비 등 연명의료 중단보류 절차의 문제에 대한 지적도 있다. 홍완식, "「연명의료결정법」에 대한 입법평론", 「입법학연구」 제14집 제1호, 2017, 18-19면
40) 국회 김승희의원 대표발의 일부개정법률안(의안번호: 15331, 발의연월일: 2018.9.5.)에서도 공공의료기관을 의무적으로 등록기관으로 지정하도록 하고, 등록기관의 홈페이지나 전자우편을 통해 제출이 가능하도록 하는 안이 제시된 바 있다.

환자가 본인의 치료나 죽음에 관한 의사를 미리 밝히는 데 익숙하지 않고, 본인의 임종기 치료에 대해 가족과 함께 결정하는 문화를 가지는 대만이나 우리나라는[41] 환자 본인의 자기결정권과는 무관하게 환자 가족의 대리 결정이 가족 자율성으로서 윤리적으로 설명될 수 있다.[42] 대만은 안녕완화의료조례에 따라 말기 환자의 심폐소생술과 같은 제한된 연명의료 결정에 한정하여 가족의 대리 결정이 가능하게 하고, 식물상태, 혼수상태, 치매를 포함하여 넓게 대상 환자를 다루는 환자 자주 권리법에서는 환자 본인의 자기결정만을 허용할 뿐, 가족의 대리 결정을 허용하고 있지 않다. 현재 우리 연명의료결정법에서 규율되는 사망에 인접한 임종 환자의 경우 가족의 대리 결정에 의한 연명의료중단·보류는 환자의 자기결정권에 기해서만이 아니라 환자의 최선의 이익에도 부합할 수 있어 윤리적으로도 타당하다. 다만 연명의료의 종류를 대통령령으로 정하도록 하고 있어(법 제2조) 추가될 가능성이 있고,[43] 현재 임종과정에 있는 환자에게만 허용되는 범위를 재논의할 수도 있으므로, 이와 함께 가족의 대리 결정 절차도 다시 제고함으로써 환자의 자기결정권이 침해되지 않도록 하여야 한다.

3. 호스피스의 병행 실행으로 최선의 돌봄 실현

환자 자주 권리법에서는 인공영양과 수분 공급의 중단·보류 시에 완화의료나 기타 적절한 수단을 제공하도록 함으로써 환자가 마지막까지 최선의 돌봄을 받을 수 있도록 규범적인 장치를 마련하였다. 반면 우리 연명의료결정제도에서는 인공영양과 수분 공급을 중단·보류할 수 없는 것으로 규정하고 호스피스·완화의료는 선택지로 남겨두고 있어 연명의료의 중단·보류와 호스피스·완화의료가 상호 보완 작용을 하지 못하고 있다.[44] 또한 우리 연명의료결정법에서는 호스피스·완화의료를 말기 환

---

41) 김명희, "연명의료 결정에 관한 권고안의 배경과 향후과제 ─ 연명의료 결정 제도화 마련을 위한 특별위원회 활동 경과를 중심으로", 「의료정책포럼」 제11권 제3호, 2013, 12 ─ 13면. 국가생명윤리심의위원회의 논의에서도 연명의료 중단에 관한 가족의 대리 결정을 인정하였다.
42) 김정아, "연명의료 대리결정에서의 자율성의 두 관념: 호스피스·완화의료 및 임종과정에 있는 환자의 연명의료결정에 관한 법률 제18조를 중심으로", 「한국의료윤리학회지」 제20권 제1호(통권 제50호), 2017.
43) 2019년 1월 현재, 기존의 4가지 의학적 시술(심폐소생술, 혈액투석, 항암제 투여, 인공호흡기 착용)에 더해 체외생명유지술(ECLS), 수혈, 승압제 투여를 신설하는 연명의료법 시행령 일부개정령안이 입법예고 되어 있다.

자와 임종환자, 가족 등에게 통증과 증상의 완화 등을 포함한 신체적, 심리사회적, 영적 영역에 대한 종합적인 "평가와 치료를 목적으로" 하는 의료(제2조 제6호)라고 규정함으로써, 임종기에 전인적으로 환자와 그 가족들을 대상으로 하는 전인적인 돌봄이라고 하는 호스피스·완화의료의 의미와 취지를 규범적으로 제대로 전달하지 못하고 있다.[45] 환자의 삶의 마지막 권리를 보장하고 호스피스·완화의료의 취지를 살리기 위해서는 호스피스·완화의료의 중요성과 의미가 규범적으로도 올바르게 개선될 필요가 있다.

Ⅳ 결론

대만의 환자 자주 권리법은 기존의 안녕완화의료조례에서 보다 비가역적 혼수상태, 식물 상태, 극 중증의 치매와 같이 대상 환자의 범위를 명시하고 인공영양과 수분 공급과 같은 임종기 의료의 선택지를 확대함으로써 안녕완화의료조례에서 명확하지 않았던 영역을 입법적으로 보완하고 환자의 자기결정권 보호라는 입법 취지에 맞는 제도의 모습을 갖추었다. 환자와 의료진, 가족 등 관계인들 간의 소통을 활성화하여 결정하도록 하는 방식인 사전 돌봄 계획 상담을 도입하고 환자를 배제한 가족들만의 대리 결정 통로를 두지 않음으로써 환자의 임종기의 자기결정을 강화하고 실질화하였다. 환자 본인이 사전 돌봄 계획에 참여하지 않다가 말기 환자의 상태에서 임종기를 맞는 상황이 오더라도 안녕완화의료조례가 일반법으로 적용되어 인공영양과 수분공급을 제외하고는 심폐소생술과 연명의료의 선택은 가족의 대리나 병원윤리위원회를 경유하여 결정할 수 있게 된다.

우리나라는 2010년 5월 31일자로 제정된 암관리법에서 처음으로 말기 암환자를 대상으로 호스피스·완화의료를 시행하는 법제가 마련된 이후, 연명의료결정법이 제

---

44) 홍영선, "연명치료 중지와 완화의료", 「J Korean Med Assoc」 55(12), December 2012, 1190면. 호스피스·완화의료는 무익하고 불필요한 연명의료의 대안이 되는 것이고, 임종기의 삶의 질을 최대한 높게 유지할 수 있는 필수적인 의료이다.

45) 엄주희·김명희, "호스피스·완화의료와 의사조력자살 간 경계에 관한 규범적 고찰", 「법학연구」 제28권 제2호, 2018.6, 5면.

정되어 2018년 2월부터 본격적으로 연명의료 결정 제도가 실행되고 있다. 좋은 죽음으로도 표현할 수 있는 임종기 환자의 최선의 삶의 질과 환자의 자기결정이라는 두 가지 입법 목적을 가지고 출발한 우리나라 최초의 연명의료결정 법제는 대만의 안녕완화조례와 유사한 면이 많지만, 위에서 살펴본 대로 입법 미비나 임종기 환자의 자기결정권으로서 보호하기에 불충분하며 개선 사항이 많다. 장차 환자의 자기결정권을 실질화하는 법제로 나아가기 위해서는 대만의 환자 자주 권리법도 좋은 모델이 될 수 있다. 대만의 두 법률이 우리나라의 법제에도 좋은 시사점을 주고 있다. 사람이라면 누구라도 피할 수 없는 죽음의 문제 앞에서 인간으로서의 존엄성을 유지하며 삶의 대서사시를 마무리할 수 있도록 보호하고 보장하는 것이 국가의 의무이고, 보건의료 제도가 추구하는 목적일 것이다. 삶의 질이 높아지기를 원하는 만큼 죽음의 질도 향상될 수 있는 방향으로 법제가 끊임없이 개선되어야 한다.

참고문헌

고윤석, "의료현장에서의 임종환자 연명의료의 결정", 「생명윤리포럼」 제5권 제1호, 2016

김명희, "연명의료 결정에 관한 권고안의 배경과 향후과제 – 연명의료 결정 제도화 마련을 위한 특별위원회 활동 경과를 중심으로", 「의료정책포럼」 제11권 3호, 2013

____, "연명의료결정법의 문제점과 개선방안", 「Korean J Hosp Palliat Care」 제21권 1호 2018 March

박미숙·강태경·김현철, "일명 '웰다잉법'(존엄사법)의 시행에 따른 형사정책적 과제", 「한국형사정책연구원 연구총서」 16 – AB – 01 ,2016

석희태, "중화민국(타이완)「안녕완화의료조례(安寧緩和醫療條例)」의 연혁과 내용", 「대한의료법학회 의료법학」 제18권 제2호, 2008

양정연, "타이완 「安寧緩和醫療條例」 법제화의 시사점", 「강원법학」 제43권, 2014

엄주희, "환자의 생명 종결 결정에 관한 헌법적 고찰– 한국과 미국의 헌법 판례를 중심으로", 「헌법판례연구」 제14권, 2013.2

엄주희·김명희, "호스피스·완화의료와 의사조력자살 간 경계에 관한 규범적 고찰", 「법학연구」 제28권 제2호, 2018.6

이석배, "소위 「연명의료결정법」의 주요 내용과 현실 적용에서 쟁점과 과제", 「법학논총」 29(30), 2017.2

이윤성, "아직도 안락사인가", 「J Korean Med Assoc」 55(12), December 2012

이일학, "연명의료결정법과 임상윤리서비스", 「생명윤리」 18(1), 2017.6

이정현, "의료윤리에 있어서 충분한 설명 후 동의원칙의 진보와 향후의 과제", 「생명윤리」 12(2), 2012

최은경 등, "각국의 연명의료 관련 결정 절차와 기구에 관한 고찰: 대만, 일본, 미국, 영국을 중심으로", 「한국의료윤리학회지」 제20권 제2호(통권 제51호), 2017.6

허대석, 「우리의 죽음이 삶이 되려면」, 글항아리, 2018

홍영선, "연명치료 중지와 완화의료", 「J Korean Med Assoc」 55(12), December 2012

홍완식, "「연명의료결정법」에 대한 입법평론", 「입법학연구」 제14집 제1호, 2017

Dachen Chu, et al, "Factors associated with advance directives completion among patients with advance care planning communication in Taiwan", PLoS ONE 13(7), 2018

Hsien–Liang Huang, et al, "Prevailing Ethical Dilemmas Encountered by Physician in Terminal Cancer Care Changed after the Enactment of the Natural Death Act :

15 years' Follow—up Survey", Journal of Pain and Symptom Management Vol.55 No.3 ,March, 2018

HFT Newsletter, "Patient Self—Determination Act Passes Third Reading", April 2016

Michael Cheng—tek Tai, "Patient self—determination act of Taiwan", Hospice & Palliative medicine International Journal2(5), 2018

Mei—Ling Lin, et al, "Reasons for family involvement in elective surgical decision—making in Taiwan : a qualitative study", Journal of Clinical Nursing, 26, 2016

Rong—Chi Chen, "Promotion of Advance Care Planning in Taiwan", J Sci Discov, 1(1), 2017

Shao—Yi Cheng, et al, "Advances of Hospice Palliative Care in Taiwan", 「Korean, J Hosp Palliat Care」 제19권 4호, 2016

Tatsuya Morita et al, " Palliative Care Physician's Attitudes Toward Patient Autonomy and a Good Death in East Asian Countries", 「Journal of pain and symptom Management」 Vol.50 No.2, August 2015

Yen—Yuan Chen, et al, "The ongoing westernization of East Asian biomedical ethics in Taiwan", Social Science & Medicine 78, 2013

부록

대만 「환자 자주 권리법」(病人自主權利法)
中華民國 105年 (2016년) 1月 6日 제정 공포

역자: 이윤성*, 엄주희

제1조(목적) 환자의 의료 자주권(自主權)을 존중하고, 편하게 사망할(善終) 권익을 보장하고, 조화로운 의사－환자 관계를 촉진하기 위하여 이 법을 제정한다.

제2조(주관기관) 이 법에서 지칭하는 주관기관은 중앙의 경우는 보건복지부(衛生福利部, 중앙주관기관)이고, 직할시의 경우에는 직할시정부(直轄市政府)이며, 현(縣)이나 시의 경우는 현이나 시 정부이다.

제3조(정의) 이 법에서 사용하는 용어의 뜻은 다음과 같다.

1. "연명의료"(維持生命治療)란 심폐소생술, 기계적 생명유지 장치, 혈액제제, 특정 질환을 위한 전문 의료, 중증 감염에 투여하는 항생제 등 환자의 생명을 연장하기에 필요한 의료 처치(措施, medical measures)를 말한다.

2. "인공영양과 수액공급(流體餵養, hydration)"이란 몸에 넣는(透過) 도관(導管) 또는 침습성 처치로써 음식이나 물을 공급하는 것을 말한다.

3. "사전 의료 결정"(預立醫療決定, Advance Decision)이란 미리 서명한 서면으로 특정 임상 조건이 되면 연명의료나 인공영양과 수분공급, 기타 의료 돌봄(care, 照護), 편한 사망 등에 관하여 의향(意願, 원하는 바, wish)을 밝히는 결정을 말한다.

4. "의원인"(意願人)이란 서면으로 사전 의료 결정을 한 사람을 말한다.

---

* 대통령 소속 국가생명윤리심의위원회 위원장, 대한의학회 회장, 한국보건의료인국가시험원장 역임, 서울대학교 명예교수

5. "의료 위임 대리인"이란 의원인의 서면 위임을 받고, 의원인의 의식이 혼미(昏迷)하거나 자신이 원하는 바를 분명하게 표시할 수 없을 때 의원인을 대리하여 그 의사를 표현하는 사람을 말한다.

6. "사전 돌봄 계획"(Advance Care Planning, 預立醫療照護諮商)이란 환자와 의료 서비스 제공자(醫療服務提供者), 가족－친척(親屬), 기타 관련된 사람들이 논의하고 소통하는 과정으로, 환자가 특별한 임상 조건 또는 의식이 혼미하거나 자신이 바라는 바를 분명하게 표시할 수 없을 때 환자에게 제공할 돌봄 방식 또는 환자가 수용하거나 거절할 연명의료나 인공영양과 수액공급에 대하여 상담·논의한다.

7. "완화의료"란 환자의 신체적, 심리적, 영적 고통을 경감하거나(減輕) 해소시켜 주기(免除) 위하여 시행하는 완화(緩解性) 또는 지지(支持性) 의료 돌봄을 말하며, 이로써 환자의 삶의 질을 향상한다.

제4조(환자의 의료적 선택지(選項, options)에 관한 선택과 결정 권리) ① 환자는 자신의 질병에 관하여 진단, 의료적 선택지(여러 가지 치료법 등), 그에 따른 가능한 효과나 합병증 등 예후에 대하여 충분하게 설명을 들어 알 권리가 있다. 더불어 환자는 의사가 제공하는 의료적 선택지를 선택하고 결정할 권리가 있다.
② 환자의 법정대리인, 배우자, 가족－친척, 의료 위임 대리인 또는 환자와 특별히 밀접한 관계인(病人有特別密切關係之人)(이하 "관계인"關係人이라 한다.)은 환자의 의료적 선택지 결정을 위하여 의료기관이나 의사가 하는 행위를 방해하거나 막을 수 없다(不得妨礙).

제5조(의료기관이나 의사의 진단 고지) ① 환자가 진료를 받을 때에 의료기관이나 의사는 스스로 판단한 적절한 시기에 적절한 방법으로 환자의 진단, 치료 방침, 처치, 투약, 예후, 생길 수 있는 유해반응(adverse reaction, 不良反應) 등 관련된 사항을 환자 본인에게 알려야 한다. 환자의 명시적 반대가 없으면 그 관계인에게 고지할 수 있다.
② 환자가 행위무능력자(無行爲能力人)이거나 한정 행위능력자(限制行爲能力人)이거나, 후견 선고를 받은 사람(受輔助宣告)이거나, 의사 표시를 할 수 없거나 다

른 사람의 의사를 이해하지 못한다면, 의료기관이나 의사는 환자와 관계인 모두에게 적절한 방법으로 고지하여야 한다.

제6조(환자의 수술이나 치료 전 서명동의서(簽具同意書)) 환자가 수술 또는 중앙주관기관이 정한 검사나 치료를 받기 전에 의료기관이나 의사는 환자나 관계인의 동의를 거쳐 서명동의서를 받아야 한다. 다만 응급 환자(情況緊急者)는 그러하지 아니하다.

제7조(의료기관이나 의사의 응급환자에 대한 구급의무) 이 법 제14조 제1항과 제2항 또는 안녕완화의료조례(安寧緩和醫療條例) 관련 조항에 적용되는 사람이 아니라면, 의료기관이나 의사는 위급한 환자에게 우선 적절한 구급 또는 필요한 조치를 실시하여야 하며, 특별한 사정이 없으면 지연하여서도 안 된다.

제8조(사전 의료 결정)(預立醫療決定) ① 온전한(具完全) 행위능력자는 사전 의료 결정을 할 수 있으며, 언제라도 서면으로써 철회하거나 변경할 수 있다.
② 전 항의 사전 의료 결정에는 제14조의 특정 임상 조건 때에 연명의료 또는 인공영양이나 수액공급의 전부 또는 일부를 의원인이 수용하는지 거부하는지를 포함한다.
③ 사전 의료 결정의 내용, 범위와 서식(格式)은 중앙주관기관이 정한다.

제9조(사전 의료 결정의 절차(程序)) ① 의원인이 사전 의료 결정을 하려면, 다음 각 호의(각호로 통일) 절차를 따른다.
  1. 의료기관은 사전 돌봄 계획(Advance Care Planning)을 제공하고, 그에 따른 사전 의료 결정에 날인한다(核章證明).
  2. 사전 의료 결정은 공증인이 공증을 하거나 온전한 행위능력자 2명 이상이 현장에서 증인이 된다.
  3. 사전 의료 결정은 국민건강보험 카드(全民健康保險憑證)에 등록한다.
② 의원인, 2촌 이내의 가족-친척 중 적어도 1명, 의료 위임 대리인은 전항 제1호의 사전 돌봄 계획에 참여하여야 한다. 의원인이 승낙한 가족-친척도 참여할

수 있다. 2촌 이내의 가족-친척이 모두 사망하였거나 실종하였거나 또는 특별한 사유가 있다면 참여하지 않을 수 있다.

③ 제1항 제1호의 사전 돌봄 계획을 제공한 의료기관은 의원인이 정신적으로 결함이 있거나 자발적으로 의사를 표시하지 못한다는 등의 상당한 사유가 있다면, 사전 의료 결정에 압인(날인)하지 않을 수 있다.

④ 의원인의 의료위임대리인, (의원인을 맡고 있는) 주관 돌봄의료(Medical Care)팀의 구성원 그리고 제10조 제2항 각호의 사람은 제1항 제2호의 증인이 될 수 없다.

⑤ 사전 돌봄 계획을 제공하는 의료기관의 조건, 돌봄의료팀 구성원의 조건, 절차, 기타 준수할 사항은 중앙주관기관이 정한다.

제10조(의료위임대리인의 요건과 권한) ① 의원인이 지정한 의료위임대리인은 20세 이상의 온전한 행위능력자이어야 하고, 서면으로 동의를 받아야 한다.

② 의원인의 상속인을 제외하고는 아래 각호의 사람은 의료위임대리인이 될 수 없다.

  1. 의원인으로부터 유증을 받은 자(受遺贈人, legatee)
  2. 의원인의 시신이나 장기를 증여받기로 지정된 자
  3. 기타 의원인의 사망으로 이익을 얻게 될 자

③ 의료위임대리인은 의원인의 의식이 혼미(昏迷)하거나 자신의 바람을 분명하게 표현할 수 없을 때 의원인을 대리하여 그 바람을 표시하며, 다음과 같은 권한이 있다.

  1. 제5조의 고지의 청취
  2. 제6조의 동의서에의 서명
  3. 환자의 사전 의료 결정 내용에 따라 환자를 대리하여 의료에 관한 의향을 표시하기

④ 의료위임대리인이 2명 이상이면 각자가 단독으로 의원인을 대리할 수 있다.

⑤ 의료위임대리인은 위임 사무를 처리할 때 의료기관이나 의사에게 신분증명자료를 제시하여야 한다.

제11조(의료위임대리인의 위임 해지(終止)와 해임) ① 의료위임대리인은 언제라도(隨時) 서면으로써 위임을 해지할 수 있다.

② 의료위임대리인이 다음 각호에 해당하면 당연히 해임된다.

　1. 질병 또는 사고(意外) 때문에 관련 의학 또는 정신감정으로써 정신능력에 손상이 있다고(心智能力受損) 인정된 때

　2. 후견 선고(輔助宣告) 또는 감호(監護) 선고를 받은 때

제12조(사전 의료 결정의 국민건강보험증 등재) ① 중앙주관기관은 사전 의료 결정을 국민건강보험증에 등재하여야 한다.

② 의원인의 사전 의료 결정을 국민건강보험증에 등재하기 전에 의료기관은 전자 문서(a scanned electronic file, 掃描電子檔存記)로써 중앙주관기관의 데이터베이스에 보관하여야 한다.

③ 국민건강보험증에 등재된 사전 의료 결정과 의원인이 임상 의료 과정 중에 서면으로 명시한 의사 표시 사이에 일치하지 않는 점이 있으면 사전 의료 결정을 변경하여야 한다.

④ 전항의 사전 의료 결정의 변경 절차는 중앙주관기관이 공고한다.

제13조(의원인의 갱신 등재 신청) 의원인은 다음 각호의 사정이 생겼다면 중앙주관기관에 갱신 신청을 해야 한다.

　1. 사전 의료 결정의 철회 또는 변경

　2. 의료위임대리인의 위임, 위임 해지 또는 변경

제14조(환자의 사전 의료 결정에 따른 의료기관이나 의사의 중단, 제거 또는 유보)

① 환자가 다음 각호의 임상 조건 중 하나에 해당하고, 사전 의료 결정이 있다면, 의료기관이나 의사는 사전 의료 결정에 따라 연명의료나 인공영양과 수액공급의 일부 또는 전부를 중단, 제거 또는 유보할 수 있다.

　1. 말기 환자.

　2. 비가역적인 혼수(不可逆轉之昏迷) 상태

　3. 영구적인 식물 상태

　4. 극 중증의 치매(極重度失智)

　5. 기타 중앙주관기관이 공고한 환자 질병 상태 또는 고통이 참기 어렵거나 질

병이 회복할 수 없고 당시의 의료 수준으로는 적절한 해결 방법이 없는 상황
② 전항 각호는 2명의 관련 전문의 자격이 있는 의사가 확진하고, 완화의료팀의
최소한 2회 이상의 자문으로 확인하여야 한다.
③ 의료기관이나 의사는 의료전문성 또는 의지에 따라 환자의 사전 의료 결정을
이행할 수 없다면, 이를 이행하지 않을 수 있다.
④ 전항의 사정은 의료기관이나 의사가 환자나 관계인에게 고지하여야 한다.
⑤ 의료기관이나 의사는 이 조에서 정한 바에 따른 연명의료와 영양공급이나 수액
공급의 전부나 일부의 중단, 제거 또는 유보에 형사책임이나 행정 책임을 지지 않
는다. 그로 인한 손해에 대해서도 고의나 중대과실이 없고 환자의 사전 의료 결정
을 위반하지 않았다면 배상책임을 지지 않는다.

제15조(회복 불가능한 환자의 사전 의료 결정 이행 전, 의사결정능력이 있는 의원인에
대한 당해 결정 내용과 범위 확인) 의료기관이나 의사는 제14조 제1항 제5호의 환
자에 대하여 사전 의료 결정을 이행하기 전에 의사결정능력이 있는 의원인에게 당
해 결정 내용과 범위를 확인해야 한다.

제16조(완화의료와 기타 적절한 처치 제공) 의료기관이나 의사는 연명의료나 인공영
양과 수액공급을 중단, 제거 또는 유보할 때는 환자에게 완화의료와 기타 적절한
처치를 제공하여야 한다. 의료기관은 인원이나 설비, 전문 인력 때문에 제공할 수
없다면 환자에게 다른 기관으로 전원하거나 다른 기관을 제안하여야 한다.

제17조(환자의 병력 등 기록 의무) 의료기관이나 의사는 제12조 제3항, 제14조와 제
15조 규정된 사항의 집행 사실을 의무기록부에 상세하게 기록하여야 한다. 동의서,
환자의 서면 의사 표시와 사전 의료 결정은 의무기록부와 함께 보존하여야 한다.

제18조(시행 세칙) 이 법 시행세칙은 중앙주관기관이 정한다.

제19조(시행일) 이 법은 공포 후 3년이 경과한 날부터 시행한다.

2장

호스피스 · 완화의료와 의사조력자살 간 경계에 관한 규범적 고찰

I 서론

최근 2018년 1월에 네덜란드에서는 29세의 정신질환자 여성이 안락사를 실행하여 사망하는 사건이 있은 후, 말기 환자가 아닌 사람에게도 법적으로 안락사를 허용하는 데 대해 정당성 논란이 벌어졌다.[1] 네덜란드에서 시행하고 있는 안락사는 그 실행에 있어 의사의 개입을 필요로 하기 때문에 조력사망, 조력자살, 의사조력자살로도 불리운다. 현재 네덜란드를 비롯해서 여러 나라에서 법제화되어 시행되고 있다.[2] 의사조력자살은 인위적인 생명의 단축을 가져오기 때문에 타인이나 본인을 해치는 범죄 행

---

1) The Guardian, A Woman's final facebook message before euthanasia : 'I'm read−y for my trip now…', 2018년 3월 17일자(https://www.theguardian.com/society/2018/mar/17/assisted−dying−euthanasia−netherlands, 검색일자: 2018. 3. 19). 네덜란드에서는 '자발적 생명종결과 조력자살에 관한 법률'(Termination of life on Request and Assisted Suicide Act 2002)에 의해서 의사조력자살과 적극적 안락사가 허용된다.

2) 호주에서도 104세의 저명한 환경학자이자 생명학자인 David Goodall 박사가 스위스로 안락사(안락사라고 언론에 알려졌으나, 이때의 안락사는 '의사조력자살'을 칭한다)를 위해 떠난다는 소식이 언론에 알려져 호주 사회 뿐 아니라 전 세계적으로 논란이 일었다. 1979년에 은퇴 이후로도 계속 연구 활동을 하고 최근 30권 분량의 세계의 생태계 시리즈를 출간하고 연구업적을 인정받아 호주 훈장도 수상한 과학자로서, 불치병이나 말기 환자도 아니고 노환으로 약해졌을 뿐이었다. '독립적으로 결정하는 것들이 자꾸 사라진다' '죽는 게 슬픈 건 아니다. 노인들이 조력자살을 하는 것을 포함하여 완전한 형태의 시민권을 누려야한다'고 인터뷰한 후, 외국인 전용 조력자살 지원센터가 있는 유일한 국가인 스위스로 가서 의사조력자살로 사망하였다. 출처: BBC News, David Goodall: Scientist, 104, begins trip to end his life, 2018. 5. 2(http://www.bbc.com/news/world−australia−43957874 검색일자: 2018.5.2.); 연합뉴스, "안락사 선택한 호주 104세 과학자…'환희의 송가' 들으며 영면" 2018년 5월 10일자.

위로 취급될 수 있고 의료윤리적으로 정당하지 못하다는 비판과 반대론이 있는 반면, 삶을 종결하는 것을 도와줌으로써 고통의 완화와 삶의 질 향상이라는 목적과 취지를 사망 시까지 보장해야 한다는 찬성론이 맞서고 있다. 의사조력자살이 좀 더 쉬운 삶의 종결을 가져온다면, 호스피스·완화의료는 통증 조절을 주안점으로 삼고 영적, 심리적, 정신적, 신체적 의료 돌봄을 하는 것으로서 의사조력자살과 같은 논쟁적인 방법이 아닌 인도적이며 윤리적인 삶의 종결 방식으로 이해된다. 의사조력자살의 법제화가 전 세계에서 점차 증가하는 추세이긴 하지만 정당성 논란이 계속되고 있는 반면, 호스피스·완화의료는 여러 나라에서 대체로 법적·윤리적으로 정당성이 인정된다. 그런데 호스피스·완화의료의 일종으로서 말기 진정요법(terminal sedation 또는 palliative sedation)은 통증 완화를 위하여 불가피하게 마약성 진통·진정제 등을 사용하면서 환자가 사망에 이르게 될 수 있는데 이러한 행위가 의사조력자살의 방법으로 사용되는 치사량의 약물 처방 및 약물 주입과 외형상 유사한 점이 있다. 그래서 호스피스·완화의료, 구체적으로는 말기 진정요법과 의사조력자살의 경계선이 어디에 있는지, 그것을 규율하는 규범성을 달리해야 하는 이유가 무엇인지에 대해 논의할 필요가 있다.

본 장에서는 호스피스·완화의료와 의사조력자살 그리고 그 경계선의 논란이 있는 말기 진정요법의 개념, 특징과 기원을 살펴보고(Ⅱ), 의사조력자살과 경계선에 있지만 정당성이 인정되어 온 호스피스·완화의료에 관한 판례와 입법례들을 일괄하면서 호스피스·완화의료의 규범적 정당성의 논거를 살펴본다(Ⅲ). 그리고 말기 진정요법이 환자를 해치는 것이 아닌 정당한 의료행위로 인정받을 수 있는 정당성의 논거를 가지고 의사조력자살의 정당성을 인정할 수 있을지에 대한 찬반 논쟁을 분석하도록 한다(Ⅳ). 이러한 연구를 통해 호스피스·완화의료부터 법제화를 시작하여 최근 연명의료 결정에 대해서도 법제화의 첫발을 디딘 우리나라에도 의미 있는 통찰을 제시하고자 한다.

Ⅱ   호스피스·완화의료 제도와 의사조력자살

호스피스·완화의료는 임종기 의료에서 중요한 부분을 차지한다. 죽음을 앞당길 수 있는 위험에도 불구하고 이중효과의 원리로 정당화될 수 있기 때문에 임종기에 연명의료중단, 의사조력자살과 더불어 임종기에 선택할 수 있는 의사결정의 하나로 꼽힌다. 본 장에서 초점을 맞추는 호스피스 · 완화의료와 의사조력자살의 경계선을 설정하기 위해, 호스피스 · 완화의료, 말기 진정요법, 의사조력자살의 개념과 특징을 다음에서 살펴보고자 한다.

1. 호스피스 · 완화의료 제도의 기원과 개념

호스피스(Hospice)는 host와 hostess의 어원인 라틴어 hospitium에서 유래하였다. 중세 시대의 호스피스는 기독교인의 후원으로 가난한 사람에게 음식과 안식처와 편의를 제공하고 병들어 죽어가는 사람을 돌보는 집을 의미하였다. 6세기에 베네딕토회의 수도사들(Benedictine monk)에 의해 세워진 몬테 카시노(Monte Cassino) 수도원이 가장 유명한 호스피스로 알려지는데 제2차 세계대전을 거치며 파괴되었다. 중세 시대의 호스피스는 순수한 기독교 신앙심의 표현으로 운영된 것으로서 빈민들에게 의식주를 제공하고 환자와 죽어가는 사람들을 돌보는 기능을 하였고 의료 처치는 거의 행해지지 않았다. 종교 중심의 전통적인 호스피스의 형태는 19세기 후반부터 시작된 호스피스 운동이 일어나기 전까지는 몇몇 시설들로 명맥을 유지하다가 정부가 관료주의와 기술 위주로 운영하는 시설로 변모하면서 말기 환자를 돌보는 일은 회피하게 되었다.[3] 그러던 중 20세기 들어서 런던에 세워진 성 요셉 호스피스(St. Joseph's Hospice)에서 일하던 영국인 의료진 시슬리 손더스(Dr. Cicely Saunders)가 말기 환자의 통증 조절을 향상시키는 방법을 소개하면서 호스피스를 장려하는 운동이 본격적으로 시작되었다.[4] 시슬리 손더스는 그 후 1967년에 런던에 성 크리스토퍼

---

3) Margaret A. Crowley, "The Hospice Movement: A Renewed View of the Death Process", 4 J. Contemp. Health L. & Pol'y 295(1988) pp. 296 − 299; 미국 호스피스 · 완화의료 협회 사이트 정보, NHPCO: National Hospice and Palliative Care Organization (https://www.nhpco.org/history − hospice − care, 검색일자: 2018.3.10.) 등 참조.

4) 1950년대에 C.S.루이스 신학교의 학생이자 간호사였던 영국인 여성 시슬리 손더스(Cicely Saunders)는 말기 환자들의 영적 상담을 지지하고 고통 치료법의 향상을 주창하는 캠페인을 시작하고, 사회사업가와 의사로 활동하면서 최초의 현대적 호스피스인 성 크리스토퍼를 설립하여, 현재 영국의 보건 의료 체제의 일부가 되었다. 이안 다우비긴(신윤경 역), 「안락사의 역사」 섬돌출판사, 2007, 188면 참조.

호스피스(St. Christopher's Hospice)를 세워 현대적 호스피스의 모형을 확립하였다.[5] 호스피스란 말기 환자와 그 가족을 전인적으로 돌보는 프로그램이다.[6] 호스피스는 머지않아 죽음이 예상되는 말기 환자를 대상으로 한다. 신체적 통증에 대한 완화의료 이외에 정신적 고통을 덜기 위한 상담을 포함하는 전인적 치료이다. 더 나아가 환자뿐만 아니라 환자 가족까지도 돌봄의 대상으로 한다. 호스피스를 '호스피스·완화의료(Hospice Palliative Care)'라고도 한다. 미국 호스피스 완화의료 협회(NHPCO)에서는 호스피스를 '전문적인 의료, 통증 관리, 정서적 지원, 영적 지원 등을 말기 환자와 가족의 요구와 필요에 맞추어 제공하는 자비로운 보살핌'이라고 정의한다. 호스피스는 '죽음이 삶의 정상적인 과정이고 죽어가는 사람은 따뜻한 보살핌을 받을 권리가 있다'는 믿음과 전제 위에서 출발한다. 즉 모든 사람이 고통 없이 품위 있게 죽을 수 있는 권리를 가지고 있다는 철학을 가지고 있다. 따라서 호스피스는 통증 조절로서 말기 환자가 얼마 남지 않은 시간을 의미 있게 보낼 수 있게 해주고, 그들이 원하는 장소에서, 원하는 사람과 함께, 원하는 방식으로 살 수 있도록 돕는다. 또 아직 끝마치지 못한 일들을 마무리할 수 있도록 도와주고, 삶의 본질에 대한 그들의 질문에 진지하게 대답해 준다. 그렇기 때문에 의료진, 성직자, 자원봉사자, 전문직 인력 등으로 구성된 다학제적인 팀을 이루어 활동하고, 치료 행위(curing)가 아닌 돌보는 행위(caring)에 초점을 두고 가정, 호스피스 시설, 병원, 양로원, 요양 시설 등에서 제공된다. 1981년 세계보건총회(WHA)[7]에서는 호스피스를 의료인과 비의료인, 성직자, 환자의 이웃과 친지가 함께 말기 환자와 그 가족을 돕는 의료적인 보살핌으로 규정하고 각국의 보건의료 전달 체계에 호스피스를 포함시킬 것을 선포한 바 있다.[8] 임종기 환자의 치료와 돌봄에는 환자의 개별적인 필요에 대한 세심한 주의가 요구된다. 임종기 환자를 돌보는 일에는 사생활 보호와는 별개로 환자의 개인적인 필요를 충족시키는 일이 매우 중요하다.[9]

---

5) Robert J. Kastenbaum, 「Death, Society and Human Experience, 7th ed」 Mass: Allyn & Bacon, 2001, p.129, p.151.

6) 최화숙, 「아름다운 죽음을 위한 안내서」, 월간조선사, 2004, 264 – 266면.

7) 세계보건총회(WHA)는 세계보건기구(WHO)의 주요기관으로서 통상적으로 스위스 제네바에서 매년 5월에 열린다. 세계보건기구에서도 말기 환자의 돌봄에 대해 국가적 차원에서 정부가 말기 환자의 고통 해소(pain relief)와 완화적 돌봄(palliative care)를 위한 국가적인 정책과 프로그램을 설립해야 한다고 권고한다.

8) 최화숙, 앞의 책(주 6), 261 – 263면.

　　호스피스 · 완화의료는 임종기에 생명을 단축하지 않으면서 품위 있게 삶을 마무리할 수 있으므로, 생명 단축의 논란이 있는 의사조력자살의 대안으로 제시된다.[10] 임종기에는 항암치료, 인공호흡기와 같은 특수한 연명치료를 중단하는 것이 임종기의 삶의 질을 높이려는 목적의 호스피스 · 완화의료가 제 기능을 발휘할 수 있게 하는 데 도움이 된다. 그러므로 호스피스 · 완화의료가 본격적인 치유와 돌봄의 효과를 가지기 위해서는 연명의료중단이 전제되는 것이 바람직하다.[11] 1980년대 중반 이후 영국과 미국을 비롯한 많은 나라에서 호스피스를 도입하고, 그에 관한 입법을 마련하여 법적인 기반을 구축해 가는 추세이다.[12] 예컨대, 미국에서는 1974년에 처음으로 호스피스가 도입되었으며, 1982년까지 800여 개의 호스피스 프로그램이 미국 전역에서 진행되었다.[13]

2. 의사조력자살의 개념과 이해

　　의사조력자살(PAS)은 의사조력사망(PAD: Physician Assisted Dying), 조력자살(Assisted suicide), 조력사망(Assisted dying, Aid in dying)으로 혼용해서 지칭된다.[14] 의사조력

---

9) Penney Lewis, 「Assisted dying and legal change」, N.Y:Oxford University press, 2007, pp.73 − 74.

10) 엄주희, "환자의 생명 종결 결정에 관한 연구: 입법적 실천 방안을 위한 미국과의 비교법적 모색", 박사학위논문, 연세대학교 대학원, 2013 등.

11) 회복가능성이 희박한 말기 상태에서 적극적 치료에만 매달리다가 생의 마지막 시기를 의식도 없이 힘겹게 보내버리고 나서 뒤늦게 호스피스 · 완화의료를 받게 하는 것은 지양할 필요가 있다. 임종기에 적극적 치료는 환자와 그 가족들에게 마지막 이별의 순간을 빼앗는 무의미한 치료가 될 수 있다. 더 일찍 호스피스를 선택했더라면 환자에게 더 편안하고 의미 있는 마지막 시간이 되었을 것이라는 아쉬움을 보여주고 있는 사례들 : 손명세, "연명치료 관련 의사결정의 정당한 절차와 기준에 대한 지침개발", 「보건의료기술 인프라개발사업 최종보고서」, 보건복지부, 2005; 최화숙, 앞의 책(주 6); 매기 캘러넌(이기동 역), 「마지막 여행」, 프리뷰, 2009; 윤영호, "호스피스 · 완화의료 현황과 발전방안", 「의료정책포럼」 제10권 제4호, 2012 참조; 야마자키 후미오(김대환 역), 「병원에서 죽는다는 것」, 도서출판 잇북, 2011, 126 − 133면.

12) Robert J. Kastenbaum, supra note, p.142.

13) 미국 호스피스의 연혁은 미국 호스피스 · 완화의료 협회(NHPCO)의 내의 정보 참조. (http://www.nhpco.org/i4a/pages/index.cfm?pageid＝3285&openpage＝3285 검색일자: 2018.3.10.)

14) 영국, 호주에서는 조력사망(AD)과 의사조력사망(PAD)을 법률과 법안의 명칭으로 즐겨 사용한다. Medical Treatment (Physician Assisted Dying) Bill 2008, Voluntary Assisted

자살은 자발적·직접적·적극적 안락사15)의 특징을 가지면서도 의사에서 의해 도움
을 받을 뿐 본인이 직접 실행한다는 점에서 자살이라고 불린다는 특징이 있다. 자살
이라는 용어는 자신의 결정에 따라서 자기 자신을 죽이는 행위를 지칭한다.16) 의사
조력자살은 환자 스스로 삶을 종결하겠다는 결정을 하고 그 실행도 본인이 하여 죽
음에 이르는 것인데, 보통의 자살과는 달리 그 자살의 수단만을 의사로부터 제공받겠
다는 것이기 때문에 '의사조력'과 '자살'을 결합한 의사조력자살이라는 용어로 지칭되
는 것이다. 의사의 조력으로는 치명적인 약물을 처방하거나 제공하거나, 본인이 자살
을 실행할 수 있도록 정교한 장치를 만드는 등의 행위를 예로 들 수 있다.17) 조력사
망이라는 용어는 호주나 영국에서는 통상적으로 조력자살 중에서도 말기 환자에게만
실행되는 경우를 일컫는 용어로 사용된다.18) 의사조력자살을 존엄사(Death with
dignity)라고 칭하기도 한다.19) 미국의 경우 '존엄사'라는 용어의 의미는 처음부터 '회

Dying Bill 2017 등 다수.

15) 본 장에서 사용하는 안락사는 사망의 양태를 분류하는 용어로서 자발적/비자발적, 직접적/간
접적, 적극적/소극적 안락사로 분류할 수 있다. 의사조력자살은 자발적,직접적,적극적 안락사
에 해당하는데, 적극적 안락사는 의사조력자살 뿐 아니라 생명을 종결하고 싶다는 환자 본인
의 의사표시에 의하여 타인이 실행을 하고 사망에 이르는 경우까지 포함할 수 있다. 예컨대
(의사든 아니든) 타인이 약물을 주사·투약하여 환자가 사망한 경우는 적극적 안락사라고 할
수 있고, 의사에게 약물을 처방받아서 환자 본인이 약물을 복용한 경우는 의사조력자살로 칭
한다. 법제화 된 국가를 보자면, 스위스, 네덜란드, 룩셈부르크 등에서는 의사조력자살과
적극적 안락사를 모두 허용하고 있고, 미국의 주(州)들에서는 의사조력자살만 허용한다.
16) 송승현, "자살교사·방조죄의 인정여부", 「법학연구」 제25권 제1호, 연세대학교 법학연구원,
2015, 344면; Suicide라는 말은 라틴어의 sui('자신의'라는 뜻)와 cide('죽이다'라는 뜻)의 합
성어로, 자신의 법익을 스스로 침해하는 자기침해행위의 일종이다.
17) 엄주희, "생명권의 헌법적 근거와 연명치료중단에서의 생명권의 보호범위", 「헌법학연구」 제
19권 제4호, 2013, 279면.
18) Penney Lewis, "Assisted dying: what does the law in different countries say?", BBC
News, 2015년 10월 6일자.
　영국 런던의 킹스 칼리지의 법학 교수인 Penney Lewis에 의하면 '안락사'는 의사에 의해
서 행해지는 치사약 주입과 같이, 고통을 줄여주기 위해 생명을 종결시키려는 의도를 가진
타인의 개입이고, '조력자살'은 통상 치사약 처방에 의해 자살할 수 있는 수단을 제공하는 것
과 같이 다른 사람의 자살을 도와주려는 의도를 가진 행동을 의미하며, '조력사망'은 조력자
살 중에서도 말기 환자에게만 의미할 때 통상 사용된다고 하여, 안락사와 조력자살, 조력사
망을 분류해서 설명한다.
19) 영미권에서 의사조력자살의 법제화 운동을 하는 시민단체의 명칭이 'Dignity in Dying'이라
는 것에서도 볼 수 있듯이 존엄사라는 용어는 의사조력자살과 같은 의미로 혼동될 여지가
있다.

복가능성이 없는 말기의 환자가 의사의 조력을 받아 생명을 적극적으로 단축'시키는 의사조력자살 내지는 조력사망을 의미하는 개념으로 출발하였다.[20) 존엄하고 인도적인 죽음이란 죽음을 길게 끌지 않고 고통을 단축시키는 것이라는 의미를 법률 명칭에 담고 있는 것이다. 그러나 '의사조력자살'이라는 용어가 '의사'의 '의학적 조력'에 의한 '환자 스스로의 생명 종결(자살)'이라는 구성요소를 담아서 그 행위를 가장 정확하게 묘사하는 용어이다. 조력사망이나 존엄사라는 용어는 호스피스·완화의료나 적극적 안락사를 칭하는 의미로 모두 사용될 수 있어서 그 의미가 애매하고 윤리적 경계도 흐릴 수 있기에 의사조력자살이라는 용어를 사용하는 것이 바람직하겠다.[21)

현재 미국은 오레곤주(1997년)를 시작으로 하여 워싱턴주(2009년), 버몬트주(2013년), 몬타나주(2009년), 캘리포니아주(2016년), 콜로라도주(2016년), 워싱턴DC(2017년)에서 의사조력자살을 합법적으로 시행하고 있다.[22) 스위스에서는 1941년부터 의사조력자살이 합법화되었고, 네덜란드(2002년), 벨기에(2002년), 룩셈부르크(2009년)에서도 이에 관한 법률이 시행 중이고 이들 나라에서는 신체적 고통뿐 아니라 심리·정신적 고통을 겪는 환자들도 모두 의사조력자살의 대상이 되고 있다.[23) 호주에서는 2017년에 빅토리아주에서 법률이 제정되어 시행 중이다.[24)

의사조력자살을 허용하고 법제화하는 국가들은 호스피스·완화의료의 접근성을 보장함과 동시에, 참을 수 없는 고통을 겪을 경우에 취할 수 있는 마지막 수단으로서

---

20) 미국의 조력사망 내지 의사조력자살에 관한 법안과 법률명으로서 존엄사라는 용어를 사용한다. 오레곤주, 워싱턴주, 워싱턴DC 법안명이 '존엄사'(Death with dignity Bill) 라는 명칭을 가지고 있지만, 그 실질은 기대여명이 한정된 환자(통상 6개월 미만)를 대상으로 적극적인 방법으로 생명을 단축시킬 수 있는 내용을 담은 자발적·직접적·적극적 안락사로서 의사조력자살을 의미한다.

21) 미국의사협회도 2018년도 최근 보고서에서 의사조력자살이 가장 적합한 용어이며, 존엄사, 조력사망이라는 용어가 적절하지 않다는 입장을 밝혔다. REPORT OF THE COUNCIL ON ETHICAL AND JUDICIAL AFFAIRS, CEJA Report 5−A−18.

22) 몬타나주에서는 의사조력자살에 관한 법이 제정된 것이 아니라 Baxter v. Montatna 대법원 판결에서 의사능력이 있는 말기 환자의 요구를 의사가 따를 때 의사를 기소할 법적 근거가 없다고 하면서 말기 환자가 치사약 처방에 접근할 권리가 있다고 판결함으로써 의사조력자살을 합법적으로 인정하고 있다.

23) Grand Duchy of Luxembourg(2015) Euthanasia and palliative care, Grand Duchy of Luxembourg website. (http://www.luxembourg.public.lu/en/vivre/famille/fin−vie/euthanasie−soinspalliatifs/index.html 검색일자: 2018.3.2.).

24) Voluntary Assisted Dying Act 2017, No. 61 of 2017.

생명 종결을 위해 의사의 조력을 받을 수 있는 접근성을 양립 가능한 법적인 권리로
인정한다.[25] 예컨대 호스피스·완화의료와 의사조력자살 두 가지 방법의 접근성이
양립하는 오레곤주의 「존엄사법」에 의하면, 의사조력자살을 선택하는 말기 환자의
대부분이 호스피스 프로그램에 등록된 환자였고, 대부분의 호스피스에서는 의사조력
자살의 선택을 고려하는 환자들에게도 호스피스·완화의료를 계속 제공하고 있다. 의
사조력자살에 관한 법률을 제정·시행하고 있는 네덜란드의 경우도 더 나은 완화의
료를 시행하는 것을 의료 정책의 상당히 중요한 목표로 삼고 있다.

3. 말기 진정요법(Palliative Sedation)

말기 진정요법(terminal sedation)은 완화적 진정요법(palliative sedation)이라고 칭
하기도 하는데, 극심하고 다루기 힘든 고통스러운 증상을 완화하기 위해 임종기에 마
지막 피난처로 사용되는 수단이다.[26] 모니터링을 세팅한 상태에서 진정제를 투약하
는 방식으로 실행되고, 의식이 줄어든 상태로 만들도록 유도하거나 무의식 상태로 만
드는 것을 목표로 한다. 이 요법의 목적은 말기 환자에게 참기 힘든 통증의 부담을
완화해 주려는 것인데, 그렇게 함으로써 환자와 그 환자의 치료에 개입되어 있는 의
료진, 그리고 환자의 가족과 친구들의 도덕적 민감성을 유지하려는 것이다.[27] 무의
식 상태로 만드는 처치와 동시에 인공적인 영양공급과 수분공급의 중단이 함께 세트
를 이루는 방식으로 완화적 진정요법이 이루어질 수 있는데, 영양과 수분 공급이 이
루어지지 않으면 기아와 탈수 때문에 생명의 종결에 영향을 줄 수밖에 없기 때문에

---

25) Roger. S. Magnusson, "Euthanasia: above ground, below ground", 「Law, Ethics and
    medicine」, 2004, pp.444－445, Loreta M. Medina, book editor. 「Euthanasia」, Detroit :
    Thomson Gale, 2005, pp.199－201.
        의사조력자살에 관한 입법을 반대하는 견해에 대해 반박하면서, 호스피스·완화의료의 한
    계를 지적하고 의사조력자살 입법과 호스피스·완화의료가 동시에 모두 제공되어야 한다는
    주장으로서 대표적으로 다음의 견해를 참조 Timothy E. Quill, Margret P. Battin Eds.,
    「Physician－assisted dying : the Case for Palliative Care and Patient Choice」, Johns
    Hopkins University Press, 2009, pp.3－6, pp.323－330.
26) 'Up to Date' website (미국 의료정보 사이트)(https://www.uptodate.com/contents/palli
    ative－sedation 검색일자: 2018.4.23.)
27) Cherny NI, Portenoy RK. "Sedation in the management of refractory symptoms:
    guidelines for evaluation and treatment". 「J Palliat Care」, 10:31, 1994.

이런 형태의 완화적 진정요법이 의사조력자살의 한 유형으로 주장되기도 한다.28)

　　미국의사협회는 2008년도 정기총회에서 통제할 수 없는 통증을 겪는 말기 환자를 무의식 상태로 안정시키는 말기 진정요법이 윤리적으로 허용된다고 발표하였다.29) 그 내용을 보자면, 통증과 고통을 완화해야 할 의무는 치료자로서 의사의 의무의 중심에 있는 것으로서 의사가 환자에게 마땅히 제공해야 할 책무라는 점을 확인하고 있다. 말기 환자가 극심한 통증을 경험하거나 증상에 특화된 공격적인 방식의 완화의료 수단을 모두 취한 후에도 고통이 가라앉지 않고 고통스러운 임상적 증상이 나타날 때는 마지막 수단으로서 말기 진정요법을 제공하는 것이 적절할 수 있다. 말기 진정요법은 의도적으로 환자의 사망을 발생시키기 위해 사용되어서는 안 된다. 말기 진정요법을 취하기 위한 절차는 첫째 환자가 앓고 있는 말기 질환의 마지막 단계에서 사용되도록 제한되어야 하고, 둘째, 증상에 특화된 완화의료가 충분히 실행이 되어서 이제 말기 진정요법이 가장 적합한 과정인지를 확인하기 위해서 다학제적인 호스피스 · 완화의료 팀과 상의를 거쳐야 하고, 셋째, 환자와 환자의 지정 대리인에게 동의를 얻어야 하며, 넷째, 모든 증상 관리에 관한 의료적 개입을 논리적으로 입증할 수 있는 의료 기록을 작성해 놓아야 한다. 다섯째, 환자나 환자가 의사능력을 결한 경우에는 지정 대리인에게 설명에 의한 동의를 구해야 하고, 여섯째, 환자나 지정 대리인에게 완화요법의 정도와 기간 및 연명의료의 보류 · 중단 · 지속에 관한 특정 기대들과 관련된 돌봄 계획에 관해서도 상담을 해야 하며, 일곱째, 진정요법이 시작된 후에 모니터링 해야 한다. 이상의 절차를 준수하면서 진행하되, 난치성 임상 증상을 다루는 데 말기 진정요법을 제공해야지, 죽음에 대한 염려, 고립감, 통제력의 상실감 등에서 나오는 존재론적 고통에 대응하기 위해서 말기 진정요법을 제공해서는 안 된다. 존재론적인 고통은 적절한 사회 · 심리적 · 영적 지원을 통해 다루어져야 한다고 미국의사협회는 권고하고 있다.

---

28) Sheila A.M. Mclean, "Terminal Sedation─ Good Medicine, Good Ethics, Good Law", 16 「QUT law Review」 113, 2016, pp. 123─124; David Orentlicher, "The Supreme Court and Terminal Sedation : Rejecting Assisted Suicide, Embracing Euthanasia", 24 「Hastings Constitutional Law Quarterly」 947, 1997, p. 956.

29) REPORT OF THE COUNCIL ON ETHICAL AND JUDICIAL AFFAIRS(CEJA), CEJA Report 5─A─08. Subject: Sedation to Unconsciousness in End─of─Life Care; Code of Medical Ethics Opinion 5.6(AMA Principles of Medical Ethics: I, VII).

Ⅲ 호스피스 · 완화의료의 정당성에 관한 판례와 입법

말기 환자의 통증 완화를 위한 처방이 우발적으로 죽음을 앞당기게 되더라도, 이는 이중효과(double effect)의 원리로서 전통적으로 윤리적·법적 정당성을 인정할 수 있다. 의사가 환자를 죽이려는 동기나 의도, 즉 살인의 고의가 없었다면 설령 환자의 죽음을 앞당긴다 하더라도 통증을 경감하는 적절한 완화의료로서 정당성을 확보할 수 있는 것이다.30) 환자를 죽이려는 고의가 있었는지 여부로서 가벌성을 가린다는 것인데, 실제 의료 현장에서 환자의 요청에 의해 완화의료를 실행할 때는 말기 진정 요법을 포함한 완화의료였는지 의사조력자살이었는지 그 구분이 쉽지 않기 때문에 여러 판례에서 다루어져 왔다. 또한 완화의료의 이중효과를 인정함으로써 의사의 형사책임을 면제하는 법령을 여러 나라에서 발견할 수 있다.

1. 판례

영국의 R v. Adams 판결에서는 의사가 '통증과 고통 완화를 위해 적절하고 필요한'31) 의료 처치를 취하는 과정에서 '부수적으로(incidentally)' 생명을 단축시키는 결과가 나타난 것이라는 이중효과의 원리로서 의사의 형사 책임을 방어하는 논리를 최초로 개진하였다.32) 1992년 R v. Cox 판결은 담당의사가 말기 환자에게 염소산 칼륨(potassium chloride)의 치사량을 주사함으로써 즉각 죽음에 이르게 만들어 살인죄로 기소한 사건으로서, 검찰 측은 환자에게 주사한 양과 방법을 감안할 때 의사의 주사 행위의 동기는 환자의 생명을 종결하려는 것이라는 증거를 제시하였고, 피고 측에서는 행위의 주요 동기가 말기 환자의 고통을 완화하는 것이었으므로 환자를 죽이려

---

30) 미국의사협회도 1988년에 발표한 보고서에서 "말기 환자의 통증을 완화하기 위해 필요한 마약성 약물의 투약은 설령 약물의 효과로서 생명을 단축할 수 있다고 하더라도 적절한 치료라고 할 수 있다"라고 하여 완화의료에 사용되는 투약에 대한 지침을 밝히고 있다. "Decisions Near the End of Life" CEJA Report C−A−88 (Report of the Council on Ethics and Judical Affair), JAMA. 1992; 267: 2229−2233.

31) all that is proper and necessary to relieve pain and suffering.

32) R v. Adams (1957) Crim. LR 365.; Robert Young. 「Medically assisted death」, Cambridge University Press, 2007, pp.101−102.

는 동기가 아니었다고 주장하였다.33) 재판부는 "의사가 환자에게 염소산 칼륨을 주사한 주요한 목적이 환자를 죽이는 것 내지 환자의 사망을 앞당기기 위한 것이라면 살인죄에 해당한다. … 하지만 의사의 어떤 치료가 환자에게 치료상으로 또는 진통제로서 이익이 된다고 순수하게 믿었을 경우에는 생명의 위험을 가져온다고 하더라도 의사는 그 치료를 행할 정당한 권한이 있다"고 판시하였다.34) 환자의 고통을 완화하기 위해 치사량을 주사하는 행위의 간접효과에 의해 사망이 발생하더라도 그 정당성이 인정된다는 것이다. 여기서 정당성을 부여하는 논거가 바로 전통적으로 완화의료의 정당화하는 이중 효과의 원칙인데, 설령 잘못된 결과가 예견될 수 있다고 하더라도 선한 목적하에서 이루어질 때 피할 수 없는 결과라면, 의사의 결정이 의료의 전문적인 기준에 따라 이루어진 것이고 환자나 환자 대리인이 동의한 것이며, 그 선한 목적이 의도하지 않은 부작용과 해를 능가하는 것이라면 정당성이 있고 사회상규에 반하지 않는다는 이론이다.35)

　1997년 미국 연방대법원은 Glucksberg 사건과 Quill 사건 판결에서 조력자살을 금지하고 있는 워싱턴주의 법률과 뉴욕주 법률을 모두 합헌으로 판단하면서,36) 완화의료의 성격을 규정하고 의사조력자살과 구분되는 법적 평가에 대해 판시하였다. "고통을 적극적으로 치료하는 의사가 사용한 약물이 설령 환자의 죽음을 앞당기게 되더라도 의사의 주요한 의도와 동기는 환자의 고통을 완화하려는 것이다. 그러나 환자가

---

33) R v. Cox (1992) 12 BMLR 38.
34) Roger S. Magnusson, "The traditional account of ethics and law at the end of life — and its discontents", Legal Studies Research Paper No.09/114, Sydney law School (2009. 10), pp. 16−17.
35) 이중효과 이론 내지는 간접 효과를 허용함으로서, 많은 국가에서 호스피스·완화의료의 법적 타당성이 인정되고 있다. Sjef Gevers, "Terminal Sedation: a Legal Approach" 10 「European Journal of Health Law」 359, 2003, p.364. 우리나라 형법학계의 경우도, 불치병으로 사망에 임박하였을 때 환자의 극심한 고통을 제거하거나 완화할 목적인 경우에 환자의 진지한 촉탁과 승낙에 의하여 의사의 시술로서 등 일정한 요건을 갖춘 경우, 형법 제20조의 사회상규에 위반되지 아니하는 행위, 피해자의 승낙이나 긴급피난, 또는 형법 제20조의 업무로 인한 행위로 위법하지 않다거나, 허용된 위험이라는 사유 등으로 간접적 안락사에 대한 정당성을 인정한다. 김재윤, 「생명의 형법적 보호」, 전남대학교출판부, 2014, 168면.
36) 국가(州)가 가지고 있는 생명 보호 의무와 의료의 남용으로부터 취약층을 보호해야 할 기본권 보호의무가 있다고 판단하면서, 청구인들이 죽을 권리(right to die)라고 주장하는 의사조력자살의 권리는 헌법적 권리가 아니기 때문에 헌법상 보장되지 않고, 말기 환자의 고통과 필요를 해결해주는 문제는 입법(입법자와 유권자)에 맡겨 해결할 수 있다고, 즉 법률의 문제라고 판시하였다.

자살에 사용할 것을 알면서 처방전을 써주는 의사의 의도나 동기는, 필연적으로 의심의 여지 없이 확실하게 환자를 죽게 만들려는 것이다. 행위자의 의도, 동기와 목적을 가지고 동일한 결과를 가져오는 두 가지 행동을 구별하는 데 사용하는 것이 오랜 법적 전통이다."라고 판시하여 말기 진정요법을 포함하여 완화의료와 의사조력자살 사이의 차이를 명확히 하였다. 생명을 단축시키는 효과를 가져올 수 있는 완화의료와 같이 공격적인 완화의료(aggressive palliative care)라 하더라도 의료 처치의 목적과 동기가 오직 환자의 고통을 완화하기 위함이거나 그럴 가능성이 있는 경우에는 정당하다고 판단한 것이다.37) 즉 죽음을 앞당기는 효과를 가진 말기 진정요법, 무통증 치료법과 같은 공격적 완화의료도 환자 고통의 완화를 목적으로 정당하게 사용될 수 있다. O'Connor 대법관은 보충의견을 통해 다음과 같이 완화의료를 받을 권리가 헌법적으로 보장된다고 밝혔다. "말기 환자는 설령 완화의료로 인해 죽음이 앞당겨지거나 무의식 상태를 유발하는 지점에 이른다고 하더라도 고통을 완화하기 위하여 자격을 갖춘 의사로부터 완화의료를 제공받을 수 있는 권리가 있고 이러한 치료를 받는 데 어떠한 법적인 제재도 없다. 환자는 삶의 마지막 날까지 자신이 겪는 고통으로부터 완화의료를 받을 헌법적 권리가 있다"고 하였다.38) 연방대법원은 완화의료와 의사조력자살을 구분하고 있으며 공격적인 완화의료를 정당하다고 규정한 주(州)의 법조항도 헌법에 합치한다고 해석하고 있다.39)

2. 입법례

이중효과의 원리를 인정하고 있는 입법례는 미국과 호주의 주 법률과 프랑스의 법률 등에서 찾아볼 수 있다. 미국의 워싱턴주, 인디아나주, 아이오와주, 켄터키주, 미네소타주, 오하이오주, 로드아일랜드주, 사우스다코타주, 미시간주, 테네시주 등40)의

---

37) Vacco v. Quill, 521 U.S. 793 (1997), 802.
38) 117 S. Ct. at 2303. (1997).
39) Washington v. Glucksberg, 521 U.S. 702 (1997), 780.
40) 워싱턴주 Wash. Rev.Code §70.122.010 (1994), 인디아나주 Ind.Code §35−42−1−2.5 (a)(1) (Supp.1996), 아이오와주 Iowa Code Ann § 707A.3.1 (West Supp.1997), 켄터키주 Ky.Rev.Stat. Ann §216.304 (Michie 1997), 미네소타주 Minn.Stat. Ann. §609.215(3) (West Supp.1997), 오하이오주 Ohio Rev.Code Ann §§ 2133.11(A)(6), 2133.12(E)(1) (1994), 로드 아일랜드주 R.I. Gen. Laws §11−60−4 (Supp.1996), 사우스 다코타주 S.D.

법률에서 죽음을 유발할 고의를 가지고 있지 않는 한, 고통 완화를 위한 처방이나 처치가 죽음을 앞당긴다고 하더라도 그러한 처방이나 처치가 조력 자살 금지법의 위반이 아니라고 규정한다. 메인주, 뉴멕시코주, 사우스캐롤라이나주, 버지니아주 등[41]의 법률에서는 죽음을 앞당기게 될 수도 있는 통증 완화의료를 허가하기 위해서는 헬스케어 지시서(Health Care Directives)에 환자가 서명하여야 한다고 규정한다.

　호주에서도 사우스 오스트레일리아주가 1995년에 제정한 「의료처치와 완화의료의 동의에 관한 법률」(Consent to Medical Treatment and Palliative Care Act 1995) 제17조 등에서 ① 의료진이 환자나 환자 대리인의 동의 하에 ② 완화의료에 관한 적절하고 전문적인 기준에 따라 ③ 과실 없이 선한 동기로 의료 처치를 했을 경우에 그러한 처치에 의해 죽음을 앞당기는 부수적인 효과(incidental effect)가 있다고 하더라도 그 의사는 형사책임을 지지 않는다고 규정하고 있다.[42]

　프랑스의 경우 1999년 쿠쉬네법(Loi Kouchner, 완화처치에의 접근권을 보장하는 목적의 1999년 6월 9일 99-477호 법률)으로서 무의미한 연명치료의 제한 절차와 진정 치료, 완화의료를 받을 권리를 처음으로 도입하였고, 2005년 레오네티법(Jean Leonetti, 환자의 권리와 임종기에 관한 2005년 4월 22일 법률)으로서 환자의 치료 중단 시에 환자가 치료의 중단 때문에 고통받지 않도록 완화의료를 강화해야 한다는 내용을 규정하고 있다. 그래서 프랑스 공공보건법으로 호스피스·완화의료를 받을 권리를 명시하고, 고통을 완화하는 치료가 그 부작용, 이중효과 내지 부수적 효과로서 여명을 단축하게 된다 하더라도 일정한 요건 하에서 그 완화의료를 시행할 수 있다.[43]

　Codified Laws §22-16-37.1 (Supp.1997), 미시간주 Mich. Comp. Laws Ann. §752.1027(3) (West Supp. 1997), 테네시주 Tenn.Code Ann. §39-13-216(b)(2) (1996).
41) Me.Rev.Stat. Ann., Tit. 18-A, §§5-804, 5-809 (1996), 뉴멕시코주 N.M. Stat. Ann. §§24-7A-4, 24-7A-9 (Supp.1995), 사우스 캐롤라이나주 S.C.Code Ann. §62-5-504 (Supp.1996), 버지니아주 Va.Code Ann. §§54.1-2984, 54.1-2988 (1994).
42) 이밖에도 호주의 여러 주에서 의사의 완화의료에 대해 형사책임 면책 조항을 두고 있다. 웨스턴 오스트레일리아주 형법 제259조(1992년 신설), 퀸즈랜드주 형법 제282A조(2003년 신설), 호주 수도 특별자치구(ACT) 의료처치(의료지시)에 관한 법 제17조(1996년 신설) Criminal Code (WA) s.259, Criminal Code (Qld) s.282A, Medical Treatment (Health Directions) ACT 2006 (ACT) s.17 등.
43) 이지은, "존엄사의 법제화와 완화의료 - 프랑스 레오네티법 개정 논의를 중심으로", 「법학논총」 제34권, 숭실대학교 법학연구소, 2015.7, 10-11면; 프랑스 공공보건법 제1110-5조 4항 "모든 사람은 고통을 완화할 처치를 받을 권리가 있다. 고통은 모든 상황에서 예고되고, 측정되고, 고려되고, 치료되어야 한다". 동조 제5항 "의료진은 환자에게 사망 시까지 존엄한

대만에서는 1990년에 기독교단체를 중심으로 호스피스·완화의료가 도입되어, 2000년 5월에 호스피스 관련 법안인 「자연사법」(The Natural Death Act)이 의회를 통과하였고, 2000년 6월에 「호스피스·완화의료 조례」[44](安寧緩和醫療條例, The Hospice and Palliative Act)가 제정·공포되었다. 이 법에서 호스피스·완화의료, 말기 환자, 심폐소생술(CPR[45]), 연명의료 등에 대한 개념 정의(호스피스·완화의료조례 제3조), 호스피스·완화의료와 연명의료 중단의 신청 절차 및 요건(동법 제4조~제7조), 심폐소생술 시행거부요건(제7조), 의사의 호스피스 사전고지의무(제8조) 및 기록보존(제9조) 등을 명시하고 있다. 연명의료의 선택이나 호스피스·완화의료를 시행하기 위한 요건은 사전에 호스피스·완화의료 의원서(選擇安寧緩和醫療意願書, 이하 '의원서'로 약칭함)의 작성을 통해서 가능하다. 호스피스·완화의료 또는 연명의료를 선택한다는 내용의 의원서에 말기 환자가 사인을 하고 2명 이상의 증인이 있으면 된다(제4조). 심폐소생술의 거부나 연명의료의 보류도 2명의 의사로부터 말기 환자라는 진단이 있는 환자에게 허용되는 것으로 환자가 작성·서명한 의원서가 있어야 한다. 이 법제에서는 '호

임종을 보장하기 위하여 할 수 있는 모든 수단을 시행한다. 만약 의사가 그 원인이 무엇이건 간에 중하고 회복불가능한 질병의 말기 환자의 고통을 부차적인 효과로 여명을 단축할 수도 있는 치료에 의해서만 완화할 수 있음을 확인하면 이 사실을 환자, 후견인, 가족 또는 가족이 없으면 지인에게 이를 고지하여야 한다. 이후의 절차는 의료 서류에 기재 한다" 제1110-10조 "완화의료는 기관 또는 주거지에서 제 분야의 전문가진에 의해 계속적으로 실행되는 적극적 처치이다. 이것은 고통을 완화하고, 육체적 통증을 감소시키며, 환자의 존엄을 수호하고 환자 측근을 지지하는 것을 목적으로 한다"라고 규정한다.

44) 문헌에 따라서는 '안녕완화의료조례'라고 번역할 수도 있다.

45) 심폐소생술(CPR: Cardiopulmonary Resuscitation)은 돌발적이고 예기치 못한 죽음을 방지하기 위해 행하는 치료로서 아직 진단을 받지 못했거나 예후가 희망적인 환자에게 시행될 수 있고 다소 침습적이고 공격적인 치료(전기충격, 심장 마사지, 카테터, 인공호흡기, 정맥주사 등)라 하더라도 그 정당성이 인정된다. 회복불가능한 말기 환자의 경우의 CPR의 경우에는 사전연명의료의향서로서 미리 CPR을 거부한다는 의사표시를 하면 CPR 시행이 금지될 수 있다. 미국에서는 사전의료지시(advanced directives)의 일부로 들어가기도 하고 DNR (Do not resuscitate, 심폐소생술금지) 서식을 만들어 사용하기도 한다. Keith M. Trandel-Korenchuk and Darlene M. Trandel-Korenchuk, 「Nursing and The Law 5th ed」, Aspen Publshers, 1997, p.235. 우리나라 연명의료결정법 제정 전에는 의료 현장에서 관행적으로 환자가 아닌 보호자의 동의만으로도 심폐소생술을 거부할 수 있는 DNR 서식이 많이 사용되어왔으나, 2018년 2월 4일 연명의료결정법 시행 이후 법적 효력을 인정받지 못하게 되자 이에 대한 개선 요구가 많이 일어나고 있다. "연명의료법 시행 후 DNR 효력 없다?…임상현장 혼란", 청년의사 2018년 1월 25일자(http://www.docdocdoc.co.kr/news/articleView.html? idxno=1051859 검색일자: 3.10.).

스피스·완화의료 또는 연명의료를 선택'하도록 규정함으로써 호스피스·완화의료를
선택한다는 것이 연명의료를 더 이상 하지 않겠다는 의사표시로 받아들이도록 한
다.46) 2016년 1월에는 「호스피스·완화의료 조례」보다 더 임종기에 접어든 환자
의 의료 선택의 권리를 강하게 보호하는 법인 「환자 자주 권리법」(病人自主權利法,
Patient Autonomy Act)이 제정·공포되었고, 2019년부터 시행을 앞두고 있다. 이 법
에서는 1) 의료기관에서 사전 의료 돌봄의 상담을 하고 사전 의료 결정에 날인하거
나, 2) 공증을 받거나 2명의 증인이 있거나, 3) 국민 건강보험 카드에 등록한 경우에,
인공영양공급과 수분공급의 중단을 포함하여 연명의료의 중단을 허용(환자 자주 권리
법 제9조 사전 의료 결정의 절차)하고, 이러한 사전의료 결정을 할 수 있는 환자의 범위
를 말기 환자뿐 아니라 비가역적 혼수상태, 지속적 식물상태, 매우 중한 치매 환자까
지 확장(동법 제14조)하고 있다.

　우리나라의 경우 1978년 6월 강릉의 갈바니 병원에서 호스피스 활동을 시작했으
며 1982년 서울 강남성모병원을 중심으로 본격화되었다. 말기 암환자의 호스피스·
완화의료를 규정하는 「암관리법」 개정안이 2010년 5월 31일자로 국회를 통과하여
말기 암환자를 대상으로 2011년 6월 1일부터 시행되다가, 현재는 「호스피스·연명의
료 및 임종과정에 있는 환자의 연명의료결정에 관한 법률」(약칭: 연명의료결정법)로 개
정되어 말기 환자와 임종과정에 있는 환자를 대상으로 확대되어 2018년 2월 4일부
터 시행되고 있다. 연명의료 중단에 관한 처음으로 제정된 법률로서, 하나의 법률에
호스피스·완화의료와 연명의료 중단에 관한 결정을 함께 규정하고 있는 것이다. 다
만 호스피스·완화의료의 선택과 연명의료 중단 등 결정을 분리하여 선택하도록 하
고 있어 호스피스·완화의료 기관에서도 다시 연명의료 중단에 대해 동의를 별개로
받아야 하는 것으로 해석될 여지가 있다.47)

---

46) 우리나라의 경우도 이와 유사하게 2008년 12월에 발의된 '호스피스·완화의료에 관한 법안'
　　에는 호스피스 완화의료 신청 시에 의사의 소견서와 사전의사결정서(연명치료 거부 및 호스
　　피스 완화의료 이용에 대해 모두 동의한다는 의사를 표시)를 첨부하여야 한다고 규정(법안
　　제9조 제2항) 제시하였으나, 현재 제정된 연명의료결정법에는 호스피스완화의료를 신청할
　　때 연명의료 중단 여부에 대해서 동의를 묻지 않고, "호스피스 동의서와 호스피스대상환자임
　　을 나타내는 의사소견서를 첨부하여 호스피스전문기관에 신청하여야 한다"고만 규정되었다
　　(법 제28조 제1항).
47) 호스피스·완화의료 및 임종과정에 있는 환자의 연명의료결정에 관한 법률 시행규칙 [별지
　　제6호 서식] 에 호스피스 이용계획 – 이용 의향이 있음/ 없음 중 선택하도록 하고 있고, 연명

Ⅳ 의사조력자살과 호스피스 · 완화의료 사이의 경계

고통 받고 있는 말기 환자를 죽음에 이를 때까지 혼수상태로 빠뜨려 통증을 진정시킴으로써 말기의 난치성 통증을 해결하는 형태, 즉 말기 진정요법은 법적 · 윤리적 정당성은 인정될 수 있지만, 이 때문에 말기 진정요법과 의사조력자살과 차이점이 어디에 있는지, 의사조력자살을 말기 진정요법과 마찬가지로 완화의료로 볼 수 있지 않는가 하는 논쟁이 있다. 사실상 환자의 죽음을 예견가능하고 죽음이 피할 수 없으며 예정된 것으로서 내심 바라고 있는 결과인지도 모르는 상황인데도, 죽음을 의도하지 않고 원치 않은 부작용에 의한 결과라고 단언하기는 어렵기 때문이다. 따라서 공격적인 완화의료로 인한 원치 않는 부산물로 죽음에 이른 것이라고 구성하는 것이 법적인 분쟁을 피하는 데 도움이 될 수는 있어도, 의료진에게 법적 분쟁을 회피하기 위한 피난처를 주는 이론 구성이며 자기 기만적 형태라는 비판인 것이다.[48]

완화의료 전문가들의 주장에 따르면, 호스피스 · 완화의료의 전문가가 관리하는 말기 환자의 경우에는 난치성 통증 조절을 위하여 지속적인 혼수상태에 빠지는 일은 거의 없다고 지적한다.[49] 그러나 의료 현실에서 말기 진정상태에 빠지는 경우가 그리 드문 일은 아니다.[50] 말기 환자에 대해 완화의료를 실시할 때 의사에게 살인의 고의가 있는가를 판단하기는 상당히 어렵기 때문에 완화의료와 불법적인 의사조력자살을 구분하기는 쉽지 않다. 그래서 의사조력자살을 완화의료의 한 종류로 인정해야

의료중단등 결정으로 심폐소생술 등 몇가지 의료시술을 선택 표시를 하도록 명시되어 있고, [별지 제20호 서식]에서 호스피스 · 완화의료 이용동의서 – 유의사항에는 "호스피스전문기관의 이용 시 작성하는 동의서이며, 연명의료중단등결정에 대한 동의서가 아닙니다"라고 명시되어 있다.

48) Lowey, E. "Terminal sedation, self – starvation, and orchestrating the end of life", 「Archives of Internal Medicine」, 161 (2001) p.331; Roger S. Magnusson, supra note, p.18.

49) Robert J. Kastenbaum, supra note, p.142.

50) Roger S. Magnusson, supra note, pp.17 – 19.
  Kaldjian이 2004년에 시행한 설문조사에 따르면 미국 의사의 78%가 말기 환자의 난치성 통증을 완화하기 위하여 말기 진정 요법(terminal sedation)를 사용하는 것을 선호한다고 답하였고, 98%가 죽음을 앞당길 위험이 있는 공격적인 완화의료(무통 요법)을 선호한다고 응답하였다. Kaldjian, L. et al., "Internists' attitudes towards terminal sedation in end of life care". Journal of Medical Ethics, 30 (2004) pp.499 – 503.

한다는 견해에 대해 찬반이 나누어진다.

1. 호스피스 · 완화의료와 조력자살의 분리 불가분성: 의사조력자살을 완화의료의 하나로 정당화하는 입장

　　호주 멜버른대학교 의과대학의 Rodney Syme, 시드니대학교 로스쿨의 Roger Magnusson, 미국의 Timothy Quill[51] 등의 학자들은 완화의료와 의사조력자살을 이분법적으로 구분하는 전통적인 견해를 비판하면서 의사조력자살을 완화의료의 한 종류로서 의사조력자살을 허용해야 한다고 주장한다.[52] 그 근거로 첫째, 말기 진정요법의 경우 환자의 고통을 완화하려는 의도가 주된 목적이지만 이로 인해 생명 종결이 올 수도 있음을 예견하면서 실행하는 것이기 때문에, 생명을 단축하거나 죽음을 앞당기려는 의도가 전혀 없다고 할 수 없으므로, 결국은 영양공급과 수분공급의 중단을 포함한 연명의료의 중단, 말기 진정요법, 의사조력자살을 사실상 구분할 수 없게 된다. 그러므로 말기 진정요법이 정당화되는 것과 마찬가지로 의사조력자살도 그렇게 되어야 한다는 것이다. 둘째, 공격적인 방법으로 고통을 완화할 필요성과 생명을 단축할 의도가 동시에 존재할 수밖에 없는데, 의사가 조력할 수밖에 이유는 환자의 최선의 이익을 위해서라는 것이다. 의사들은 말기 환자의 통증을 완화시켜 주어야 하며, 통증이 극심한 경우에는 이 환자가 사망하거나 지속적인 의식불명이 되지 않는 한 통증이 완화되지 않을 것이라고 느낀다. 즉 말기 환자에게 극심한 고통을 계속 감수하게 하기보다는 생명을 단축시키겠다는 의학적 선택을 하는 이유는 의사가 그것을 원하거나 좋아해서가 아니라 그 상황에서는 환자가 표현한 "최선의 이익"에 따라 행동을 취할 필요성이 있다고 느끼기 때문이라는 것이다. 셋째, 말기 진정요법보다 의사조력자살의 방법이 환자에게 더 인도적인 삶의 마무리가 될 수 있기 때문이다. 영양과 수분공급의 중단과 함께 환자가 기아 · 탈수 상태를 느끼지 못하도록 말기 진정요법으로서 진정제를 사용하는 것은, 호스피스 · 완화의료의 하나로 인정되어 미국의 모든 주에서 이에 관한 법적 정당성 근거를 가지고 있다. 이러한 과정으로 환자가

---

51) Timothy Quill, Doctor, "I want to die, will you help me?" 「JAMA」 1993; 270; 870 – 873.
52) Roger S. Magnusson, supra note, p.20.

의식이 없는 상태로 사망하는 데 까지 약 2주의 시간이 소요될 수 있다. 반면 오레곤 주와 같이 의사조력자살법에 의해 치명적인 약물을 처방한다면 수 분 내로 수면 상태에 들어가고 통상 몇 시간 내로 사망에 이르게 되기 때문에 오히려 환자에게 더 인도적이며 인간적인 결정이 될 수 있다는 견해이다.53) 넷째, 의사는 고통 받는 환자의 자율성을 존중해 주어야 하며, 이렇게 하는 것이 생명의 존엄성 보호라는 헌법 정신에 부합한다는 것이다. 의사조력자살의 핵심은 참을 수 없는 고통을 완화해달라는 환자의 이성적인 요청에 응답하여 의사가 존엄하게 환자의 생명을 다루는 행동이라고 주장한다.54) 이는 존엄한 죽음을 원하는 환자의 요청에 대한 의사의 반응으로서 환자 중심적인 행동이기 때문에 바람직하다는 것이다.55) 다섯째, 말기 환자의 사망을 조력하는 의사의 행위가 의료윤리 면에서 선행의 원칙이나, 의사로서의 직업윤리에 반하지 않을 수 있다는 주장이다. 어떤 환자가 극심한 고통을 가지고 있을 때 그 고통을 완화해 주고 어차피 다가올 죽음을 좀 더 견딜만하고 존엄하게 다루는 것도 의사의 직업윤리의 충실성이라고 볼 수 있는데, 이를 실행하기 위한 약물 처방을 거부하는 것이 오히려 치료자로서의 의사의 직업윤리와 상반될 수 있다는 것이다. 미국 연방대법원의 Sandra Day O'Connor 대법관도 의사조력자살을 금지하는 법률의 합헌성을 다룬 Glucksberg 사건56)과 Quill 사건57) 판결의 보충의견으로서 "말기 진정

---

53) Carrie L. Snyder, book editor. 「Euthanasia」 2006, pp.165 – 166.

54) Matthew P. Previn, 'Assisted Suicide and Religion : Conflicting Conceptions of the Sanctity of Human Life', 「Georgetown Law Journal」 Vol. 84, 1995–96, p.616. 생명의 존엄성에도 여러 종류의 개념이 있다고 하면서 전통적인 유대 그리스도교(보수 기독교)의 개념에서 생명의 존엄성이 미국에 지배적인 개념이었지만, 현재는 상당수의 미국인이 그 개념을 선호하지 않고, 이성적 도덕적 선택을 통해 생명을 정의하고 자유의지를 실행하는 인간의 능력으로 인해 생명의 존엄성을 설명하는 인도주의적 개념의 생명의 존엄성을 믿는다고 주장한다. 따라서 인도주의적 개념의 생명의 존엄성 개념에서는 의사조력자살이나 안락사가 생명에 대한 궁극적인 존중을 의미한다는 것이다.

55) Rodney Syme, 「A Good Death: An Argument for Voluntary Euthanasia」, Melbourne University Publishing, 2008, p. 27, Roger S. Magnusson, supra note, pp.20 – 30. 그 밖에도 호스피스·완화의료의 목표를 모든 말기 환자에게 획일적으로 적용할 수 없다는 점, 고통을 의미 있게 받아들이지 못하고 단지 길고 힘든 가시철조망을 통과하는 것처럼 아무 의미없이 죽음만 기다리는 환자들이나, 극소수라 하더라도 호스피스·완화의료로 해소하지 못하는 극한 통증을 가진 말기 환자들이 있다는 점 때문에 호스피스·완화의료 이외에 의사조력자살의 독자적인 필요성이 있다고 주장하며, 의사조력자살과 호스피스 완화의료를 대립 구조로 보는 견해에 강한 이의를 제기한다.

56) Washington v. Glucksberg, 521 U.S. 702, 117 S.CT.2258 (1997).

요법의 처방을 통해 말기 환자의 죽음을 앞당길 수도 있는 결정에 이미 관여하고 있기 때문에, 전통적인 관점에서의 의사의 역할과 실제 실행 사이에는 의미심장한 긴장이 존재한다"라고 하면서 의사조력자살 정당화의 가능성을 열어두었다.

이와 같이 의사조력자살과 완화의료의 구분에 관한 논쟁이 완화의료를 포함한 임종기 보건의료 제도를 발전시키는 자극제가 될 수도 있다. 예컨대, 호주의 노던 테리토리주(Northern Territory)에서는 의사조력자살을 규정한 법률이 1996년에 제정되었다가 6개월 만에 폐기되었는데 이러한 과정에서 의사조력자살을 합법화하려는 노력이 정부 차원의 의료 정책의 구상을 촉진하고 임종기 의료를 위한 예산을 증진시키는 촉매제로 작용했다고 평가된다.[58] 독일에서도 국가윤리위원회가 2014년 말에 의사조력자살의 규제에 대해 권고안을 내놓으면서 보건의료 시스템에서 호스피스 · 완화의료와 돌봄에 관한 입법적 지침을 더 강화할 것을 권고한 바 있다.[59]

2. 호스피스 · 완화의료와 의사조력자살을 분리해야 한다는 입장

의사조력자살의 허용을 반대하는 입장에서는 약물의 질이 치료적인 성질이 있는지 여부와 약물의 양이 환자의 통증 및 고통과 균형을 이루는지 여부에 따라서, 의사조력자살과 완화의료 간의 법적 · 윤리적인 경계가 더 명확하게 구분된다고 주장한다. 말기 진정요법을 포함한 호스피스 · 완화의료의 목적은 환자가 죽을 수 있도록 의료 서비스를 제공하는 것이 아니라 육체적 또는 정신적 고통을 감소시키는 것, 즉 환자의 사망이 목적이 아니라 질병의 말기에서의 진정이 목적이라는데 그 근본적 차이가 있다. 말기 진정요법은 사망을 앞당기는 메커니즘이 아니고, 말기 진정요법이 호스피스 · 완화의료의 하나의 방법으로서 통증 완화를 위한 최후 수단으로 사용될 때 환자

---

57) Vacco v. Qull, 521 U.S. 793 (1997).

58) 호주와 마찬가지로 미국의 경우에도 의사조력자살의 입법화를 포함한 '죽을 권리 운동'(right to die movement) 이 말기 환자와 그 가족들에 대한 신체적, 심리 · 정신적, 영적인 면을 포괄하는 전인적 의료의 필요성을 부각시키고, 임종기 돌봄 의료의 질을 높이는데 기여를 해왔다고 평가된다. Lisa Yount, Physician－Assisted Suicide(N.Y : Facts on File, 2000), p. 50.

59) Deutscher Ethikrat, Zur Regelung der Suizidbeihilfe in einer offenen Gesellschaft: Deutscher Ethikrat empfiehlt gesetzliche Stärkung der Suizidprävention, 19. Dezember 2014, p.2.

가 사망하는 것은 죽음의 자연스러운 과정 속에서 기저 질환의 진행으로 인해 사망
하는 것이다.[60] 호스피스·완화의료를 진행하면서 말기 진정요법을 쓰게 되는 대부
분의 환자는 사망의 과정 때문에 음식물과 물의 섭취가 거의 줄어들고, 음식에 대한
욕구도 없어지게 된다. 이런 경우에 특히 사망이 임박한 경우[61] 인공적인 영양과 수
분공급은 환자에게 오히려 큰 해와 부담이 되기 때문에 자연적이든 인공적이든 영양
과 수분공급을 중단하게 되는데, 이런 시점에 시작된 말기 진정요법은 환자의 죽음을
앞당기는 것이 아니라는 것이다.[62] 이러한 시나리오에서 말기 진정요법의 목표와 목
적은 의사조력자살과 완전히 다른 양상을 보인다. 호스피스·완화의료를 하는 의사는
환자가 감각적으로 견딜 수 없을 정도의 고통을 다스리기 위해 비례의 원칙에 맞게
정확한 용량을 투여하고자 할 것이지만, 의사조력자살과 같은 환자의 사망이 목적인
의사는 그렇지 않을 것이다.[63] 종교적인 기원에서 출발한 호스피스·완화의료는 기
술적인 전문가 기구로 진화하면서 여러 전문 분야의 협력으로 말기 환자의 통증 완
화와 위로를 제공하는 데 중점을 두고 있다. 완화의료의 목적이 인간을 사망 시까지
돌보며 버림받지 않도록 하는 것인데 반해, 적극적 안락사나 의사조력자살은 명시적
으로 한 인간을 살 가치가 없다고 평가하는 것과 마찬가지인 것이다.[64] 또한 완화의

---

60) J.M.K. Gevers, Terminal Sedations : Between Pain Relief, Withholding treatment and
    Euthanasia, 25 「Medicine and Law」, 747, 2006, p 750; Rob McStay, "Terminal Sedation:
    Palliative Care for Intractable Pain, Post Glucksberg and Quill", 29 「American Journal
    of Law & Medicine」, 29, 2003, pp.74-76.
61) Sjef Gevers, supra note, pp.365-366.
62) Patrick T. Smith & James S. Boa;, "Pulling the Sheet Back Down: A Response to
    Battin on the Practice of Terminal Sedation", 25 「Ethics & Medicine」 69, 2009. 사망
    에 임박하면 영양·수분 공급이 실제로 선택지가 될 수 없고 기아, 탈수조차도 사망의 순간
    에 영향을 미치지는 않는다.
63) 프랑스에서 레오네티법 개정안 1110-5-2조(진정 sēdation)는 "무의미한 연명의료 거부의
    일환으로 의사가 생명유지치료를 중단한 경우, 의사는 사망 시까지 심층적이고 지속적인 각
    성 상태의 손상을 야기하는 진정 또는 통증 완화 목적의 치료를 할 수 있다"라고 규정하여
    말기 진정요법을 명시하고, 의사조력자살과 말기 진정요법 간의 경계선을 긋고 있다. 그러나
    말기 진정요법을 명시하면 의사조력자살을 유도할 수 있다는 염려가 있고, 사실상 의사조력
    자살을 허용하게 될 것이라는 반대의견에 부딪혀 하원에서는 다수의 찬성으로 개정안이 가
    결되었으나 상원의 투표에서 부결되었다. 이지은, 앞의 논문(주 43), 17면.
64) 의사조력자살을 반대하고 호스피스·완화의료를 그 대안으로 주장하는 입장에서는, 의사조력
    자살을 찬성하는 원인이 완화의료의 의학적 이익과 인도적 돌봄을 제공하는 것의 중요성에
    대한 몰이해와 무지 때문이라고 비판한다.

료는 환자와 의료인 사이의 신뢰관계를 전제로 하는 것이고 환자에게 해를 입히지 않는다는 악행금지의 원칙이 의료윤리의 요청인데, 환자를 죽이는 것이 완화의료 중 하나의 선택이 될 수 있다면 환자와 의료인 사이의 신뢰관계는 불가능하다는 것이다.[65] 이러한 이유로 환자를 죽일 의도로 치명적인 약물을 처방하거나 주입하는 것과(전자의 경우 의사조력자살, 후자의 경우 적극적 안락사) 죽어가는 환자의 참을 수 없는 통증을 완화하기 위한 목적으로 의료 조치를 취하는 말기 진정요법은 구별될 수밖에 없다.

또한 환자의 자율성을 존중해야 한다는 법적 개념이 의사조력자살과 같은 적극적이고 포괄적인 죽을 권리를 인정하는 것이 아니라는 것이다.[66] 규범적인 면에서 자율성은 헌법상 인간의 존엄과 가치로부터 도출되는 자기결정권이라는 권리로 환원될 수 있다. 자기결정권은 개인이 자신의 삶에 관한 중대한 사항에 대하여 스스로 자유롭게 결정하고 행동할 수 있는 자기운명결정권으로서, 임종기에 구체화된 내용으로는 연명의료 중단에 관한 자기결정권을 형성한다.[67] 삶의 마지막 단계인 임종기에 본인의 의사에 기하여 연명의료를 보류하거나 중단하는 결정으로서, 죽음의 과정에 이미 접어든 사람에게는 인위적인 의료를 강제하는 것이 인간의 존엄성에 부합하지

---

65) 이는 유럽 완화의료협회(EAPC : European Association for Palliative Care), 아시아태평양 지역 완화의료 협회(Asia Pacific Hospice Palliative Care Network), 미국의사협회(CEJA Report 5−A−18)의 견해이다; 미국의사협회 2018년도 최근 보고서에서 의사조력자살이 비윤리적인 것이며 환자와 의사의 친밀성 안에서 임종기 돌봄을 행하고, 가능한 선택지들을 가지고 상호간 존중하면서 의료 결정을 내려야 한다고 선을 그으면서, 의사조력자살을 반대하였다.

66) Ruth C. Stern and J. Herbie DiFonzo, "Terminal Ambiguity : Law, Ethics and Policy in the Assisted Dying Debate", 17 「Public Interest Law Journal」 Vol 17:99, 2007, pp. 131−140. 의사조력자살을 허용해야 한다는 주장의 논거와 실례로서 흔히 거론되는 2가지가 자율성(자기결정권)과 동정심(mercy 또는 compassion)인데, 임종기에 사망에 인접한 환자일수록 혼란스럽고 고통스러운 상황에서 수많은 의료 결정을 해야 하기 때문에 환자 본인이 결정을 해야 한다고 떠밀면 자기결정이라는 것이 오히려 크게 부담스럽고 당혹스럽게 다가올 수 있고, (의과대를 나온 것도 아닌데) 환자는 아무리 설명에 근거한 동의권을 발휘한다 해도 의사의 가치관이 담긴 전문적인 가이드−그래서 좋은 의사는 선한 목자와 같이 목가적인 기술로 환자가 삶에서 죽음으로 넘어가는 시기에 환자를 가이드 한다−에 의존할 수밖에 없으며, 의사조력자살이라는 것이 아무리 인도적으로 실행된다고 하더라도 생명을 박탈하는 것이기 때문에 살아 숨 쉬는 생명 그 자체가 조력자살의 반대 논거가 될 수밖에 없다.

67) 우리 헌법재판소 판결에서도 임종기의 자기결정권을 확인하고 있다. 헌재 2009. 11. 26. 2008헌마385.

않기 때문에 이때 의료를 중단하는 것을 자살로 평가하지 아니하고, 임종기에 연명
의료를 보류 또는 중단하여 평온하게 삶을 마무리할 수 있도록 하는 것이기 때문에
자기결정권의 실현으로 이해할 수 있다.[68] 따라서 연명의료를 중단하면서도 호스피
스·완화의료를 계속 함으로써 임종 시까지 돌봄과 의료서비스가 이어져서 환자의
생명권의 보호가 이루어질 수 있다. 호스피스·완화의료의 일환으로 시행되는 말기
진정요법과 같은 공격적인 형태라도 그 목적과 근거는 인간의 존엄성과 건강에 관한
권리로부터 도출되는 삶의 마지막까지 의료적 돌봄을 받을 수 있는 권리라고 할 수
있다.[69] 이는 소극적으로는 연명의료의 중단·보류로서 평온한 삶의 마무리를 하겠
다는 자기결정권인 동시에 적극적으로는 마지막까지 품위 있는 삶을 위하여 통증 완
화 처지와 의료 돌봄을 받을 수 있는 권리인 것이다.[70] 그러나 의사조력자살은 자기
결정권이라는 기본권이 가진 내재적 한계 때문에 허용될 수 없는 것으로 보아야 한
다. 생명은 내재적 존엄성을 가지며 모든 기본권 보장을 위한 근본 전제이자 필수조
건이 된다. 고통을 해결하기 위해 한 생명을 종결시키는 행위가 있을 때, 그 생명의
모든 기본권 보장의 가능성은 단번에 박탈되는 결과를 초래한다. 생명은 존엄하고 고
귀한 것이며 개인이 그것을 처분할 수 있는 권리를 가질 수 없다는 자기결정권의 내
재적 한계가 존재한다는 점에서,[71] 자율성에 근거하여 의사조력자살을 적극적이며

---

68) 대법원 2009. 5. 21. 선고 2009다17417 판결; 헌재 2009. 11. 26. 2008헌마385 등.
69) 1948년 UN에서 채택한 세계인권 선언(Universal Declaration of Human Rights 제25조 건
    강과 웰빙을 위해 적절한 삶의 기준을 언급하고, 제12조 모든 사람이 신체적 정신적 건강의
    최대한의 기준을 누릴 수 있는 권리를 규정함)을 기반으로 '완화의료와 통증 처치를 인정하
    는 공동선언문', 'UN 경제적 사회적 문화적 권리 위원회' 등이 선언한 바, 만성 질환 환자와
    말기 환자에 대한 주의와 돌봄 그리고 피할 수 있는 통증을 면하고 존엄하게 죽을 수 있도록
    하는 것의 중요성을 확인하였다. Editor, "Palliative care as a human right", 「Palliative
    and Supportive Care」 Cambridge University Press, 2008, p324 삶의 마지막까지 말기
    완화요법과 같이 통증조절 의료를 받으며 호스피스·완화의료를 받을 권리는 보편적 인권으
    로서 인정될 수 있다.
70) 허영, 「한국헌법론(전정14판)」, 박영사, 2018, 473면. 보건에 관한 권리는 국가권력으로부터
    국민 건강생활의 침해를 금지하도록 하는 소극적인 성격 뿐 아니라, 국민보건을 위해 필요한
    시책을 펴나가도록 하는 적극적 보호 의무를 국가에게 부여하는 의미가 있다. 우리 헌법 제
    10조의 인간의 존엄과 가치와 행복추구권과 제36조 제3항의 보건에 관한 권리로부터 삶의
    마지막까지 의료 돌봄인 호스피스·완화의료를 받을 권리를 도출할 수 있을 것이다.
71) 허영, "기본권의 내재적 한계에 관한 연구", 「법률연구」 제4권, 1986, 393-394면, 기본권의
    내재적 한계는 헌법제정권자에 의한 기본권의 제한으로서 입법재량의 한계를 두는 것으로,
    법률에 의한 기본권의 제한인 법률유보와는 구별된다. 타인의 권리, 헌법질서, 도덕률 3가지

포괄적인 개념의 죽을 권리로 용인되기 어렵다. 즉 의사조력자살에 관한 헌법상 권리가 있다고 보기 어렵다. 이 기본권의 내재적 한계로 인해 생명에 대한 처분성은 처분대상이 타인이 아니라 본인이라고 하여도 제한되는 것이다.[72]

정책적으로는 이른바 '미끄러운 경사면의 논증'으로서 의사조력자살을 완화의료의 한 종류로 인정하고 법제화할 경우에는 장애인과 같은 사회 취약계층을 희생자로 만들 수 있는 부작용이 발생할 수 있다는 점도 의사조력자살을 허용하지 않는 중요한 논거이다. 의사조력자살을 허용할 경우 오랜 기간 고통을 감수하는 임종기를 보내기보다는 단번에 사망을 택하고자 하는 경향이 발생할 수 있어 완화의료의 전반적인 수준 저하와 환자의 안락함의 수준 저하로 이어질 수 있다는 점, 의사에 대한 신뢰도 추락과 의료윤리의 타락으로 이어질 수 있다는 이유도 논거로 들 수 있다.[73]

 Ⅴ 결론

호스피스·완화의료의 목적은 말기 환자와 환자 가족의 통증과 증상의 완화와 영적, 신체적, 심리사회적 종합적인 돌봄을 목적으로 하는 것이다. 호스피스·완화의료가 시행되는 순간부터 환자의 죽음을 예견하고 죽음을 피할 수 없는 것으로 수용했다고 하더라도 환자의 사망 순간까지 최상의 돌봄이 이루어져야 한다. 고의로 환자의 사망을 유도하거나 사망의 시간을 통제하려는 목표로 의료를 행한 것이 아니라는 점에서 환자의 사망에 기여했다는 고의성이나 중과실을 인정할 수 없으므로, 생명을 해

를 기본권의 내재적 한계로 보는 3한계설(사회공동체유보이론)과 기본권의 개념을 되도록 좁게 해석하여 한계를 인정하는 개념 내재적 한계이론 등으로 내재적 한계를 설명할 수 있다.

72) 독일 국가윤리위원회가 2014년 12월 19일에 출간한 권고안(Ad－Hoc－Empfehlung) "열린 사회에서 조력자살에 관한 규제: 독일 국가윤리위원회는 자살 방지의 법적 강화를 권고한다" 에서도 의사조력자살을 처벌될 수 있는 범죄로 규정하였다. 현행 법체계에서 자살을 규정할 때, 자살에 조력하는 행위와 동일한 가벌성이 있는 범죄로 규정하지는 않지만, 일반적으로 국가가 생명을 보호하는 법적 의무가 있고 자살이 근본적인 법적 원칙과 조화를 이룰 수 없기 때문에 자살은 일반적 추상적 개념상으로 부당하다고 보는 것이 자유권적 기본권 질서의 원리이다. 이러한 이유로 자발적인 자살을 조력하는 것이라고 하더라도 위법성이 있다. 단 일반적으로 자살의 자율성 즉 개인적 경우에는 발생할 수도 있다는 점을 인정하는 것은 논쟁의 여지가 있다고 평가하였다. Deutscher Ethikrat, supra note.

73) Roger S. Magnusson, supra note, p. 30.

치는 범죄로서의 위법성이 없고, 그런 점에서 의사조력자살과는 명백히 구분된다고 할 수 있다. 호스피스·완화의료의 동기가 오직 환자의 고통을 완화하기 위함이거나 그럴 가능성이 있는 경우라고 판단되는 경우는 위법성이 없는 것으로 평가되고, 죽음의 사망과 장소를 통제권에 두려고 하는 의사조력자살과는 분명히 구분된다. 말기 진정요법은 임종 과정에 있는 환자에게 적합한 형태의 의료 돌봄으로서 환자가 자연스럽게 사망에 이르도록 하는 것이므로 그 규범적인 정당성이 입법적으로 명시되는 것이 바람직해 보이며, 임상 현장에서는 전술한 바와 같이 미국의사협회가 권고한 말기 진정요법의 절차와 요건을 가이드라인으로 제정·준수하도록 함으로써, 의사조력자살과 혼용되어 남용·오용될 위험을 방지할 수 있는 안전장치를 충분히 마련하도록 할 필요가 있겠다. 말기 진정요법을 포함하여 호스피스·완화의료는 인간의 존엄과 가치와 보건에 관한 권리에 근거하여 삶의 마지막까지 돌봄을 받을 수 있는 권리로서 그 정당성이 인정되고 보장되어야 한다. 그러한 취지를 충분히 살리기 위해서, 우리 연명의료결정법에서도 호스피스·완화의료의 정의를 재정립하여 완쾌를 목적으로 하는 치료가 아니라 임종기 돌봄을 위한 전인적인 의료라는 점을 분명히 하고,[74) 호스피스·완화의료에서 사용되는 모든 완화의료의 방법들이 의사조력자살과는 구분되는 것이므로 의료진의 완화의료 실행 행위에 위법성과 가벌성이 없다는 점과 호스피스완화의료의 동의가 연명의료 보류·중단의 동의에 갈음한다는 점을 명시함으로써 환자의 최선의 이익과 인간의 존엄과 가치를 보호한다는 입법 취지를 분명히 하는 등 현행 규정상 불분명한 점을 명확히 할 필요가 있겠다. 그럼으로써 고령사회의 심화로 죽음을 본인의 통제권에 두고자 하는 열망이 커지면서 환자의 자율성 논의가 삶의 마지막 시기에 권리로까지, 즉 의사조력자살의 권리로 주창되는 현시대에, 향후 논란이 될 수도 있는 호스피스·완화의료의 방식이나 그 규범적 근거에 대해서 윤리적 원칙을 세워둘 필요가 있음을 제안한다.

---

74) 현행 연명의료결정법에는 호스피스·완화의료를 말기 환자 또는 임종과정에 있는 환자와 그 가족에게 통증과 증상의 완화 등을 포함한 신체적, 심리사회적, 영적 영역에 대한 종합적인 "평가와 치료"를 목적으로 한다고 규정하고 있다.

참고문헌

김재윤, 「생명의 형법적 보호」, 전남대학교출판부, 2014

매기 캘러넌(이기동 역), 「마지막 여행」, 프리뷰, 2009

손명세, "연명치료 관련 의사결정의 정당한 절차와 기준에 대한 지침개발", 보건의료기술 인
　　프라 개발사업 최종보고서, 보건복지부, 2005.3

야마자키 후미오(김대환 역), 「병원에서 죽는다는 것」, 도서출판 잇북, 2011

엄주희, "생명권의 헌법적 근거와 연명치료중단에서의 생명권의 보호범위", 「헌법학연구」,
　　2013

윤영호, "호스피스 · 완화의료 현황과 발전방안", 「의료정책포럼」 제10권 제4호, 2012

이안 다우비긴(신윤경 역), 「안락사의 역사」, 섬돌출판사, 2007

이지은, "존엄사의 법제화와 완화의료-프랑스 레오네티법 개정 논의를 중심으로", 「법학논
　　총」 제34집, 2015

최화숙, 「아름다운 죽음을 위한 안내서」, 월간조선사, 2004

허　영, 「한국헌법론(전정14판)」, 박영사, 2018

Carrie L. Snyder, 「Euthanasia」, Detroit : Thomson/Gale, 2006

Cherny NI, Portenoy RK. "Sedation in the management of refractory symptoms:
　　guidelines for evaluation and treatment" 「Journal of Palliative Care」 10:31, 1994

David Orentlicher, "The Supreme Court and Terminal Sedation : Rejecting Assisted
　　Suicide, Embracing Euthanasia", 24 「Hastings Constitutional Law Quarterly」, 947,
　　1997.

J.M.K. Gevers, "Terminal Sedations : Between Pain Relief, Withholding treatment
　　and Euthanasia", 25 「Medicine and Law」, 747, 2006

Kaldjian, L. et al., "Internists' attitudes towards terminal sedation in end of life care",
　　「Journal of Medical Ethics」, 30, 2004

Keith M. and Trandel-Korenchuk Darlene M., 「Nursing and The Law 5th ed」,
　　Aspen Publshers, 1997

Loreta M. Medina, 「Euthanasia」, Detroit : Thomson Gale, 2005

Lowey, E. "Terminal sedation, self-starvation, and orchestrating the end of life",
　　「Archives of Internal Medicine」, 161 ,2001

Margaret A. Crowley, "The Hospice Movement: A Renewed View of the Death
　　Process", 4 J. Contemp. Health L. & Pol'y 295.

Marilyn J , et al, "Approaching Death in America: Improving Care at the End of Life", 「Institute of Medicine」, 1997

Matthew P. Previn, "Assisted Suicide and Religion : Conflicting Conceptions of the Sanctity of Human Life", Georgetown Law Journal, Vol. 84, 1995－96

Patrick T. Smith & James S. Boa;, "Pulling the Sheet Back Down : A Response to Battin on the Practice of Terminal Sedation", 25 「Ethics & Medicine」 69, 2009

Penney Lewis 「Assisted dying and legal change」, N.Y : Oxford University press, 2007

Rebecca Dresser, "The Conscious Incompetent Patient", Hastings Center Report, Vol.32, May－June 2002

Rob McStay, "Terminal Sedation: Palliative Care for Intractable Pain, Post Glucksberg and Quill", 29 「American Journal of Law & Medicine」, 29, 2003

Robert J Kastenbaum, 「Death, Society and Human Experience, 7th ed」, Allyn & Bacon, 2001

Robert Young, 「Medically assisted death」, Cambridge University Press, 2007

Rodney Syme, 「A Good Death : An Argument for Voluntary Euthanasia」, Melbourne University Publishing, 2008

Roger S. Magnusson, "The traditional account of ethics and law at the end of life － and its discontents", Legal Studies Research Paper No. 09/114, Sydney law School, 2009.10

Roger. S. Magnusson, "Euthanasia: above ground, below ground", 「Law, Ethics and medicine」, 2004

Ruth C. Stern and J. Herbie DiFonzo, "Terminal Ambiguity : Law, Ethics and Policy in the Assisted Dying Debate", 17 「Public Interest Law Journal」 Vol 17:99, 2007

Sheila A.M. Mclean, "Terminal Sedation－ Good Medicine, Good Ethics, Good Law", 16 「QUT law Review」 113, 2016

Sjef Gevers, "Terminal Sedation: a Legal Approach", 10 「European Journal of Health Law」 359, 2003

Timothy E. Quill, Margret P. Battin Eds. 「Physician－assisted dying : the case for palliative care and patient choice」, Johns Hopkins University Press, 2009

3장

미성년자 연명의료 결정에서의 인권
- 미국에서의 논의를 중심으로 -

Ⅰ 서론

최근 영국에서는 출생 시에 뇌 손상을 입은 아기 이사야(Isaiah)의 연명의료를 중단하는 문제에 관해 치열한 법적 공방이 진행된 끝에 법원의 판결로 아기의 연명의료가 중단되어 아기가 사망했던 사건이 있었다.[1] 분만 시에 자궁 파열과 심한 출혈로 인해 긴급 제왕절개 수술을 하는 과정에서 산소 공급이 지연되었던 이사야는 심각한 뇌 손상을 입고 심장박동과 자가 호흡이 없는 상태로 출생하여 심폐소생술을 받아야 했다. 무익한 연명의료라고 판단한 의료진과는 다르게 부모는 생명은 창조주의 손에 있다는 본인들의 종교적 신념에 따라서 이사야에게 연명의료를 계속 실행하기를 원했고, 결국 법정의 다툼으로 이어지게 된 사건이었다. 영국 법원에서는 아기에게 연명의료를 계속하는 것이 의학적으로 무용하다면 아기의 최선의 이익에 따라 연명의료를 중단하는 것이 정당하다고 판시하였고, 부모의 항소를 기각하였다.[2]

---

1) [2018] EWHC 127 (Fam) http://christiannews.net/2018/03/10/uk−parents−mourn− loss−of−infant−son−after−legal−battle−to−save−his−life−unsuccessful/ (2018.3.12. 최종 방문)

2) 이밖에도 최근 영국에서는 영아의 연명의료 중단에 관한 법정 사례가 계속 되고 사회적으로도 논란이 큰데, 23개월된 아기, 엘피 에반스(Alfie Evans)도 원인불명의 신경 퇴행성 질환으로 반 식물상태에 빠지게 되었고 아기의 부모가 연명의료, 치료를 계속 해달라고 요청했으나 병원 측에서 아기의 최선의 이익에 반한다고 거부하자 이탈리아로 데리고 가겠다는 허락을 구하는 소송을 하였으나 대법원, 유럽인권재판소에서 모두 기각됨으로써 2018.4.24. 연명의료가 중단되고 난 후 4일 만인 4.28에 사망하였다. http://www.bbc.com/news/uk−43 933056?intlink_from_url=http://www.bbc.com/news/topics/cv0ywp1ve7kt/alfie−evans−

전 세계적으로 환자의 연명의료 중단[3])에 관한 결정은 사회적으로 큰 논란을 불러일으키고 법제화되는 순서를 밟아 왔다. 미국의 경우 1975년 당시 21세였던 카렌 퀸란(Karen Quinlan)이라는 여성이 지속적 식물상태가 되어 부모가 그녀의 인공호흡기를 제거해달라고 법원에 요청했던 연명의료 중단 사건[4])을 계기로 1976년 캘리포니아주에서 「자연사법(Natural Death Act)」이 제정되었고, 그 이후 50개 주 전역에서 연명의료 결정에 관한 법이 제정되어 생전유언(living will)과 건강관리 대리권 지정에 관해 규율하고 있다. 성인뿐 아니라 미성년자의 연명의료 결정에 대해서도 각 주에서 풍부한 판례와 주법(州法)으로 법리를 정립하고 있다. 우리나라도 수년간 사회적 논란과 합의 등을 거쳐 「호스피스 완화의료 및 임종과정에 있는 환자의 연명의료결정에 관한 법률」(약칭: 연명의료 결정법)이 제정되어 2018년 2월 4일부터 시행되고 있다. 성인의 경우 의료 결정에 있어 자기결정권 존중 원리에 따라, 본인의 의사로 연명의료를 하지 않겠다는 뜻을 미리 밝혀둘 수 있고, 이로써 본인이 나중에 의사 무능력 상태가 될 때 효력을 발휘하여 본인의 의사로 추정받을 수 있다. 임종기가 가까울 때에는 호스피스 완화의료나 연명의료 중단에 관한 의사 결정 과정에도 주도적으로 참여할 수 있다. 그러나 미성년자는 의사표현을 정확히 하지 못하는 영유아부터 성인에 근접한 14세부터 18세의 청소년까지가 모두 포섭이 되는데, 미성년자도 독립한 인격체로 성인과 동등한 법적 권리를 가지고 있고 존중받아야 할 존재임에도 불구하고 의료 결정에 있어 부모나 법정대리인이 미성년자를 대신할 수 있어 자칫 본인의 의사결정 과정에서는 소외될 수 있는 존재이기도 하다. 미성년자의 임종기 의사결정에 관하여는 전적으로 부모나 법정대리인의 결정에 따라야 하는지, 본인의 임종기에 관한 의사결정에 참여할 수 없는지, 참여하게 한다면 어떤 역할을 할 수 있는지가 문제

---

case&link_location = live – reporting – story BBC News 2018.4.28 (2018.4.28 최종 방문)

3) 연명의료 중단은 주된 병적 상태를 개선할 수 없는 불가역적 사망의 단계에 접어든 환자에게 죽음의 과정이 진행되는 것을 인위적으로 막아 두었다가 그 진행을 다시 하게 하는 것으로 연명의료의 중단으로 인해 사망하는 것이 아니라 원래의 질병의 진행에 의해 사망에 이르는 것으로 본다. 연명 '치료'라는 용어로 사용되다가 국가생명윤리심의위원회의 의견에 따라 중립적인 용어인 연명 '의료'로 명칭을 변경하여 부르기 시작했다. 엄주희, "환자의 생명 종결 결정에 관한 연구: 입법적 실천 방안을 위한 미국과의 비교법적 모색", 박사학위논문, 연세대학교 대학원, 2013, 25, 31–32면.

4) In re Quinlan, 355 A.2D 647 (1976).

가 될 수 있다.

본 장에서는 성인의 연명의료 결정과는 다른 미성년자 연명의료결정에서의 특이점을 인식하고, 연명의료의 법리와 법제화에 있어 앞선 논의가 진행된 미국의 판례와 법 체계가 미성년자의 임종기 의료 결정에 어떻게 적용하고 있는지 구명해 보고자한다. 이를 위하여 미국에서 논의되는 미성년자의 개념과 연명의료에 있어서 법적 지위를 우선 살펴보고(Ⅱ), 미성년자 의료 결정의 헌법적 근거를 분석한다(Ⅲ). 그리고영아의 연명의료 중단에 관한 판례(Ⅳ)와 청소년의 연명의료 중단에 관한 판례(Ⅴ)로서 구체적인 사례를 살펴본다. 그리고 임상에 적용되는 법적 윤리적 가이드라인을 살펴보기 위하여 미국 소아과학회에서 나온 연명의료중단에 관한 지침(Ⅵ)과 미성년자에게도 사전의료지시가 적용될 수 있는지 여부 그리고 대리 결정 기준(Ⅶ)을 살핀다.이로써 그동안 우리나라에서는 거의 등한시 되어온 미성년자의 연명의료 결정의 권리와 법리를 미국에서의 논의를 통해 살펴봄으로써 향후 우리나라 의료 현장에서도발생할 수 있는 미성년자 의료 결정의 법리를 정립하는 데 다소간 유익한 통찰을 제공하고자 한다.

Ⅱ　미성년자의 개념과 의료 결정에서의 법적 지위

미성년자는 발달단계에 따라 1세에서 6세 사이의 영유아, 의사결정능력이 발달하기 시작하는 시기인 7세에서 13세 사이의 소아, 성인기에 근접한 14세에서 18세 사이의 청소년[5]으로 분류할 수 있다. 미성년자의 의사결정은 대리인 의사결정의 특별한 형태로서, 통상 의사결정 과정에는 부모 또는 후견인이 결정하되, 의료와 관련된의사결정에 관해 이해할 수 있는 나이의 미성년자의 경우에는 의사결정 과정에 함께참여하는 경우도 있다. 미국의 경우 미성년자라도 의료 결정을 이해할 수 있는 능력이 증가하는 만큼 의사결정 과정에 있어서 미성년자의 역할이 더 증진되어야 한다는것이 법적·윤리적으로 받아들여지고 있다. 주법과 판례에서의 판단에 근거하여 성숙

---

5) 미국의 대부분의 주에서 주법을 통해 성인의 연령을 대체로 18세로 정하고 있는데, 알라바마주, 네브라스카주는 19세, 미시시피주는 21세로 정하고 있다.

한 미성년자(mature minor) 또는 친권에서 독립한 미성년자(emancipated minor)들은
부모의 동의권 없이 스스로 의사결정을 할 수 있다고 인정된다.6) '성숙한 미성년자'
는 판례를 통해 인정된 법리이고, '친권에서 독립한 미성년자'는 주법의 정의에 의하
여 인정되는 것으로서, 주법이 정하는 연령 기준에 따르면 성인은 아니나 부모나 후
견인의 감독 없이 독립적으로 살 수 있는 미성년자를 말한다. 친권에서 독립한 미성
년자로 인정되고 등록되기 위해서는 아동학대 등으로 부모가 친권을 상실하거나 미
성년자 스스로 재정적인 부양 능력이 있다고 증명할 수 있거나 의사결정을 할 수 있
는 성숙도가 있거나 여부를 종합적으로 검토하여 미성년자의 최선의 이익에 부합하
는지를 고려하여 법원에서 선고한다. 대체로 16세 이상을 요구하고 있으나, 캘리포니
아주의 경우 14세 이상을 요구하고, 델라웨어주나 메릴랜드주와 같이 법정 절차로서
선언하는 친권에서 독립한 미성년자를 인정하지 않는 주도 있다. 법정 절차에 의하지
않고 자동으로 친권에서 독립한 미성년자가 되는 방법으로는 17세 이상으로서 친권
자나 후견인이 동의를 얻어 군대에 입대하거나 혼인함으로써 가능한데, 예컨대 펜실
베니아주의 경우 16세에서 18세 미만의 미성년자는 혼인함으로써 친권에 독립한 미
성년자가 될 수 있다. 친권에서 독립한 미성년자는 성인에 준하는 책임감을 가지고
결혼을 하거나 자녀를 양육하고 독립적인 삶을 살 수 있다. 그러나 생리적으로는 여
전히 발달 단계 과정이며, 아동이나 청소년을 대상으로 하는 의료기관에서 치료를 받
을 수는 있다.

Ⅲ 미국의 미성년자 의료 결정에 관한 규범적 근거

1. 헌법적 근거

연방대법원은 부모의 친권을 근본적 자유권으로 인정해 왔다.7) Meyer v.

---

6) Nancy Berlinger et al, The Hastings Center Guidelines for Decisions on Life－Sustaining
   Treatment and Care Near the End of Life, Revised and Expanded Second Edition
   Expanded Second Edition, Oxford University Press (UK) (2013) p72.
7) Troxel v. Granville, 536 U.S. 57, 58 (2000)

Nebraska 사건과 Piere v. Society of Sisters 사건에서 부모의 친권, 즉 불합리한 정부의 개입으로부터 방해받지 않고 부모가 자녀를 양육할 헌법적 권리를 가진다는 원칙을 확고하게 확립하였다.8) 그 이후 보통법(Common law)의 원리로 자녀의 교육에 관해 결정할 권리,9) 도덕적 종교적 훈련과 지도를 할 권리10) 등 자녀에 대한 부모의 친권을 광범위하게 인정해 왔다. 반면, 연방대법원은 미성년자에게도 성인에게 부여되는 헌법적 권리 중 일부를 동일하게 인정해 왔다.11) In re Gault 사건12)에서 수정헌법 제14조나 권리장전이 성인에게만 인정되는 권리는 아니라고 하면서 의학적 치료에 관한 결정에 관한 사건에서, 특히 피임13)과 임신중절의 권리14)와 같은 특정한 제한된 환경에서는 미성년자가 부모의 동의 없이 자율적으로 결정할 수 있는 헌법적 권리를 가진다고 판시하였다. 최근에는 의사능력 있는 말기 환자인 미성년자가 연명의료를 보류·중단할 권리를 가지는지 여부를 법정에서 다루기 시작하였다.15) 미성년자는 보통법 원리상 의료진의 설명을 바탕으로 의료처치에 대한 결정을 내릴 수 있는 능력이 부족하다16)는 전제에서 출발하는데, 미성년자의 권리로서 설명에 의한 동의권(informed consent), 신체적 무결성(bodily integrity),17) 프라이버시권와 같은

---

8) Meyer v. Nebraska, 262 U.S. 390. 402 (1923)

9) Wisconsin v. Yoder, 406 U.S. 205, 213−215 (1972)

10) Prince v. Massachusetts, 321 U.S 158 (1944)

11) Tinker v. Des Moines Independent Community School District, 393 U.S. 503 (1969) 표현의 자유, Carey v. Population Services International, 431 U.S. 678 (1977) 프라이버시권, New Jersey v. T.L.O. 469 U.S. 325 (1985) 검문, 수색으로부터의 자유, Goss v. Lopez, 49 U.S. 565 (1975) 교육권, In re Gault, 387 U.S. 1 (1967) 절차적 적법절차 원리 등에서 미성년자도 성인과 동일한 권리를 인정한다.

12) In re Gu)lt, 387 U.S. 1 미성년자 비행범죄에 관한 소송절차에 있어서 성인과 동일하게 수정헌법 제14조상 적법절차의 권리를 가진다고 판시하였다.

13) Carey V. Populations Servs. Int'l, 431 U.S. 678, 681−82 (1977)

14) Planned Parenthood v. Danforth, 428 U.S. 52, 74 (1976), Hodgson v. Minnesota, 497 U.S. 417 (1990), Bellotti v. Baird, 443 U.S. 622 (1979) 등에서 성숙한 미성년자는 임신중절 문제에 관하여 부모의 동의권 원칙의 예외로서 우회할 수 있는 사법적 절차를 선택할 수 있다고 판시하였다.

15) Katherine A. Wingfield & Carl S. M Hacker, Physician−Assisted Suicide: An Assesment and Comparison of statutory approaches among the states, 32 Seton Hall Legis. J, 13 (2007)

16) Kinberly M Mutcherson, Whose Body is it Anyway : An Updated Model of Healthcare Decision−Making Rights for Adolescents, 14 Cornell J.L. & Pub. Pol'y 251, 267-67 (2005)

헌법적 권리가 문제 될 수 있다.[18] 미성년자의 의료결정에 있어서 부모의 친권은 '설
명에 의한 동의권(informed consent)'[19]이라는 형태로 발현된다. 설명에 의한 동의권
은 의사가 환자를 치료하는 행위에 정당성을 부여하는 권리이다. 법적인 개념의 설명
에 의한 동의권은 강제성 없이, 자발성이면서도 이성적으로 설명과 지식에 기반하여
승인할 수 있는 권한이다.[20] 설명에 근거하여, 현재의 상황과 잠재적 결과에 대한 지
식을 기반으로 결정이 이루어진다. 설명에 의한 동의권은 1) 의사능력,[21] 2) 정보,
3) 자발성이라는 세 가지 요소로 구성된다. 첫 번째, 의사결정능력은 환자가 치료에
관한 정보를 이해하고 상황과 예후를 인정하며, 치료의 선택에 대해 추론하고, 선택
에 대해 의사소통할 수 있는 능력이다. 환자가 의사의 치료를 실행할 것을 허락하는
동의를 하는 것으로 실현된다. 두 번째, 정보는 이해를 돕기 위해서 환자에게 맞게
적절히 주어져야 하는 치료나 수술에 관한 정보이다. 세 번째, 자발성은 두려움, 고
통, 잘못된 신념이나 틀린 정보와 같이 적절하지 않은 영향력이나 압박이 없는 상태
에서 의사결정 과정이 이루어져야 한다는 것이다.[22] 설명에 의한 동의권은 법적 의
미뿐 아니라, 개인의 자율성, 인간의 존엄성, 자기결정 능력의 존중을 인정해야 한다
는 의료서비스 제공자의 도덕적 책임감을 의미하는 것이기도 하다. 설명에 의한 동의

---

17) 신체를 훼손당하지 않을 권리라고 표현될 수 있다. 독일 기본권 제2조(자유권), 스위스 헌법
    제10조(생명권 및 자유권) 등 많은 국가에서 이러한 권리를 헌법에 기본권으로 명시하여 보
    호한다. 우리 헌법재판소(헌재 1992. 12. 24. 92헌가8)에서는 신체의 자유를 보장하고 있는
    것은 신체의 안정성이 외부로부터의 물리적인 힘이나 정신적 위협으로부터 침해당하지 않을
    자유와 신체활동을 임의적이고 자율적으로 할 수 있는 자유를 말다고 하면서 신체활동의 자
    유와는별도로 신체를 온전하게 유지할 권리가 동시에 보장된다고 보고 있다.
18) Jessica Hill, Medical Decision Making by and on Behalf of Adolescents;
    Reconsidering First Principle, 15 J. Health Care L. & Pol'y 37 (2012)
19) informed consent는 인폼드 컨센트, 설명 후 동의, 설명동의, 설명의 근거한 동의, 고지된
    동의 등 다양하게 번역되어 사용되는데, 본 장에서는 '설명에 의한 동의권'으로 칭하기로 한다.
20) Tara L. Kuther, Medical Decision−making and Minors : Issues of Consent and
    Assent , Adolescence, Summer 2003, 38, 150, p344. (2003)
21) 이는 의사결정능력이라고 달리 표현할 수도 있고, 1993년에 제정된 연방 의료 결정 통일법
    (Uniform Health−care Decisions Act)에서 의사능력(capacity)이라고 정의하고 있다;
    Section 1 용어의 정의 (3) 의사능력은 중대한 이익, 위험, 그리고 제시된 의료적 대안을 이
    해하고 의료 결정을 내리고 의사소통할 수 있는 개인의 능력을 의미한다.
22) Katharina M. Ruhe, et al, Decision−making capacity of children and adolescents−
    suggestions for advancing the concept's implementation in pediatrics healthcare, Eur
    J Pediatr 174, pp.775−776 (2015)

는 일회적 사건이나 에피소드가 아니라 의사와 환자 사이의 치료적 연대감의 특징을 보이는 복합적인 과정이다.[23] 그래서 의료에 관한 의사결정 과정은 환자와 의사가 함께 동반자로서 공유하는 상호적 의사결정으로 이해된다.[24]

2. 미성년자의 동의권 제한

미국 보통법 원리에서 미성년자는 통상 법적으로는 무능력자로 추정되어 의료에 관한 의사결정 과정에서 동의권을 가질 권한이 없다고 이해되어 왔다. 그래서 부모가 미성년자인 자녀를 대신해서 의료 결정을 할 근본적인 헌법상 기본권을 가진다.[25] 미성년자는 성숙도와 지적 능력이 부족하다는 점을 바탕으로 독립적인 결정을 할 의사결정능력이 부족하다는 추정을 하게 되는 것이다.[26] 부모나 후견인은 미성년자 자녀를 보호하고, 양육할 법적 의무가 있고 학대나 방임 없이 자녀의 최선의 이익을 위해서 행동한다고 통상 추정되므로, 부모나 후견인이 자녀를 대신해서 의사 결정할 수 있는 동의권(consent)을 부여받게 된다.[27] 이러한 부모의 헌법상 권리는 자녀의 임종기 돌봄에서도 적용되었다.[28] 하지만 미성년자는 나이와 상관없이 자율성, 인격과 권리를 존중받아야 할 독립적인 인격체로서 본인에 관한 의사결정에 참여하여 승인할 권리(assent)가 있다. 즉 미성년자의 의료 결정에는 부모의 동의권뿐 아니라 미성년자의 승인권이 동시에 요구된다. 미성년자가 인격을 존중받을 권리가 있다는 것은 미성년자를 이성적이고 자율적인 의사결정권자로 본다는 의미가 아니라, 본인의 의료에 관한 의사결정 과정에서 발달단계를 참작하여 부모와 의사와 상호적인 의사결정에 적절히 참여할 기회가 주어져야 한다는 의미이다.[29] 즉, 미성년자의 발달 단계

---

23) Krener P.K & Mancina R.A, Informed consent or Informed coercion: Decision—making in pediatric psychopharmacology, Journal of Child and Adolescent Psychopharmacology, 4, pp.183—200 (1994)

24) 미국의사협회 생명윤리위원회 지침(1995년.); Shared decision—makin의 중요성이 잘 표현되어 있다.

25) Troxel v. Granville, 536 U.S. 66 (2000)

26) Parham v. J.R., 442 U.S. 584, 602 (1979)

27) Parham v. J.R., 442 U.S. at 602; Glucksberg, 521 U.S. at 730; Troxel, 530 U.S at 66.

28) Walter J. Wadlington, Consent to Medical Care for Minors, in Children's Competence in Consent, ed. Gray B. Melton, Gerald P, Kocher, and Michael J. Saks (New York: Plenum Press, 1983) pp.56—60.

에 따라 질병에 대한 적절한 설명이 주어지고 치료에 대해 미성년자 본인의 선호도
와 의사를 탐색하는 미성년자와 의료진 사이의 상호작용 과정으로 이해된다. 성인이
보유하는 설명에 의한 동의권에서와 같이 진지하고 깊이 있는 이해도와 숙고가 요구
되는 것은 아니기 때문에, 미성년자의 승인 능력은 설명에 의한 동의권에서 필요로
하는 의사결정능력의 기준보다 낮은 정도의 능력이 요구된다. 또한 부모의 동의권 남
용을 차단·방지하기 위한 사법적인 안전장치로서 연방대법원이 확인한 바와 같이,
국가가 미성년자의 복리와 법익을 보호하기 위해 개입할 의무와 권한을 가지고 있고,
이 때문에 특히 의료 결정에 있어서 부모의 결정이 미성년자의 최선의 이익을 위한
것이 아닐 때는 부모의 친권으로부터 나오는 자율성이 국가의 개입으로 대체되어야
한다. 부모의 친권, 국가의 미성년자 기본권 보호의무, 자녀 개인의 헌법상 권리, 이
세 가지의 법익이 헌법상 권리로 확고하게 확립되어 있어, 법정 사건에서 미성년자의
의료 결정에 있어서 국가의 개입이 적절한지 판단할 때는 세 가지 법익을 형량하고
법익이 균형성을 심사한다.30)

연방대법원은 미성년자 개개인이 성숙도와 책임감의 정도가 다양하다고 인정하고
있다.31) 성숙한 미성년자 원칙(mature minor doctrine)이란 의료 결정에 따르는 이익
과 위험성을 이해하고 인정할 수 있을 만큼 충분히 성숙함을 가진 미성년자라면 의
료 결정에 대한 동의 또는 거부를 할 권리가 있다는 것이다.32) 성숙한 미성년자 원
칙은 통상 14세 이상의 청소년은 의료 결정에서 본인이 의료의 특성과 결과를 이해
하고, 수술이 최소한의 위험보다 더 크지 않으면서 표준적인 의료 조치라면 동의권을
가질 수 있다는 원리로서, 생명의 위험을 동반할 수 있는 대수술이나 연명의료의 보
류중단에서는 부모의 동의 또는 사법적인 승인이 추가로 요구될 수 있다.33) 이 원칙
은 Bellotti v. Baird 사건과 같이 임신중절 결정 관련 판례에서 전형적으로 다루어져

---

29) Tara L. Kuther, supra note, pp.351-52. 개인적으로 중요한 문제에 관해서 정중하게 이야
    기를 들을 수 있고, 한 인격체로 취급이 되어 대화에 참여할 수 있는 당사자로서 발언권이
    주어지는 경험, 그것보다 더 근본적인 권리는 없다고 표현한다.
30) In re E.G., 549. E. sd at 327
31) Cardwell v. Bechtol, 724 S.W. 2d 739, 744-45 (1987).
32) Melinda T. Derish & Kathleen V. Heuvel. Mature Minors Should have the right to
    refuse life-sustaining Medical Treatment, 28 J. L. Med. Ethics 29 109,124 (2000)
33) Hickey K, Minor's rights in medical decision making, JONAS Health Law Ethics Regul
    9: 100-104 (2007)

왔는데 성숙한 미성년자는 본인이 성숙하고 의료 결정 절차에 대해 충분히 고지 받고 이를 이해하고 있다는 것을 규명함으로써 부모의 동의권을 우회할 수 있다고 판시하고 있다.[34] 현재는 대부분의 주 법원의 미성년자 의료 결정에서도 전형적인 성숙한 미성년자 원칙이 적용되고 있다. 미성년자가 자율적으로 의료 결정을 할 능력이 있는지를 고려할 때 법원은 인지적인 면과 사회적 요인을 모두 종합적으로 고려한다. 설명에 근거한 동의를 할 수 있는지 여부를 판단하기 위해 의료진을 통해 주관적인 평가를 실행한다. 미성년자의 성숙도를 판단하는 구성하는 요소는 매우 가변적인데 최근에는 미성년자가 성숙도를 판단하기 위해 청소년 두뇌 발달에 관한 심리학과 뇌과학 연구를 활용하기 시작했다.[35] 미성년자와 달리 성인의 경우에는 합리적인 의사 결정능력이 없다고 하더라도 법적인 행위능력이 있다고 추정된다. 그러나 소아과나 건강 심리학에서의 발달 연구에 따르면 청소년이 의료에 관해 설명에 근거한 의사결정을 하는 데 있어서 성인 못지않은 능력이 있다고 보고된다.[36] 청소년들이 부모의 영향을 받을지라도 독립적인 의료 결정을 할 수 있다고 하는 연구들이 보고되고 있다.[37] 예컨대 14세부터 18세 사이의 청소년은 인지능력과 자유의지가 모두 성인과 유사한 것으로 나타났다는 것이다.[38] 이러한 연구결과에 기하여 96%의 의사가 청소년 부모들과 함께 의료 결정을 내려야 할 때, 청소년도 성인과 마찬가지로 설명에 근거한 의료 결정을 할 수 있는 것처럼 다루고 있다고 한다.[39] 반면 발달 심리학과 신경과학 분야의 최근 연구에서는 충동 조절, 계획성, 위험 회피 능력과 같은 고도의

---

34) Bellotti v. Baird, 443 U.S. 622, 643−44 (1979)

35) Laurence Steinberg, Does Recent Research on Adolescent Brain Development inform the Mature Minor Doctrine?, J. Med, Philos. 38(3): 256−67 (2013); Petronella Grootens−Wiegers, et al, Medical decision−making in children and adolescents: developmental and neuroscientific aspects, BMC Pediatr. 2017; 17: 120 등

36) Thomas Grisso & Linda Vierling , Minor's consent to treatment: A Development Perspectives, 9 prof. Psychol. 412, 423 (1978)

37) David G. Scherer & Nicholas D. Reppucci, Adolescents' Capabilities to provide Voluntary Informed Consent: The Effect of Parental Influence and Medical Dilemmas, Law and Human Behavior Vol. 12, Iss. 2, pp.123, 135. (June 1998)

38) Bruce Ambruel & Julian Rappaport, Developmental Trends in Adolescents' Psychological and legal Conpetence to Consent to Abortion, 16 Law & Hum. Behav. 129, 148 (1993)

39) Hartman, Rhonda Gay, Adolescent Decisional Autonomy for Medical Care : Physician Perception and Practices, the University of Chicago Law Roundtable (2001)

실행 기능 면에서, 청소년의 두뇌 발달이 미성숙하여 성인보다는 성숙한 판단을 내릴 수 있는 능력이 부족하고, 청소년이 성인보다도 부정적인 영향에 더 쉽게 영향을 받는 것으로 나타났다. 이러한 연구 결과를 참조하여 Miller v. Alabama 사건에서 연방대법원은 소년범에게 가석방이 불가능한 종신형을 선고하는 것이 위헌이라는 결론을 내리면서 소년범죄 연구의 권위자인 캘리포니아 얼바인 대학의 엘리자베스 카우프만(Elizabeth Cauffman)의 연구를 인용하였다.[40]

3. 부모의 동의권 행사의 예외

미성년자의 의료 결정에서는 부모가 통상 자녀를 위한 의료 결정을 할 권리가 있다는 전제로 부모의 동의권이 인정되지만, 특정한 환경에서는 주법이나 법리로서 부모의 동의권이 제한되고 미성년자가 독립적이고 자율적인 동의권을 행사할 수 있다. 첫째로, 친권에서 독립한 미성년자는 부모나 후견인의 동의 없이 의료 결정을 할 수 있다.[41] 둘째, 어떤 보건의료적 목적이 있을 때 예외가 인정된다. 예컨대, 미성년 환자가 응급 상황일 때 의사는 부모의 동의 없이 치료할 수 있다. 그리고 1960년대부터 공공보건의 관점에서 전염성 성병이 확산되는 것을 방지하기 위해 50개 모든 주에서 성병(HIV 포함)에 대해서는 미성년자가 부모의 동의 없이 할 수 있도록 법제화하였다. 정부의 보조금이 지원되는 의료기관의 경우에는 미성년자가 약물 남용이나 알콜 중독의 진단과 치료, 상담을 부모의 동의 없이 시행할 수 있다. 주에 따라서는 14세 이상의 미성년자가 자발적으로 동의한다면 정신의학과에 입원치료도 가능하고 피임, 임신중절. 일반적인 치료가 부모의 동의 없이 가능하다고 명시한 주도 있다. 이렇게 부모의 동의권의 예외를 인정하는 의료적 사항을 법제화한 것은 국민의 건강을 보호한다는 국가의 기본권 보호의무와 공공보건과 공공 이익의 목적에서 나온 것이라고 할 수 있다.[42] 셋째로는 부모의 상담이나 동의 없이도 치료의 성질과 결과

---

40) Miller v. Alabama, 597 U.S 460 (2012) 판결의 이유를 논증하면서 사회적 통념, 상식이나 사회과학적 이유뿐 아니라 25세까지는 전두엽 피질(prefrontal cortex)이 덜 발달한다는 과학적 사실에 근거하여 판시하였다.

41) 친권에서 독립한 미성년자에 관한 50개주의 법률 규정들은 다음을 참조: 코넬대 Lagal Information Institute, https://www.law.cornell.edu/wex/table_emancipation 최종방문일: 2018.3.30

를 이해할 수 있을 만큼 지적 능력과 성숙도가 충분한 '성숙한 미성년자'로 인정될 때이다.

Ⅳ   영아의 연명의료 결정 사례

1. Baby Doe 사건

1982년 4월 9일 인디애나주 블루밍턴의 존스홉킨스 병원에서 태어난 남자아이는 공식적으로는 Baby Doe라고 알려져 있는데 출생 때부터 다운증후군을 가지고 있고, 식도와 기관지 사이에 천공[43])이 있어 음식을 먹을 수 없었으나 외과적 수술의 성공률이 최소 50%에서 최대 90%로 판단되었다. 담당의사는 다운증후군을 가진 대부분의 아이는 정신적 활동이 극도로 제한되어 심각한 정신지체가 있다는 사실과 그런 아기를 돌보는 것이 막대한 경제적·감정적 비용을 지불해야 한다고 강조하면서 수술하지 않는 게 더 낫다고 조언했다. 이에 부모는 수술을 포기했고 정맥을 통한 영양공급도 하지 않기로 결정했다. 병원의 다른 소아과 의사들은 담당의사의 진단에 반대하면서 법원에 아기의 치료와 급식을 할 수 있도록 청구하였다. 1심 법원은 Baby Doe의 부모가 그 자녀의 치료에 대해 결정할 권리가 있다고 판결하였다. 항소심과 대법원[44])에서도 1심 판결을 인용하였는데, 연방대법원에 긴급 중재를 요청한 사이에 아기는 사망하였다.

미국에서 연명의료 중단 논의를 촉발시킨 첫 번째 법정 사건이었던 Quinlan 사

---

42) Heather Boonstra & Elizabeth Nash, Minors and the Rights to Consent to Health Care, The Guttmacher Report on Public Policy (2000) pp. 7-8. 청소년 미성년자 대상의 전문 의료진이나 사회복지 전문가들은 미성년자들에게 비밀 치료의 접근권을 보장하는 것이 본질적인 요소라고 확신한다. 성적 행동으로 인해 성적 질병에 노출된 청소년들이 치료를 받을때 부모의 동의를 받아야 한다거나 부모에게 그러한 사실이 알려진다면 치료를 받으려고 조차 하지 않는다는 것이다.

43) 선천성 기관식도루(tracheoesophageal fistula).

44) 인디아나주 대법원에서 부모가 그 자녀인 영아의 치료 중단을 결정할 권리가 있다고 판시하였다. Barbash & Russell, The Demise of "Infant Doe", Washington Post, April.17.1982, 이 사건에 관한 의사의 논평은 Pless, The Story of Baby Doe, 309 New Eng,. J. MED. 664 (1983).

건[45])보다 Baby Doe 사건이 환자 부모에 대해서 사회 여론의 비난이 훨씬 더 심했다. 그 이유는 다음의 두 가지로 설명되는데 첫 번째는 퀸란의 부모와는 달리 아기의 부모는 익명을 유지해 줄 것을 요청하면서 매우 성급하게 아기의 의료 처치 중단에 관한 결정을 내렸고, 두 번째로는 인공호흡기는 특수 치료로 보는 반면, 영양 공급은 일반 치료라고 보는 시각 때문이다. 또한 무기력한 아기에 대해 처해진 가혹한 조치라는 사실이 사람들의 감정을 강하게 자극한데다가 이와 같은 사건이 비일비재하게 발생한다는 사실이 사회적 공분을 일으켰다.[46] 미 행정부는 신체장애를 이유로 차별하는 것을 불법으로 간주하는 1973년의 「사회복귀법」(The Rehabilitation Act of 1973) 제504조[47])를 근거로 장애 신생아에 대한 치료 포기는 위법이라고 해석을 내리고[48]) 병원에서 장애 신생아의 치료 거부를 신고할 수 있도록 하는 내용의 규칙을 제정하였다.[49]) 즉 병원의 소아 집중간호실에는 "우리 병원에서는 장애를 가진 신생아에게 돌봄과 급식을 차별적으로 제한하는 행위는 연방법에 의해 금지됩니다."라는 표지판을 붙이도록 하였고 이 표지판에 차별 사건이 발생할 경우 신고할 수 있도록 이른바 'Baby Doe 긴급전화'라는 무료 전화번호를 명기하여 장애 신생아의 치료 거부를 신고하는 시스템이 마련되었다. 이 긴급전화로 신고가 될 경우 의사, 변호사, 공무원으로 이루어진 팀이 신고된 병원으로 출동하여 의료기록을 압수하고 장애 신생아의 치료와 돌봄에 있어서 차별하는 행위를 하지 못하도록 강제하였다. 이후 이 명령은 무효화되었지만, 1984년 「연방 아동학대 방지와 치료법」(Child Abuse Prevention and Treatment Act)에 장애 신생아의 연명치료중단에 관한 조항이 신설되었다.[50]) 이에 의

---

45) In re Quinlan, 355 A.2D 647 (1976). 뉴저지주에서 21세 여성 Quinlan이 지속적 식물상 태에 빠지자, 그의 부모가 Quinlan의 인공호흡기를 제거해 달라고 청구한 사건으로서, 뉴저지주 대법원에서 환자의 추정적 의사를 인정하고 후견인이 환자의 연명의료 중단 의사를 대리 판단할 수 있다고 하면서, 연명의료 중단을 할 수 있다고 판시하였다.

46) Peter G. Filence, In the Arms of Others: A Cultural history of the Right-to-Die in America, (Chicago; Ivan R. Dee, 1998) pp.110~112.

47) Section 504 of the Rehabilitation Act of 1973 장애인이 비장애인에게 제공되는 치료 프로그램의 접근이 부인되어서는 안 된다는 규정.

48) Baby Doe가 사망한지 2주 후에 당시 로날드 레이건 대통령은 보건복지부 장관에게 Baby Doe와 같은 경우에 의료 처치를 계속하도록 하는 조치를 취할 것을 지시하였다. Deborah Mathieu, The Baby Doe Controvercy, 1984 Ariz. St. l,.J. 605 (1984)

49) 미국 보건복지부(the United Department of Health and Human Services)가 보건의료종사자에 대한 지침(Notice to Health Care Providers) 이른바, '베이비 도우 규정(Baby Doe regulations)'을 제정·공포하였다.

하면 신생아가 회복 불가능한 무의식 상태이거나, 치료가 단지 죽음을 연장시키는 것이거나 치료가 신생아의 생존에 관해 의학적으로 무용한 경우라서, 치료를 계속하는 것이 오히려 비인간적이 될 수 있는 상태와 환경이라면 치료를 계속할 의무에서 예외가 될 수 있지만 단순히 중증 장애를 가지고 태어났거나 그러한 장애가 예상된다고 하여 치료를 거부할 수는 없다. 1994년에 미국소아과학회(American Academy of Pediatrics) 생명윤리 위원회에서는 '연명치료의 보류중단 지침(Guidelines on Forgoing Life Sustaining Treatment)'을 발간[51]하여 미성년자의 연명치료중단을 결정하는 기준을 제시하였다. 의사결정능력은 1) 어떤 결정과 관련한 정보에 대해서 이해하고 의사소통할 수 있는 능력, 2) 결정하는 데 있어 그 이유를 추론하고 숙고할 수 있는 능력, 3) 충돌되는 요소들을 포함하여 일련의 가치들을 종합하여 결정하는 데 적용할 수 있는 능력, 이 세 가지의 능력을 본질적인 요소로 가지고 있다고 하면서, 아동이 어느 정도의 능력이 있던지 연명의료에 관한 의사결정에 참여할 기회를 주어야 하다고 권고한다. 환아의 연명의료에 관한 의사결정은 환아의 '최선의 이익' 기준을 사용하는데 이것은 연명의료로부터 받을 수 있는 이익과 부담을 형량하는 것을 의미한다. 이익이라는 것은 생명을 유지하는 것(의식 없는 상태에서 생물학적인 생명 유지만 하는 것은 이익이라고 보지 않음), 연명의료를 한 후에 향상될 수 있는 삶의 질, 신체적 유쾌함이나 감정적 즐거움, 지적 만족의 증가 등을 포함한다. 부담은 참을 수 없는 통증, 회복 불가능한 장애 발생과 치료의 무용성, 감정적 고통, 생명을 유지하기 위한 침습적이거나 비인간적인 의료적 개입, 삶의 질을 감소시키거나 삶의 질을 빼앗아 갈 수 있는 조치들 등을 가지고 판단한다. 선행의 원칙과 자기결정권 내지 자율성에 입각한 치료가 이루어져야 한다는 것, 진단과 치료적 선택들에 관한 적절한 정보를 제공받을 권리와 치료거부권, 적절한 간호와 위생적 돌봄, 진통제 사용과 같이 환자를 존중하는 돌봄이 제공되어야 한다는 것 등 연명의료 결정에 있어서 적용되어야 하는 일반적인 원칙들과 의사결정 상에 적용되어야 할 조언들이 제시되었다. 연명의료에 관한 결정이든 다른 치료든 간에 치료를 계속할지, 중단할지, 제한을 둘지, 포기할지를 결정하는 데 있어서 미국의 사회문화적인 배경하에서는 미성년자의 부모와 가족들에게

---

50) 50 FR 14878−01, 1985 WL 146956 (F.R.).

51) Guidelines on Forgoing Life−Sustaining Medical Treatment, Committee on Bioethics, Pediatrics 1994; 93.

폭넓은 재량권을 부여하고 있다고 인정하면서도 환아의 이익에 명백히 반하는 가족들의 요구가 있을 때는 이를 따라서는 안 된다고 권고한다. 미성년자의 치료거부권을 설명하면서, 법적인 기준에 부합하는 친권에서 독립한 미성년자와 의료 결정의 목적을 이해하고 결정할 수 있을 정도로 성숙하다고 판단된 미성년자도 본인이 원치 않는 의료적 개입, 즉 연명의료를 거부할 수 있도록 해야 한다고 권고하였다.52) 1996년에는 「응급의료와 적극적 분만법」(The Emergency Medical Treatment and Active Labor Act)에 의해 장애 신생아가 보호받게 되었다.

2. Baby K 사건(1994년)53)

Baby K는 1992년 버지니아주에서 선천성 기형으로서 뇌, 머리뼈, 두피의 상당 부분이 결손된 무뇌아(Anencephaly)로 출생하였다. 이 아기는 대뇌의 대부분이 없었기 때문에 의식은 없었지만, 뇌간(Brain stem)이 존재하였으므로 반사적 반응이 이루어지고 있었다. 출생 당시에 호흡 곤란이 있었기 때문에 의사는 인공호흡기를 부착하였다. 주치의는 무뇌아의 경우 출생 후 수일 이내에 호흡곤란으로 사망하는 것이 일반적이므로, 영양 및 수분의 공급과 체온 유지만 해주는 처치를 아기의 부모에게 제안하였다. 아기의 어머니는 생명은 신성한 것이며, 인간의 사망은 인간이 아닌 창조주가 주관하는 것이라고 주장하면서 아기에게 치료를 계속해 줄 것을 요구하고 치료 범위에 인공호흡기를 포함해 줄 것을 주장하였다. 그러나 병원이 이를 반대함으로써 부모 측과 병원 측이 합의할 수 없게 되자, 병원 측은 아기를 전원 시키려 하였고 어느 병원에서도 받아주지 않았다. 결국 1992년 11월 아기는 가까운 요양원(nursing home)으로 옮겨갔다. 이후 호흡장애가 발생하여 다시 병원에 방문하여 인공호흡기를 포함한 치료를 받게 되었는데, 병원 측은 이 아기에게 영양 및 수분공급, 체온 유지 이외에 인공호흡기를 제공하지 않는 것이 「응급의료와 적극적 분만법」(EMTALA, Emergency Medical Treatment and Active Labor Act)에 위배되지 않는 것이라는 확인의 소를 제기하였다. 의료진과 병원윤리위원회는 무뇌아에게 인공호흡기를 제공하는

---

52) 후술하는 '성숙한 미성년자 원칙'을 소아과의 '연명의료 보류중단 결정에 관한 지침'에서도 적용한 것이다.
53) In re Baby K. United State Court of Appeals for the Fourth Circuit, 16 F.3d 590 (1994).

것은 의학적으로 무용하므로 치료하지 않게 해달라고 주장하였다. 1994년 제4순회 항소법원은 1973년 「사회복귀법」, 1984년의 「미국장애인법」과 개정된 「연방 아동학 대방지와 치료법」, 1986년의 「응급의료와 적극적 분만법」을 근거로 이 소청을 기각 한 지방법원의 판결을 지지하여, 이 사건 병원이 연명치료를 거부할 수 있는 권한이 없다고 판시하였다. 이 사건의 핵심은 장애인을 차별 대우한 것으로 고발되지 않았지 만, 의사가 매우 값비싸고 무의미한 치료를 요구하는 부모의 의견을 거부할 수 있는 가의 문제였다.[54] 그러나 재판부는 의학적으로 무용한 치료라고 판단하더라도 신생 아의 치료를 계속할 것인지 중단할 것인지를 결정하는 것은 가족의 권리이므로 가족 이 원한다면 연명치료를 거부할 수 없다고 판시하였다. 아기는 1년 넘게 치료를 받았 으나 1995년에 사망하였다.

 청소년의 연명의료 결정 사례

1986년 이전에는 미국에서 청소년이 연명의료를 거부할 권리에 관한 판례는 없었 다. 1986년에 캘리포니아 대법원이 In re D.P. 사건[55]에서 14세 암환자 본인 의지에 반하여 병원에 입원하지 않아도 되고, 따라서 수혈을 받지 않아도 된다고 하는 결정 을 내렸다. 1987년에는 테네시주 대법원이 Cardwell v. Bechtol 사건[56]에서 미성년 자가 치료에 동의할 권리가 있는지에 대한 쟁점을 다루었다. 미성년자와 부모가 치료 절차에서 설명에 근거한 동의를 받지 않았다는 이유로 접골사를 상대로 소송을 제기

---

54) Baby K는 뇌사상태에 이르기 전에 그의 장기를 다른 사람에게 이식하는 것이 허용될 수 있 는지, 이와 관련하여 사망시점에 대해 논란이 있었다. Baby K과 같은 기형 신생아(병명: anencephaly)는 '뇌의 부재(brain absent)'로 보아 사망한 것으로 간주하는 새로운 의학적 기준이 수립될 필요가 있다는 주장이 있었기 때문이다. 1987년 Loma Linda 대학 의료센터 는 'anencephaly'로 태어난 신생아의 장기이식에 관한 절차를 위한 지침을 수립하여 미국 전역에 배포했었고, 이에 대해 이런 기형 신생아가 고통을 느낄 수 있는지 여부, 그리고 고 통을 느낀다면 잠재적 장기수증자를 위해 이 신생아의 생명을 연장하는 것이 고통만을 연장 하는 것이라는 비판이 있었다. 정상기·명재진, 「생명과학기술의 응용과 기본권 보호적 한계」, 집문당, 2003, 71−72면.

55) In re D.P (Cal. Super. Ct. Santa Clara County, July 1986)

56) Cardwell v. Bechtol, 724 S.W. 2d 739 (1987); Contra R.J.D. v. Vaughan Clinic, 572 So.2d (Ala.1990).

한 것인데, 법원은 미성년자의 성숙도와 책임감의 정도가 다양함을 인정하면서 미성
년자가 의학적 치료의 특성과 위험성, 그 예후에 대해서 이해하고 동의할 능력이 있
다면 미성년자는 성인과 마찬가지로 동일한 자격으로 의학적 치료의 결정에 참여할
수 있다고 판시했다. 그러나 보통법의 원칙의 예외로 '성숙한 미성년자 원칙'을 적용
하는 것이 결코 일반적인 기준이 아니고, 부모의 동의가 없이 미성년자 사건을 다룰
수는 없고 각각의 사례마다 구체적인 사실관계에 따라 달라질 수 있다고 덧붙였다.

In re E.G 사건[57]은 의사능력 있는 미성년자가 연명의료를 거부할 권리가 있다고
결정한 최초의 사건으로 중요한 의미를 가진다. Ernestine Gregory(E.G)가 18세 생
일이 되기 6개월 전에 수혈을 거부하면서 수혈을 강제하는 것이 여호와의 증인이라
는 종교적인 신념을 침해하는 것이라고 주장하였던 것이다. 1989년 일리노이주 대법
원은 보통법의 전통과 실정법적 규정을 검토하면서 17세 루게릭병 환자가 종교적 신
념에 따라 연명의료를 거부할 권리를 가진다고 판시하였다. 일리노이주의 성인 연령
은 18세임에도 불구하고, 그 연령이 미성년자가 어떤 권리를 소유하고 실행하는 걸
절대적으로 불가능하게 만드는 관통할 수 없는 장벽은 아니라고 판시하였다. 미성년
자도 헌법과 일리노이주 실정법 전통에 따라 성인과 마찬가지로 존중받아야 한다는
사실에 근거한 것이었다. 일리노이주 대법원은 "성숙한 미성년자는 치료를 거부하거
나 동의할 수 있는 보통법의 권리를 실행할 수 있다"고 판시하면서 '성숙한 미성년자
원칙'을 정당화하였다. 이 성숙한 미성년자 원칙은 1990년 In re Swan 사건[58]에서
더 확고하게 재확인된다. 매인주 대법원이 17세 미성년자로서 오토바이 사고로 인해
치명적인 부상을 입고 고통스럽게 연명의료를 받고 있던 환자에게 연명의료를 거부
할 권리가 있다고 판시한 것이다. 연명의료를 거부할 권리가 있는지 결정하기 위해
이익 형량을 하고 환자의 부모가 환자의 의사("부상이 심각해서 연명의료가 아니고서는
생존할 수 없을 경우에는, 인위적인 방법으로는 생명을 연명하고 싶지 않다"라고 하는 환자
본인의 의사)에 관한 명백하고 분명한 증거를 제출하여 입증함으로써 환자의 연명의
료의 중단을 허락받은 것이다.

---

57) In re E.G.,133, Ill.2d 98, 101−02, 112−13, 106−08 (1989)
58) In re Swan, 569 A, 2d 1202 (1990)

Ⅵ　미국 소아과학회 연명의료 보류·중단에 관한 지침(2017년)

　　미국 소아과학회는 1994년 처음으로 어린이, 청소년을 대상으로 적용할 수 있는 '연명의료 보류중단에 관한 지침'을 내놓은 이후로 그 지침에 최신 정보를 갱신해서 2017년에 안내문을 발간하였다.[59] 최선의 이익과 이익·부담의 균형성이라는 대원칙을 우선 제시한 후에 의사의 역할, 어린이·청소년과 가족들의 의사결정 참여, 심폐소생술 여부에 대해 의사소통하기,[60] 다학제적 돌봄 계획과 상담 등에 대해 권고하고 있다. 영양과 수분공급의 문제, 발달 장애가 있는 어린이, 영아와 어린이, 아동학대나 방임이 의심되는 경우, 진단이 불확실한 신생아의 경우 등 특수한 경우들에 대해 별도로 기술하고 있는 것이 특징이다.

　　최선의 이익의 원칙이란 연명의료를 제공·보류·중단하는 데 대한 윤리적 의사결정에서는 환자의 최선의 이익에 따라야 한다는 것인데 북미와 유럽의 의료전문직에서 통용되는 의료 윤리의 대원칙이다.[61] '최선의 이익'이라는 문구가 고도로 주관적인 것이라서 주어진 상황에 따라서 정의 내리기가 어려운 점이 있지만 치료의 목표를 설정할 때는 환자의 이익을 가장 중심에 유지하는 것이 중요하다는 원리이다. 최선의 이익 기준에 따르면 미성년자에게 부담보다는 훨씬 더 이익이 클 가능성이 있

---

59) Kathryn N. Weise, MD, MA, FAAP et al, Guidance on Forgoing Life－sustaining Medical treatment, American Academy of pediatrics (2017)

60) 성인에게 적용되는 사전연명의료의향서, Five Wishes와 같은 돌봄 계획에 관한 도구들을 응용하여 미성년자용으로 개발된 서식들(Voicing my choices, Child and Family Withes 등)이 제시되어 있다. 이 서식들에 대해서는 https://agingwithdignity.org/shop/product－details/voicing－my－choices (2018.4.1 최종방문) 등 참조.

61) 최선의 이익 기준은 "일반인 즉, 합리적인 사람이 동일하거나 비슷한 환경에 처해지면 어떻게 할 것인가?"를 묻는 것이다. Conroy 사건 In re Conroy, 98 N.J. 321, 486 A.2d 1209 (1985)에서는 이 최선의 이익 기준을 두 가지로 세분화하여 기준으로 발전시켰다. 첫째, 순수한 객관적 기준이고, 둘째, 제한적 객관적 기준이다. 순수한 객관적 기준을 적용하면 고통이 극심하여 비인간적인 치료가 될 경우나 죽음에 가까울수록 즉 기대여명이 매우 짧을 경우 연명치료중단이 가능하다. 환자의 신체적 고통을 기준으로 한 기준이기 때문에 환자의 주관적인 의사와 가치관이 밝혀지지 않은 경우 적용할 수 있다. 제한적 객관적 기준은 연명치료로 얻을 이익과 부담을 비교 형량하여 환자의 최선의 이익이 되는 결정을 내리는 것으로서 환자의 의사가 불명한 경우에 적용하며, 환자의 소망을 고려하기는 하나 환자의 주관적 의사에 관한 요소는 배제하고 환자의 신체적 관점에 더 치중한다. 우리나라 연명의료결정법에도 환자의 최선의 이익을 보장하는 것이 입법 목적으로 제시되고 있다.

을 때 의료적 개입이 있어야 하고, 이익보다 부담이 훨씬 더 클 때는 개입을 계속하
거나 새로 개입을 시작하는 것은 권고하지 않게 된다. 즉 이익과 부담의 균형성을 추
구하게 된다. 미성년자에게 있어서 부담의 가장 특징적인 것은 완화와 예방에 최선을
다했음에도 불구하고 극심한 통증을 견뎌야 되거나 또 재발하는 것이다. 부담은 통
증, (약물이나 신체적 치료 도구를 사용함으로써) 원치 않거나 오래 지속되는 행동의 제
약, 걱정, 두려움, 고립감, 그 밖에도 불안을 유발할 수 있는 생활 변화를 포함하는
것이다. 어떤 치료는 장기적으로는 환자에게 이익이 되지 않는 것으로 보이나, 시간
이 가면 확실한 효능을 나타내는지 입증이 부족하더라도 환자와 의료진, 돌보는 사람
들에게는 치료를 하도록 만드는 단기적이고 긍정적인 효과를 가진 치료가 있다. 그러
한 치료를 무용한 것, 또는 이익이 되지 않는 해로운 치료로 간주되어야 하는지 여부
는 여전히 논쟁이 되어 왔다. 어떤 치료가 무용한지, 해로운지에 대해 광범위하게 특
징을 설정하지 말고, 그 대신에 의사가 연명의료의 보류·중단 결정을 포함하여 각각
의 치료 선택이 설정된 의료의 목적을 증진하는 것인지를 명확하게 하는 것이 좋다
고 권고한다. 의료진이 폭넓은 심의 과정을 거친 후에 의료적 개입이 생리적으로 무
용하다는 데 모두 동의하는 상황이라면 그러한 의료적 개입은 제공되지 않기를 권고
한다.

Ⅶ 미성년자의 사전의료지시와 대리 결정의 기준

사전의료지시 작성을 인정하는 이유는 본인의 자기결정권을 존중한다는 의미와 대
리 의사결정자가 결정을 하게 될 때 이 사전의료지시(Advance Directives)를 통하여
환자 본인의 의사를 추정할 수 있는 증명 도구가 되게 하기 위해서이다. 환자 본인이
의사능력이 없어질 경우를 대비하여 그러한 경우에도 환자의 자기결정의 실현, 즉 설
명에 의한 동의가 실현되게 하기 위하여 의사능력이 있을 때 미리 본인의 의사를 밝
혀두는 서식이다. 연방 의료 결정 통일법(The Uniform Health-Care Decisions Act)에
의하면 친권에서 독립한 미성년자는 구두나 서명으로 사전 의료지시[62]를 하거나, 본

---

62) 우리나라의 연명의료결정법에서는 미국에서 사용되는 사전의료지시(Advance Health-care

인이 의사능력이 있다면 할 수 있었을 결정을 내릴 수 있는 권한을 서면으로 대리인에게 부여하는 형태로 위임을 할 수 있다(Section 2. Advanced Health-care Directives (a), (b)). 또한 담당의사에게 직접 통보함으로써 개인을 의사결정의 대행자로 지명할 수 있다. 그러나 친권에서 독립한 미성년자 이외에 미성년자는 포괄적으로 사전의료지시나 생전유언을 실행할 수 있는지 법적인 해석이 명확하게 확립되지 않은 상태이다. 1994년 미국 소아과학회의 연명의료 지침[63] 등에서는 의료진은 미성년자가 연명의료 보류중단에 관해 명확히 의사소통할 수 있는 능력을 상실하기 전에 표현해 왔던 의사표시와 미성년자 본인의 감정에 사려 깊게 무게를 두어야 한다고 권고한다. 그리고 환자가 생전 유언이나 어떤 형태로든 사전의료지시와 유사한 서류를 남겨두었다면, 그 서류가 환자의 의사를 증빙할 수 있는 강력한 증거가 될 수 있다고 한다.

대리인이 환자 본인을 위한 의료 결정할 때의 기준이 되는 일반적인 대리 판단의 기준(Substituted judgment standard)은 "이 환자가 의사능력이 있다면 어떤 결정을 내릴 것인가"를 묻는 것으로서 환자의 자기결정권에 기초한다. 대리 의사결정자에 의한 대리 판단 방식은 환자가 사전의료지시서 등과 같은 서면을 통해 평소에 본인이 의사 무능력 상태가 되었을 때 본인을 대리하여 치료의 종류와 계속 여부를 결정할 대리인을 지정해 놓을 수 있고, 그렇지 않으면 임종기 치료에 관해 평소에 환자가 내린 의사결정을 토대로 법원이 후견인을 지정하거나, 병원윤리위원회를 통해 가족, 후견인 또는 대리인 등이 환자를 대리하여 결정할 수 있다.[64] 대리 결정권자는 환자의 현재 임상 상황에 대해 의사로부터 모든 설명을 들은 후에 의사무능력자인 환자를 대신하여 환자가 의사능력이 있다면 행하였을 결정을 하여야 한다. 설령 대리 결정권자가 환자를 대신하여 내리는 결정이 소위 합리적인 사람이라면 동일하거나 유사한 상황에서 내리지 않았을 결정이거나 대다수의 사람이 그 결정이 잘못되었다고 생각하는 것이라 할지라도, 환자의 의사대로 따르는 것이라면 그 결정은 실행되어야 한다. 환자의 선호도에 대한 증거는 생전 유언과 같은 서면과 구두 진술, 의학적 치료에 관한 행동 등에서 발견할 수 있다. 미국의 일부 주에서는 환자의 선호도에 관해

Directives 또는 Advance Directives)를 '사전연명의료의향서'로 칭하고 있다.

63) Guidelines on Forgoing Life-Sustaining Medical Treatment, Committee on Bioethics, Pediatrics 1994; 93, p535.

64) Penney Lewis, 「Assisted dying and legal change」, N.Y : Oxford University press, 2007, pp.140~141.

증거기준을 강화하여 대리 결정권자에게 입증의 부담을 강화하고 있다. 미국 연방대법원은 강화된 증거기준인 '명백하고 설득력 있는 증거기준'을 적용할 수 있도록 주에게 권한을 위임한다.[65] 대리 결정권자는 환자가 의사능력이 있다면 선택하였을 결정을 내리기 위해 최소한 다음의 6가지 요소를 고려하여야 한다. 1) 의학적 치료에 관해 환자가 이전에 진술했던 선호도, 2) 환자의 윤리적·종교적 믿음, 3) 환자의 가족에 미치는 영향, 4) 치료로부터 부작용이 발생할 가능성, 5) 치료가 중단 또는 보류된다면 환자에게 발생할 결과, 6) 치료가 계속된다면 예상되는 환자의 예후 등이다. 미성년자의 의료 결정에 있어서도 이와 같은 대리판단의 기준이 적용되어야 하는데, 미성년자의 발달 정도에 따라 본인의 의사와 선호도를 명확하게 표현할 수 있다면, 연명의료에 관해 결정할 때 이를 고려하여야 한다.

Ⅷ 결론

본 장에서 미국에서 논의되어 온 미성년자의 연명의료 결정의 근거가 되는 부모와 미성년자의 헌법적 권리와 실제 판례의 법리 적용, 그리고 소아과학회의 지침을 탐색하고 미성년자에게도 사전의료지시가 적용될 수 있는지 여부와 타인이 대리 결정할 때의 기준을 살펴보았다. 설명에 의한 동의권은 임종기에 연명의료 결정에서 반드시 주어져야하고, 미성년자를 대신해서 부모나 후견인이 설명에 의한 동의권을 실행할 수 있다. 미성년자는 나이와 상관없이 자율성, 인격과 권리를 존중받아야 할 독립적인 인격체로서 본인에 관한 의료의 의사결정에 참여하여 승인할 권리가 있으므로, 미성년자의 의료 결정에는 부모의 동의권뿐 아니라 미성년자의 승인권이 동시에 요구된다. 14세 이상의 청소년 중에는 성숙한 미성년자 원칙이 적용되어 독립적으로 연명의료 결정에 있어 동의권이 주어질 수 있다. 미성년자의 연령이 낮을수록 부모의 동의권이 크게 작용하기는 하지만, 14세 이하의 미성년자라도 발달 단계에 따라 본인의 의료에 관한 의사결정 과정에서 부모와 의료진의 상호적인 의사결정에 적절히 참여할 기회가 주어져서 본인의 선호도와 의사가 적절히 반영되어야 한다는 것이 합

65) Cruzan v. Director, Missouri Department of Health, 497 U.S. 261 (1990)

당한 법리이자 임상 현장의 가이드라인이라는 것을 발견할 수 있다. 임종기에 삶을 마무리하는 데 관한 의사결정은 환자와 가족뿐 아니라 의료진에게도 무척이나 감정적으로 힘겨운 결정임에는 틀림이 없지만, 어떠한 결정이 미성년자의 최선의 이익이자 미성년자 본인의 선호와 소망에 가까운 것인지 여부가 생에 마지막까지 중심점에 놓여야 할 핵심이 되어야 한다.

참고문헌

엄주희, 「환자의 생명 종결 결정에 관한 연구: 입법적 실천 방안을 위한 미국과의 비교법적 모색」, 박사학위논문, 연세대학교 대학원, 2013

Bruce Ambruel & Julian Rappaport, Developmental Trends in Adolescents' Psychological and legal Competence to Consent to Abortion, 16 Law & Hum. Behav.129,148, 1993

David G. Scherer & Nicholas D. Reppucci, Adolescents' Capabilities to provide Voluntary Informed Consent : The Effect of Parental Influence and

Hickey K, Minor's rights in medical decision making, JONAS Health Law Ethics Regul 9, 2007

Hartman, Rhonda Gay, Adolescent Decisional Autonomy for Medical Care : Physician Perception and Practices, the University of Chicago Law Roundtable, 2001

Heather Boonstra & Elizabeth Nash, Minors and the Rights to Consent to Health Care, The Guttmacher Report on Public Policy, 2000

Jessica Hill, Medical Decision Making by and on Behalf of Adolescents; Reconsidering First Principle, 15 J. Health Care L. & Pol'y 37, 2012

Katherine A. Wingfield & Carl S. M Hacker, Physician−Assisted Suicide : An Assesment and Comparison of statutory approaches among the states, 32 Seton Hall Legis. J, 13, 2007

Katharina M. Ruhe, et al, Decision−making capacity of children and adolescents − suggestions for advancing the concept's implementation in pediatrics healthcare, Eur J Pediatr 174, 2015

Kathryn N. Weise, MD, MA, FAAP et al, Guidance on Forgoing Life−sustaining Medical treatment, American Academy of pediatrics, 2017

Kinberly M Mutcherson, Whose Body is it Anyway : An Updated Model of Healthcare Decision−Making Rights for Adolescents, 14 Cornell J.L. & Pub. Pol'y 251, 2005

Krener P.K & Mancina R.A, Informed consent or Informed coercion : Decision− making in pediatric psychopharmacology, Journal of Child and Adolescent Psychopharmacology, 4, 1994

Laurence Steinberg, Does Recent Research on Adolescent Brain Development inform the Mature Minor Doctrine?, J. Med, Philos. 38 (3), 2013

Medical Dilemmas, Law and Human Behavior Vol. 12, Iss. 2 June, 1998

Melinda T. Derish & Kathleen V. Heuvel. Mature Minors Should have the right to refuse life−sustaining Medical Treatment, 28 J. L. Med. Ethics 29 109,124, 2000

Nancy Berlinger et al, The Hastings Center Guidelines for Decisions on Life− Sustaining Treatment and Care Near the End of Life, Revised and Expanded Second Edition Expanded Second Edition, Oxford University Press (UK), 2013

Petronella Grootens−Wiegers, et al,   Medical decision−making in children and adolescents: developmental and neuroscientific aspects, BMC Pediatr. 17, 2017

Pless, The Story of Baby Doe, 309 New Eng,. J. MED. 664, 1983

Tara L. Kuther, Medical Decision−making and Minors : Issues of Consent and Assent, Adolescence, 38, 2003

Thomas Grisso & Linda Vierling, Minor's consent to treatment: A Development Perspectives, 9 prof. Psychol. 412,423, 1978

Walter J. Wadlington, Consent to Medical Care for Minors, in Children's Competence in Consent, ed. Gray B. Melton, Gerald P, Kocher, and Michael J. Saks (New York: Plenum Press), 1983

4부

헌법과 부패방지

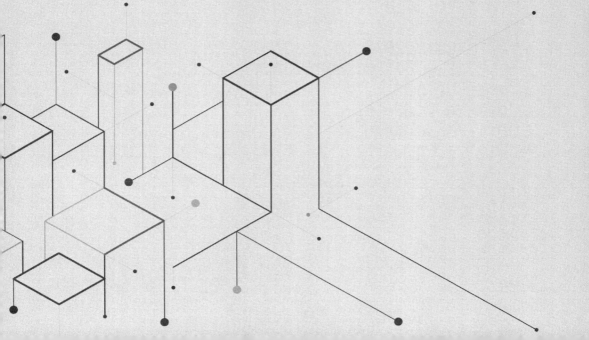

1장

논문 공정성을 위한
헌법적 기초와 입법 과제

I 서론

연구윤리 문제에 대한 사회적 관심은 2차 세계대전 때 나치가 포로들에게 자행했던 의학적 실험들, 1932년부터 1972년까지 400여 명의 가난한 흑인 남성들을 대상으로 미국 보건복지부(HHS: Department of Health and Human Services) 주도로 진행했던 터스키기 매독 연구(Tuskegee syphilis study) 등 인류 역사에 있었던 여러 비극적인 사건들로부터 촉발되었다.[1] 나치 캠프에서 자행된 참혹한 인체 실험 이후 그에 대한 반응으로, 1947년 인간을 대상으로 하는 실험에 대한 윤리적 원칙들을 명시한 뉘른베르크 강령(Nuremberg Code)이 만들어졌으며, 1964년에는 세계의사회(World Medical Association)의 주도로 국제적으로 통용되는 의학연구 영역의 윤리들의 토대를 놓은 문건인 헬싱키 선언(Declaration of Helsinki)이 발표되었다. 터스키기 매독 연구는 빈곤한 흑인 소작농들이 본인도 모르는 사이에 매독에 감염되고 방치되면서 정부의 무료 건강관리를 받는 것이라고 기만당한 생체실험이었으므로, 뉘른베르크 강령과 헬싱키 선언의 채택을 무색하게 하는 것이었다. 비윤리적 연구의 심각성을 인지한 미국 의회의 촉구에 의해서, 의학 및 행동연구에서 연구대상자 보호를 위한 국가위원회(The National Commission for the Protection of Human Subjects of Biomedical and Behavior Research)를 통하여 발표한 1979년 벨몬트 보고서(Belmont

---

[1] 박형욱, "의학연구와 생명윤리 및 안전에 관한 법률", 「대한의사협회지」, 2013, 666면; 「연구윤리소개」, 교육인적자원부, 한국학술진흥재단, 2006, ix

Report)가 나오면서 인간 연구대상자를 대상으로 하는 연구에서의 기본 윤리 원칙과 인간 존중의 3원칙이 발표되었다.[2] 그 후에도 연구윤리와 논문 부정에 관해서는 생명의학 분야에서 굵직한 논문 위조 사건들을 겪은 후에[3] 연구 부정행위에 대한 대응책 마련이 규범적으로 이루어지기 시작했다. 미국 보건복지부가 2005년도 6월에 제정한 연구부정행위방지법(42CFR Part 93)[4]은 연구 부정행위를 위조, 변조, 표절이 개입된 행위로 정의한다. 위조라 함은 존재하지 않는 데이터나 연구 결과를 만들어 이를 기록하거나 보고하는 행위를 말한다. 변조란 연구자료, 장비 또는 과정을 조작하거나 데이터나 연구 결과를 변경하거나 또는 생략함으로써 연구 기록이 진실에 부합하지 않게 하는 행위이다. 표절이란 정당한 권한 없이 타인의 아이디어, 과정, 결과 또는 기록을 도용하는 행위를 칭한다(42 CFR § 93.103). 오늘날 우리나라의 연구부정행위 내지 논문 공정성의 문제는 위조, 변조, 표절이 없는 연구의 윤리성과 연구진실성뿐 아니라, 인간 또는 동물을 대상으로 하는 실험 연구 내지 임상연구에서의 윤리, 연구비 사용의 정직성과 공동 연구자들 간 지켜야 할 윤리, 중복게재의 윤리성[5]까지

---

2) 벨몬트 보고서: 인간 피험자 보호를 위한 윤리 원칙과 지침(http://www.nibp.kr/xe/info45/ 1640 검색일자: 2019.12.1.)

3) 1974년 미국 윌리엄 서머린 사건, 1990년 독일 헤르만 브라흐 사건, 1995년 영국 말콤 피어스 사건 등이 생명의학 분야의 논문 위조 사건으로 손꼽힌다. 2002년 미국 벨(Bell) 연구소의 얀 헨드릭 쇤 사건은 물리 분야의 연구 부정행위로서 연구진실성의 문제가 생명의학 분야만이 아니라는 점을 보여준다. 연구윤리소개, 위의 글, ix; 우리나라의 경우도 정치권을 포함해 전 사회의 관심을 한 몸에 받으며 2004년 2월12일 세계적인 학술지인 <사이언스>에 인간배아복제 줄기세포를 만들었다는 논문을 발표했다가 2005년 논문 조작이 밝혀진 사건으로 학계 뿐 아니라 전 사회를 뒤흔들었던 황우석 사태 때문에 혼란을 겪었고, 그 즈음 2004년에는 생명윤리 및 안전에 관한 법률(약칭: 생명윤리법)이 제정되어 생명과학 연구에서의 윤리 기준이 처음으로 법제화되었다.

4) Department of Health and Human Services 42 CFR Part 93 PHS Policies on Research Misconduct; Final Rule, 2005년 5월(연구 부정행위에 대한 보건복지부 정책; 최종 규칙)

5) 중복게재는 업적 부풀리기의 수단이 된다는 점에서 학문의 정직성을 해할 수 있다. 이전의 종이 학술지 시대를 지나 인터넷으로 학술논문의 출판과 구독이 용이해진 현대에서 중복게재의 유용성이 사라졌다는 점, 우리나라처럼 연구자 업적 평가를 정량적인 기준에 의존하는 환경에서 연구자들 사이의 공정한 경쟁을 저해한다는 면에서 윤리적으로 문제가 있다고 본다. 교육부 훈령 제263호(연구윤리 확보를 위한 지침) 제12조 제1항 제4호는 '부당한 중복게재'를 연구자가 자신이 이전 연구결과와 동일 또는 실질적으로 유사한 저작물을 출처표시 없이 게재한 후, 연구비를 수령하거나 별도의 연구업적으로 인정받은 경우 등 부당한 이익을 얻는 행위라고 정의한다. 중복게재에 포함하지 않는 유형은 통상 다음과 같다. 1) 원문이 게재된 학술지를 볼 수 없는 다른 독자군을 위해서 1차, 2차 출판 학술지 편집인 양자의 동의를 받아서 출처를 밝히면서 게재한 경우 2) 연구자가 자신의 선행연구에 기초하여 논리와

연구윤리와 연구진실성이 포섭해야 할 범위가 폭넓게 인정된다.

최근 고위공직자들의 자녀가 논문 저작에 기여한 바 없이 부모의 인맥에 의해 해당 논문의 제1저자로 표기되는 문제가 연구 부정행위로 부각된다든지, 혈액 채취와 같이 인간대상연구에서 필수적으로 거쳐야 하는 연구대상자 보호 조치가 부실했던 문제가 사회적 이슈로 떠오르면서[6] 어느 때보다 책임 있고 정당하며 공정성이 보장되는 학술 활동의 요구가 높아지고 있다. 이에 따라 본 장은 다양한 유형의 연구윤리 문제 중에서 공정한 저자됨(authorship)의 문제와 인간대상연구에서 논문의 윤리적 검증의 1차적 관문인 기관생명윤리위원회(Institutional Review Board, 이하 'IRB'라 한다) 제도의 거버넌스 문제를 중점적으로 살펴본다. 연구대상자 보호와 저자됨이 가지는 윤리적 문제를 우선 검토함으로써 거버넌스와 규범의 측면에서 다루어야 할 쟁점들에 대한 길잡이가 되도록 한다. 그리고 규범적 기초인 헌법으로서 논문 공정성이 지향해야 할 근간과 뿌리를 검토한 후, 연구윤리에 대해 직접 명시하는 학술진흥법, 연구 관련 저작권 문제를 다루는 저작권법 등의 법령들을 비롯하여 관련 법적 쟁점을 살펴본다. IRB 제도는 법적 근거를 두고 연구의 윤리성을 담보하기 위한 거버넌스 제도이다. 우리나라에 IRB 제도가 도입되는데 모형이 되었던 미국의 IRB 운영을 참고로 제시함으로써, 자율적인 전문가 위원회로 운영되는 IRB 제도가 연구대상자 보호와 저자됨의 비윤리성 문제를 예방하기 위한 대안으로 작용할 수 있을지 살펴본다. 이상의 윤리적, 규범적, 거버넌스 측면의 논의를 종합하여 입법적 과제들을 도출함으로써 논문의 정의를 확립하는 대안을 모색하는데 단초를 제공하도록 한다.

이론 등을 심화시켜 나가는 연구 과정에서 적절한 출처 표시를 한 후속저작물 3) 이미 발표된 자신의 학술적 저작물을 모아서 출처를 표시하여 저서로 출판하는 경우 4) 자신의 학술적 저작물의 내용을 연구업적에 해당하지 않는 출판물에 쉽게 풀어쓴 경우 등을 들 수 있다. 「연구윤리의 이해와 실천」, 한국연구재단, 2011, 107면; 이밖에도 23개 정부출연 연구기관을 총괄하는 경제인문사회연구회는 중복게재가 아닌 형태, 즉 정당한 학술 출판으로 보는 경우로 다음과 같은 유형을 예시한다. 용역보고서, 정책제안서 등과 같이 특정 기관의 요청이나 목적에 따라 작성된 저술을 별도의 저서 또는 논문 형태로 출간하는 행위, 이미 출간된 자신의 보고서, 논문이 편집자의 특정 목적에 따라 다른 저자의 논문 등과 함께 편집, 출간되는 경우, 워킹 페이퍼 및 기타 이에 준하는 연구 자료를 정식 출판물로 발간하는 경우 등을 들고 있다; 「연구윤리 사례집 – 좋은 연구 실천하기」, 교육과학기술부, 한국연구재단, 2011, 26면; 남형두, 「표절론」, 현암사, 2015, 447 – 448면.

6) 매일경제, "학계 '제1저자 등재 명백한 기준 위반'...의혹, 지도교수 징계 심의", 2019.8.21.일자; 동아일보, "병리학회, 조국 딸 논문 취소한 세 가지 이유...IRB, 저자역할", 2019.9.5 일자.

Ⅱ   논문의 공정성을 위한 연구윤리의 문제

연구를 수행함에 있어서 연구의 시작과 중간 과정 그리고 결과 발표에 이르기까지 전 과정에 걸쳐 논문의 공정성을 위한 윤리가 작동해야 한다. 논문 공정성에 관한 규범적 측면을 살펴보기에 앞서, 본 장에서 집중하고자 하는 연구대상자 보호와 저자됨의 두 가지 측면의 연구윤리를 검토한다. 인간대상연구에서 연구대상자 보호에 관한 문제는 연구 설계와 연구 개시 시점부터 연구 진행 과정까지 연구자에게 요구되는 윤리성이다. 연구 진행 중에는 위조, 변조, 조작 등의 연구진실성이 요구된다. 저자됨에 대해서 윤리적인 차원의 문제를 넘어 법적 다툼을 예방하기 위해서는 연구 개시 때부터 공동으로 연구에 임하는 사람들 간에 논의와 합의가 이루어지는 것이 바람직하다.[7]

1. 연구대상자 보호의 관점

연구대상을 인간으로 하는 경우에 그 연구에 참여하는 사람들이 자발적인 동기에 의해 시작하도록 해야 하고, 연구에 참여하는 사람들을 존중하고 그들에게 해악을 끼치지 않도록 해야 한다. 연구에 필요한 적절한 규모의 사람을 참여시키고 있는지, 무리하게 많은 사람을 불필요하게 참여시키고 있지 않은지, 인터뷰 및 설문조사에서 상대방을 심리적, 정신적으로 괴롭히는 질문과 조사를 하고 있지 않은지, 참여자의 사생활과 비밀뿐 아니라 민감한 개인정보를 침해하고 있지 않은지 또는 개인정보의 익명화와 수집, 개인정보 보관 시 보안 관리, 연구 종료 후 폐기 등의 관리를 잘하고 있는지, 혈액이나 조직 등의 인체유래물을 채취하거나 신체를 직접 대상으로 연구할 때 충분한 설명을 통해 대상자의 자발적인 동의를 획득하고 있는지와 대상자의 건강과 안전에 해가 되지 않도록 조치하고 있는지 등이 연구대상자 보호의 관점에서 제기되는 윤리적인 이슈들이다. 이러한 연구대상자 보호가 잘 이루어지고 있는지에 대한 사전 점검은 각 연구기관에 설치된 기관생명윤리위원회(IRB)의 연구계획서 심사를 통해 이루어진다.

---

7) 서이종 편저, 「학문 후속세대를 위한 연구윤리」, 박영사, 2013, 19－20면.

2. 저자됨(authorship)의 문제

논문에 이름을 싣는 것은 연구를 수행한 사람이 누구인지, 누가 그 업적을 인정받아야 하는지를 사람들에게 알린다는 의미가 있다. 연구자는 연구 발표의 질과 양으로 평가되고 인정받기 때문에 연구를 책임졌던 사람을 정확하고 공정하게 논문의 저자로 명기하는 것이 중요하다.[8] 국제의학학술지 편집인협회(ICMJE: International Committee of Medical Journal Editors)에서 제시하는 저자의 자격은 다음과 같은 네 가지 조건을 모두 충족하여야 한다.[9] 1) 연구의 기획과 계획, 자료의 수집 또는 자료의 분석과 해석 등에 상당 부분 기여해야 한다. 2) 원고의 초안을 작성하거나 주요 지적 내용, 학술적으로 중요한 내용에 대해 비판적으로 수정해야 한다. 3) 출판될 최종 원고를 승인하여야 한다. 즉 최종 원고를 읽고 동의하여야 한다.[10] 4) 연구의 정확성 또는 진실성에 관련된 문제를 적절히 조사하고 해결하는 것을 보증하고 연구의 모든 부분에 책임을 진다는 점에 동의해야 한다.[11] 연구비 확보, 자료 수집, 전반적인 연구감독만으로는 저자됨(authorship)의 요건을 충족시키지 못한다. 연구가 시행된 부서나 프로그램의 주임 교수라는 이유로, 또는 그 분야의 선도적 연구자라는 이유로 또는 시약을 제공했다는 이유로 또는 주요 저자의 멘토라는 명분으로 저자의 자격이 생기지는 않는다. 논문에 이러한 기여를 한 것이 기여자로 인정받을 자격이 될 수는 있어도, 그 이유만으로는 저자가 되지 못한다.[12] 연구에 거의 또는 전혀 참여하지 않은 사람들의 이름을 기재하는 방법 ─ 이른바, '선물 저자' '명예 저자' '손님 저자' 등으로 칭한다 ─ 또는 참여한 사람들의 이름을 제외하는 방법 ─ 이른바, '유령 저자'라고 칭한다 ─ 으로 종종 저자됨에서의 부정이 일어나곤 한다. 이러한 부정과 부

---

8) 「연구윤리소개」, 앞의 책(주 1), 146면.

9) 한국연구재단, 전국대학교 산학협력단장 연구처장 협의회 <연구논문의 부당한 저자 표시 예방을 위한 권고사항> 2019.10.1.; 이 권고사항 자료는 ICMJE를 비롯해서 과학학술지편집인협의회(CSE), 미국물리학회, 미국사회학회가 제시한 저자됨의 정의를 소개하고 있다. 인문학, 법학, 신학에서의 저자됨은 저술과정의 산물로서 대부분 단독 저자의 형태로 이루어진다고 서술하는데, 최근 법학 분야에서도 공동 저술에 의해서 공동 저자의 형태로 출간되는 경우가 많아졌다.

10) 「연구윤리 사례집」, 앞의 책(주 5), 69면.

11) 「윤리적인 연구 출판을 위한 국제 규범」, 한국연구재단, 2019, 90면.

12) 「연구윤리소개」, 앞의 책(주 1), 152 ─ 153면.

정직성은 연구 발표 자체에 대한 신뢰성을 떨어뜨리게 되고, 저자됨과 관련하여 참여한 연구자들 사이에 갈등을 불러일으킨다.13) 저자됨의 문제는 연구 윤리성의 문제일 뿐 아니라 저작권 부여의 조건이 되기 때문에 후술하는 저작권에서의 쟁점이 된다.

저자는 중요도 순으로 이름이 기재되어 가장 기여도가 높은 저자가 제1저자가 되고, 첫 번째나 마지막 순서에 기재된다.14) 연구와 논문발표에 기여는 하였으나 저자의 자격이 되지 못하는 사람들에 대해서는 감사문(Acknowledgements)에 포함할 수 있으며 ICMJE 지침에서도 동일한 기준을 제시하고 있다.15) 감사문에 포함된 모든 사람이 이 사실을 알고 있어야 할 것을 권장하며, 그래서 미국의 일부 학술지는 감사문에 포함되는 사람들의 서명을 요구하기도 한다. 저자의 자격이 되나 저자에서 제외되었거나, 반대로 저자가 될 수 없는 사람이 논문에 포함되었다면 학술지 편집위원회에 이의신청하여 정정을 요청할 수 있다. 학술지에 따라서는 다른 저자들에게 확인하여 동의를 받아 저자를 정정, 게재할 수 있도록 하는 경우도 있다. 그러나 더 바람직한 것은 연구 논문을 작성하기 전에 누가 무엇을 할지, 언제까지 할지에 대해서, 즉 저자됨에 대해서 의사소통하고 서면으로 정해놓는 것이 권장된다. 참여하는 연구진들 간 회의로서 연구 계획 단계부터 저자됨에 대한 논의를 시작하고 연구로부터 생산될 논문, 부록, 발표문 등과 같은 출판물에 대한 합의된 개념을 가지고 있는 것이 좋고, 이에 관한 결정 사항을 기록하여 보관한다면 저자됨에 관한 문제가 발생하는 것을 예방하는 데 도움이 될 수 있다.16)

교신저자는 학술지의 심사 의견을 받고 논문 내용을 증명하고, 독자로부터의 요청 시 연구진에게 연락할 수 있도록 논문에 연락처가 인쇄된 사람을 말한다. 학술지 편집인 입장에서는 행정적인 역할을 하는 저자로 생각할 수 있으나, 논문 지도와 논문의 전반적인 품질을 담당할 수 있는 지위에 있는 자로 주저자17)와 동일한 서열에 있는 것으로 취급되는 경우가 많다. 교신저자는 책임저자라고도 일컬어지며 데이터의

---

13) 「윤리적인 연구 출판을 위한 국제 규범」, 앞의 글(주 11), 148면.

14) 「연구윤리소개」, 앞의 책(주 1), 148면.

15) 「윤리적인 연구 출판을 위한 국제 규범」, 앞의 글(주 11), 151면.

16) 위의 글(주 15), 149면; 2003년 COPE(영국 소재 출판윤리위원회: Commitee on Public Ethics, COPE) 보고서 내용.

17) 한국연구재단의 등재 학술지 평가에서도 교신저자 또는 제1저자 중에 주저자를 정하도록 한다.

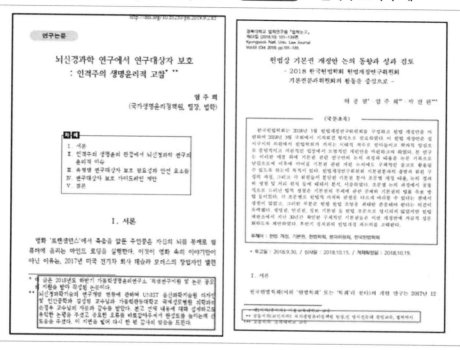

그림 1   감사문 표시(사사 표기)의 예   그림 2   교신저자 표기의 예

정확성을 확인·보증하고, 저자 자격이 있는 사람들을 구분하며, 관계된 모든 저자들의 초안을 최종 승인하고, 독자 및 편집인 등의 모든 교신과 질문에 응답하는 책임을 지게 된다.

Ⅲ   논문의 공정성에 관한 헌법적 기초와 법률적 쟁점

1. 헌법적 고찰

(1) 학문의 자유의 헌법적 보장

헌법 제22조 제1항은 "모든 국민은 학문과 예술의 자유를 가진다"고 규정하여 학문을 헌법이 보호해야 할 법익으로, 이 법익을 실현하는 학문 활동을 헌법이 보장하는 기본권으로 보장하고 있다. 이러한 헌법적 보장의 의의는 학문 활동이라는 인간의 정신적 활동의 자유 영역에 대한 제한이 오로지 헌법을 근거로 해서 가능해진다는 것이다. 헌법으로 보호되는 법익에 대한 제한은 오직 헌법에 의해서만 제한될 수 있기 때문에, 헌법으로 보장되는 학문의 자유라는 기본권은 헌법상(제37조 제2항) 과잉금지원칙에 의거해서 반드시 법률로써 제한해야 한다는 의미가 있다.

헌법이 기본권으로 보장하는 학문을 정의하기 위해서는 몇 가지 징표가 필요하다. 첫째, 내용상 진리 내지 진실을 추구하는 정신적 활동이어야 한다.[18] 진리와 진실을 발견하고 그 발견 속에서 파악된 것이 무엇인가를 주장하여 그에 대해서 소통하는 것이 학문이다.[19] 둘째, 학문은 그 활동이 추구되는 수준에서 학문적이라는 평가를 받을 수 있는 일정한 수준 이상에서 이루어져야 한다. 이 수준에 대해서 일의적으로나 일반적인 기준을 두는 것은 어려우나 학문 분야별로 전공 학자들이 이해하는 바를 최대한 고려하여 진리 탐구를 위한 진지성과 계획성, 체계성, 논리 일관성, 통일성, 반복적 검증 가능성 등 학문 이론상 주장되는 여러 기준을 원용할 수 있다.[20] 학문의 개념을 어떻게 규정하느냐에 따라서 보호 범위가 달라지기 때문에 학문의 개념 정의를 다뤄야 할 실익이 있지만, 학문의 개념은 진리와 진실의 탐구를 요소로 하여 내용상 개방적이고 변화가능성이 있다.[21] 이에 따라 학문의 자율성은 학문의 자유를 설명하는 본질적인 요소가 된다. 학문의 자율성이 인정되기 위해서는 학자 자신이 학문으로 이해하는 것과, 학문 체제 내에서 상호교류를 통해 이해되는 절차적인 요소로서 학문 공동체, 즉 학계에서 학문으로 인정될 필요가 있다.[22] 따라서 학문의 자유로

---

18) 대법원 1982. 5. 25. 선고 82도716 판결.

19) 헌재 1992. 11. 12. 89헌마88; 학문의 자유라 함은 진리를 탐구하는 자유를 의미하는데, 그것은 단순히 진리탐구의 자유에 그치지 않고 탐구한 결과에 대한 발표의 자유 내지 가르치는 자유(통상, 수업(授業)의 자유라고 불리는 것) 등을 포함하는 것이라 할 수 있다. 다만, 진리탐구의 자유와 연구 활동의 결과발표 내지 수업의 자유는 같은 차원에서 거론하기가 어려우며, 전자는 신앙의 자유·양심의 자유처럼 절대적인 자유라고 할 수 있으나, 후자는 표현의 자유와도 밀접한 관련이 있는 것으로서 경우에 따라 헌법 제21조 제4항은 물론 제37조 제2항에 따른 제약이 있을 수 있는 것이다.

20) BVerfGE 35, 79[113]; 김선택, "과학연구의 자유와 한계", 유네스코한국위원회편, 과학연구윤리, 당대, 2001, 52면; 정문식, "학문의 자유와 입법정책",「법과 정책연구」제6권 제2호, 2006, 579－580면. 목적성(지식획득과 획득한 지식의 활용), 방법의 체계성, 연구결과의 공개를 기준으로 제시하기도 한다.

21) 학문적 내용의 미완결성을 인정함으로써 절차적 특성을 기반으로 하여 개방성과 변화가능성을 가진 것으로 설명하기도 한다. 정문식, 앞의 논문, 576면.

보호되는 구체적 행위로 통설과 판례로서 다음과 같은 사항을 포함한다. 연구의 자유, 연구결과 발표의 자유, 교수의 자유, 학문적 집회·결사의 자유이다.23) 그리고 학생들의 학습의 자유, 학문 활동에 필요한 기본설비 조성청구권, 대학자율권(대학자치제)의 제도적 보장 등까지 포함된다고 보는 견해도 있다.24)

학문의 자유는 일차적으로는 국가의 간섭과 개입을 배제할 수 있는 방어권으로서 자유권적 성격을 가지고 있고,25) 청구권적 성격과 학술연구기관 자치제, 대학자치제 등의 제도보장으로서의 내용(헌법 제31조 제4항)을 가지고 있다.26) 연구진실성, 저자됨, 연구대상자 보호를 포함하는 연구윤리의 문제는 학문의 자유 보장을 위한 기초가 된다. 진실하고 공정한 학문으로의 추구가 기본권으로 보호받을 대상이 되고 보호받을 가치가 있다. 진실하고 공정한 학문 활동을 보장하기 위하여 연구윤리성을 준수할 것을 요구하면서 IRB와 같은 자율적 거버넌스를 설정하고, 학문 활동의 진실성을 심각하게 해치는 경우에는 규범적으로도 제재가 가능하도록 법제를 구축하는 것도 학

---

22) 정문식, 앞의 논문, 577면.

23) 전광석, 「한국헌법론」, 집현재, 362면; 언론출판의 자유와 연구결과 발표의 자유, 일반적 집회 결사의 자유와 학문적 집회 결사의 자유가 일반－특별의 관계에 서게 되므로, 연구결과 발표의 자유와 학문적 집회 결사의 자유가 특별히 강화된 보장을 받는다고 할 수 있다.

24) 김선택, 앞의 글, 53면; 이준일, 학문의 자유와 대학의 자치, 「헌법논총」 제23권, 2012, 27－29면; 같은 취지로 이준일 교수는 학문의 자유를 실현하기 위한 시설이나 재정 등 물적 기반을 제공해야 할 국가의 의무와 이를 요구할 수 있는 권리(사회권)도 학문의 자유로부터 도출한다. 김선택 교수의 앞의 글에 따르면, 연구는 가설을 세우고, 결과를 발표하며 의사소통하는 과정에서 새로운 가설과 방법적 기초를 형성하고, 검증하고 반증에 부딪히면 다시 입증하는 과정의 반복이므로, 연구행위와 연구결과를 발표, 전파하는 행위(교수행위)는 불가분으로 연결되어 있다고 설명할 수 있다. 그래서 모든 연구가 진행형이며 모든 결과가 중간 발표의 성격을 벗어날 수 없다고 하면서, 연구는 학문이라는 제도 안에서 이루어지는 공론 성격의 의사소통과정에 참여하는 과정으로 보아야 하며, 따라서 외형상 구분되는 것처럼 보여도 연구의 자유, 교수의 자유 내지 연구결과 발표의 자유, 학문적 집회 결사의 자유가 구분될 수 없는 연속선상에 있다고 설명한다.

25) 학문의 자유가 발달하기 시작한 방향이 1) 17세기 계몽주의 학자들이 절대왕정과 교회의 종교적 정통의 압력으로부터 벗어나려는 자유, 즉 양심의 자유와 사상의 자유로부터 출발하였고, 2) 자유롭게 연구하는 것이 인권이라고 주장함 피히테의 사상을 기반으로, 단순히 국가나 교회의 관용을 보장하는데서 더 나아가 학자 개인의 인격실현을 보장할 것을 요구하는 것이라고 하며 3) 학문의 발전을 공동체에 유용하게 이용할 수 있으려면 학문의 자유를 보장해야 한다는 홈볼트의 대학개혁사상의 근거한다고 설명하기도 한다. 정문식, 앞의 논문, 571－572면.

26) 헌법 제31조 제4항 교육의 자유성, 전문성, 정치적 중립성 및 대학의 자율성은 법률이 정하는 바에 의하여 보장된다.

문의 진실성 보호라는 공익 수호에 정당성의 기반이 있다고 할 것이므로 과잉금지의
원칙상 인정된다고 할 것이다.

(2) 인간대상연구의 헌법적 근거로서 인간의 존엄성

인체의 조직과 장기 등의 인체유래물[27]이나 인간 자체를 대상으로 하는 연구 활동
은 인간을 연구의 도구로 삼고 있기 때문에, 기본권 체계의 기초가 되는 인간으로서
의 존엄과 가치가 법익으로서 작용한다.

헌법 제10조 제1문 전단은 '모든 국민은 인간으로서의 존엄과 가치를 가지며'라고
규정하여 인간의 존엄과 가치를 모든 기본권 보장의 종국적 목적이며 기본권 질서의
핵심적인 내용이자 헌법의 최고원리로 선언하고 있다. 인간의 존엄과 가치는 기본권
의 이념적 정신적인 출발점인 동시에 헌법질서의 구조적 근본 원리이다. 이는 모든
국가권력이 인간의 존엄과 가치에 구속되며, 모든 국가권력 행사의 기준이 된다는 의
미이다. 인간대상연구도 궁극적으로 인간의 존엄과 가치를 보장하면서 학문의 자유
를 인정하는 것이고, 이러한 원리를 바탕으로 연구를 규제하거나 제한하는 제도들이
설계·구성·운영하고 있는 것이다. 인간의 존엄과 가치 규정으로부터 독자적으로 또
는 다른 기본권과 결합하여 인격권, 생명권, 자기결정권 등의 구체적인 권리가 도출
된다.

현재 우리 생명윤리 및 안전에 관한 법(약칭: 생명윤리법)도 입법 목적으로 연구에
서나 배아, 유전자 등을 취급할 때 인간의 존엄과 가치를 침해하거나 인체에 위해를
끼치는 것을 방지한다고 표방하고 있고, 유전자, 줄기세포, 인체유래물과 검체를 이
용하는 연구뿐 아니라 사회과학 및 행동과학 연구를 포함한 모든 인간대상연구에서
연구대상자 보호를 핵심 가치로 하는 IRB를 설치·운영하게 하고 있다. 이는 궁극적
으로 인간의 존엄과 가치를 보호하는 연구 활동을 지향하고 있음을 보여주는 것이다.

---

27) 생명윤리법 제2조 11. "인체유래물"이란 인체로부터 수집하거나 채취하거나 조직, 세포, 혈
    액, 체액 등 인체 구성물 또는 이들로부터 분리된 혈청, 혈장, 염색체, DNA, RNA, 단백질
    등을 말한다.

(3) 임상연구에서의 자기결정권

우리 헌법상 자기결정권에 대해서 명시적인 규정이 없으나, 헌법 제10조에서 파생된 개인의 인격권과 행복추구권의 전제로서 개인의 자기결정권을 도출할 수 있다. 자기운명결정권[28]으로서 인정되는 자기결정권은 인간대상연구 중에서도 환자에게 행해지는 임상연구의 경우 환자의 자기결정권으로 나타난다. 즉 의료인의 설명의무와 이에 따른 환자 본인의 동의권 행사로 구성되는 권리이다. 즉 의료인이 수술 등 신체를 침해하는 진료행위가 필요한 경우 환자에게 진료행위에 대한 동의를 얻어야 할 뿐 아니라, 의료인이 의생명과학 연구를 위해 치료 과정을 통해 얻은 환자의 데이터를 이용하려고 하거나, 치료 과정 자체를 가지고 진행하는 임상연구[29]에서 자기결정권이 문제가 된다.

환자의 자기결정권은 의사의 설명의무와 짝을 이루는 관계로서 환자가 본인의 의학적 결정을 내리기 전에 의사로부터 충분한 정보가 제공된다는 전제를 필요로 한다. 의사의 설명의무는 환자의 알권리를 충족시키고 환자의 신체에 대한 자기결정권을 보장하기 위한 것으로서 환자가 설명에 의한 동의권(informed consent)을 가지도록 하는 의미가 있다. 설명에 의한 동의권은 환자 스스로가 의료에 관한 의사결정 과정에 참여할 수 있게 하고, 의사가 환자의 상태와 질병의 성격, 치료를 위한 방안들과 각각의 방안이 가지고 있는 장단점과 예후 등 의학적 처치에 관한 사항을 환자에게 공개함으로써, 환자가 그 정보들을 기초로 향후 치료방법에 관해 지각 있는 선택을 할 수 있도록 하는 권리이다.[30] 설명에 의한 동의권에는 결정권자의 의사능력, 의사결정하기 전에 주어져야 하는 정보, 결정의 자발성이라는 세 가지 요소가 있어야 한다. 첫 번째 요소인 의사능력은 환자가 치료에 관한 정보를 이해하고 상황과 예후를 인정하며 치료의 선택에 대해 추론할 수 있고 여러 가지 선택지에 대해서 의사소통할 수 있는 능력이다. 두 번째 요소인 정보는 환자의 이해를 돕기 위해서 환자에게

---

28) 헌재 2012. 8. 23. 2010헌바402. 개인의 인격권, 행복추구권에는 개인의 자기운명결정권이 전제되는 것이라고 판시하였다.

29) 홍성화, "임상연구: 현재와 미래", J Korean Med Assoc 2010 September; 53(9): 744; 생명윤리 및 안전에 관한 법률 일부개정법률안 검토보고, 이종배의원 대표발의(의안번호 제10144호) 및 박인숙의원 대표발의(의안번호 제10580호), 2018.2, 6면.

30) 엄주희, "뇌신경과학 연구에서 연구대상자 보호: 인격주의 생명윤리적 고찰", 「인격주의 생명윤리」 제9권 제2호, 2019, 91면.

맞게 적절히 주어져야 하는 치료나 수술에 관한 정보이다. 세 번째 요소인 자발성은 두려움, 고통, 잘못된 신념이나 틀린 정보 등과 같이 적절치 않은 영향력이나 압박이 없는 상태에서 의사결정 과정이 이루어져야 한다는 것이다.[31] 환자의 자기결정권은 무제한 허용되는 것이 아니라 이러한 설명에 의한 동의권의 방법으로서 실현되어야 한다. 인간을 대상으로 시행하는 의학 또는 건강에 관한 연구를 의미하는 임상 연구에서도 설명에 의한 동의권 법리가 작동함으로써 연구자가 해당 연구에 대하여 의사능력 있는 연구대상자에게 정확한 정보를 제공하고, 연구대상자의 자발적 의사에 의한 동의를 받아 진행되어야 한다. 후술하는 IRB 심의에서도 연구대상자에게 설명에 의한 동의를 획득했는지가 주요 점검 포인트가 된다.

(4) 인간대상연구에서 사생활의 비밀과 자유, 개인정보자기결정권

헌법 제17조는 사생활의 자유와 비밀을 보장하고 있는데, 이로부터 헌법재판소 판결을 통해 사생활의 자유와는 별개로 개인정보자기결정권을 인정하고 있다.[32] 사생활의 자유와 비밀은 외부의 통제 없이 본인만의 영역을 형성, 유지되도록 보장받는 자유이다. 본인만의 영역이 본인의 의지에 반하여 외부에 공개되지 않도록 하는 자유권의 성격으로서 궁극적으로는 인간의 존엄성에서 도출되는 인격권을 보호하는 기능을 하게 된다.[33]

보건의료에 관한 정보는 개인식별정보이자 각종 민감정보를 포함하여 정보적 성격을 가진 객체이므로, 사생활의 비밀과 자유와는 별도로 개인정보를 보호받아야 할 필요성이 있다. 임상 연구에서 획득한 환자의 데이터도 개인정보, 특히 민감정보로 분류되는 DNA 등은 더 강화된 형태로 보호받게 된다. 이에 따라 사생활 보호와는 별개로 개인정보자기결정권이라는 구체적 권리가 발생한다. 예컨대 인체유래물이 개인정보에 해당하고 사생활의 영역에 속하는 것이기 때문에, 인체유래물을 수집, 채취 또는 전달하려면 이에 대한 소유자 본인의 동의가 필요하다. 특히 생명윤리법 상으로

---

31) 엄주희, "미성년자의 연명의료 결정에 관한 소고: 미국에서의 논의를 중심으로", 「법학논총」 제41집, 2018년 5월, 6면.

32) 헌재 2018. 8. 30. 2016헌마483; 헌재 2014. 8. 28. 2011헌마28·106·141·156·326(병합); 헌재 2012. 8. 23. 2010헌마47·252(병합) 등.

33) 엄주희, "뇌신경윤리에 관한 법제 연구", 법제, 2018, 56면.

는 개인정보보호법상에서 규율되는 개인정보의 범위보다 넓게 보호의 범위가 설정되어 있다고 해석된다. 개인정보보호법 상의 개인정보는 살아있는 개인에 관한 정보로서 성명, 주민등록번호 및 영상 등을 통해 개인을 알아볼 수 있는 정보를 의미하지만, 생명윤리법의 개인정보는 개인식별정보, 유전정보 또는 건강에 관한 정보 등 개인에 관한 정보라고 하여 식별 여부에 상관없이 한 사람 개인에 대한 정보가 모두 포함된다.

이러한 사생활의 비밀과 자유의 권리와 개인정보자기결정권의 기본권은 학술 연구에서 연구자들이 연구 참여자들의 사생활 보호와 개인정보의 수집 및 관리책임을 강화하고, 국가도 연구 과정과 결과에 있어서 이러한 기본권의 보호가 잘 이루어지고 있는지 감독하며 객관적으로 규율하는 원리로 작동하게 된다. 연구자는 연구대상자의 신상, 개인적인 태도, 의견, 습관, 기벽 등에 대한 정보가 외부로 유출되지 않도록 해야 하며, 인간대상연구는 개인 자료나 개인 사생활과 관련된 것이므로 연구대상자로부터 명확하고 자발적인 사전 동의를 얻어야 한다. 사전 동의를 위해서 연구대상자에게 제공되어야 하는 내용은 연구 목적과 절차에 관한 것, 연구대상자가 받을 수 있는 모든 종류의 불이익과 이익, 다른 절차를 선택했을 때 받을 수 있는 이익, 이와 관련된 질의응답, 연구 참여는 자발적인 것이며 언제든지 원할 때는 그만둘 수 있다는 진술 등이다.[34] 개인에 대한 정보를 암호화하고, 연구 종료 후에 파기하는 등의 조치가 필요한 것도 개인정보자기결정권과 사생활의 보호라는 기본권으로부터 나온 요청이다.

2. 저작권 문제

저자됨에 관한 연구윤리의 문제는 배타적 권리로서 저작권의 쟁점이 될 수 있다. 저작권은 기본적으로 창작물의 표현을 보호하는 권리이지만, 경우에 따라서는 독창적이고 신규성 있는 아이디어도 법적으로 보호를 받을 수 있으므로 저자됨을 정할 때 참고해야 하는 지점이 된다. 전술한 저자의 요건에 부합하지 않는 자를 저자로 게재하거나 정당한 저자를 저자에서 배제하는 경우 등에서 성명표시권 등 저작권 침해의 문제가 발생할 수 있다.

---

34) 성태제·시기자, 「연구방법론」, 학지사, 2008, 402면.

(1) 규범 인식

형법 제16조는 "자기가 행위가 법령에 의해서 죄가 되지 아니하는 것으로 오인한 행위는 그 오인에 정당한 이유가 있는 때에 한하여 벌하지 않는다"고 규정함으로써 규범에 대한 인식이 없는 경우에는 제재하지 않는 경우가 있다. 저자 표시를 정당하게 하지 않은 행위를 하는 당시에 그에 관한 규범의 존재를 몰랐다고 주장하거나, 본인의 행위가 규범에 위반되는지 몰랐다고 하는 경우, 부정행위를 하면서도 그 당시 공정한 관행이나 관례에 반하지 않는다고 생각했다고 주장하는 경우가, 형법상 법률의 착오 내지 금지의 착오를 주장하는 것과 유사한 논리라고 할 수 있다.[35] 실제 법정 사건에서 규범의 존재를 몰랐다고 항변하거나 학계의 관행을 따랐다고 주장하는 경우가 있는데 이때 정당한 이유가 있는지가 중요한 판단 기준이 된다. 일반적으로 학계, 연구계, 교육계에서 연구하고 가르치는 일에 종사하거나, 일정한 수준 이상의 교육기관에서 수학한 경험이 있다면 규범의 존재를 알고 있다는 강한 추정이 가능하다고 본다. 2007년 2월부터 과학기술부 훈령으로 연구윤리에 관한 지침을 제정, 배포하여 대학을 포함한 연구기관들이 관련 지침과 규정을 구비하고 있고, 표절 예방교육 등 연구윤리 관련 교육을 시행하고 있다. 저자 표시를 잘못하면서 학계의 잘못된 관행을 따랐다고 주장한다면 일종의 법률의 착오 주장 또는 금지의 착오 항변에 해당한다. 그러나 학계나 교육계에 몸담고 있는 이상 연구윤리 및 이와 관련된 규범의 존재를 모른다는 것은 정당한 이유가 있다고 인정되기는 어렵다.[36]

---

35) In re Lamberis, 93 Ⅲ. 2d 222, 444 N.E 2d 549, 66 Ⅲ.Dec.623 (1982). 람베리스는 현직 미국 변호사로 미국 노스웨스턴 로스쿨의 LL.M. 과정을 마치고 졸업논문을 제출하였는데 총 93페이지의 내용 중에서 13-59면에서 두 논문의 출처표시를 하지 않고 가져다 쓴 이유로 퇴교 조치를 당하였다. 이에 그치지 않고 람베리스가 속한 일리노이주 변호사협회까지 이 사실이 통보되어 변호사협회가 그에 대해 징계를 결정하자 이에 불복한 당사자가 법원에 제소하였다. 람베리스는 본인의 행위가 학문적 게으름(academic laziness)에 해당할 수는 있지만 논문심사위원들을 속일 의도는 없었으므로 고의적 표절 행위(knowingly plagiarized)에는 해당하지 않는다고 주장하였으나, 이에 대해 법원은 대학의 학부와 로스쿨을 졸업한 사람이 표절을 모른다는 것은 터무니없다고 일축하고 람베리스의 높은 교육경력과 표절 행위는 양립할 수 없고, 설명 불가능하다고 판단하였다. 즉 규범에 대한 인식 부재 항변을 배척한 것이다.; 남형두, 앞의 책, 375-376면 참조

36) 남형두, 표절문제 해결방안에 관한 연구 Ⅲ, 한국저작권위원회, 2009년 12월, 103면. 이른 바, 교수의 제자논문 빼앗기 또는 논문상납 사건에서 관행을 주장하는 데 대해서 법원은 이러한 관행을 표절로 단정하고 있다(대구고법 2005. 1. 27. 선고 2004나1173 판결 등).

(2) 성명표시권 침해

　부당한 저자 표시는 저작권법상의 성명표시권 침해의 문제가 따라오게 된다. 성명표시권은 자신의 저작물에 자기 이름이나 이명을 표시하거나 표시하지 않을 권리로서 저작권자에게 주어지는 저작인격권 중 하나이다(저작권법 제12조 제1항). 본인의 단독 저술인데 공동 저술로 표기되는 경우나, 실제 저자의 이름이 완전히 배제되는 경우와 같이 저자 가로채기의 경우는 자기 저술에 다른 사람의 이름이 올라감으로써 성명표시권을 침해당하게 된다.37)

(3) 단순한 아이디어 제공자의 저자됨 문제

　단지 아이디어를 제공하는 데 그치고 창작적인 표현 형식에 기여하지 않은 사람은 공저자가 될 수 없다. 저작권을 소유할 수 있는 저자는 위에서 살펴보았듯이 창작물인 저술에 핵심적으로 관하는 자여야 되기 때문에 단순히 아이디어를 제공했다고 해서 저자의 자격을 획득하지는 못한다. 아이디어 제공자가 자신도 공동저자의 일원이라고 생각하여 실제 집필자의 허락을 받지 않고 그 저작물의 창작적 표현, 즉 저술 내용을 그대로 가져다 쓰면 저작권 침해에 해당할 가능성이 높다. 그리고 저작권 침해 문제와는 달리 전형적인 표절의 문제에서는 타인의 글이나 독창적 아이디어를 가져오면서도 출처를 표시하지 않음으로써 자신의 것으로 속이는 것을 말한다. 독창성, 신규성, 구체성 등의 요건을 갖춘 아이디어의 제공은 저작권이 아니라 표절의 문제로서 법적 보호의 대상이 될 수 있다. 다만 표절의 문제에서는 아이디어가 누구에게서 먼저 나왔는지, 일반적인 상식이 아니라 독창성과 신규성이 있는 것인지를 입증해야 하는 문제가 있으므로 표현된 저작물보다는 입증이 어려울 수 있다.38) 따라서 연구

---

37) 실제 저자의 이름이 배제되고 의뢰자의 이름을 저자로 표시하는 대필, 대작의 경우에 의뢰자가 성명표시권 침해 뿐 아니라 저작자사칭공표죄(저작권법 제137조 제1항 제1호 저작자 아닌 자를 저작자로 하여 실명, 이명을 표시하여 저작물을 공표한 자)와 저작권 등록까지 한 경우에는 저작자 허위등록죄(저작권법 제136조 제2항 제2호 저작권의 등록을 허위로 한 자)에 해당할 수 있고, 대작으로 작성된 학위논문의 경우에는 학위를 수여한 대학교에 대해서 형법상 업무방해죄(제314조)에도 해당될 수 있다; 김원오, "대작에 있어 성명표시의 취급에 관한 법적 쟁점", 계간 저작권, 2012, 113–117면.
38) 김명수, 김현수, "아이디어 보호 법제에 관한 연구 – 저작권법과 계약법의 조화론적 관점에서", 「IT와 법 연구」 제18집, 2019, 25–28면; 아이디어도 독창성, 구체성, 그리고 상업적으로 이용된 적이 없다는 신규성, 다른 사람의 아이디어와 구분이 되는 구별성 등의 기준을 갖

윤리에서 문제가 되는 표절로 분쟁이 되지 않기 위해서는 적절한 인용 표기가 필수적이다.

3. 학술진흥법과 과학기술부 및 교육부 훈령에 따른 연구윤리 확보

2011년 2월에 제정, 2012년 1월에 시행된 학술진흥법[39]은 학술적 연구를 지원하는 법률이지만 제15조[40]에 연구윤리의 확보조항이 포함됨으로써 연구윤리의 법적 근거가 마련되었다. 또한 황우석 사태[41] 이후 과학기술부는 국가 연구개발사업의 관리에 관해 연구부정행위 방지와 연구윤리 확보를 위해서 이에 관한 지침을 2007년 2월부터 훈령으로 제정하고 있다(과학기술부 훈령 제236호).[42] 이 지침은 위조, 변조, 표절, 부당한 논문저자 표시 등을 연구부정행위[43]로 정의하고 있다(지침 제4조). 이

추고 있을 때, 저작권과 같은 물권적 권리는 아니지만 일정한 상황에서 보호가 될 수 있다. 아이디어 원본 증명 제도, 아이디어 유통 플랫폼에서의 계약상 의무 부과, 새로운 보험 상품의 도입 등의 보완 제도가 논의되고 있다.

39) 기존의 '학술진흥 및 학자금대출 신용보증 등에 관한 법률'이 2011년 7월에 '학술진흥법'으로 전부개정되어 2012년부터 시행되고 있다.

40) 제15조(연구윤리의 확보) ① 교육부장관은 학술진흥을 방해하는 연구자의 연구부정행위를 방지하고 건전한 학술연구의 기풍이 조성될 수 있도록 연구윤리 확보를 위한 지침(이하 "연구윤리지침"이라 한다)을 마련하는 등 연구윤리 확보를 위한 시책을 세우고 추진하여야 한다. <개정 2013. 3. 23.>

41) 황우석 사태는 사이언스에 게재된 배아줄기세포 관련 논문의 조작 문제, 공동저자로 표시된 15명 중 실제 기여한 바 없는 사람들 5명이 포함되었던 부당한 논문저자 표시 문제, 실험실의 연구원·대학원생에 대한 노동력 착취 문제, 연구원 난자제공 등 연구대상자 보호의 문제, 연구비의 사적 사용과 연구효과의 과장 발표 등의 연구자의 사회적 책임 문제 등 연구부정행위의 총체적인 결정판으로 우리사회에 연구윤리 문제를 본격적으로 다루는 계기가 되었다. 「연구윤리의 이해와 실천」, 한국연구재단, 2011, 25-27, 41면.

42) 2007.2.8. 제정, 과학기술부훈령 제236호 <연구윤리 확보를 위한 지침>; 이 지침의 해설서는 연구윤리에 관한 기본 원칙과 방향을 제시한다는 점에서 이 지침이 가이드라인의 성격을 가지나, 자체검증시스템 구축 시에 이 지침에서 제시하는 최소 기준을 준수해야 한다는 점에서 법규적 성격을 가진다고 설명한다.

43) 과학기술부 훈령 제236호 제4조 연구부정행위의 범위
   1. "위조"는 존재하지 않는 데이터 또는 연구결과 등을 허위로 만들어 내는 행위를 말한다.
   2. "변조"는 연구 재료·장비·과정 등을 인위적으로 조작하거나 데이터를 임의로 변형·삭제함으로써 연구 내용 또는 결과를 왜곡하는 행위를 말한다.
   3. "표절"이라 함은 타인의 아이디어, 연구내용·결과 등을 정당한 승인 또는 인용 없이 도용하는 행위를 말한다.
   4. "부당한 논문저자 표시"는 연구내용 또는 결과에 대하여 과학적·기술적 공헌 또는 기여

지침을 기초로 하여 연구기관들이 자체적으로 연구진실성 검증 절차와 기준에 관한 자체 규정을 정해야 한다고 규정함에 따라(지침 제7조), 학술지를 발간하는 연구기관 등에서 연구윤리와 관련한 지침 성격의 규정을 제정·적용하고 연구진실성 위원회를 운영하고 있다. 연구윤리에 관한 제도를 마련하는 것은 연구자들에게 정당하지 않은 방식의 연구를 진행하는 것의 위험성과 제재에 대해 예측 가능한 환경에서 자유로운 연구 활동을 할 수 있도록 보장한다는 의미가 있다.[44]

　　교육부 훈령으로도 연구윤리 확보를 위한 지침을 정하고(교육부훈령 263호) 부당한 저자표시에 대해 규율하고 있다. 이 지침에는 과학기술부 훈령에는 없는 부당한 저자 표시의 유형이 하나 더 제시되어 있다. '지도학생의 학위논문을 학술지 등에 지도교수의 단독 명의로 게재 발표하는 경우(제12조 제1항 제4호 다.)'라고 규정하는 것인데, 실제 법적 분쟁이 되어 사회적으로 문제가 되었던 사건을 이 지침에 반영하고 있는 것으로 보여진다.[45]

4. 생명윤리법상 IRB 심의 준수

　　생명윤리법은 인간대상연구를 수행하거나 인체유래물연구를 수행하는 교육, 연구 기관 또는 병원에 기관생명윤리위원회(이하, IRB라 한다)를 의무적으로 설치하도록 하고 있다.[46] 이 밖에도 배아생성의료기관, 배아연구기관, 체세포복제배아 등의 연구기관, 인체유래물은행 등에도 IRB를 설치하여야 한다(제10조 제1항). IRB는 연구계획서의 윤리적·과학적 타당성, 연구대상자로부터의 적법한 절차에 따른 동의 획득 여부, 연구대상자 등의 안전에 관한 사항과 개인정보 보호 대책 등에 대해서 심의한다(제10

를 한 사람에게 정당한 이유 없이 논문저자 자격을 부여하지 않거나, 과학적·기술적 공헌 또는 기여를 하지 않은 자에게 감사의 표시 또는 예우 등을 이유로 논문저자 자격을 부여하는 행위를 말한다.

44) 연구윤리 사례집, 앞의 책(주 5), 73면.

45) 2019년에 고위공직자 자녀의 부당한 저자표시가 심각한 공분을 불러일으키며 사회적 관심사가 되자, 한국연구재단에서도 전국대학교 산학협력단장 연구처장 협의회와 함께 2019.10.1. 일자로 정한 <연구논문의 부당한 저자 표시 예방을 위한 권고사항>과 <윤리적인 연구 출판을 위한 국제 지침(Guideline for Publication Ethics)> (정준호, 김옥주 편역, 2019 한국연구재단 발간) 등을 연구자들에게 배포하였다.

46) 의무적 설치의 예외 조항이 있고, 의무대상인 기관이 미설치 시에는 제재 조항이 있다.

조 제3항 제1호). 인간대상연구를 하기 전에는 연구계획서와 연구대상자 모집 공고문, 설명문, 동의서 등 관련 서류들을 제출하여 IRB 심의를 받아야 한다(제15조). IRB심의 결과는 승인, 수정 후 신속심의, 수정 후 승인, 반려, 보류로 판정하게 된다. IRB의 구성과 운영실적 등에 대해 정기적으로 평가하여 인증하는 제도가 있고, IRB 심의의 적절성, 수행 중인 연구의 진행 과정 및 결과에 대한 조사·감독의 수행 체계의 적정성, 기관 내 자체 관련 교육의 적절성, 취약한 연구대상자 보호 대책의 수립 및 그 이행 여부, 연구자를 위한 윤리지침의 마련과 그 적정성, 기관위원회 구성의 독립성과 운영지원인력의 전문성, 표준운영지침 마련 여부와 적정성, 관련 기록 및 문서 관리 체계와 그 적정성 등의 기준으로 평가·인증을 결정하게 된다(제14조 및 동시행령 제10조). 평가 인증 결과를 공표하고(제14조 제2항), 이를 중앙행정기관이 그 기관에 예산 지원이나 국가 연구비 지원 제한 등 조치를 할 수 있도록(제14조 제3항) 하고 있으나 이러한 평가 인증 시 의무 사항은 아니므로, 평가·인증에 강제성이나 법적 구속력이 없고 평가 인증을 받지 못한 경우에도 제재가 전혀 없기 때문에 평가 인증 제도에 실효성이 없다는 문제가 있다. 그래서 IRB에 대한 평가 인증을 의무화하고 인증을 받지 못하거나 인증이 취소되었을 때 기관의 지정, 등록 또는 허가를 취소하거나 업무 정지를 명할 수 있도록 제재규정을 마련한 생명윤리법 개정안이 현재 국회에 계류 중이다.[47)]

생명윤리 및 안전에 중대한 위해가 발생하거나 발생할 우려가 있는 경우 심의하고 보건복지부 장관에게 보고하도록 함은 물론, 이를 위반하였을 때는 과태료 200만원의 제재가 있으나(제11조 제4항, 제70조 제3항 제2호) 인간대상연구로서 IRB 심사 대상이었으나 심사를 받지 않았거나 중대한 정도의 위해 발생 우려가 없는 경우에는 사실상 제재가 없다고 할 수 있다. 그 밖에도 IRB는 해당 기관에서 수행 중인 연구의 진행 과정과 결과에 대한 조사·감독 기능, 해당 기관의 연구자와 종사자를 위한 교육, 취약한 연구대상 등의 보호 대책 수립, 연구자를 위한 윤리지침 마련 등의 활동을 하게 된다(제10조 제3항 제2호, 제3호).

---

47) 의안번호: 2015330, 생명윤리 및 안전에 관한 법률 일부개정안, 김승희 의원 대표발의, 제안 일자: 2018.9.5.

Ⅳ 논문 공정성을 위한 거버넌스 형성

거버넌스는 경직되고 전통적인 권위구조가 아니라 민간과 공적 조직을 포함하는 각 조직 간의 네트워크와 의사결정의 체계를 의미한다.[48] 학문의 자유를 보장하면서도 연구에 관계된 자들의 기본권을 보호하고, 당사자들의 기본권 간의 충돌을 예방하거나 조율하는 역할을 하는 데 있어서, 권력기관의 일방적인 통제나 조정보다는 참여자들의 능동성이 보장되는 거버넌스의 형식이 유용할 수 있다. 법제도의 직접적인 규제가 아니라, 민간 영역의 자율적 위원회의 협의와 평가인증제라는 공적 제도를 통해서 연구의 윤리성을 담보한다는 점에서 IRB는 거버넌스라는 용어가 가진 네트워크성과 능동적 의미에 부합하는 모델이라고 할 수 있다. 아래에서는 IRB의 기능 제고와 상시적 담론 형성이 가능한 기구의 설립, 두 가지 방향의 거버넌스 형성을 통해 논문 공정성을 제고할 방안을 검토하였다.

1. 연구공동체의 성숙하고 자율적인 노력으로서 IRB 기능 제고

(1) IRB 의무 설치와 미준수 시의 규제 방안

우리나라 대학은 대부분 2009년 이후 IRB를 설치하여 운영하고 있지만, 의학과 과학 분야가 아닌 비과학계열 사회행동과학 연구자의 경우는 IRB를 생소하게 생각하는 경우가 많다.[49] 식약처 고시를 설립 근거로 하는 병원 IRB와는 별개로, 생명윤리법에 의거하여 연구기관의 경우 IRB 설립이 의무화되어 있다. 그러나 인간대상연구에서 IRB 심사를 거치지 않은 데 대한 직접적인 제재는 없으므로. 연구자가 IRB 심사를 받지 않고 시행되는 연구를 원천적으로 봉쇄할 수는 없다. 연구를 공표하고자

---

48) 엄주희, "국가위원회의 법적 지위와 뇌신경윤리 활동 고찰: 뇌신경윤리 거버넌스에 주는 시사점", 「법과 정책」 제25권 제1호, 2019, 204면; 권영설, "변화하는 헌법과 거버넌스", 「연세 공공거버넌스와 법」 제3권 제1호, 2012, 142면.

49) 이고은, "사회행동과학 분야 연구자의 기관생명윤리위원회(IRB) 심의에 대한 지식과 태도", 연세대학교 대학원 간호학과 석사학위논문, 2017, 3-4면; 학위 수준이 낮고 연구 경험이나 논문 출판 경험이 없는 경우에 연구윤리에 대한 지식 수준이 낮고 IRB 심의에 대한 지식과 태도가 부정적이라고 알려져 있는데, 사회행동과학 연구자의 IRB심의에 대한 지식은 낮은 수준이다.

하는 학술지나 연구비를 지원하는 지원기관이 IRB 심의를 간과한 연구를 어떻게 제
재할지는 자율에 맡겨져 있다. 자율적 능동적 거버넌스로서 IRB의 역할이 중요한데
IRB가 규범력을 가지지 못하여 운영의 실효성이 없다는 것도 바람직하지는 않다. 향
후 IRB 평가인증제를 본격적으로 시행하게 될 때 연구기관들에게 표준화된 심의 내
용, 절차와 방법에 대한 가이드라인을 제시하고 적절한 인증제를 운영함으로써, 연구
윤리의 최소한이 준수될 수 있도록 감독하는 파수꾼이 역할을 강화할 필요가 있다.
그러한 의미에서 과학기술부 훈령이나 한국연구재단 등 연구비 지원기관의 지침으로
IRB 심사 의무화에 대한 내용을 담고, 공적 자금이 투입되는 연구에 있어서 IRB를
충실히 거치지 않은 데 대한 제재를 현실화하는 것도 필요해 보인다.

(2) IRB의 질 관리 방안

1) 우리나라 IRB 조사 감독 체계의 법적 근거

㉠ 근거

생명윤리법 제10조 제3항 IRB의 업무 중 2호의 '해당 기관에서 수행 중인 연구의
진행과정 및 결과에 대한 조사·감독'의 조항이 있다. 2012년 생명윤리법 개정 전에
는 기관위원회는 '심의' 업무만 담당하였으나, 2012년 개정을 통해 조사·감독과 교
육 등의 업무가 기관위원회의 업무로 추가되어 연구대상자보호를 강화하는 역할을
한다. 연구계획서에 대한 심의뿐 아니라 조사 감독과 연구자 등에 대한 교육, 취약한
연구대상자에 대한 보호 기능, 연구자 윤리 지침 마련 등으로까지 기능이 보강된 것
이다. 미국의 경우 심의를 담당하는 IRB와 연구대상자보호프로그램(HRPP: Human
Research Protection Program)이 있는데, 이것이 합해져서 우리나라 IRB에 부여되고
있다고 볼 수 있다.[50]

㉡ 내용과 체계[51]

IRB는 연구기관에서 수행하고 있는 연구에 대하여 조사 감독의 기준을 마련하고

---

50) 한국보건산업진흥원, 국가생명윤리정책연구원, IRB 연구자 교육 및 기관위원회 평가인증 전
    문가 양성 사업－2016년 기관위원회 교육 자료, 인체유래물분야 연구자용, 9면.
51) 한국보건산업진흥원, 국가생명윤리정책연구원, IRB 연구자 교육 및 기관위원회 평가인증 전
    문가 양성 사업－2016년 기관위원회 교육 자료- 사회행동과학분야 연구자용, 11－12면.

표 1 **현장방문 시 조사 사항53)**

- 최종 승인된 연구계획서, 동의서, 실험일지 등을 사용하고, 이를 안전하게 관리하는가?
- 선정 및 제외 기준에 따라 연구대상자를 등록 및 관리하는가?
- 등록된 연구대상자가 승인된 연구대상자 수 범위 안에 있는가?
- 연구대상자로부터 연구승인 유효기간 내에 동의를 받았는가?
- 동의서에 연구대상자와 연구책임자의 성명, 서명, 서명일이 모두 기재되었는가?
- 공용위원회에 보고된 연구자 명단과 현재 참여 중인 연구자 명단이 일치하는가?
- 연구계획서 대로 연구자들의 역할과 업무 분담이 이루어지고 있는가. 부당한 저자표시가 발생할 가능성은 없는가?
- 위원회에 보고되지 않은 연구계획서 및 동의서 변경 사항이 발견되었는가?
- 위원회에 보고되지 않은 위반·이탈 사례가 발생하였는가?
- 연구계획서에서 기술한 항목을 증례기록서, 실험일지에 적절하게 기록하고 있는가?
- 증례기록서, 실험일지 상에 부적절한 정보가 기록되지 않았는가?
- 수집된 연구 대상자 정보의 익명화 및 보안 상태가 적절한가?

거기에 해당될 경우 연구현장에 대한 조사 감독을 실시를 결정하며, 심의위원이나 전문간사 또는 행정간사 등 일정한 자격이 되는 사람을 지정하여 해당 연구 현장을 조사하게 할 수 있다. 우리나라 정부산하 기관 등이 시행하는 IRB 관련 교육과정에서 제시되는 통상의 조사감독의 절차는 다음과 같다. 연구 현장에 대한 방문 일정 등은 연구자에게 미리 공지하여 방문 일정을 조율한다. 연구자가 스스로 진행 중인 과제를 검토할 수 있도록 미리 자가점검표를 제공한다. 조사를 수행하는 담당자는 연구계획서, 설명문 및 동의서, 증례기록지 등을 비롯하여 연구수행 절차 및 동의 획득, 연구대상자와 관련된 각종 문서의 보관 상태, 연구 계획 대비 연구대상자 등록 상황, 연구 진행과정에서 발생한 연구계획의 위반 이탈 사항 발생 여부 등을 조사하게 된다. 현장 방문을 통해 연구대상자의 위험 또는 연구자의 위반 이탈 등이 발견된 경우 연구자에게 해당 사항은 소속 해당 IRB로 보고하거나 시정하도록 요청할 수 있다. 조사 후 결과를 IRB에 보고하면 IRB가 보고를 승인하거나 연구대상자 보호를 위해 필요한 추가 조치를 요청할 수 있다. 그러나 현실적으로 많은 기관들에서 인력 부족, 업무 과다 등의 이유로 조사감독 업무가 활발히 수행되고 있지는 않다는 문제가 있다.52)

---

52) Park et al, 'Screening audit' as a quality assurance tool in good clinical practice compliant research environment, BMC Medical Ethics (2018) 19: 30. 세브란스병원 연구대상자보호 센터는 종전의 내부 감사 체계가 시간과 인력 소모가 많아 번거로운 절차라고 평가되었다고 하면서, 20개의 질문 문항으로 연구자가 자가 점검하여 응답을 분석하는 형태

ⓒ 유전자치료연구에 대한 심의 전문성 보완

유전자 치료에 관한 연구의 경우, IRB를 중심 도구로 하여 연구 과정 및 결과에 대한 조사와 감독을 시행하는 것 외에도 연구자에게 연구계획서에 대한 사전심의 및 승인 후 윤리적 준수 의무를 명시하고, 유전자치료연구에 대한 심의 전문성 보완을 위한 국가위원회의 자문 신청 제도를 도입하는 내용으로, 윤일규 의원이 대표발의한 생명윤리법 개정안(2019년 4월 1일자, 의안번호: 2019513)이 국회를 통과하여 2020년 12월 29일부터 시행 중이다.[54]

2) 미국 IRB 조사 감독 시스템[55]

미국은 인간 연구대상자 보호 프로그램의 질적 향상을 위해서 내부의 연구 점검 프로세스(internal audit process)를 가지고 있다. 우리나라의 생명윤리법에 명시한 조사 감독 기능에 비견되는 프로그램이라고 할 수 있다. 내부 점검 프로세스는 연구자와 IRB가 관련 법령의 요구 사항에 대해 잘 인식할 수 있고 윤리적인 연구 활동을 증진할 수 있도록 하는 데 도움을 줄 수 있다. 그러나 우리나라의 사정과 유사하게도, 재원은 적은 데 비해 업무가 너무 과중하다는 이유로 내부 연구 점검 프로세스가

의 screening audit이라는 도구를 조사감독 기능으로 개발하여, 2013년부터 2017년까지 462건의 연구에 적용, 분석하여 발표하였다.

53) 한국보건산업진흥원, 국가생명윤리정책연구원 등, IRB 연구자 교육 및 기관위원회 평가인증 전문가 양성 사업-2016년 기관위원회 교육 자료-인체유래물분야 연구자용, 56면; 한국보건산업진흥원, 국가생명윤리정책연구원 등, IRB 연구자 교육 및 기관위원회 평가인증 전문가 양성 사업-2016년 기관위원회 교육-사회행동과학분야 연구자용, 91면; 이상의 교육 자료에서 제시한 조사 사항에다 저자됨의 문제 점검을 강화할 수 있도록 내용을 덧붙여 보완하였다.

54) 생명윤리법 제47조(유전자치료 및 연구) ② 제1항에 따라 유전자치료에 관한 연구를 하는 자는 연구계획서를 기관위원회에 제출하여 심의를 받아야 한다. 이 경우 기관위원회는 제출된 연구계획서가 위험성 및 신규성이 높은 연구 등 보건복지부령으로 정하는 연구에 해당하는 때에는 국가위원회에 자문을 하고, 자문 이후 심의 결과를 국가위원회에 보고하여야 한다. <개정 2020. 12. 29.>

55) Office for Human Research Protection Quility Assurance Self-Assessment Tool 2012; Food and Drug Administration, Information Sheets: Guidance. 2011; Code of Federal Regulations Title 45, Title 21; Elizabeth A.Bakert, Robert J.Amdur, 이경훈 옮김, 「IRB란 무엇인가」, 지코사이언스, 2011, 91-95면; 이상의 자료에서 미국 IRB 조사감독 시스템의 특징과 내용을 분석하였다.

원활하게 운영되지 못한다는 비판이 있다. 미국 인간 연구대상자 보호국(OHRP: Office of Human Research Protections)과 FDA(미국 식품의약국, U.S. Food & Drug Administration)는 연구과정 모니터링과 법령 준수 유지를 점점 강조하기 시작하면서 내부 점검 기능에 많은 시간을 투여하도록 압박하고 있다고 한다. 내부 점검 프로세스는 인간 연구대상자 보호에 관한 IRB 기관 프로그램의 핵심 요소가 된다. 다음에서는 연구 점검 프로세스의 기본 구성요소와 IRB 파일 점검에 대해서 상술한다.

㉠ 연구 점검 프로세스에 대한 법적 근거와 권한

1991년 17개의 연방 기관과 부서는 커먼룰(Common Rule)로 칭해지는 인간 연구대상자 보호를 위한 연방 정책 45CFR46을 채택했다. 커먼룰은 연구대상자에 대한 기본적인 보호와 임산부, 소아, 죄수 등의 취약한 연구대상자에 대한 추가적인 보호, 그리고 IRB 운영에 관한 내용을 담고 있다. FDA는 커먼룰을 일부 수정하여 법령화한 21CFR50과 56을 채택했다. 미국 보건복지부(HHS)의 45CFR46과 FDA의 21CFR56에서는 다음과 같이 기술하고 있다. "IRB는 이 법령의 대상이 되는 연구의 지속 심의를 위험 정도에 따라 적절한 간격을 가지고 시행해야 하며, 적어도 1년에 한 번 이상은 시행해야 한다. 또한 IRB에 동의 과정 및 연구에 대한 관찰 권한이 있으며, 제3의 기관으로 하여금 이 관찰 감독 권한을 위임할 수도 있다."라고 적시한다. 또한 "필요시 연구 계획에 수립된 데이터 모니터링에 관한 적절한 조치를 마련하여 인간 연구대상자 안전을 보장하여야 한다."라고 하여, 각 연구기관이 보유한 IRB 자체 내의 조사감독 기능에 대한 법적 근거를 두고 있다.

연방 OHRP 법령준수확약 협정을 맺은 기관인 경우에는 인간 연구대상자 보호 요구 조건에 부합하는 '공식적인 모니터링 장치가 포함'된 프로세스를 구축해야 한다. 이상의 법령의 요구조건에 따라 연구기관 자체 내에서 준수 여부를 보증하는 장치가 바로 연구 점검 프로세스의 내용이다.

㉡ 연구 점검 프로세스의 특징

연구 점검 프로세스에는 연구자 기록 검토, 진행 중인 연구에 대한 현장 실사, 동의 시작에서부터 문서화되는 과정까지 연구대상자 동의 취득 관찰, 연구자 또는 연구관계자, 연구대상자 등에 대한 인터뷰 등의 내용들이 포함될 수 있다. 연구 수행에 있어서 연구자의 윤리와 법적 책임에 대한 교육에 초점을 두어야 하고 처벌이나 제재를 목적으로 하지 않아야 한다고 HHS나 FDA는 권고한다. 연구자나 관계자들이 스스로 기꺼이 받아들이지 않더라도 수용할 수 있는 수준의 점검이 되도록 할 것이 권장된다. 점검 업무에 사용할 수 있는 인력과 자원이 제한적이라는 사실을 고려하여 점검 프로세스가 구성되어야 한다.

IRB 관계자나 위원에게 연구 점검 책임이 부여될 수 있다. 이때 독립적 기구 또는 연관성 있는 기구를 설립하여, 연구 점검을 포함한 기관 내 인간 연구대상자 보호 프로그램 평가 업무만을 담당하도록 할 수도 있다. 연구 프로그램 성격 및 규모, 해당 연구기관의 조직적 구조, 가용 자원, 점검 프로그램의 목표와 같은 변수들에 의해 점검 기능을 어디에, 어떤 식으로 할당할지를 결정한다. IRB 활동과 관련 자료에 대한 평가도 포함되기 때문에, 객관적인 평가를 위해서는 행정적으로 IRB와 분리되는 것이 바람직하지만 부분적인 연관성이 있는 독립적 조직에 점검 기능을 부여해야 한다.

ⓒ 행정적 구조

연구 점검 프로세스를 위한 행정 구조는 연구기관 성격과 연구기관이 필요로 하는 요구 사항에 따라 가변적이다. 성공적인 연구 점검 프로세스가 지니고 있어야 할 몇 가지 특징이 있다. 연구 점검을 시행해 본 연구기관들은 IRB의 경험을 통해 연구 점검 프로세스의 성공을 결정짓는 요소로 다음의 6가지 원칙을 제시한다. 1) 기관의 단기 및 장기 목표, 필요에 따라 연구 점검 계획을 조직적으로 개발해야 한다. 2) 기관 고위 관계자로부터 연구 점검 프로그램에 대한 행정적 승인과 지원을 받아라. 여기에는 적합한 자원 할당이 포함되어 있어야 한다. 3) 연구 점검 프로세스에 적절한 인력 지원이 있어야 하고, 연구 점검 과정에 참여하는 관계자에게 원활한 대인 관계뿐만 아니라 과학적, 법적 경험도 필수적으로 있어야 한다. 4) 연구 점검 프로세스는 그 속성상 선제적이어야 하며, 교육적인 목적으로 진행되어야 한다. 이를 위해서 권장되는 프로세스의 명칭은 '인간 연구대상자를 대상으로 한 연구에서의 질적 향상을 위한 프로그램'과 같은 긍정적인 것으로 사용할 것이 권장된다. 5) 연구 점검 프로세스가 가지는 목적을 연구자와 모든 연구 관계자에게 교육해야 하며, 점검 과정에서부터 소외되거나 분리된 느낌을 갖지 않도록 한다. 주요 연구자들은 점검 프로그램 개발 과정에서부터 참여해야 한다. 6) 연구 점검 프로세스에 대한 지속적인 질 관리 평가를 시행하고 필요시 시정해야 한다.

ⓡ **연구 점검 프로세스의 내용**

각 연구기관에서 자체적으로 연구 점검 프로그램을 개발할 때 IRB와 함께 해당 기관이 다음의 절차를 신중하게 고려하도록 권고된다. 아래의 내용을 기본으로 하여 해당 기관이 가지고 있는 구체적인 필요 사항과 업무 내용에 맞춰서 수정·활용할 수 있다.

첫째로, 점검 대상 연구에 대한 선택 기준을 세워야 한다. 점검에 이용할 수 있는 가용 자원과 IRB에 의해 심의되거나 해당 기관에서 수행되고 있는 연구 특징에 따라 선택 기준이 영향을 받게 된다. 예컨대, 점검 요원(audit personnel)이 점검 대상 연구 중 임의로 연구 과제를 선택할 수 있다. 둘째, 점검 요원은 사전 점검 대상이 된 연구계획서들에 대한 모든 IRB 서류를 검토해야 한다. 셋째, 연구자와 연구 관계자들이 편한 시간에 맞게 점검 스케줄을 정해야 한다. 연구자들에게 알리지 않고 시행하는 점검은 역효과를 초래할 수 있다. 넷째, 점검 대상이 된 연구계획서 내역 및 연구 점검에 관한 내용(날짜, 시간, 장소)을 연구자에게 문서로 고지해야 하며, 여기에는 점검 절차 및 기준에 관한 자세한 설명이 포함되어 있어야 한다. 포괄적인 연구 점검은 연구 기록 검토, 동의 과정 관찰, 이후 연구자 및 연구 관계자들과의 인터뷰로 이루어진다. 프로그램에 따라서는 연구대상자에 대한 인터뷰나 설문조사를 하는 경우도 있다. 이는 연구에 참여하고 있다는 사실을 연구대상자들이 정확히 이해하는지 여부를 확인하기 위해서이다. 점검 프로세스에 동의 과정 관찰이나 연구대상자와의 인터뷰가 포함된다면 프라이버시나 비밀 보장에 관한 절차를 마련해야 하며, 이 경우 동의서에는 인터뷰 요청 가능성이 있다는 사실과 IRB나 연구 점검자가 연구대상자의 연구 기록이나 의무 기록에 접근할 수 있다는 사실이 명시되어 있어야 한다. 다섯째, 점검 완료 후 점검 보고서 작성하기까지 합리적인 기한이 정해져 있어야 한다. 여섯째, 최종 점검 보고서에 대한 검토 또는 승인, 추가 조치에 관해서 IRB와 연구 점검 프로세스와의 역할이 명확히 구분되어 있어야 하며, IRB 절차에도 해당 내용이 명시되어 있어야 한다.

2. 연구윤리의 상시적 컨설팅과 연구윤리 담론 형성을 위한 기구 제도화

연구기관 내부의 IRB는 개별 연구계획에 대한 심의를 중점적으로 하고 있어 연구

수행의 기획이나 진행 중에 있어서 상시로 윤리적 사항에 대해 컨설팅을 받기는 어려운 구조이다. 또한 연구윤리에 대한 담론 형성이나 과학기술과 같이 미래에 인류사회에 미칠 영향력이 큰 연구에 대한 선제적 영향평가가 필요하지만, 적절한 공론의 장이 마련되지는 못하고 있다.[56] 연구자들과 잠재적 연구대상자가 되는 국민들 간의 교류와 소통을 제고하고, 건전한 연구윤리의 담론을 형성하며, 각 전문가 집단에 적절한 연구윤리에 관한 정보를 제공하면서 컨설팅 기능을 수행할 수 있도록 하는 상설 기구가 제도화될 필요가 있다.

노르웨이는 2006년 연구윤리와 연구진실성에 관한 법[57]에 의해서 국가연구윤리위원회를, 스웨덴의 연구이사회(Swedish Research Council)는 2001년, 핀란드는 국가연구윤리자문위원회(National Advisory Board on Research Ethicd, TENK)는 1991년에, 독일은 2007년 윤리위원회법(Ethikratgesetz - EthRG 2007.07.16.)에 의거하여 윤리위원회(Deutscher Ethikrat)을[58] 각각 설립하여 운영하고 있다. 이들 국가연구윤리 기구들의 경우 민간 학자들이 구성원과 대표가 되고, 국가에서 재정을 지원하는 독립적인 위원회 형태의 연구윤리 위원회이다.[59] 우리나라 국가생명윤리심의위원회는 배아줄기세포주, 유전자 검사 등 법률이 특정한 생명윤리 관련 이슈들에 대한 심의 위주로 운영되고 심의에 법적 구속력도 없고 상설적인 기구임에도 불구하고 이슈가 있을 때만 간헐적으로 운영되기 때문에 연구윤리에 관한 국가 차원의 독립적인 기구로 적합하지는 않다. 해외의 연구윤리위원회와 같이 국가 조직 및 사회적 이해집단의 영향을 받지 않는 상설의 독립적인 공론의 장을 제도화할 필요가 있다.[60]

---

56) 엄주희, "뇌신경과학 연구에서 연구대상자 보호: 인격주의 생명윤리적 고찰", 「인격주의 생명윤리」 제9권 제2호, 2019, 87 - 88면.

57) 노르웨이, Act of 30 June 2006 No.56 on ethics and integrity in research

58) 엄주희, "국가위원회의 법적 지위와 뇌신경윤리 활동 고찰: 뇌신경윤리 거버넌스에 주는 시사점", 「법과 정책」, 제25권 제1호, 2019, 195면.

59) 해외 연구윤리 확립 활동 사례, 교육과학기술부, 한국학술진흥재단, 2010, 17 - 21, 38, 44면.

60) 엄주희, 앞의 논문, 205 - 206면; 이데일리, "국가 연구윤리 규정 통일한다...연구윤리 거버넌스 구축 시동", 2019.11.14.; 정부 과학기술정보통신부는 연구부정 방지를 위한 정책과 가이드라인 수립 등의 업무를 수행할 연구부정방지위원회를 2019년 내에 신설한다는 목표로 국장급 공무원 1명과 민간위원 1명이 공동위원장을 맡고, 당연직 15명, 민간위원 15명, 자문위원 12 - 13명으로 구성되는 위원회를 조직하고 있다. 민간 학자들이 주축이 되는 해외의 연구윤리 위원회와는 달리, 우리나라의 위원회들은 거의 당연직으로 공무원이 절반 이상을 차지함으로써 실효성, 민주성이 떨어지는 거버넌스 구조라는 비판이 존재하므로, 공무원 중심의 관료주의를 극복해야 하는 과제가 있다. (https://www.edaily.co.kr/news/read?newsId=01

논문 공정성을 지향하는 입법적 과제

1. 인간대상연구에서 연구대상자 보호를 위한 입법적 개선 사항

현재 국회에 계류 중인 생명윤리법 개정안의 IRB의 평가인증 의무화와 인증 취소나 미획득 시에 기관의 지정, 등록, 허가를 취소하도록 한 제재의 취지는 좋으나, 현재 인간대상연구 중에서도 의약품과 의료기기의 임상시험에 관한 사항은 약사법과 의료기기법 및 총리령인 의약품 등의 안전에 관한 규칙 [별표 4] 의약품 임상시험 관리기준에 따라서 식품의약품안전처가 규율하고 있어 인간대상연구에 대한 관할 기관이 이원화되어 있다는 점을 고려해야 한다. 의료법에서도 요양병원에 대한 인증제가 의무화되어 있기는 하나 인증을 받지 못할 경우 요양병원의 설립을 취소하거나 영업을 정지시키도록 하는 제재 규정은 존재하지 않는다. 법 체계의 체계정당성과 유사 규정 간의 형평성을 위해서도 생명윤리법 상 인간대상연구를 수행하는 기관의 인증의 경우, 인증을 받지 못한 경우의 제재는 설립 취소나 영업 정지 수준이 아닌 과태료 정도로 하는 것이 바람직해 보인다. 생명윤리법뿐 아니라 약사법과 의료기기법으로서 인간대상연구 내지 임상시험에 대한 관리감독을 강화하는 차원에서, 오히려 의사법 상 의료기관의 인증이나 약사법 상 제조업의 허가의 요건으로 임상시험 심의위원회의 질 관리를 명시하는 방안도 고려할 수 있다. 또한 생명윤리법상의 IRB 평가 인증 제도와 유사하게 약사법 상 임상시험 심의위원회도 외부 평가와 질 관리의 감독을 받게 하는 제도를 도입할 필요도 있다.[61]

현행 생명윤리법에 따르면 IRB대상이 되는 인간대상연구 범위가 지나치게 넓어서 연구대상자에게 미치는 위험이 거의 없거나 매우 미미한 연구들의 경우도 IRB 심의를 받아야 하게 되어 있기 때문에 연구자들의 학문의 자유를 지나치게 제한하는 면이 있다. 불필요한 IRB 심의 절차로 인한 행정력의 낭비를 막기 위해서도 모든 인간대상연구를 대상으로 할 것이 아니라 최소 위험 수준의 연구의 경우 IRB 심사 대상

305446622685720&mediaCodeNo ＝257&gtrack＝sok 검색일자: 2019.11.15.)

61) 생명윤리법과 약사법 및 의료기기법을 근거로 하는 IRB 거버넌스와 규범적 문제에 대해서는 논문 공정성을 다루는 본 장의 취지와 지면의 한계상 상세히 다루지 못하였는데 후속 연구로 발표할 예정이다.

에서 제외하는 것이 바람직하겠다.

개인정보보호에 관한 기본법인 개인정보보호법 상의 개인정보의 개념과 범위보다 생명윤리법 상의 개인정보의 범위가 광범위하여, 개인정보 보호의 실익에 비하여 연구자들의 연구 수행에 과도한 제한을 가할 수 있는 여지가 있으므로 이를 개선할 필요가 있다.

2. 저자됨에 관한 부정행위의 관리감독 강화, 제재 사항의 법제화 모색

학술진흥법상에 저자 표시에 부정이 이루어진 데 대한 제재로서 적발 시 형사고발이 가능하다는 내용을 도입하는 방안을 고려할 필요가 있다. 저자됨에서의 부정은 연구윤리의 위반뿐 아니라 저작권 침해에 따른 형사적 제재도 부과될 수 있는 문제이다. 그렇기 때문에 법적 분쟁이 되기 이전에 선제적으로 IRB제도에서 저자됨의 문제를 바로잡을 수 있도록, 각 연구기관의 IRB 내에서 자율적 심의와 조사 감독 체계를 강화할 필요가 있다. 이를 통하여 IRB가 연구자들을 지도하는 역할을 하고 있는지 여부를 반영하는 방안이 필요해 보인다. 입법적으로는 생명윤리법이나 학술진흥법상에 IRB 심의 사항(제10조 제3항 제1호)과 조사감독 할 사항(제10조 제3항 제2호)에 저자됨에 문제가 없는지 여부를 포함할 수 있다.

Ⅵ 결론

연구대상자의 보호와 공정한 저자됨의 책임과 담보하는 연구윤리의 문제는 학문의 자유, 인간의 존엄과 가치, 자기결정권, 사생활의 비밀과 자유 등의 기본권의 기초가 되고, 기본권이 추구하는 법익의 내용이 된다. 공정한 저자됨과 연구대상자 보호에 관한 연구윤리의 문제는 도덕적·윤리적 책무를 넘어 저작권법에서 보호하는 저작권의 권리와 학술진흥법과 생명윤리법, 형법 등의 법령에서 규율하는 제재의 대상이 되기도 한다. 본 장에서는 연구대상자 보호와 공정한 저자됨을 보증할 수 있는 관문으로서 IRB라는 거버넌스를 검토하고, IRB의 자체 조사감독 기능을 강화하여 논문의 공정성을 지향하고 담보할 수 있는 방안을 탐구하였다.

논문의 공정성은 논문 저술과 발간의 과정에서 부당한 반칙이 경쟁을 왜곡시키지 않도록 하고, 경쟁이 공정해지기 위한 환경을 조성하는 것이다. 공정성의 문제는 상대적 평등의 실현을 통해 균등한 기회를 보장함으로써 실질적 자유를 누리도록 하는 자유와 평등이 결합·조화된 가치라고 할 수 있다.62) 윤리적이고 책임 있는 연구 활동으로 생성된 논문의 발간을 통하여 학문의 자유를 실현하고, 학술적 업적의 축적을 통해서 직업 활동과 자아실현을 영위하게 된다는 점에서 논문의 공정성을 논할 실익이 있다. 그런 면에서 청소년의 경우, 지적 역량의 증대와 학술적 활동으로서 청소년의 논문 참여를 장려할 수 있으나, 논문 참여를 위해서는 전문적·학술적 수련과 학술적 경험을 필요로 하는 경우가 많고, 공동 실험연구의 경우 대학 등 연구기관의 연구책임자의 재량이 좌우하는 영역이기 때문에 연구책임자와의 교류의 기회를 가지기 어렵고 논문 정보에 대한 접근성이 약한 층에는 불평등의 문제를 새로이 야기할 수 있다는 점도 고려되어야 한다.63) 논문의 의미는 연구자·학자들이 학문의 자유를 누리고 직업적 활동의 일환으로 연구 활동을 수행하고 이에 따라 논문을 발간하여 업적을 축적하는 데 있는 것과는 달리, 청소년의 경우는 학문의 자유의 주체가 될 수 있기는 하지만, 논문과 같은 학술 활동으로서 누리는 학문의 자유보다는 다양한 진로 탐색의 일환이자 향후 대학 고등교육을 수행할 수 있는 역량을 키우고 민주시민의 자질을 연마하면서 지적 활동을 증대한다는 교육의 자유와 일반적 행동의 자유로서의 기본권이 더 강하게 보호되는 면이 있다. 청소년에게 학문의 자유를 강조하기보다는, 논문이 입시 제도에 활용됨으로 인한 사회적 부작용과 불평등 심화로 타인의 기본권을 침해할 여지가 증대될 수 있다는 점을 고려하여, 청소년이 저자로 들어가는 논문과 입시와의 연계성은 신중히 접근할 필요가 있다.

연구 수행에는 책임이 따르는데, 과학연구 등에서의 사회적 파장성과 비례하여 그 사회적 책임의 정도는 더 커진다고 할 수 있다. 이렇게 사회적 책임을 강조하는 이유는 학문의 자유를 방해하려는 것이 아니라, 헌법이 전제하는 책임 있는 인간상ー개

---

62) 남기업, 「공정국가: 대한민국의 새로운 국가모델」, 개마고원, 2010; 황경식, 「존 롤스 정의론 – 공정한 세상을 만드는 원칙」, 쌤앤파커스, 2018.

63) 대학입시에서는 논문에 접근하기 어려운 학생들을 고려하여, 공정한 입시 평가를 위해서는 논문 업적을 평가 요소로 삼는 것은 신중한 접근이 요구된다고 생각된다.

인으로서는 자유롭지만, 사회 구성원으로서 자기 책임적인 인격적 존재[64] – 을 구현하고, 학문 연구를 통해서 다른 국민들의 생명, 건강, 재산 등을 침해할 위험을 예방한다는 것이다.[65] 그러므로 거버넌스 관점에서 학술연구 활동의 자율성이 침해되지 않는 범위 안에서, 연구의 진실성과 공정성이 확보될 수 있도록 연구윤리에 관한 상시적인 컨설팅과 담론 형성이 가능한 기구의 제도화도 고려될 필요가 있다. 각 연구기관의 자체 연구조사 기능이나 연구 점검 프로세스를 강화하여 IRB의 질을 향상시키는 내용, 최소 위험 수준의 연구의 경우 IRB 심의에서 면제될 수 있는 방안 그리고 생명윤리법과 개인정보보호법의 개인정보 보호의 범위와 내용에 있어 체계 정합성을 제고하는 내용, 저자 표시의 부정에 대한 점검을 IRB 조사감독 기능으로 포함하여 연구부정행위를 선제적으로 예방하는 내용 등 합리적인 입법적 개선이 필요해 보인다. 이러한 입법적 개선점의 제안이 향후 관련 법령의 제·개정 논의 시에 단초를 제공할 수 있기를 기대한다.

---

64) 헌재 99헌바40, 2002헌바50 등(형법 제304조 위헌소원) 개인 스스로 선택한 인생관, 사회관을 바탕으로 사회공동체 안에서 각자의 생활을 자신의 책임아래 스스로 결정하고 형성하는 성숙한 민주시민이 우리 헌법의 인간상이다.
65) 박은정, "생명공학과 연구윤리: 사람을 대상으로 하는 연구를 중심으로", 유네스코한국위원회편, 과학연구윤리, 당대, 2011, 80-81면.

참고문헌

권영설, "변화하는 헌법과 거버넌스", 「연세 공공거버넌스와 법」 제3권 제1호, 2012

김명수 · 김현수, "아이디어 보호 법제에 관한 연구 – 저작권법과 계약법의 조화론적 관점에서", 「IT와 법 연구」 제18집, 2019

김선택, 「과학연구의 자유와 한계」, 유네스코한국위원회편, 과학연구윤리, 당대, 2001

김원오, "대작에 있어 성명표시의 취급에 관한 법적 쟁점", 계간 저작권, 2012

남형두, 「표절론」, 현암사, 2015

____, "표절문제 해결방안에 관한 연구 Ⅲ", 한국저작권위원회, 2009.12

박은정, "생명공학과 연구윤리: 사람을 대상으로 하는 연구를 중심으로", 유네스코한국위원회편, 과학연구윤리, 당대, 2011

박형욱, "의학연구와 생명윤리 및 안전에 관한 법률", 대한의사협회지, 2013

서이종 편저, 「학문 후속세대를 위한 연구윤리」, 박영사, 2013

성태제 · 시기자, 「연구방법론」, 학지사, 2008

엄주희, "국가위원회의 법적 지위와 뇌신경윤리 활동 고찰: 뇌신경윤리 거버넌스에 주는 시사점", 「법과 정책」, 제25권 제1호, 2019

____, "뇌신경과학 연구에서 연구대상자 보호: 인격주의 생명윤리적 고찰", 「인격주의 생명윤리」 제9권 제2호, 2019

____, "뇌신경윤리에 관한 법제 연구", 법제, 2018

____, "미성년자의 연명의료 결정에 관한 소고: 미국에서의 논의를 중심으로", 「법학논총」 제41집, 2018

연구윤리 사례집 – 좋은 연구 실천하기, 교육과학기술부, 한국연구재단, 2011

연구윤리의 이해와 실천, 한국연구재단, 2011

윤리적인 연구 출판을 위한 국제 규범, 한국연구재단, 2019

이고은, "사회행동과학 분야 연구자의 기관생명윤리위원회(IRB) 심의에 대한 지식과 태도", 연세대학교 대학원 간호학과 석사학위논문, 2017

이준일, "학문의 자유와 대학의 자치 – 헌법재판소 판례에 대한 비판적 검토를 중심으로", 「헌법논총」 제23집, 2012

전광석, 「한국헌법론」(제14판), 집현재, 2019

정문식, "학문의 자유와 입법정책," 「법과 정책연구」 제6권 제2호, 2006

정준호 · 김옥주 편역, 「윤리적인 연구 출판을 위한 국제 지침(Guideline for Publication Ethics)」, 한국연구재단, 2019

한국보건산업진흥원, 국가생명윤리정책연구원 등, IRB 연구자 교육 및 기관위원회 평가인증

전문가 양성 사업-2016년 기관위원회 교육 자료-인체유래물분야 연구자용
한국보건산업진흥원, 국가생명윤리정책연구원, IRB 연구자 교육 및 기관위원회 평가인증 전
    문가 양성 사업-2016년 기관위원회 교육 자료-사회행동과학분야 연구자용
한국보건산업진흥원, 국가생명윤리정책연구원, IRB 연구자 교육 및 기관위원회 평가인증 전
    문가 양성 사업-2016년 기관위원회 교육 자료-인체유래물분야 연구자용
해외 연구윤리 확립 활동 사례, 교육과학기술부, 한국학술진흥재단, 2010
홍성화, "임상연구: 현재와 미래", J Korean Med Assoc 2010 September; 53(9): 744

Elizabeth A.Bakert, Robert J.Amdur, 이경훈 옮김, IRB란 무엇인가, 지코사이언스, 2011
Park et al, 'Screening audit' as a quality assurance tool in good clinical practice
    compliant research environment, BMC Medical Ethics (2018) 19:30

2장

부패방지를 위한 국제적 노력과 국내 부패방지 법제의 대응

I 서론

부패 문제는 한 나라에 국한된 문제가 아니다. 그 폐해가 국경을 넘어 발생하기 때문에 국제사회는 수십 년 전부터 공조를 통해 이 문제를 해결하기 위해 노력해 왔다. 국제사회의 반부패 논의와 협력은 1977년 미국의 해외부패방지법(FCPA) 제정을 시작으로, 1999년 경제협력개발기구(OECD)의 뇌물방지협약 제정을 거쳐 2003년 유엔 부패방지협약 체결에까지 그 성과를 이루었다. 2008년 글로벌 경제위기를 계기로 급부상한 세계경제협의체 G20 정상회의는 부패문제를 글로벌 금융위기의 주된 원인으로 인식하여, 2010년 G20 서울선언에서 부패문제에 대한 국제적 차원에서의 공조를 강조하는 내용의 <반부패 행동계획>을 부속서(annex)의 형태로 채택한 바 있다. 이 행동계획에는 유엔부패방지협약, OECD 뇌물방지협약 등 주요 반부패 국제협약에 대한 회원국들의 가입 및 비준을 촉구하는 내용을 비롯하여 부패공무원의 금융시스템 이용 방지, 부패공무원의 입국 및 피난처 제공금지를 위한 협력 체계 고려, 해외 은닉 자산 회복지원 등 각국 간에 긴밀한 협력이 필요한 조치들이 포함되었다. 또한 <반부패 행동계획>이 실효적인 정책으로 연결되도록 각 회원국은 매년 상황을 보고토록 합의하였다. 이러한 국제적 상황변화에 주도적이고 능동적으로 참여하기 위해서는, G20 회원국인 우리나라도 이에 대한 적극적인 이행을 위한 기초연구와 이를 바탕으로 한 정책 및 제도적 정비가 필요하다.[1] 본 장은 부패행위에 대응하고자

---

1) 황방, "'유엔반부패협약'의 국내입법상 전환방식 연구", 「비교형사법연구」 제13권 제2호,

하는 유엔부패방지협약을 중심으로 한 국제적인 활동 내용과 이에 대응하는 국내 법
체계의 기반과 국제협약에 대한 국내법적 이행의 현황을 고찰하고, 우리 반부패 법체
계가 어떤 유형의 부패행위를 방지하고 있는지, 부패방지에 관한 사회적 수요와 정치
적 공급 사이에서 반부패 법제화 면에서 적절한 대응이 이루어져 왔는지, OECD 뇌
물방지협약 등의 국제표준과 국제적 압력이 국내 반부패 법제화에 어떠한 영향을 미
치며 서로 연동성을 가지는지, 국내 반부패 법제화가 반부패 국제협력에 기여하는 면
은 어떤 것인지 등에 대한 해답을 찾아보기로 한다.

Ⅱ 부패방지를 위한 국제적 노력과 국내 법제의 이행

　유엔부패방지협약은 1996년 3월 29일 미주국가기구에서 채택한 미주국가 간의 부
패방지협약, 1997년 5월 26일 유럽연합이사회에서 채택한 유럽공동체 직원 또는 유
럽연합회원국 직원 관련 부패척결 협약, 1997년 11월 21일 경제협력개발기구에서
채택한 국제거래에 있어서의 외국 공무원의 뇌물방지협약, 1999년 1월 27일 유럽이
사회 각료위원회에서 채택한 부패에 관한 형사법협약, 1999년 11월 4일 유럽이사회
각료위원회에서 채택한 부패에 관한 민사법협약, 2003년 7월 12일 아프리카연합 국
가 정부 수반 회의에서 채택된 부패방지 및 척결에 관한 아프리카연합협약 등 그동
안 부패방지 및 척결을 위해 체결된 다자간 문서를 바탕으로 하여 초국경적 조직범
죄의 방지를 위해 2003년 9월 29일에 발효된 협약으로서, 이후 국제적 반부패 전략
의 핵심 내지 근간이 되는 중요한 국제협약을 말한다.[2] 유엔부패방지협약은 민주주
의 제도와 가치, 도덕적 가치 및 정의를 훼손하고, 지속적인 발전과 법의 지배를 위
태롭게 하면서 사회의 안정 및 안전에 대하여 부패가 야기하는 문제와 위협의 심각
성 그리고 부패와 특히 자금세탁 등의 조직적 범죄 및 경제범죄와 같은 그 밖의 유
형의 범죄 사이의 연관성에 대해 우려를 표명하고, 나아가 부패 사건이 국가 자원의
상당한 비율을 점할 정도의 막대한 액수의 자산과 결부되어 그 국가의 정치적 안정

　　2011, 813－814면.

　2) 김흥주, "국가 간 반부패 협력 참여를 결정하는 요인 분석: UN 반부패 협약(UNCAC) 비준
　　을 중심으로", 「한국행정연구」 제22권 제4호, 2013, 202면.

및 지속적 발전에 위협이 되고 있음을 지적함으로써, 부패가 더 이상 국내적 문제가 아니라 모든 사회 및 경제에 영향을 미치는 초국경적 현상임을 강조하면서 부패를 방지·통제하기 위한 국제협력이 무엇보다 필요하다는 점을 역설한다. 또한 효과적인 부패방지 및 척결을 위해 포괄적이고 다각적인 제도적 접근과 기술적 지원 등이 필요하고, 반부패를 위한 이러한 노력이 국가 능력 및 경쟁력 제고에 매우 중요한 역할을 할 수 있음을 지적한다. 그리고 부패 방지 및 척결이 모든 국가의 책임이긴 하지만, 이에 못지않게 이 분야에서의 노력이 효과적으로 이루어지도록 하기 위해서는 시민사회, 비정부기구 및 지역사회기구 등의 공적 분야 밖에 있는 구성원의 개별적·집단적인 지원과 참여가 절실히 필요하고, 이를 바탕으로 국가 간 협력체계가 이루어야져야 한다는 것을 협약의 주요 내용으로 담고 있다.[3] 우리나라는 지난 2008년 2월 29일 국회에서 비준하고 4월에 발효됨으로써, 우리나라는 108번째 비준국의 지위와 의무를 가진다. 특히 협약은 부패를 '사적 이익을 위한 공적 권한의 남용'이라는 협의의 의미로 해석했던 기존의 법률보다 광범위하게 규정하여, 민간부문의 부패까지 확장함으로써 더욱 효과적으로 부패를 통제하는 수단이 된다. 또한 부패 예방을 위한 활동, 시민사회와의 협력, 독립적인 부패방지기구의 설치와 운영, 부패자산의 환수와 국제적 협력 등 부패 통제의 실효성을 높인 포괄적인 법령이다.

　우리나라의 경우 비준과 동시에 「부패재산의 몰수와 회복에 관한 특례법(약칭: 부패재산몰수법)」을 제정함으로써 본 협약이 요구하는 법령의 얼개를 갖추게 되었다.[4] 부패방지기구의 설치, 부패행위 신고자의 보호 및 보상, 시민의 감시 및 참여기능 강화 등에 관한 기본적인 사항을 정하는 「부패방지법」이 일찌감치 2002년부터 시행되

---

3) 윤해성·김봉수, "부패공무원 입국 및 피난처 제공금지 방안에 관한 연구", 「연구총서」 11－32, 한국형사정책연구원, 2011, 32면.

4) 부패재산의 몰수 및 회복에 관한 특례법 및 동 시행령 연구(2008년 법무부 용역보고서), 한국형사정책연구원, 2008; 유엔부패방지협약의 대부분의 사항들이 이미 국내법과 시책 등에 반영되어 있으나, 가장 중요한 해외 부패자산 몰수 및 추징 등 자산회복제도에 관한 사항은 아직 국내법에 반영되어 있지 않기 때문에 유엔부패방지협약의 국내비준을 위해서는 해외부패자산 몰수 및 추징 등 자산회복제도에 대한 국내이행 입법안을 마련할 필요성이 절실하였던 바, 그 국내 이행 입법으로서 「부패재산의 몰수 및 회복에 관한 특례법」(법률 제8993호)"이 2008년 3월 28일 제정·공포되었다. 이에 따라서 부패범죄의 범죄행위에 의해서 생긴 재산이나 범죄행위의 보수로서 얻은 재산은 몰수할 수 있다. 그러나 부패재산이 범인 외의 자에게 귀속되지 아니한 경우에 한하여 몰수할 수 있다는 한계가 존재한다(부패재산몰수법 제4조).

고 있었는데, 이 법이 공공부문에서 공직자와 공공부문에 해당하는 행위만 규제하고 민간 분야의 결탁으로 인한 부패에 대해서 규율할 수 없다는 비판이 지속적으로 제기되면서 2011년에는 민간부문에서 부패행위를 규율하고 내부고발을 활성화하기 위하여 「공익신고자 보호법」이 제정되었다.5) 2016년에는 이른바 '김영란법'으로 불리는 「부정청탁 및 금품등 수수의 금지에 관한 법률(약칭: 청탁금지법)」과, 2022년부터는 「공직자의 이해충돌 방지법」(약칭: 이해충돌방지법)이 시행되고 있다. 「부패방지법」은 2008년에 폐지되고 「부패방지 및 국민권익위원회의 설치와 운영에 관한 법률(약칭: 부패방지권익위법)」으로 새로 제정·시행되고 있고, 이 법이 2022년에는 부패행위 신고자에 대한 보호와 보상을 강화하는 내용으로 일부개정되었다.6) 현재 국민권익위원회는 국무총리 소속으로 부패방지 고충민원 등 옴부즈만 기능 및 행정심판 기능 등 복합적 기능을 수행하고 있다. 과거 「부패방지법」 시행 시절에 부패방지 관련 업무를 전담했던 부패방지위원회가 대통령 직속 기관인 데 비해서, 국무총리 조직으로 조직 위상이 격하되어 정부의 청렴 정책 의지가 퇴색되었다는 비판이 제기된다.7) 또한 부패방지 이외에 고충민원이나 행정심판의 업무간의 기능과 성격이 달라 업무의 시너지 효과가 반감될 수 있다는 지적에 따라 부패방지 업무의 독립성 문제와 독립적인 반부패 기구 설치가 필요하다는 비판이 제기되어왔다.8) 「청탁금지법」 시행에 대해서 일반 국민들의 인식도 조사 결과, 시행 초기부터 국민적 지지가 있을 뿐 아니라9) 국민들의 청렴 의식이 긍정적으로 변화된 것으로 보고되고 있고 공익신고자 보호제도에 대한 국민들의 인지도와 공익신고 접수 건수가 꾸준히 증가하는 추세로 비추어 볼 때10) 우리나라의 반부패 법제에 대한 국민의 순응도는 높은 것으로 사료된

---

5) [세상을 바꾼 '내부고발자'] ③내부고발...."제도정비부터", 이코노믹 리뷰, 2018.4.4.일자. https://www.econovill.com/news/articleView.html?idxno=334679 (최종방문: 2023.2.1.)

6) 변호사를 통한 부패행위 비실명 대리신고 제도 신설, 신고자 책임감면 및 구조금 지급범위 확대, 비위면직자 취업제한제도 공공기관 안내 의무화 등을 내용으로 개정된 법률이 2022. 7.5.일부터 시행되었다.

7) 이정주, CPI 평가를 통한 한국사회의 반부패 청렴 정책방향에 관한 연구, 「한국부패학회보」 제27권 제1호, 151면.

8) 2022년 4월 27일부터 5월 8일까지 이루어진 대국민 설문조사에서도 범정부 중장기 반부패 전략 수립과 관련한 의견으로 독립적인 반부패 기구 설치가 필요하다는 응답이 존재한다. 국민권익위원회, 새 정부 범정부 반부패 기본전략 도출, 국민권익위원회, 2022.8.10., 71면.

9) 박학모, 「청탁금지법」 시행 이후 한국사회의 변화와 과제, 한국행정연구원, 2016.12.14., 44면.

다. 우리나라의 대표적인 반부패 법령인 「부패방지권익위법」은 2021년 로마 G20정상
회의 선언문 부속서인 '부패측정 모범사례집'에서 국제기준에 부합하는 모범 사례로 인정
받은 바 있다.11) 2022년 인도네시아에서 열린 G20 반부패워킹그룹회의(Anti−Corruption
Working Group: ACWG)에서도 주최 측의 요청으로 우리나라의 「이해충돌방지법」 제
정을 소개함으로써,12) 우리나라 반부패 법제 구축의 교훈과 성과는 반부패 국제협력
에도 기여하고 있다.

　유엔부패방지협약이 반부패전략의 핵심적인 내용의 근간을 이루고 있고 우리나라
의 반부패법제 형성에도 중요한 영향을 미치고 있으므로, 유엔부패방지협약의 주요
조항과 분야별로 우리나라 반부패법제와 비교하면서 살펴보기로 한다.

1. 부패범죄의 범주

　유엔부패방지협약은 제3장 제15조에서 제25조까지 협약을 통해 규율할 대상으로
서의 범죄를 규정하고 있다. 예컨대, 국가공무원의 뇌물수수(제15조), 외국공무원 및
공적국제기구 직원의 뇌물수수(제16조), 공무원의 재산횡령·배임 및 그 밖의 유용(제
17조), 영향력 행사에 의한 거래(제18조), 직권남용(제19조), 부정 축재(제20조), 민간
부문의 부패(제21조), 민간부문 재산의 횡령(제22조), 범죄수익의 세탁(제23조), 은닉
(제24조), 사법 방해(제25조)가 대표적이다. 뿐만 아니라 제26조에서는 법인에 대한
책임도 인정하고 있으며, 위 범죄와 관련된 공범(공동실행자, 방조자 또는 교사자 등) 및

---

10) 2022년도 주요 반부패 청렴정책과 추진과제, 국민권익위원회, 2022.1, 4−5면.
11) G20 정상회의서 '한국 반부패 제도' 국제기준 모범사례로 평가−권익위 "내년 국가청렴도
　　세계 20위권 진입 적극 노력", 대한민국 정책브리핑, 2021.11.8.일자; 부패측정 모범사례집
　　에 따르면 한국은 2002년부터 시행된 「부패방지법」과 2008년부터 시행된 「부패방지권익위
　　법」에 따라 적절한 시기에 반부패 제도 체계를 구축했고, 이를 통해 공무원의 권한 남용과
　　법 규정의 위반을 억제하는 동시에 부패행위를 효과적으로 예방하고 있다고 평가했다. 그리
　　고 공공조달, 공공행정 투명성, 선물과 금품 등록, 정치 기부금, 금융정보교환 등 부패현상으
　　로 이어질 가능성이 있거나 부패 현상을 측정하는데 유용한 거의 모든 종류의 데이터를 수
　　집하고 분석하는 등 체계적인 시스템을 구축하고 있다고 평가되었다. https://www.korea.
　　kr/news/policyNewsView.do?newsId=148895301 (최종방문: 2023.2.1.)
12) [보도자료] 국민권익위, G20 반부패워킹그룹회의에서 한국 반부패 정책 국민참여 우수사례
　　알려−공직자의 이해충돌 방지법 제정 소개, 청년층 대상 반부패 교육 사례 공유−, 국민권
　　익위원회, 2022.7.5.일자. https://www.acrc.go.kr/board.es?mid=a10402010000&bid=4A&tag=
　　&act=view&list_no=40113&nPage= (최종방문: 2023.2.1)

미수에 대해서도 필요에 따라 국제법 및 국내법적 조치를 취할 수 있다고 규정하고 있다. 유엔부패방지협약의 범죄규정은 국제적 반부패차원에서 함께 대응하여 척결해야 할 부패의 실체가 무엇인지를 자세히 제시하고 있다는 점에서 큰 의미가 있고, 이후의 반부패전략 및 제도 수립에 있어서도 가이드라인이 될 수 있다는 점에서 중요하다.

부패행위의 유형을 직접적 부패행위와 간접적 부패행위, 적극적 부패행위와 소극적 부패행위, 작은 부패와 거대 부패 등으로 분류할 수 있다.[13] 우리나라 반부패 법제에서 구체적인 실정법을 통해 살펴보면 「부패방지권익위법」은 직접적 부패행위와 간접적 부패행위에 해당하는 개념을 명시하면서 규율하고 있고,[14] 「청탁금지법」은 공직자 등의 부정청탁과 금품 등의 수수행위를 금지하고 있어 작은 부패를 겨냥해서 규율된 것이라고 할 수 있다.[15] 적극적 부패행위는 위법·비정상적인 방법에 의해 현재의 법률상태의 변동을 가져오게 하거나 적법·정상적인 방법에 의하였을 경우에 예상되는 변동을 가져오지 않게 하는 행위이고, 소극적 부패행위는 현재의 법률 상태의 왜곡이 초래되도록 불공정하게 하거나 업무처리의 지체나 지연 등으로 민원을 유발하는 행위인데, 이 두 가지 모두가 「부패방지권익위법」에서 규율되고 있고 특히 고충민원[16]을 정의하면서 이에 대한 처리를 위해 국민권익위원회와 시민고충처리위원

---

13) 신봉기, "부패방지 법제의 연구범위와 주요 쟁점", 「부패방지법연구」 제1권 제1호, 2018, 8-14면. 단순한 편익을 주고받는 것은 작은 부패, 정권이나 정치제도에 관련되거나 법집행기관의 불공정성과 편향성에서 기인하면서 정경유착으로 이어지는 것은 거대 부패라고 할 수 있다.

14) 부패방지권익위법의 제2조 제4호의 가와 나목은 직접적 부패행위를, 4호의 다목은 간접적 부패행위를 명시한다.
부패방지권익위법 제2조 4. "부패행위"란 다음 각 목의 어느 하나에 해당하는 행위를 말한다.
가. 공직자가 직무와 관련하여 그 지위 또는 권한을 남용하거나 법령을 위반하여 자기 또는 제3자의 이익을 도모하는 행위
나. 공공기관의 예산사용, 공공기관 재산의 취득·관리·처분 또는 공공기관을 당사자로 하는 계약의 체결 및 그 이행에 있어서 법령에 위반하여 공공기관에 대하여 재산상 손해를 가하는 행위
다. 가목과 나목에 따른 행위나 그 은폐를 강요, 권고, 제의, 유인하는 행위

15) 청탁금지법 제1조(목적) 이 법은 공직자 등에 대한 부정청탁 및 공직자 등의 금품 등의 수수(收受)를 금지함으로써 공직자 등의 공정한 직무수행을 보장하고 공공기관에 대한 국민의 신뢰를 확보하는 것을 목적으로 한다.

16) 부패방지권익위법 제2조 5. "고충민원"이란 행정기관등의 위법·부당하거나 소극적인 처분(사실행위 및 부작위를 포함한다) 및 불합리한 행정제도로 인하여 국민의 권리를 침해하거

회를 설치할 수 있는 법적 근거를 명시하고 있다.

2014년 세월호 참사는 국회에 계류 중이던 「청탁금지법」이 국회를 조속히 통과하는데 불을 지폈고,[17] 2021년 한국토지주택공사(LH) 직원들의 땅 투기 사건이 사회적 공분을 불러일으키면서 「이해충돌방지법」 제정의 계기가 되었다. 강원랜드 직원채용비리 사건이 사회문제가 되면서 「공공기관운영법」상에 부패행위에 관한 규정이 들어가게[18] 되는 등 우리나라 반부패 법제는 부패유형별로 부패의 예방과 처벌을 요구하는 사회적 수요에 맞추어 시기적으로 적절하게 제·개정이 이루어졌다고 보여진다.

2. 국가공무원의 뇌물수수

유엔부패방지협약은 공무수행과 관련한 작위 또는 부작위를 대가로 하여 부당한 이익을 약속·제의·제공하는 자는 물론 이를 요구·수수하는 자까지 모두 국가공무원의 뇌물 수수의 대상으로 정의하고 있다. 그리고 여기서 말하는 공무원(Public official)의 개념과 관련해서는 협약 제2조에서 다음과 같이 정의하고 있다.

'공무원(Public official)'이란
　(1) 임명직이든 선출직이든, 영구직이든 임시직이든, 보수의 유무, 근속연수와 관계없이 당사국의 입법적·행정적 또는 사법적 직위를 가진 자,
　(2) 공공기관이나 공공기업체 등을 위하여 공적 임무를 수행하거나 당사국의 국내법에서 규정하고, 또한 그 당사국 법의 관련 영역에서 적용되는 공적 역무를 제공하는 그 밖의 자,
　(3) 또는 당사국의 국내법에서 공무원으로서 규정하는 그 밖의 자를 말한다. 다만, 이 협약 제2장에서 규정하는 특정 조치의 목적상, 공무원은 공적 임무를

　　나 국민에게 불편 또는 부담을 주는 사항에 관한 민원(현역장병 및 군 관련 의무복무자의 고충민원을 포함한다)을 말한다.
17) 정형근, 공직자의 이해충돌 방지법의 내용과 한계점, 공공기관 NOW Trend Focus, 한국조세재정연구원, 2022, 31면
18) 송기춘, "강원랜드 사건에 나타난 공공기관 부패문제의 법적 쟁점 – 채용비리 문제를 중심으로", 「부패방지법연구」 제2권 제1호, 2019, 73면; 신정규, "지능정보사회에서 부패방지의 공법적 과제", 「부패방지법연구」 제4권 제1호, 2021, 15면. 공공기관운영법상에 '제4장의2 비위행위자에 대한 조치'라는 장이 신설되었다.

수행하거나 당사국의 국내법에서 규정하고, 또한 그 당사국 법의 관련 영역
에서 적용되는 공적 역무를 제공하는 모든 자를 말한다.

이는 우리나라에서 형법이 뇌물범죄를 대향범 내지 필요적 공범관계로 이해하여
수뢰자인 공무원뿐만 아니라 공여자인 사인(私人)까지도 처벌하고 있는 것과 동일한
맥락에서 이해할 수 있다. 예컨대, 형법 제129조(수뢰, 사전수뢰), 제130조(제3자뇌물제
공), 제131조(수뢰후 부정처사, 사후수뢰), 제132조(알선수뢰), 제133조(뇌물공여 등)가
이와 관련한 대표적인 국내법적 규정이라 할 수 있다. 따라서 한국의 경우에는 유엔
부패방지협약 제15조에서 규정하고 있는 국가공무원의 뇌물수수(행위)는 이미 국내
법 차원에서 형사상 범죄로 확립되어 있다고 평가할 수 있다.

3. 외국공무원 및 공적 국제기구 직원의 뇌물수수

유엔부패방지협약 제16조는 국가공무원에 대한 제15조의 규정을 외국공무원 및
공적 국제기구직원에게까지 확대한 것으로 이해된다. 여기서 말하는 '외국공무원' 내
지 '공적 국제기구직원'은 어떠한 자를 의미하는지 해석상 문제되는데, 이와 관련하
여 위 협약은 개념정의 규정을 두고 있다. 즉, 유엔부패방지협약 제2조는 [나]항에서
'외국공무원(Foreign public official)'이란 임명직이든 선출직이든 상관없이 외국의 입
법적·행정적 또는 사법적 직위를 가진 자 또는 외국의 공공기관 또는 공공기업체를
위하여 공적 임무를 수행하는 모든 자를 말한다고 규정하고 있으며, [다]항에서는
'공적 국제기구의 직원(Official of a public international organization)'을 국제공무원이
나 기구를 대표하여 행동하도록 그 국제기구에 의해 승인받은 모든 자로 정의하고
있다.[19]

---

19) 국제상거래에 있어서 외국공무원에 대한 뇌물방지법(약칭: 뇌물방지법)
   제2조(외국공무원등의 범위)
   1. 임명직 또는 선출직을 불문하고 외국 정부(中央으로부터 地方에 이르는 모든 段階의 政府
      를 포함한다. 이하 같다)의 입법·행정 또는 사법 업무에 종사하는 자
   2. 다음 각목의 1에 해당하는 자로서 외국의 공공기능수행자
      가. 외국 정부로부터 공적 업무를 위임받아 수행하는 자
      나. 특정한 공적 업무를 수행하기 위하여 법령에 의하여 설립된 공공단체 또는 공공기관
         의 업무에 종사하는 자

　　우리나라 형법상의 뇌물범죄, 특히 수뢰죄는 원칙적으로 '공무원'을 행위주체로 하
는 신분범인데, 해석상 여기서의 공무원에 '외국공무원' 내지 '공적 국제기구직원'이
포함되지 않는다. 그러나 OECD의 '국제상거래에 있어서 외국공무원에 대한 뇌물제
공행위 방지를 위한 협약'의 이행을 위해 필요한 사항을 규정한 국내법인「국제 상거
래에 있어서 외국공무원에 대한 뇌물방지법(약칭: 국제뇌물방지법)」이 1998년 제정되
어 1999년 2월부터 시행되고 있다. 이 법에서 국제상거래와 관련하여 부정한 이익을
얻을 목적으로 외국공무원 등에게 그 업무와 관련하여 뇌물을 약속, 공여하거나 공여
의 의사를 표시하는 행위를 형사처벌하고 있다(국제뇌물방지법 제3조 제1항). 외국공무
원의 범위도 외국정부의 입법, 행정, 사법 업무에 종사하는 자, 외국의 공공기능수행
자, 공적 국제기구업무에 종사하는 자로 세분화 구체화하여 규율되고 있어 유엔부패
방지협약에 발맞추어 충실히 이행되고 있는 것을 볼 수 있다.[20] 앞서 살펴본 바와
같이 공공 부문과 민간부문 사회 각 영역의 부패행위에 대한 반부패 법제는 국내적
요구를 주요 동력으로 이루어진 반면, 외국공무원 관련 부패 행위에 대한 규율은
OECD와 UN에서 규율하는 국제표준에 영향을 받아 국내법도 변화 발전의 모습을
보여주고 있다.

4. 공무원의 재산 횡령 · 배임 · 유용

　　협약 제15조 내지 제16조에서 뇌물범죄를 규정하고 있다면, 협약 제17조는 공무원
의 횡령 및 배임범죄를 주된 내용으로 하고 있다. 즉 공무원이 직무상 위탁된 공적 · 사
적 재산과 관련하여 횡령 · 배임 · 유용한 경우에 이를 부패범죄 가운데 하나의 태양에
포함시켜 국제적 차원에서 대응한다는 것이다. 그리고 여기서의 '재산(Property)'은
(협약 제2조 [라]항에 따라) 유체물 · 무체물, 동산 · 부동산, 유형 · 무형을 불문한 모든

　　다. 외국정부가 납입자본금의 5할을 초과하여 출자하였거나 중요사업의 결정 및 임원의
　　　임면 등 운영 전반에 관하여 실질적인 지배력을 행사하고 있는 기업체의 임 · 직원.
　　　다만, 차별적 보조금 기타 특혜를 받지 아니하고 일반 사경제 주체와 동등한 경쟁 관
　　　계에서 사업을 영위하는 기업체의 경우는 제외한다.
　3. 공적국제기구의 업무를 수행하는 자
20) 박석범, "OECD 뇌물방지협약과 이행 동향",「OECD FOCUS」제3권 제1호, 대외경제정책
　　연구원, 2004, 67면.

자산과 그 자산에 대한 권원 또는 권리를 증명하는 법적 문서 또는 증서를 통칭한다.

이는 국내법상 형법 제355조(횡령, 배임) 및 「부패방지 및 국민권익위원회의 설치와 운영에 관한 법률(약칭: 부패방지권익위법)」 제2조 제4항의 [나]호와 관련성을 갖는다. 따라서 협약 제17조 공무원의 재산횡령 및 배임 또는 유용행위 역시 이미 국내법상 범죄 내지 부패행위로 분류되어 국내법적 통제를 받고 있다는 점에서 별다른 문제가 없다고 평가된다.

5. 부정 축재

유엔부패방지협약 제20조[21)]에서 규정하고 있는 '부정 축재(Illicit enrichment)'는 그 성격상 특정한 위법행위를 범죄화한 것이 아니라 공무원의 '비합리적인 자산 증가'라는 상태를 근거로 하여 그 축재행위를 범죄로 의제한다는 점에서 특징이 있다. 여기서의 부정 축재는 조문에서도 언급된 것처럼 공무원의 모든 축재행위를 문제 삼는 것이 아니라 공무원의 적법한 수입을 고려했을 때 비합리적으로 자산이 증가한 경우만을 부정 축재로 평가하고 있다.

반면 우리나라는 공무원의 부정 축재를 직접적으로 처벌하는 형법상의 규정은 없고, 「공직자윤리법」상 일정한 의무와 위반 시에 대한 처벌 규정을 두고 있다. 「공직자윤리법」을 보면, '제1조(목적) 이 법은 공직자 및 공직후보자의 재산등록, 등록재산 공개 및 재산형성과정 소명과 공직을 이용한 재산취득의 규제, 공직자의 선물신고 및 주식백지신탁, 퇴직공직자의 취업제한 및 행위제한 등을 규정함으로써 공직자의 부정한 재산 증식을 방지하고, 공무집행의 공정성을 확보하는 등 공익과 사익의 이해충

---

21) 제20조 부정 축재

각 당사국은 자국의 헌법 및 법체계의 기본원칙에 따라 공무원이 부정 축재, 즉 공무원의 적법한 수입에 비추어 합리적으로 설명할 수 없는 상대한 자산증가가 이루어진 경우에 **형사상 범죄로 확립**하기 위하여 필요한 입법 및 그 밖의 조치를 검토해야 한다.

Article 20 Illicit enrichment

Subject to its constitution and the fundamental principles of its legal system, each State Party shall consider adopting such legislative and other measures as may be necessary to establish *as a criminal offence*, when committed intentionally, illicit enrichment, that is, a significant increase in the assets of a public official that he or she cannot reasonably explain in relation to his or her lawful income.

돌을 방지하여 국민에 대한 봉사자로서 가져야 할 공직자의 윤리의 확립함을' 목적으로 제정된 법률로서, ① 제3조에서 일정한 공직자에 대해 재산등록과 공개를 의무화하고(동법 제2조 내지 제4조), ② 등록사항에 대해 공직윤리위원회에서 심사를 하여(동법 제8조) 등록대상 재산을 거짓으로 기재하거나 중대한 과실로 빠트리거나 잘못 기재하거나 직무상 알게 된 비밀을 이용하여 재물 또는 재산상 이익을 취득한 사실이 인정된 경우에 공직윤리위원회는 해당 공무원에 대해 경고 및 시정조치 또는 과태료 부과 그리고 해임 또는 징계 의결 등을 요구할 수 있다(동법 제8조의2 및 제22조)고 규정하고 있다. 그런데 유엔부패방지협약 제20조의 부정 축재에 해당할 수 있는 '직무상 알게 된 비밀을 이용하여 재물 또는 재산상 이익을 취득한 사실이 인정된 경우'에 대해서도 공직자윤리법은 행정법상의 제재 조치만을 부과하고 있다는 점에서 내용상의 한계가 있다. 물론 공직자윤리법 제24조 이하에서 일정한 행위(재산등록거부, 주식백지신탁거부, 거짓자료제출, 출석거부, 무허가 열람·복사, 비밀누설, 주식백지신탁관여, 취업제한위반 등)를 범죄로 규정하여 징역 또는 벌금의 형벌을 부과하고는 있으나, 이는 대체로 재산등록 및 공개와 관련한 절차상 위반행위를 내용으로 한 것으로서, 부정 축재행위 자체를 범죄로서 처벌하는 것은 아니라는 점에서 여전히 문제가 발생한다. 따라서 협약 제20조처럼 부정한 자산의 증가상태를 근거로 부정 축재를 형법상의 범죄로 자리매김하기 위해서는 부정 축재를 범죄로서 구성요건화하는 등의 법적 근거 마련이 필요하다고 사료된다.

6. 사법 방해

유엔부패방지협약은 공무원 및 민간부문의 부패범죄 그리고 그 범죄수익의 세탁 및 은닉까지 광범위한 부패 관련 행위들을 규율 대상으로 규정하고 있으며, 이에 대한 범죄 수사 과정에서의 여타 방해 행위 등에 대해서도 이를 범죄로 규정하고 있다. 즉 협약 제25조는, (1) 부패범죄와 관련하여 소송절차에서 허위 증언을 유도하거나, 증언을 방해 또는 소송증거 제출을 방해하기 위하여 물리적 힘, 위협이나 협박을 사용 또는 부당이득을 약속·제공 또는 부여하는 행위, (2) 부패범죄와 관련하여 사법 공무원 또는 법집행 공무원의 공적 직무 수행을 방해하기 위하여 물리적 힘, 위협이나 협박을 사용하는 행위 등을 대표적인 사법 방해 행위로 규정하고 있다.22) 그러나 우리나라의 경우에 이와 같은 사법 방해에 대한 규율이 법제화되어 있지 아니하므로 향후 개선되어야 할 점이라 할 수 있다.

7. 민간부문의 부패

유엔부패방지협약은 공무원의 행위주체가 되는 공직부패 이외에 민간 영역에서의 부패까지 규율 대상으로 삼고 있다. 그 대표적인 예가 바로 협약 제21조와 제22조이다. 먼저 협약 제21조는 경제·금융 또는 상업 활동영역에서 이루어지는 사인(私人) 간의 부당한 금품제공 약속 및 공여 또는 요구·수수행위를 민간부문의 부패행위로 규정하고 있다. 예컨대, 민간경제 영역에서의 급행료 관행 또는 각종 리베이트 수수 등이 이에 해당할 수 있다. 이를 국내법적 차원에서 범죄로 규정한다고 할 때, 현행 법체계에서 고려해 볼 수 있는 것은 형법 제355조 제2항(배임) 및 제356조(업무상 배임) 그리고 제357조(배임수재죄) 등이 있다. 즉 해석상 협약 제21조의 '민간단체의 관리자 내지 종업원'을 단체와의 관계에서 '타인의 사무를 처리하는 자'로 이해하고, '그 직무에 위반'을 '배임행위'로 평가한다면, 민간부문의 부패에 대한 국내법적 통제도 현행법 하에서 가능할 것으로 판단된다.

또한 「의료법」,[23] 「의료기기법」,[24] 「약사법」[25] 등의 보건의료 법령에는 리베이트 수수 금지 규정을 두고 위반 시 자격정지나 2년 이하의 징역이나 3천만원 이하의 벌

---

[22] Article 25 Obstruction of justice

Each State Party shall adopt such legislative and other measures as may be necessary to establish as criminal offences, when committed intentionally:

(a) The use of physical force, threats or intimidation or the promise, offering or giving of an undue advantage to induce false testimony or to interfere in the giving of testimony or the production of evidence in a proceeding in relation to the commission of offences established in accordance with this Convention;

(b) The use of physical force, threats or intimidation to interfere with the exercise of official duties by a justice or law enforcement official in relation to the commission of offences established in accordance with this Convention. Nothing in this subparagraph shall prejudice the right of States Parties to have legislation that protects other categories of public official.

[23] 의료법 제23조의2.

[24] 의료기기법 제13, 15, 18조.

[25] 약사법 제47조.

금형의 벌칙 규정을 명시하고 있다. 또한 협약에서 명시하는 사인간 부당한 리베이트 등에 대한 규율은 아니지만, 우리나라의 경우에 민간부문에서 내부고발을 활성화하기 위해 제정된 2011년 3월에 「공익신고자 보호법」[26]도 민간부문의 기관, 단체, 기업의 공익침해행위에 대하여 신고할 수 있도록 하면서, 이 공익신고를 한 사람 즉 공익신고자에 대한 보호와 지원을 명시함으로써 부패방지에 일조하고 있다.

Ⅲ 유엔부패방지협약상 부패 범죄에 대한 처리와 국내 법제의 이행

1. 부패범죄 처리를 위한 자격 제한, 취임 · 취업제한

유엔부패방지협약은 제30조 이하에서 지금까지 범죄로 규정한 부패행위자들에 대한 법적 처리에 관해 협약차원에서 일정한 가이드라인을 제시하고 있다. 그 중에서도 주목할 내용은 제7호이다. 먼저 제7호는 중대한 부패범죄의 경우에는 관련자에 대한 자격박탈 내지 자격제한 등을 취하도록 당사국에 권고하는 동시에, 범죄자가 공무원인 경우에는 ① 공직의 취임 제한 또는 ② 국가가 전부 혹은 일부의 지분을 가진 사업체의 취임 제한 등의 조치를 취하도록 요구하고 있다. 한편 유엔부패방지협약처럼

---

26) 공익신고자 보호법 제2조(정의)

　1. "공익침해행위"란 국민의 건강과 안전, 환경, 소비자의 이익, 공정한 경쟁 및 이에 준하는 공공의 이익을 침해하는 행위로서 다음 각 목의 어느 하나에 해당하는 행위를 말한다.

　가. 별표에 규정된 법률의 벌칙에 해당하는 행위

　나. 별표에 규정된 법률에 따라 인허가의 취소처분, 정지처분 등 대통령령으로 정하는 행정처분의 대상이 되는 행위

　2. "공익신고"란 제6조 각호의 어느 하나에 해당하는 자에게 공익침해행위가 발생하였거나 발생할 우려가 있다는 사실을 신고 · 진정 · 제보 · 고소 · 고발하거나 공익침해행위에 대한 수사의 단서를 제공하는 것을 말한다. 다만, 다음 각 목의 어느 하나에 해당하는 경우는 공익신고로 보지 아니한다.

　가. 공익신고 내용이 거짓이라는 사실을 알았거나 알 수 있었음에도 불구하고 공익신고를 한 경우

　나. 공익신고와 관련하여 금품이나 근로관계상의 특혜를 요구하거나 그 밖에 부정한 목적으로 공익신고를 한 경우

부패범죄자에 대한 취업제한은 아니지만, 국내법에도 공무원의 부패범죄를 사전에 예방하는 차원에서 퇴직공무원의 취업제한을 규정하고 있다.[27]

「공직자윤리법」 제17조는 대통령령으로 정하는 직급이나 직무 분야에 종사한 공무원과 공직 유관 단체의 임직원으로서,

1. 직접 또는 간접으로 보조금·장려금·조성금 등을 배정·지급하는 등 재정 보조를 제공하는 업무
2. 인가·허가·면허·특허·승인 등에 직접 관계되는 업무
3. 생산방식·규격·경리 등에 대한 검사·감사에 직접 관계되는 업무
4. 조세의 조사·부과·징수에 직접 관계되는 업무
5. 공사 또는 물품 구입의 계약·검사·검수에 직접 관계되는 업무
6. 법령에 근거하여 직접 감독하는 업무
7. 사기업체 등이 당사자이거나 직접적인 이해관계를 가지는 사건의 수사 및 심리·심판과 관계되는 업무
8. 그밖에 국회규칙, 대법원규칙, 헌법재판소 규칙, 중앙선거관리위원회 규칙 또는 대통령령으로 정하는 업무

퇴직 전 5년 동안 위와 같은 업무에 종사한 공직자에 대해서는 퇴직일부터 2년간, 퇴직 전 5년 동안 소속하였던 부서의 업무와 밀접한 관련이 있는 다음과 같은 사기업체 등에 취업을 금지하고 있다.

1. 자본금과 연간 외형거래액(부가가치세법 제13조에 따른 공급가액을 말한다. 이하 같다)이 일정 규모 이상인 영리를 목적으로 하는 사기업체
2. 제1호에 따른 사기업체의 공동이익과 상호협력 등을 위하여 설립된 법인·단체
3. 연간 외형거래액이 일정 규모 이상인 변호사법 제40조에 따른 법무법인, 같은 법 제58조의2에 따른 법무법인(유한), 같은 법 제58조의18에 따른 법무조합, 같은 법 제89조의 6 제3항에 따른 법률사무소(이하 "법무법인등"이라 한다)
4. 연간 외형거래액이 일정 규모 이상인 공인회계사법 제23조 제1항에 따른 회계법인
5. 연간 외형거래액이 일정 규모 이상인 세무사법 제16조의3 제1항에 따른 세무

---

27) 조규범, "입법로비의 양성화에 관한 소고", 「입법학연구」 제14권 제2호, 2017, 56면.

　　법인
　6. 연간 외형거래액이 일정 규모 이상인 외국법자문사법 제2조 제4호에 따른 외
　　국법자문법률사무소

　다만, 위와 같은 경우에 해당한다고 하더라도 관할 공직자윤리위원회의 승인을 받은 때에는 그러하지 아니하다(공직자윤리법 제17조 제1항 단서). 따라서 위와 같은 사업체에 취업을 희망하는 퇴직공직자는 국회규칙, 대법원규칙, 헌법재판소규칙, 중앙선거관리위원회규칙 또는 대통령령으로 정하는 바에 따라 퇴직 당시 소속되었던 기관의 장을 거쳐 관할 공직자윤리위원회에 취업승인을 신청을 할 수 있고, 이러한 취업승인신청이 접수된 경우에 공직자윤리위원회는 퇴직 전 5년간의 업무내용과의 밀접한 관련성 여부를 판단함에 있어서 퇴직공직자의 자유 및 권리 등 사익과 퇴직공직자의 부당한 영향력 행사 방지를 통한 공익 간의 균형을 유지하여야 하며, 취업 승인 여부를 심사·결정함에 있어서 해당 업무 처리 등의 건수, 업무의 빈도 및 비중 등을 고려하여 해당 퇴직공직자의 권리가 불합리하게 제한되지 아니하도록 하여야 한다(공직자윤리법 제17조 제5항). 이외에도 공직자윤리법 제18조의2 제1항은 모든 공무원 또는 공직유관단체 임직원이(다른 법률에 특별한 규정이 있는 경우를 제외하고는) 재직 중에 직접 처리한 제17조 제2항 각호의 업무를 퇴직 후에 취급할 수 없도록 금지하고 있다. 다만 국가안보상의 이유나 공공의 이익을 위한 목적 등 해당 업무를 취급하는 것이 필요하고 그 취급이 해당 업무의 공정한 처리에 영향을 미치지 아니한다고 인정되는 경우에는 관할 공직자윤리위원회의 승인을 받아 해당 업무를 취급할 수 있도록 예외를 인정하고 있다. 뿐만 아니라 퇴직 후 1년간의 업무활동내역 등이 포함된 업무내역서를 작성하여 소속 사기업체 등의 장의 확인을 거쳐 관할 공직자윤리위원회에 제출하도록 강제하고 있고(공직자윤리법 제18조의3), 더 나아가 본인 또는 제삼자의 이익을 위하여 퇴직 전 소속 기관의 임직원에게 법령을 위반하게 하거나 지위 또는 권한을 남용하게 하는 등 공정한 직무수행을 저해하는 부정한 청탁 또는 알선하여서는 안 된다고 함으로써(공직자윤리법 제18조의4), 퇴직공직자 등에 대한 행위제한을 규정하고 있다. 그리고 만약 취업제한 대상자가 제17조 제1항을 위반하여 취업한 때에는 공직자윤리위원회 위원장과 국가기관·지방자치단체 또는 공직 유관단체의 장은 관계 중앙행정기관의 장(국회는 국회 사무총장, 법원은 법원행정처장, 헌법재판소는

헌법재판소사무처장, 중앙선거관리위원회는 중앙선거관리위원회 사무총장. 이하 같다)에게 해당인에 대한 취업해제조치를 하도록 요청하여야 하며, 요청을 받은 관계 중앙행정기관의 장은 해당인이 취업하고 있는 영리사기업체나 협회의 장은 지체없이 이에 응하도록 함으로써, 퇴직공직자의 취업과 관련하여 엄격한 법적 규제장치를 마련해 두고 있다(공직자윤리법 제19조 제1항).

2. 범죄수익에 대한 처리

유엔부패방지협약은 제31조에서 범죄로부터 발생한 범죄수익 또는 이러한 범죄수익에 상응하는 가치를 가지는 재산은 물론 범죄에 사용되었거나 사용될 예정인 재산·장비 또는 그 밖의 도구 등에 대해서도 몰수를 위한 조치를 취하도록 당사국에게 요청하고, 이를 위한 확인·추적·동결 조치를 하도록 규정하고 있다. 그리고 동결·압수·몰수의 대상범위를 ① 범죄수익이 부분적 또는 전체적으로 다른 재산으로 변경 또는 전환된 경우뿐만 아니라 ② 그러한 범죄수익이 적법한 권원으로 취득한 다른 재산과 합하여진 경우, ③ 범죄수익으로부터, 그러한 범죄수익이 변경·전환된 재산으로부터 또는 그러한 범죄수익이 합하여진 재산으로부터 발생한 수입 내지 수익에까지 확장하고 있다.

이러한 반부패전략은 우리나라 국내법에서도 찾아볼 수 있는데, 특정 공무원 범죄를 범한 사람이 그 범죄행위를 통하여 취득한 불법수익 등을 철저히 추적·환수함으로써 공직사회의 부정부패 요인을 근원적으로 제거하고 깨끗한 공직 풍토를 조성함을 목적으로 제정된 「공무원범죄에 관한 몰수 특례법(약칭: 몰수특례법)」이 대표적인 예이다. 먼저 몰수특례법 제2조는 몰수의 대상이 되는 불법수익을 '특정공무원범죄의 범죄행위로 얻은 재산'으로 정의하고, 여기에 '불법수익에서 유래한 재산'과 '불법재산'까지 포함시키고 있다. 예컨대, 불법수익의 과실로서 얻은 재산, 불법수익의 대가로서 얻은 재산, 이들 재산의 대가로서 얻은 재산 등 불법수익이 변형되거나 증식되어 형성된 재산(불법수익이 불법수익과 관련 없는 재산과 합하여져 변형되거나 증식된 경우에는 불법수익에서 비롯된 부분으로 한정한다) 등이 전자에 해당하고, 불법수익과 불법수익에서 유래한 재산이 후자에 속한다.[28]

---

28) 김정환, "공무원 범죄몰수법의 운영현황과 개선방향", 「비교형사법연구」 제20권 제3호, 2018,

그리고 제3조 제1항을 통해 위와 같은 불법 재산의 몰수를 선언하고 있다. 물론 몰수하여야 할 재산의 성질, 사용 상황, 그 재산에 관한 범인 외의 자의 권리 유무, 그 밖의 사정을 고려한 결과 그 재산을 몰수하는 것이 타당하지 아니하다고 인정될 경우에는 제1항에도 불구하고 몰수하지 아니할 수 있다는 예외도 함께 규정하고 있다. 또한 제4조는 "불법재산이 불법재산 외의 재산과 합하여진 경우에 제3조제1항에 따라 그 불법재산을 몰수하여야 할 때에는 불법재산과 불법재산 외의 재산이 합하여진 재산(이하 '혼합재산') 중 불법재산의 비율에 해당하는 부분을 몰수한다"고 규정하여 혼합재산에 대한 구체적인 몰수 방법을 명시하고 있다.

뿐만 아니라 불법 재산과 혼합재산에 대한 몰수에 있어서는 형사소송법 제333조 제1항과 제2항이 적용되지 않는다고 규정하고 있는데, 이는 형사소송법상 압수장물의 환부에 관한 예외를 인정한 것이다. 그리고 불법재산을 몰수할 수 없거나 동법 제3조b 제2항에 따라 몰수하지 아니하는 경우에는 그 가액을 범인에게서 추징할 수 있다(몰수특례법 제6조)고 규정하는 동시에, 몰수대상재산에 대한 보전명령에 대해서도 자세한 규정을 두고 있다. 먼저 제23조는 "법원은 특정공무원범죄에 관련된 피고인에 대한 형사사건에서 이 법에 따라 몰수할 수 있는 재산(이하 '몰수대상재산')에 해당한다고 판단할 만한 상당한 이유가 있고, 그 재산을 몰수하기 위하여 필요하다고 인정할 때는 검사의 청구에 의하여 또는 법원의 직권으로 몰수보전명령을 하여 그 재산에 관한 처분을 금지할 수 있다"고 함으로써 몰수대상 재산의 멸실을 방지할 수 있도록 신속하게 조치할 수 있는 제도적 장치를 마련해 두고 있다.

또한 이와 같은 몰수보전명령은 필요한 경우 공소 제기 전에도 가능하고(몰수특례법 제24조), 몰수보전이 된 후에 그 몰수보전의 대상이 된 부동산 또는 제28조에 규정된 선박·항공기·자동차 또는 건설기계에 대하여 강제경매 개시가 결정된 경우 또는 그 몰수보전의 대상이 된 유체동산이 강제집행에 의하여 압류된 경우에도 강제집행에 의한 환가 절차는 몰수보전이 실효된 후가 아니면 진행할 수 없도록 하여 몰수대상재산에 대한 강제집행절차의 실행을 제한하고 있다(몰수특례법 제35조). 몰수 외에 추징의 경우에도 추징재판을 집행할 수 없게 될 염려가 있거나 집행이 현저히 곤란할 염려가 있다고 인정할 때에는 검사의 청구에 의하여 또는 법원의 직권으로 추징보전명령을 하여 피고인에 대하여 재산의 처분을 금지할 수 있다(몰수특례법

33면.

제42조).

3. 부패행위의 결과에 대한 처리

유엔부패방지협약은 부패행위를 관련 계약의 무효 및 해제, 면허 및 그 밖의 유사한 계약의 취소 또는 그 밖의 여하한 구제 조치를 취하는데 있어서 하나의 근거 또는 사유로 간주할 수 있도록 하고, 이와 함께 부패행위와 관련된 선의의 제삼자에 대한 보호도 함께 규정하고 있다. 우리나라 몰수특례법에서도 이와 유사한 취지의 규정을 두고 있는데, 제5조에서 "지상권·저당권 또는 그 밖의 권리가 그 위에 존재하는 재산을 제3조에 따라 몰수하는 경우, 범인 외의 자가 범죄 전에 그 권리를 취득한 경우 또는 범인 외의 자가 범죄 후 그 정황을 알지 못하고 그 권리를 취득한 경우에는 해당 권리를 존속시킨다"고 함으로써, 몰수 시에 선의의 제삼자 권리를 보호하고 있다.

Ⅳ   결론

유엔부패방지협약은 2003년 UN총회에서 채택되고, 2005년 12월 발효된 부패 범죄에 관한 가장 포괄적이고 강력한 국제법으로서 우리나라는 지난 2008년 2월 29일 국회에서 비준하고 4월에 발효됨으로써, 우리나라는 108번째 비준국의 지위와 의무를 가진다. 유엔부패방지협약은 부패를 '사적 이익을 위한 공적 권한의 남용'이라는 협의의 의미로 해석했던 기존의 법률보다 광범위하게 규정하여, 민간부문의 부패까지 확장함으로써 더욱 효과적으로 부패를 통제하는 수단이 된다. 또한 부패 예방을 위한 활동, 시민사회와의 협력, 독립적인 부패방지기구의 설치와 운영, 부패자산의 환수와 국제적 협력 등 부패 통제의 실효성을 높인 포괄적인 법령이다. 우리나라의 경우 비준과 동시에 「부패재산의 몰수와 회복에 관한 특례법」을 제정함으로써 본 협약이 요구하는 법령의 얼개를 갖추게 되었다.[29] 그리고 2016년에는 「청탁금지법」,

---

29) 부패재산의 몰수 및 회복에 관한 특례법 및 동 시행령 연구(2008년 법무부 용역보고서), 한

2022년부터는 「공직자의 이해충돌 방지법」이 제정·시행되고 있고, 부패행위 신고자에 대한 보호와 보상을 강화하는 내용으로 개정된[30] 「부패방지권익위법」 등이 시행되고 있어, 공공부문과 민간부문 사회 각 영역을 고루 규율하는 반부패 법제가 국내 사회적 요구를 주요 동력으로 삼아 체계적으로 잘 갖추어져 있음으로써 국제사회에 모범이 되고 있고, G20 정상회의의 '부패측정 모범사례집'과 반부패워킹그룹회의 참여 등을 통하여 국제협력에도 기여하고 있는 것으로 파악된다. 그럼에도 불구하고 위에서 분석한 바와 같이 세부 항목에서 아직 미흡한 부분이 존재하므로 실질적 집행 실태의 면에서 개선해야 할 점으로 보인다. 특히 사법 방해 부분과 부정 축재에 대한 제재와 규율 면에서 한계를 극복할 수 있도록 입법의 개선이 필요하다고 사료된다.

　　국형사정책연구원, 2008; 유엔부패방지협약의 대부분의 사항들이 이미 국내법과 시책 등에 반영되어 있으나, 가장 중요한 해외부패자산 몰수 및 추징 등 자산회복제도에 관한 사항은 아직 국내법에 반영되어 있지 않기 때문에 유엔부패방지협약의 국내비준을 위해서는 해외부패자산 몰수 및 추징 등 자산회복제도에 대한 국내이행입법안을 마련할 필요성이 절실하였던 바, 그 국내 이행 입법으로서 "부패재산의 몰수 및 회복에 관한 특례법(법률 제8993호)"이 2008년 3월 28일 제정·공포되었다.

30) 변호사를 통한 부패행위 비실명 대리신고 제도 신설, 신고자 책임감면 및 구조금 지급범위 확대, 비위면직자 취업제한제도 공공기관 안내 의무화 등을 내용으로 개정된 법률이 2022. 7.5.일부터 시행되었다.

참고문헌

김정환, "공무원 범죄몰수법의 운영현황과 개선방향", 「비교형사법연구」 제20권 제3호, 2018

김흥주, "국가 간 반부패 협력 참여를 결정하는 요인 분석: UN 반부패 협약(UNCAC) 비준을 중심으로", 「한국행정연구」 제22권 제4호, 2013

국민권익위원회, 2022년도 주요 반부패 청렴정책과 추진과제, 국민권익위원회, 2022.1

국민권익위원회, 새 정부 범정부 반부패 기본전략 도출, 국민권익위원회, 2022.8.10

박석범, OECD 뇌물방지협약과 이행 동향, OECD FOCUS, 대외경제정책연구원 제3권 제1호, 2004

박학모, 「청탁금지법」시행 이후 한국사회의 변화와 과제, 한국행정연구원, 2016.12.14

신봉기, "부패방지법제의 연구범위와 주요 쟁점", 「부패방지법연구」 제1권 제1호, 2018

신정규, "지능정보사회에서 부패방지의 공법적 과제", 「부패방지법연구」 제4권 제1호, 2021

송기춘, "강원랜드 사건에 나타난 공공기관 부패문제의 법적 쟁점 – 채용비리 문제를 중심으로", 「부패방지법연구」 제2권 제1호, 2019

윤해성·김봉수, "부패공무원 입국 및 피난처 제공금지 방안에 관한 연구", 「연구총서」 11 – 32, 한국형사정책연구원, 2011

이정주, "CPI 평가를 통한 한국사회의 반부패 청렴 정책방향에 관한 연구", 「한국부패학회보」 제27권 제1호, 2022

정형근, "공직자의 이해충돌 방지법 의 내용과 한계점", 공공기관 NOW Trend Focus, 한국조세재정연구원, 2022

조규범, "입법로비의 양성화에 관한 소고", 「입법학연구」 제14권 제2호, 2017

한국조직학회, 반부패 정책 법률 등 혁신 관련 정책연구, 국민권익위원회, 2021

한국법제연구원, 부패영향평가 기준개선을 위한 정책연구, 국민권익위원회, 2014

한국형사정책연구원, 국제사회의 반부패동향과 한국의 부패방지시스템 진단, 한국형사정책연구원, 2002

한국형사정책연구원, 부패재산의 몰수 및 회복에 관한 특례법 및 동 시행령 연구(2008년 법무부 용역보고서), 한국형사정책연구원, 2008

홍재환, ODA 반부패 시스템 구축: 수원국의 부패실태 분석, 한국행정연구원, 2013

황방, '유엔반부패협약'의 국내입법상 전환방식 연구, 「비교형사법연구」 제13권 제2호, 2011

황지태,김경찬, 한국사회 부패의 발생구조와 변화트렌드 분석(Ⅱ), 한국형사정책연구원, 2016

3장

유치원, 어린이집의 부패방지 관련 공법적 쟁점

I 서론

작년 2018년에 일어난 이른바 '사립 유치원 비리 사태'로 인한 의혹과 비리를 폭로하는 증언이 터져 나오면서 비리에 대한 우려는 유치원에서 어린이집까지 확대되었다. 유치원은 교육부, 어린이집은 보건복지부 관할이지만 두 곳 모두 누리과정을 명목으로 매달 정부의 지원금을 받는다. 사립 유치원은 아동 원아 한 명당 한 달에 누리과정 지원금 22만원, 방과후 활동 지원비 7만원에 교사 처우 개선비 등을 지원받고. 사립 어린이집도 연령에 따라 다르지만 매달 원아당 20만원 이상의 정부 지원금을 받는다. 지원금은 비슷하지만 관리 감독 면에선 차이가 있다. 어린이집은 유치원보다 더 엄격하게 감사받고 있다고 하는데, 보건복지부는 매년 최소 2차례 각 지방자치단체와 어린이집에 대한 합동점검을 하고 있는데 부정수급으로 운영 정지나 시설폐쇄, 과징금 처분을 받은 어린이집은 실명을 달아 어린이집정보공개포털에 공개하고 있다. 적발한 어린이집의 명단도 모두 공개하지 않고 영유아 생명에 큰 영향을 미쳤거나 아동학대 등의 위반을 한 경우에 한해 공개를 하는 경향이 있고, 행정지도나 시정명령 등 가벼운 처분을 받은 곳은 공개되지 않았다. 전수조사가 아닌 표본조사의 방식으로 이뤄지기 때문에 실태는 공개된 것보다 더 심각할 수도 있다.[1] 또한 시설

---

[1] Olive Note 기사, "'아이=돈?' 어린이집도 비리 의혹은 마찬가지", 2018.10.16.일자; 2018년 10월 현재 전국 어린이집 4만여 곳 가운데 상반기, 하반기 2차례에 걸쳐 3500개만 선택 조사했는데, 그중 117개 어린이집이 부정수급으로 적발되었다고 한다.

이 학부모들로부터 거둬들이는 특별활동비도 보건복지부는 어린이집은 지자체가 정한 상한액을 넘을 수 없도록 돼 있어 유치원에 비해 비리를 저지를 가능성이 매우 적다고 주장하지만, 일부 어린이집에서 상한액 이상의 특별활동비를 학부모들에게 따로 걷는 것이 알려지면서 논란이 있었다. 이런 문제점들을 해결하기 위해서는 국공립 어린이집이나 유치원의 회계시스템이 정부가 상세히 감독할 수 있도록 되어 있는 반면 민간 사립 유치원은 그렇게 하기 어렵게 되어 있는 문제를 개선해야 한다는 주장도 제기된다.[2] 지난해 10월에는 사립유치원 회계부정 비리 사태를 계기로 유치원 공공성 강화와 회계 투명성을 제고하는 취지로 사립학교법, 유아교육법, 학교급식법 개정안 등 이른바 유치원 3법이 발의되었다. 투명한 수입·지출의 확인을 위해 초·중·고교나 국공립유치원이 사용하는 국가회계시스템인 에듀파인 회계프로그램을 사립유치원도 사용하도록 유아교육 정보시스템을 구축 운용하도록 의무화하고, 정보시스템에 교육부령으로 정하는 세입세출 항목에 따라 세분화하여 입력하고 관할 교육청 등에 보고하도록 하는 내용이 담겨있다.[3] 또한 최근 사립유치원을 운영하는 사람들이 "사학기관 재무·회계 규칙 제15조의2 제1항 단서 및 별표 5, 별표 6이 사적 재산인 교사 등의 사용 대가를 설립자가 이익 또는 사용료 등의 방법으로 지급받을 방법이 없도록 하고, 학부모에 대한 지원금의 성격을 가진 유아교육법 시행령 제29조에 따른 공통과정지원금(학부모가 지원금을 받아 유치원에 납입하는 금액을 포함)과 방과 후 과정 운영을 위한 보조금을 보조금 및 지원금으로 분류하도록 하여 엄격한 회계 관리를 요구함으로써 사립유치원 운영에서 직업의 자유와 재산권을 침해한다"고 주장하며 헌법재판소에 제기한 헌법소원심판 청구도 기각되었다.[4] 이 판결로서 사립유치원의 재무회계를 국가가 관리·감독하여 사립유치원 경영의 투명성을 제고

---

2) 정정희·채영란·김치곤, "유아교육기관 정보공시에 대한 이식과 활용실태−재무회계를 중심으로", 「한국교육문제연구」 제2호, 2015, 161면 등; 민간 어린이집과 사립 유치원도 국공립 어린이집과 유치원처럼 국가회계관리시스템인 '에듀파인'을 이용할 수 있는데 이로써 인건비와 급식비 등 모든 항목을 정부가 세세하게 확인할 수 있다. 현재 민간 어린이집과 사립유치원은 민간에 위탁해서 만든 회계프로그램을 사용하거나 외부 회계 대행사를 이용하고 있는 데다 예·결산 '총액'만을 복지부에 보고하기 때문에 자금의 출처가 어디고 돈을 어디에 어떻게 썼는지 세세하게 확인하기 어렵다.

3) 의안번호 2016045(유아교육법 일부개정법률안)/2016046(사립학교법 일부개정법률안)/2016047(학교급식법 일부개정법률안), 제안일자 2018.10.23. 박용진의원 등 129인, 2019.8월 현재 국회 계류중.

4) 헌재 2019. 7. 25. 2017헌마1038 등.

함으로써 유아교육의 공공성을 보호할 수 있는 재정적 기초를 다진다는 점을 확인하였다. 국민들의 관심이 고조된 이 시점에서 정부가 강력한 의지를 가지고 유치원은 물론 어린이집 등 기관 시스템 전반에 대한 개혁이 필요하다는 현장의 지적도 나오고 있다.[5]

　이와 같이 유치원과 어린이집의 비리와 도덕적 해이에 대한 우려와 대책 마련의 필요성이 제기되고, 이를 계기로 우리 사회는 국가 또는 지방자치단체의 예산이 사용되는 곳에서 관리·감독이 적재적소에 이루어지고 부패와 부정을 방지해야 한다는 행정 공개의 중요성이 부각되고 있다. 이에 본 장에서는 유치원 및 어린이집의 행정 정보공개 제도의 현황과 문제점을 짚어보면서 행정 정보공개·공표 제도와 관련된 헌법상 근거와 행정법상 쟁점 등 공법적 측면에서 검토하고, 거시적으로는 지방정부와 중앙정부, 민간의 영역을 아우르는 위원회 거버넌스를 정보 공개 제도와 관련하여 중점적으로 검토하여 보기로 한다. 이로써 향후에 유치원 및 어린이집 행정 감독 관련 정책 개선 논의가 있을 때 뒷받침할 수 있는 공법적 토대를 제공하고, 현행 관련 정책들에도 의미 있는 통찰을 제시해 보려고 한다.

Ⅱ　지방자치단체 내의 유치원, 어린이집의 행정 정보공개현황과 문제점

1. 행정 정보 공개 제도의 의의

　행정 정보 공개 제도는 다음의 두 가지 측면을 모두 포함한다. 소극적으로는 정보공개로서 공공기관이 직무상 작성하거나, 취득하여 관리하고 있는 정보를 국민의 청구가 있을 때 그 정보를 열람할 수 있게 하거나, 복제해 주는 등의 방식으로 공개하는 것이다. 적극적인 의미로는 공공기관이 자발적으로나 법령에 따른 의무사항으로서 보유하고 있는 공표하는 것이다. 행정 정보를 공개한다는 것은 정부와 국민

---

5) Olive Note 기사, " '아이＝돈?' 어린이집도 비리 의혹은 마찬가지", 2018.10.16.일자.
　　어린이집 평가인증제도의 질 관리를 제고하고, 평가 대상을 전체 어린이집으로 하면서 평가 결과를 공개하여 아동학대나 성범죄가 발생한 경우 평가인증 등급을 최하위등급으로 선정하도록 하는 등의 내용을 담은 영유아보육법 개정안(제안일자 2018.11.14.)이 2018년 11월 23일에 국회에서 가결되어 2018년 12월 11일 공포되었다.

간에 있어서 원활한 소통을 가능하게 하기 위한 정보의 흐름을 보장하는 데 의의가 있다.[6]

2. 유치원 행정 정보 공개

유치원 행정 정보의 공개는 2007년 4월 30일에 교육 관련기관의 정보공개에 관한 특례법이 시행되면서, 그 하위 행정입법에 따라 초·중등학교와 대학에서 실시된 교육정보 공시제도의 시작으로 촉발되었다. 유치원은 교육 정보 공시제에서 제외되었던 것이 2012년 4월 20일 교육관련기관의 정보공개에 관한 특례법 시행령과 유아교육법의 개정으로 말미암아 유치원 정보 공시가 시작되었다. 유치원 정보 공시는 유치원 정보공시 전용사이트인 유치원 알리미에 7개 항목 18개 범위로 공시되었다. 2013년 8월에는 더 정확하고 구체적인 정보를 제공하도록 개선되어, 전국 8,559개 국·공립 사립 유치원 모두가 참여하기 시작했다. 2015년 12월부터는 유치원과 어린이집 통합정보공시가 시행되어 주요 정보들을 하나의 사이트에서 이용할 수 있다.[7]

근거 법령에 따르면 공개 사항은[8] 유치원 규칙, 시설 등 기본현황, 유아 및 유치원 교원에 관한 사항, 유치원 원비 및 예·결산 등 회계에 관한 사항, 유치원의 급식·보건관리·환경위생 및 안전관리에 관한 사항, 시정명령 등에 관한 상황,[9] 교육여건 및 유치원운영상태 등에 관한 사항을 공시하도록 하고 있다.

정보 공개에 있어서의 기본적인 신뢰 요소가 되는 회계 기준의 경우, 국립 유치원은 교육부령으로 '국립유치원 및 초중등학교 회계 규칙'에 의거하여 회계기준을 적용하고, 공립유치원의 경우에는 각 시도별 '공립학교 회계규칙'을 적용하도록 되어 있다. 반면 사립유치원은 사립학교법 규정에 따라 '사학기관 재무회계 규칙'을 적용하도록 하고 있다.[10]

6) 최정민, "중앙기관과 지방기관의 정보공개심의회 운영과 정보공개 비교연구", 「한국기록관리학회지」 제14권 제3호, 2014, 89면.
7) 어린이집·유치원 통합정보공시 - 공시개요 http://info.childcare.go.kr/info/pnis/introduction/SummaryPreschool.jsp 검색일자: 2019.5.15
8) 교육관련기관의 정보공개에 관한 특례법 제5조의2(유치원의 공시대상정보 등)
9) 유아교육법 제30조(시정 또는 변경 명령), 제31조(휴업, 휴원명령), 제32조(유치원 폐쇄 등)에 관한 사항으로서 아동학대, 법령 위반, 재해 등 긴급한 사유로 휴원 명령을 내리는 경우, 통학버스 관련 사고 등과 관련하여 시정, 변경 명령, 폐쇄 명령받은 사실을 공고하도록 한다.

그림 3 어린이집정보공개포털-통합정보공시의 유치원 정보공시 항목들

● 정보공시항목

언제, 어떤 정보들이 공시되고 있나요?

2012년 9월부터 유치원정보공시제도 포털사이트(유치원 알리미)가 개통되어 7개 항목, 21개(수시 2종, 정시 19종) 범위에서 매년 1회 이상 유치원의 주요 정보들이 공시되고 있습니다.

유치원에서는 공시 기준에 따라 원아·교직원 현황, 유치원 회계 현황, 환경위생 및 안전관리 사항 등 유치원의 주요 정보를 공시하고 있습니다.

수시(2)	식단표(선택) 위반내용 및 조치 결과	
4월 정시(19)	기관 기본현황 원장명, 설립·경영자명 유치원 규칙 교지·교사 등 시설현황 연령별 학급 수·원아 수	직위·자격별 교직원현황 교사의 현 기관 근속연수 교육과정 편성·운영에 관한 사항 방과후 과정 편성·운영에 관한 사항 수업일수 현황
	교육과정비, 방과후 과정 운영비 특성화 활동비 유치원 회계 예산서 급식실시 및 급식사고 발생·처리 현황 환경위생관리 현황	안전점검 및 안전교육 현황 공제회 및 보험가입 현황 통학차량 운영 현황 유치원 평가에 관한 사항
10월 정시(11)	연령별 학급수·원아수 직위·자격별 교원현황 교사의 현 기관 근속연수 교육과정비, 방과후 과정 운영비 특성화 활동비	유치원 회계 결산서 급식실시 및 급식사고 발생·처리 현황 환경위생관리 현황 안전점검 및 안전교육 현황 공제회 및 보험가입 현황
	통학차량 운영 현황	

---

3. 어린이집 행정 정보 공개

어린이집의 경우에는 영유아보육법 제49조의2(어린이집 정보의 공시 등)에 따라서 어린이집정보공개포털[11]에 어린이집 소개, 기본정보, 현황, 운영현황, 평가인증여부, 위반사실의 공표 등이 공시되고 보육정보센터에서는 시설소개, 보육과정, 급식정보, 커뮤니티가 공시된다. 법에 따른 공시 사항은 어린이집의 시설, 설치·운영자, 보육교직원 등 기본현황, 어린이집 보육과정에 관한 사항, 보육료와 필요경비에 관한 사항, 어린이집 예산·결산 등 회계에 관한 사항, 영유아의 건강·영양 및 안전관리에 관한

---

10) 정정희·채영란·김치곤, "유아교육기관 정보공시에 대한 이식과 활용실태 — 재무회계를 중심으로", 「한국교육문제연구」 제2호, 2015, 163면.

11) 어린이집정보공개포털 http://info.childcare.go.kr/info/main.jsp (검색일자: 2019.5.15.).

사항 등이다. 회계기준은 사회복지 법인 및 사회복지시설 재무회계 규칙을 따르도록 규정되고 있고, 어린이집 평가인증시에 이를 반영하도록 하고 있다. 그러나 평가인증을 받지 않는 어린이집의 경우에는 재무회계규칙의 적용 여부를 알 수 없다.

필수적인 공시 사항 이외에도 부정한 방법으로 보조금을 교부받거나 유용한 경우나 영유아 급식의 문제나 학대 행위로 생명, 신체, 정신에 중대한 피해를 입히는 등의 법 위반으로 인해 행정처분을 받은 어린이집의 경우에는 그 위반행위, 처분내용, 어린이집의 명칭과 대표자의 성명, 어린이집 원장의 성명 등을 공표하도록 하고 있다(영유아보육법 제49조의3).

그림 4　어린이집정보공개포털-통합정보공시의 어린이집 정보공시 주요 내용

● 정보공시 주요 내용

「영유아보육법」 제49조의 2항에 명시된 어린이집의 시설 설치·운영자, 보육료와 그 밖에 필요경비, 영유아의 건강·영양 및 안전관리, 어린이집 운영에 관한 사항을 공시하고 있습니다.
- 어린이집의 시설 설치·운영자, 보육료와 그 밖에 필요경비, 영유아의 건강·영양 및 안전관리, 어린이집 운영에 관한 사항 등

법률<49조의 2, 3>	항목	내용
1. 어린이집의 시설 설치·운영자 보육교직원 등 기본현황	설치운영정보	어린이집 명칭, 시설 현황 등
	아동 및 보육교직원정보	반수, 원아수, 직위, 자격별 교직원 현황 등
2. 어린이집 보육과정에 관한 사항	어린이집 교육과정 및 운영에 관한정보	어린이집 교육과정 편성·운영 등에 관한 사항
3. 보육료와 그 밖의 필요경비에 관한 사항	어린이집 원비 등	어린이집 보육료 수납현황 (학부모가 부담하는 경비 일체)
4. 어린이집 예·결산 등 회계에 관한 사항	예·결산 등 회계 사항	어린이집 회계 예·결산서
5. 영유아의 건강·영양 및 안전관리에 관한 사항	건강·급식·위생관리 및 안전관리	아동 건강검진현황, 환경 위생관리 현황, 사고 발생현황, 어린이집 급식현황, 안전점검현황, 공제회 및 보험가입 현황 등
6. 보육여건 및 어린이집 운영에 관한 사항	보육여건 및 어린집 운영에 관한 사항	대통령령으로 정하는 사항

4. 문제 지점

유아교육법의 입법목적은 3세부터 취학 전 어린이를 대상으로 하는 유아 교육이고(유아교육법 제1조, 제2조), 영유아보육법의 경우는 6세 미만의 취학 전 아동을 대상으로 하는 영유아의 보육이지만(영유아보육법 제1조, 제2조), 유아교육법에 의한 유치원

과 영유아보육법에 의한 어린이집이 모두 취학 전 아동의 양육, 돌봄과 교육이라는 공통의 목적과 기능을 가지고 있다. 2015년 12월부터는 유치원과 어린이집의 정보공시를 통합하여 집에서 가까운 어린이집, 유치원 검색, 기관의 현황, 교직원, 원비, 통학차량 등의 정보를 학부모들이 하나의 사이트에서 정보를 접할 수 있다. 그러나 행정의 공개 범위나 내용 및 재무회계의 기준과 행정의 공개가 국공립 유치원, 사립 유치원, 어린이집 각각 다른 법령이 적용되고 있으며 그 기준이 다소 다르다는 점에 문제의 소재가 있다. 특히 회계 시스템이 국공립유치원과는 달리 사립유치원은 국가회계시스템을 사용하도록 의무화되지 않아 회계 예·결산서만 공시하면 되기 때문에 수입 지출이 세세하게 정부에 보고되지 않고 있다. 국공립유치원과 사립유치원 모두가 유아교육의 한 축을 담당하는 공공성이 고려되어야 한다. 개인이 운영하는 사립유치원의 재산의 내용에 대해 규제를 하는 것이 된다 하더라도 재산권의 내용과 한계는 법률에 형성되는 것이기 때문에, 회계기준과 방식, 회계 운영의 공개와 보고 의무를 두는 등의 회계 운영에 있어서 규제는 공적인 교육제도의 질과 운영을 보장하기 위해서는 필요한 조치라고 할 수 있다. 따라서 수입 지출의 상세 내역이 정부에 보고되도록 함으로써 기본적인 재정적인 투명성을 확보하도록 개정될 필요가 있다.[12]

Ⅲ　헌법상 근거

1. 교육권과 육아에 관한 헌법적 근거

교육을 받을 권리는 인간의 존엄을 향유하기 위하여 필요한 정신적 소양과 기초를 형성할 기회를 보장하는 기본권이다. 교육을 통해 기본적인 교양을 갖춘 문화인으로 성장할 수 있고, 국가를 구성하는 민주 시민으로 양성될 수 있으며, 생활에 필요한 직업을 선택하고 행사할 수 있는 역량도 갖출 수 있기 때문에 교육을 받을 권리는 헌법상 기본권으로 중요하게 자리매김 된다.[13] 유아교육법도 이 교육을 받을 권리로

---

12) 박용진 의원이 대표발의한 유아교육법 개정안 제19조의2(유아교육정보시스템의 구축·운영 등) 제5항에서 유치원이 회계관리 업무를 위해 정부가 구축한 정보시스템을 사용해야 한다고 의무화하였다. 의안번호 2016045(유아교육법 일부개정법률안)

부터 형성되는 법률들 중 하나로 취학 전 아동에 대하여 유치원을 통해 이루어지는 교육과정에 관한 사항들을 규율한다.

교육의 수요자로서의 권리나 부모로서 자녀를 교육받게 할 의무와는 별개로, 아동의 육아, 양육의 보장으로서 헌법적 근거는 헌법 제31조 제2항(자녀교육의무), 제32조 제5항(연소자근로의 특별한 보호), 제34조 제4항(국가의 노인과 청소년 복지향상 의무), 제36조 제1항과 제2항(혼인과 가족생활의 보호 및 모성보호) 등으로부터 도출할 수 있다.14) 우리 헌법에서는 아동이라는 용어를 명시적으로 규정하고 있지는 않지만 제31조 제2항과 제32조 제5항이 아동에 관한 권리의 근거가 된다. 제34조 제4항과 제36조 제1항은 아동의 양육에 관해 국가가 보장하고 지원할 수 있는 근거가 될 수 있다.15) 이 기본권의 목록들이 아동의 양육과 교육에 있어서 기능하는 헌법상의 근거규범으로 작용하고 있다.

2. 혼인과 가족생활의 제도적 보장

헌법적으로 혼인과 가족의 보호라는 의미는 소극적으로는 국가가 혼인과 가족의 형성을 방해하지 않도록 한다는 것과 적극적으로 혼인과 가족이 형성되고 유지될 수 있도록 하는 의무의 양면이 존재한다. 국가의 적극적인 의무를 이행하는 방법이 사회보장을 통해 주 부양자의 부양 부담을 덜어주고 가족공동체의 부담을 경제적·물질적으로 보조하는 것이다. 이로써 혼인과 가족의 유지와 보호라는 헌법적 요청에 충실해지게 된다. 따라서 어린이집과 유치원을 통한 아동에 대한 양육과 교육은 위의 교육권이나 양육권의 측면 뿐만 아니라 가족 부담의 경감을 위한 사회보장의 실천이자, 혼인과 가족의 보호를 위한 의무 수행의 하나가 된다. 또한 아동에 대한 양육권과 양육의무가 1차적으로는 부모에게 있지만 2차적으로는 국가가 제도적으로 양육의 의무를 부담함으로써 혼인과 가족생활을 뒷받침하는 역할을 하게 된다.16)

---

13) Justin R. Long, Democratic Education and Local School Governance, 50 Willamette L. Rev. 401 (2014) pp411－412.

14) 김아름 외, "사회권으로서의 육아권 정립과 실현 방안 연구", 「육아정책연구소」 연구보고 20018－04, 2018, 55－56면.

15) 김아름 외, 앞의 보고서(주 14), 73면.

16) 엄주희, "영아의 생명권을 위한 규범적 고찰－베이비박스에 관한 영아유기 문제를 중심으

3. 지방자치단체 행정의 자율성

중앙정부는 대체로 전국 평균적인 상황을 기준으로 의사결정을 하게 되기 때문에, 지방의 지역적 특수성을 살리고 최대한 지방의 이익에 도움이 되기 위해서는 중앙정부와 지방정부 간의 균형관계가 형성되어야 한다.[17] 즉 지역 고유의 사무를 지방정부의 책임하에 자율적으로 집행할 수 있어야 하고, 그러기 위해서는 법률에 따라 고유사무와 위임사무를 구분해야 한다(지방자치법 제9조). 지방자치단체의 자치적인 사무로 꼽히는 것이 지역고권, 인사고권, 재정고권, 예산고권, 조직고권, 계획고권, 자치입법고권 등이다.[18] 이러한 영역에 속하는 의사결정은 지방자치단체가 국가의 명령과 지시를 받지 않고 스스로 결정하게 된다. 보육과 교육기관 행정도 지방정부의 예산이 투여되기 때문에 이에 대한 예산 계획 및 운영에 있어서 지방정부의 자율성이 충분히 보장되어 대의기관 중심의 국가기관의 민주적 정당성이 충분히 보장되어야 한다. 이로써 유치원 교육에 있어서 지방자치단체가 부담하는 비용, 즉 무상 교육의 투입과 사용내역에 대해서 투명하게 공개되고 아동의 복리를 도모할 수 있어야 한다.

영유아보육법에서는 지방자치단체가 국공립어린이집을 설치할 경우에 지방보육정책위원회의 심의를 거치도록 하고 있다(제12조 제2항). 지방보육정책위원회의 위원은 보육전문가, 어린이집의 원장 및 보육교사의 대표, 보호자 대표 또는 공익을 대표하는 자, 관계 공무원 등을 구성된다(제5조 제1항).

4. 알권리

알권리는 헌법 제10조 등으로부터 도출되는 구체적 권리로서 일반적으로 접근이 가능한 정보원에 대한 접근적, 즉 개별적 정보접근권을 말한다. 헌법에서 직접 명시하고 있지는 않으나 제21조 표현의 자유를 근간으로, 제10조 인간의 존엄과 가치 및

로", 「서울법학」 제23권 제3호, 2016, 101 – 104면; UN아동권리협약 제18조 제1항은 "부모 또는 법적 후견인이 아동의 양육과 발전에 일차적 책임을 진다"고 규정하고 있고 제2항은 국가가 부모와 법적 후견인에게 적절한 지원을 제공하고 아동보호를 위한 기관, 시설, 편의의 개발을 보장하게 함으로써 국가의 2차적 책임을 분명히 하고 있다.

17) 전광석, 「한국헌법론」(제14판), 2019, 110면.
18) 전광석, 앞의 책(주 17), 763면.

행복추구권, 제1조 국민주권주의, 제4조 자유민주주의적 질서, 제34조 인간다운 생활을 할 권리 등의 규정에서 나타난 헌법적 정신으로부터 도출됨으로써 알권리가 헌법적 권리로 인정되고 있다.[19] 일반적인 알권리(Right to know) 개념은 매스미디어에 의한 취재나 보도의 자유를 통하여 정보를 입수할 수 있는 국민의 권리라는 개념에서 발전하였다. 소극적인 의미로는 일반적으로 접근할 수 있는 정보원으로부터 필요한 정보를 수집할 자유와 그 수집된 정보를 취사선택해서 의사를 형성하는 데 방해를 받지 않을 수 있는 자유를 말하고, 적극적인 의미로는 자유권적 정보수집권과 청구권적 정보수집권을 통틀어서 광의의 알권리라고도 부르며, 정보수령권, 정보수집권, 정보공개청구권을 알권리의 내용으로 본다.[20]

알권리는 사생활로 보호되어야 하는 타인에 대한 정보나 기밀 유지가 필요한 국가기관에 대한 정보가 아니라, 자신의 정보에 접근할 것을 요구하는 권리로서, 자녀의 양육과 교육을 위해 아동 교육기관의 행정에 관한 사실과 이와 관련하여 본인과 자녀에게 미치는 영향이나 사실과 발생이 예측되는 사실에 대하여 접근할 수 있는 권리가 된다. 헌법적 권리로서의 알권리와 자기결정권은 동전의 양면처럼 서로 연결되어 환자에게 주어진 기본적인 권리가 된다. 예컨대 보건의료 영역에서는 자기결정권의 내용으로서 설명에 의한 동의권(informed consent)이 실현되기 위해서는 우선 알권리가 충족이 될 것을 요한다. 아동 교육기관과 관련하여 알권리는 교육기관의 행정의 적절성을 확인하고 부당한 운영이나 현황에 대해 감독하거나 향후 발생할 수 있는 문제를 예측하도록 함으로써 본인이 원하는 최상의 교육기관을 선택할 수 있는 일반적 행동의 자유를 실현하기 위한 전제로서 기능할 수 있다. 일반적으로 접근 가능한 정보원으로서 아동 교육기관에 관한 정보는 공개되어야 하고, 선택지의 우선순위를 분별할 수 있도록 공개 요소들의 기준이 잘 세워져 있어야 한다. 뿐만 아니라 행정에 관해 생소한 국민들도 공개된 정보들을 통해 아동 보육 및 교육기관 행정의 적절성을 읽어낼 수 있는 리터러시(literacy)[21]를 가져야 하고, 이를 배양할 수 있는

---

19) 윤철수·김경호, "헌법재판소의 알 권리 결정에 대한 비판적 분석", 「언론과 법」 제9권 제2호, 2010.12, 355-356면.

20) 김명수, "보건의료법제에서 포괄적 위임금지원칙에 관한 고찰", 「세계헌법연구」 제20권 제1호, 2014, 41-43면.

21) 문해력은 디지털 리터러시, 미디어 리터러시, 인공지능 리터러시, 알고리즘 리터러시 등으로 생소한 첨단 매체들이 등장함에 따라 이에 대한 정보를 읽고 해석낼 수 있는 능력을 의미한

정책적 수단도 바람직하다. 일반적인 정보의 나열과 공개만으로 알권리의 궁극적인 목적을 실현할 수는 없을 것이다. 후술하는 거버넌스를 통해 이를 실현할 수 있는 단서를 찾을 수 있을 것이다.

Ⅳ　행정법상 쟁점

1. 유아교육법과 영유아보육법

유치원과 어린이집의 행정 정보 공개에 관하여 영유아보육법과 유아교육법 등에서 규율하고 있다. 여기에 제공되는 정보의 내용과 운영, 그리고 회계 정보 관리에 관한 개선점에 대해서는 Ⅱ.에서 전술한 바와 같다. 이외의 더 상세한 행정 정보도 후술하는 정보공개법에 의하여 공개를 청구할 수 있다.

현재 보육통합정보시스템은 전국 보육시설이 장, 보건복지부 지방자치단체의 보육담당자, 유관기관 업무담당자, 시설종사자를 대상으로 보육바우처의 운영 및 행정지원 등의 업무와 대국민 포털 사이트로서의 역할을 함께 수행하고 있는 시스템으로 존재한다. 사회보장정보원이 위탁받아 시스템을 운영하고 있고, 시스템의 구성으로는 보육바우처 운영 및 행정지원을 위한 행정지원시스템, 어린이집지원시스템, 바우처관리시스템, 예탁자금관리시스템, 평가인증·자격관리시스템 등으로 구성되어 있다. 이 시스템에서는 바우처 생성 및 관리를 위한 자격요건, 보육교직원의 임면 및 결격사유의 해당 여부, 보육비용 및 양육수당의 지급 여부 등의 개인정보를 수집·관리·보유함에도 불구하고 법적 근거가 없이 운영되어 왔기 때문에 이 시스템의 법적 근거를 마련하기 위한 법안이 국회에 계류 중이다.[22]

영유아보육법에 의거하여 어린이집, 유치원 등의 시설에서 종일제 아이돌봄서비스 등을 이용하는 대신에 가정 내에서 스스로 영유아를 양육하는 가정에는 양육수당을 지급할 수 있다. 이 경우에는 장애인으로 등록된 영유아에게 장애아동 양육수당이 지

다. 여기서는 교육기관 행정을 읽어내고 그 적절성을 판단하여 부정부패를 감시할 수 있는 시민역량으로서의 리터러시를 상정하였다.

22) 의안번호: 2016258, 발의일자: 2018.11.1. 영유아보육법 일부개정법률안(이명수의원 대표발의).

급되며, 농어촌 지원자격을 갖춘 경우에는 농어촌양육수당이 지원된다.

표 2   양육수당 지원금액

단위: 천원

연령(개월)	양육수당	연령(개월)	농어촌 양육수당	연령(개월)	장애아동 양육수당
0-11	200천원	0-11	200천원	0-35	200천원
12-23	150천원	12-23	177천원		
24-35	100천원	24-35	156천원		
36개월 이상- 84개월 미만	100천원	36-47	129천원	36개월 이상- 84개월 미만	100천원
	100천원	48개월 이상- 84개월 미만	100천원		
	100천원		100천원		
	100천원		100천원		

자료: 보건복지부(2018). 2018년도 보육사업 안내, p.344.

어린이집, 유치원 등 시설에서 제공하는 종일제 아이돌봄서비스를 위하여 시설에 아동 1인당 지원되는 금액에 비해, 가정에서 직접 아동을 양육하는 경우에 양육수당 은 10만원에서 20만원 선으로 시설에 지원되는 금액에 비해 적다. 또한 시설에 지원 되는 것과는 별도로 시설이 학부모에게 부과하는 아이돌봄서비스 금액에 대해 제한 이나 제재가 없으므로 시설이 지원금과는 별도로 임의로 서비스 비용을 높게 부과할 수 있는 문제가 있다. 결과적으로 서비스 비용은 올라가고 서비스의 질 관리는 어렵 다는 문제가 있다. 이뿐 아니라 서비스의 질 관리를 위한 관리 감독의 방법이나 제도 적 수단은 그다지 두드러진 것이 존재하지 않는다. 이러한 제도상의 문제는 직접 양 육보다는 시설의 서비스를 이용하도록 유도하게 되는 반면, 서비스의 비용이나 질 관 리 방법은 소홀해짐으로써, 최근에 불거진 유치원, 어린이집의 비리 사태가 발생하는 데 일조를 한 것으로 보여지는 면이 있다. 이런 문제의식을 일부 가진 것으로 보여지 는 법률개정안이 국회에 올라가 있다. 즉 보육지원의 형평성을 제고하기 위해 양육수 당을 어린이집이나 유치원을 이용하는 영유아에게 지원하는 보육비용에 상당하는 수 준으로 지급하도록 규정하는 영유아보육법 일부개정법률안이 현재 채이배의원 대표 발의로 국회에 계류 중이다.[23]

---

23) 의안번호: 2016963, 제안일자: 2018년 11월30일, 영유아보육법 일부개정법률안(채이배의원

2. 정보공개제도에 관한 법률

위의 관련 법령으로 공개하도록 의무화 되어있는 정보 이외에도, 비공개 대상 정보(제9조)가 아닌 한 현재 행정정보 공개제도로서 공공기관을 대상으로 정보 공개를 청구할 수 있다. 공공기관의 정보공개에 관한 법률(약칭: 정보공개법)에 의거하여 공공기관은 청구인으로부터 정보공개를 받은 날부터 10일 이내에는 공개여부를 결정해야 한다(제11조). 공개 의무사항인 예산 결산 이외에도 상세한 재무구조에 관한 정보도 공개를 신청할 수 있다.

3. 부패방지에 관한 법률

유치원과 같은 아동 교육시설도 「부패방지 및 국민권익위원회의 설치와 운영에 관한 법률」(약칭: 부패방지권익위법)에 따른 공공기관이므로 그 부패행위를 알게 때에는 국민권익위원회에 신고할 수 있고, 아동 보육 및 교육기관 행정과 관련하여 위법·부당하거나 소극적인 처분으로 인해 불편하거나 부담을 주는 사항 즉 고충민원이 있을 경우 고충민원을 신청할 수 있게 된다. 또한 회계 부정이나 보조금 관련 부정 부패와 관련하여 행정 공개만으로는 부패를 탐지하고 대응하기에는 역부족이기 때문에 신고 포상제, 공익제보자 보호제도, 자체감사제도 등을 개선·활용하여 효과적으로 부패에 대응할 필요가 있다.[24] 공공부문의 부정부패를 예방하고 통제하기 위한 공공감사체계 전반을 규율하는 「공공감사에 관한 법률」에 따른 자체감사기구가 설치, 운영되고 있는데, 자체감사제도를 통해 보조금 받는 유치원, 어린이집 보육시설을 감독을 강화하고, 감독 공무원과 관련된 부정부패에 대해 제동을 가할 수 있을 것이다.[25]

등 10인). 가정양육수당은 현금급여로서 양육 목적이 아닌 생활비 등 지원 목적에 맞지 않게 사용하더라도 관리 감독이 어렵다는 한계가 있는 등 고려요소가 존재하고, 저출산고령사회위원회 등 관계부처들도 아동수당, 보육료, 가정양육수당 등 산재되어 있는 양육비용 지원정책을 개편·재설계하는 방안을 검토 중이라고 한다. "연 10조 '아동수당·보육료·양육수당' 통폐합 추진", 서울경제, 2018.12.12.

24) 국민일보, "회계 감사로는 못 잡아내는 어린이집 리베이트", 2018.10.29일자 http://news. kmib.co.kr/article/view.asp?arcid=0924025388&code=11131300&sid1=soc - 보건복지부 발표내용 추가

25) 홍종현, "지방보조금의 관리체계에 대한 공법적 검토", 「지방자치법연구」 통권 제58호 제18

위원회 거버넌스 검토

1. 아동 보육 및 교육기관과 관련하여 고려해야 할 거버넌스의 유형과 요소들

거버넌스는 정부를 비롯한 여러 사회적 주체 간의 수평적 네트워크를 통하여 협력적으로 사회문제를 해결하는 시스템 내지 국정운영체계를 의미한다. 정부 관료제가 사회문제 해결에 있어서 주도권을 행사하는 전통적인 방식에서 벗어나 정부와 여러 민간부문의 관계를 네트워크로 형성하여 공동으로 사회문제를 해결해 나간다는 것이 핵심이다.[26]

아동 보육과 교육 행정에 있어서 고려해야 할 거버넌스 요소는 상술한 정보 공개를 바탕으로 하여 아동 복리를 최우선으로 하는 공공성과 국가와 정부가 제2의 보육 책임자로서 기능을 다하도록 하는 책무성(accountability)이다.[27] 이를 위하여 적절한 감독 체계를 두는 시스템을 구축하는 것이다. 지방자치단체에게 자율성을 보장하면서도 시민 감독제나 옴부즈만 제도 등의 민간 참여형 제도와 위원회와 같은 네트워크를 활용하여 감독과 견제 그리고 능동적 참여의 수단을 적절히 부여하는 방안이 고려될 수 있다. 현행 법령에서 규율하고 있는 각종 위원회에서 정보 공개 제도를 바탕으로 한 국민 참여 기능, 위원 교육적 요소와 리터러시 향상 기능을 가미하면서 위원회 작동의 실효성을 높일 필요가 있다.

2. 위원회 제도 활용 시도

(1) 독임제 행정기관을 보충하는 위원회 활용

행정기관 소관 사무에 관한 자문, 조정, 협의, 심의 또는 의결 등을 하기 위해 복수의 구성원으로 이루어진 합의제 기관으로서 위원회가 존재한다.[28] 위원회를 정책

권 제2호, 2018.6, 194면.

26) 김정수, 「정책학 입문」, 문우사, 2016, 417면.

27) Justin R. Long, Democratic Education and Local School Governance, 50 Willamette L. Rev. 401 (2014), pp.405-413.

상 활용하는 방법은 사회적 논란이 되는 이슈를 국가 위원회에서 자문·논의하는 방식이다. 위원회의 논의를 통해 국가 정책을 결정함에 있어 방향을 설정할 수 있고, 이해관계가 첨예하게 대립하여 국민적 합의가 어려운 사안에 관하여 협의 과정을 통해 충분한 정보교환과 숙고를 가능하게 함으로써 국민의 신뢰와 합의를 도출하는 의사결정 도구로 활용될 수 있다. 위원회 거버넌스는 정책의 의사결정에 있어 시민들을 대표하는 다양한 집단들을 참여시켜 시민참여를 활성화하여 사회적 문제를 형평성 있게 다루고 독립성, 전문성을 보완하면서, 공평타당한 의사결정이 내려지도록 함으로써 독임제 관료조직이 가지고 있던 위계적인 폐쇄성을 극복한다는 장점이 있다.[29]

숙의 민주주의를 실현하는 공론화 형태의 위원회가 제 기능을 발휘하기 위해서는 위원회 위원의 구성과 국민 참여의 방법과 운영, 위원회의 법적 근거와 권한이 모두 민주적이어야 하고, 의사결정의 공정성, 균형성, 독립성, 전문성을 보완하는 거버넌스의 특징을 담은 형태이어야 한다. 아동 교육기관 행정에 있어 필요한 위원회를 구상하기 위해 아래에서는 현재 존재하는 대통령 소속 위원회의 현황과 운영 형태를 살펴보도록 한다.

(2) 대통령 소속 위원회 현황

대통령 소속 위원회로 2018년 9월 현재 19개가 존재하는데,[30] 그중 국가인적자원위원회는 예산 배정이나 위원 구성이 없는 상태로 행정자치부의 위원회 정비대상에 올라 있다.[31] 위원회의 성격과 권한, 요건에 따라서 행정위원회와 자문위원회로 나

---

28) 행정기관 소속 위원회의 설치·운영에 관한 법률(약칭: 행정기관위원회법) 제2조.

29) 엄주희, "국가윤리위원회의 법적 지위와 뇌신경윤리 활동 고찰: 뇌신경윤리 거버넌스에 주는 시사점", 「법과 정책」 제25권 제1호, 2019, 177－178면.

30) 2018.9. 현재 다음과 같이 19개의 대통령 소속 위원회가 존재한다 : 개인정보보호위원회, 규제개혁위원회, 경제사회노동위원회, 국가교육회의, 국가생명윤리심의위원회, 국가인적자원위원회, 도서관정보정책위원회, 아시아문화중심도시조성위원회, 저출산고령사회위원회, 4차산업혁명위원회, 국가건축정책위원회, 국가균형발전위원회, 국가우주위원회, 국가지식재산위원회, 북방경제협력위원회, 일자리위원회, 자치분권위원회, 정책기획위원회 그리고 2018년 2월 6일에 설치된 3·1운동 및 대한민국 임시정부수립 100주년기념 사업추진위원회(약칭: 3·1운동위원회)가 있다. 이 중에 경제사회노동위원회(주관부처: 고용노동부)와 국가인적자원위원회(주관부처: 교육부)는 위원이 구성되지 않았다. 국가인적자원위원회는 2015년 행정자치부의 위원회 정비대상에 올랐고, 현재 폐지가 추진되고 있으므로 본 장의 분석대상에는 넣지 않았다.

눌 수 있다. 행정기관 소관사무의 일부를 독립하여 수행할 필요가 있을 때 법률이 정하는 바에 따라 설치되는 합의제 행정기관을 '행정위원회'라고 하여,[32] 현재 개인정보위원회와 규제개혁위원회가 이에 속한다. 이 행정위원회를 제외한 17개 위원회는 자문위원회이다. 행정위원회는 행정기관 의사를 결정하고 대외적으로 표명하는 권한이 있고, 행정권한을 위원회 명의로 직접 행사하며 사무기구도 설치가 가능하다. 반면 자문위원회는 행정기관의 의사결정을 지원하지만, 대외적으로 표명하는 권한은 없으며 정부조직법상 부속기관 중 자문기관에 해당하는 것이다. 원칙적으로 대통령령을 근거로 설치한다. 자문위원회는 그 주된 기능이 특정 행정기관에 속한다고 보기 어렵고, 여러 행정기관의 소관 기능을 조정 종합하는 위원회인 경우에만 사무기구를 설치하거나 직원을 둘 수 있다. 의결, 심의, 조정, 단순자문 기능을 하는 자문위원회는 원칙적으로 사무기구를 설치하거나 상근인 전문위원 등의 직원을 둘 수 없다.[33] 업무내용이 전문가 의견 등을 들어 결정할 필요가 있을 경우나 업무의 성질이 신중한 절차를 거쳐 처리할 필요가 있을 때 자문위원회를 설치한다. 반면 행정위원회를 설치하려면 이 자문위원회의 설치요건과 더불어 기존 행정기관의 업무와 중복되지 않고 독자성이 있는 업무를 수행할 필요가 있고, 그 업무가 계속성, 상시성이 있을 경우에 설치할 수 있다.[34] 자문위원회의 결정이 행정기관을 기속하는지에 따라서도 기속성이 있는 의결위원회와 기속성이 없는 심의위원회, 그리고 사안에 따라 기속성을 가질 수 있는 심의·의결위원회로 구분할 수 있다.

위원회 운영에서 회의 사항과 운영에 관한 제반 내용을 공개하고 국민들의 의견을 수렴하는 통로와 절차를 마련하는 것은 위원회의 투명성과 개방성을 확보하여 국민의 신뢰의 기반을 다지는 데 긴요한 역할을 한다. 공공기관의 정보공개에 관한 법률

---

31) 2015년까지도 행정기관 소속 위원회의 설치·운영에 관한 법률(2008년 12월 31일) 개정안이 국회를 통과하여 행정기관 위원회의 성격이나 기능이 유사하거나 관련이 있는 복수의 위원회를 하나의 위원회와 분과위원회, 전문위원회 등의 체계로 연계하여 설치하도록 하는 등 효율성 있는 운영과 실행력을 담보하기 위해 노력 중이다. 2019년 정부조직관리지침으로도 행정기관 마다 획일적으로 위원회를 두지 않도록 행정안전부장관과 협의하여 업무수행에 필요한 최소한의 사무기구 설치만 하도록 하고 있다.
32) 행정기관 소속 위원회의 설치 운영에 관한 법률 제5조.
33) 행정기관 소속 위원회의 설치 운영에 관한 법률 제10조 제2항 및 동법 시행령 제6조 제1항, 해설 및 관련지침(2009.7. 행정안전부), 행정기관 소속 위원회 설치·운영 지침(2013.7. 안전행정부), 2019년도 정부조직관리지침, 행정안전부, 137면.
34) 행정기관 소속 위원회의 설치·운영에 관한 법률 제5조.

에 따른 정보공개제도로 인하여 개인정보, 국가 안보 등 일부 제한된 정보를 제외하고는 위원회의 정보가 공개될 수 있다.[35] 이와는 별개로 개인정보 보호위원회는 개인정보보호법 시행령 제6조[36]에 위원회 의사 공개에 관한 별도의 근거를 두고 회의록을 비롯한 활동의 정보를 원칙적으로 공개하고 있다. 누구라도 심의의결 안건을 신청을 할 수 있는 통로를 갖추고 온나라시스템(정부전자문서유통시스템), 이메일, 우편, 팩스 등의 방법을 통해 신청할 수 있다.[37] 위원회의 회의도 국민들에게 공개하는 것이 원칙이어서, 방청을 신청하여 직접 참석하거나,[38] 공개된 모든 회의의 회의록과 심의의결의 결과(의결문)을 홈페이지에서 내려받아 열람할 수 있다.[39]

　국가건축정책위원회는 위원회의 회의를 공개하는 통로는 없으나, 정책제안 게시판을 열어두고 국민들의 의견을 수렴하고 있다.[40] 국가지식재산위원회도 위원회 안건들과 회의결과를 홈페이지에 개최 시마다 매회 게시하고 있다.[41] 일자리위원회는 정기 위원회 회의 보도자료와 의결 안건을 홈페이지에 게시하고[42], 시민이 참여할 수 있는 토론의 장, 정책제안, 민원신청 게시판을 열어놓고 있다.[43] 자치분권위원회도

---

35) 공공기관 정보공개에 관한 법률 제9조(비공개 대상 정보)에 의하여 법령에 따라 비밀이나 비공개 사항으로 규정된 정보, 국가안전보장 등 국익을 해칠 우려가 있는 정보, 국민의 생명, 신체, 안전, 재산에 현저한 지장을 초래할 우려가 있는 정보, 진행 중인 재판에 관련된 정보와 범죄예방, 형사피고인의 공정한 재판을 위한 정보, 개인정보와 사생활의 비밀과 자유를 침해할 우려가 있는 정보, 법인 등의 영업상 비밀에 관한 정보 등은 공개하지 아니할 수 있다.

36) 개인정보 보호법 시행령 제6조(의사의 공개) 보호위원회의 의사(議事)는 공개한다. 다만, 보호위원회 위원장이 필요하다고 인정하는 경우에는 공개하지 아니할 수 있다.

37) 개인정보 보호위원회 공식 홈페이지: http://www.pipc.go.kr/cmt/atd/agenda.do (검색일자: 2019.4.30.)

38) 상동: http://www.pipc.go.kr/cmt/atd/atdGuide.do (검색일자: 2019.4.30.)

39) 상동: http://www.pipc.go.kr/cmt/not/ntc/selectBoardList.do?bbsId = BBSMSTR_000000 000075 (검색일자: 2019.4.30.)

40) 국가건축정책위원회 홈페이지 - 정책제안 게시판 http://www.pcap.go.kr/v2/announce/op inion_list.jsp (검색일자: 2019.4.30.)

41) 국가지식재산위원회 홈페이지 - 주요정책 위원회안건 게시판 http://www.ipkorea.go.kr/po licy/item_list.do (검색일자: 2019.4.30.)

42) 일자리위원회 공식 홈페이지 - 위원회 활동 게시판 https://www.jobs.go.kr/ko/cms/CM_B B01_CON/CM_BB01_V01.do?MENU_SN = 1994&BBS_SN = 1051&pageNo = 1&recordCo untPerPage = 10&LIST_DIV = 1&MENU_SN = 1994&LIST_GB = Y&PUBLISH_GB = Y&FC _SEARCH_GB = ALL&FC_SEARCH_CONTENTS = (검색일자: 2019.4.30.)

43) 일자리위원회 공식 홈페이지 - 일자리신문고 게시판 https://www.jobs.go.kr/ko/cms/CM_ BB01_CON/CM_BB01_L01.do?MENU_SN = 1894(검색일자: 2019.4.30.)

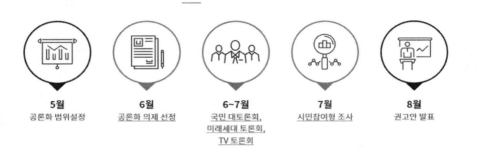

그림 5 국가교육회의의 2018년 대학제도개편 공론화 일정 예시

5월	6월	6~7월	7월	8월
공론화 범위설정	공론화 의제 선정	국민 대토론회, 미래세대 토론회, TV 토론회	시민참여형 조사	권고안 발표

* 국민의견 수렴 / 공론범위 설정 / 권고안 마련은 대입개편특위, 권고안 의결·발표는 국가교육회의 소관

회의결과를 홈페이지에 게시하고, 정책제안센터 게시판을 운영하여 시민들이 정책제
안을 등록할 수 있도록 하고 있다.[44] 국가균형발전위원회는 위원회의 심의의결 안건
제목을 추진실적으로 게시하고 있다.[45] 4차산업혁명위원회는 문서파일뿐 아니라 카
드뉴스(멀티미디어)로 회의결과를 게시하고 있다.[46] 국가생명윤리위원회의 활동은 홈
페이지를 통해 매년 연례보고서로 그 회의의 내용과 활동이 개략적으로 공개되고 있
다. 저출산고령사회위원회는 소통공간 게시판을 두고 민원과 정책제안을 등록할 수
있도록 하고 있다.[47] 아래에서는 대통령 소속 국가위원회들의 회의 공개방식과 국민
들의 정책제안 방법을 정리하여 일괄하였다. 국가교육회의의 경우에는 2018년도에
대입제도 개편에 관하여 국민들의 능동적인 참여를 보장하면서 시민사회와 정부의
융합적 정책 결정을 추구하는 공론화 위원회의 형태로 운영한 바 있다.

---

44) 자치분권위원회 공식 홈페이지 - 위원회 회의결과 게시판 http://pcad.go.kr/section/board/
   bbs_list.html?PID＝meeting (검색일자: 2019.4.30)
45) 국가균형발전위원회 공식 홈페이지 – 추진실적 게시판 http://www.balance.go.kr/ibuild
   er.do?menu_idx＝2236 (검색일자: 2019.4.30.)
46) 4차산업혁명위원회 공식 홈페이지 – 자료실 게시판 https://www.4th－ir.go.kr/article/list
   (2019.4.30.)
47) 저출산고령사회위원회 공식 홈페이지 - 소통공간 게시판 https://www.betterfuture.go.kr/P
   ageLink.do (2019.8.1.)

표 3 회의 공개와 정책제안 방식

구 분	방 식	위원회	비 고
단순 게시판형	회의 기록 및 정책제안을 위해 홈페이지 게시판 이용	- 국가건축정책위원회 - 일자리위원회 - 자치분권위원회 - 4차 산업혁명위원회 - 국가교육회의 - 국가생명윤리심의위원회 - 저출산고령사회위원회	
다면 통로형	온나라시스템(정부전자문서유통시스템), 이메일, 우편, 팩스 이용 가능	개인정보보호위원회	국가교육회의는 대입제도 개편을 위한 시민참여단 숙의 토론회 공론화를 운영함
일방향 회의 기록 공개형	정책 제안 통로는 없으나, 회의 기록을 홈페이지에 공개하는 위원회	국가지식재산위원회 국가균형발전위원회 3·1운동 위원회 정책기획위원회	

(3) 어린이집, 유치원 행정에 관한 위원회 운영

현재 영유아보육법에는 보육정책조정위원회(제5조), 보육정책위원회(제6조), 어린이집운영위원회(제25조) 등을 설치하도록 하고, 유치원교육법으로는 국무총리 소속으로 유아교육·보육위원회(제4조)를 두어 유아교육 및 보육에 관한 기본계획이나 유치원과 어린이집간의 연계운영 등 보육정책에 관한 사항을 심의하도록 하고, 각 유치원에는 유치원운영위원회(제19조의3부터 제19조의6)를 설치·운영하고 있다. 이들 위원회의 위원 구성은 관계 고위공무원 등 공무원 인사, 보호자 대표 또는 지역사회 인사, 어린이집 또는 보육교사 대표, 보육계·유아교육계 인사 또는 보육전문가 등으로 대동소이한데, 예컨대 어린이집운영위원회는 어린이집 운영의 자율성과 투명성을 높이고 지역의 특성에 맞는 보육을 실시하기 위하여 어린이집에 어린이집 원장, 보육교사 대표, 학부모 대표 및 지역사회의 인사로 구성되는 위원회로서, 어린이집 운영, 영유아의 보육환경, 보육교육직원의 근무환경, 지역사회와의 협력에 관한 사항 등에 관하여 심의할 수 있다. 유치원운영위원회도 해당 유치원의 교원 대표와 학부모 대표로 구성하여 유치원 예산, 결산에 관한 사항과 학부모가 부담하는 경비, 유치원 급식, 방과후 과정 운영 등 관련 사항에 대해 심의를 할 수 있도록 한다. 이 위원회의 회의를 비롯한 활동 또한 개인정보 등 보호대상 정보를 제외하고는 정보 공개의 대상이기 때문에 국민들이 열람할 수 있다(영유아보육법 시행령 제10조).[48] 사실상 이 위원회들이 국민 당사자들의 의견이 표출될 수 있는 통로이고, 공개된 정보를 습득함을 바탕으로 행정에 참여한다는 의미가 있다. 이와 같이 유치원, 어린이집의 부패 방지와 대응에 관해 공론화할 수 있는 위원회 거버넌스가 존재하는 반면, 보육 교육 행정과 관련한 리터러시가 부족할 경우에는 형식적인 심의와 말잔치에 그치게 될 수 있다. 특히 공개된 정보를 통해 회계부정이나 보조금 비리를 잡아낼 수 있는 위원들의 역량을 키우도록 해 줄 필요가 있다. 시민참여로 민주성과 전문성을 높이면서도 부패 방지의 기능도 담당할 수 있는 실효성 있는 위원회가 되기 위해서는 위원들을 대상으로 주기적으로 리터러시 역량을 향상 시킬 수 있는 교육의 제공이 필요하고, 심의 대상인 정보들 외에도 전문가의 평가와 해석 요소를 가미한 정보들을 제공함으로써 리터러시를 높여 줄 필요도 있다.

어린이집과 유치원의 운영과 행정에 관하여 국민적인 관심사를 반영하고, 행정 정보 공개 등의 운영의 투명성 제고와 부패 방지를 위한 방안을 마련하기 위하여 어린이집과 유치원을 통합적으로 다루는 위원회를 신설, 운영하는 방안을 검토해 볼 수 있다. 현재 운영 중인 대통령 직속 위원회 중에는 저출산고령사회위원회가 아동 보육과 교육에 관해 그나마 관련성이 있는 위원회에 속한다. 그런데 회의 공개나 국민 참여의 방식에 있어서 투명성이 약하고, 영유아 보육과 유치원 교육에 관해 부패 없는 정책이 실현되도록 하는 권한이나 기능은 존재하지 않아 보인다. 아동 보육과 교육의 정책과 운영에서 부패를 방지하고 건강한 보육과 교육제도가 구축되도록 하는 새로운 위원회의 신설을 고려해 볼 수 있다. 위의 국가교육회의의 예에서 보여주듯이 공론화의 방식을 잘 활용하고, 능동적인 국민 참여의 방식을 취하고 있는 국가 위원회들과 같이 이해관계자인 국민 모두가 참여할 수 있는 개방성을 보장하도록 하고, 실효성 있는 정책 제언과 실천이 가능하도록 위원회의 위원 구성과 권한을 설계하여 법적 근거를 마련한다면 장기적인 계획과 공정한 정책 실천을 가능하게 하는 하나의 통로가 될 수 있을 것이다.

---

48) 국회 계류 중인 유아교육법 개정안에서는 유치원운영위원회의 회의록 작성과 공개를 의무화하는 규정(개정안 제19조의3 제5항)을 두었다. 의안번호 2016045(유아교육법 일부개정법률안).

Ⅵ   결론

   정보 공개는 궁극적으로 국민들에게 필요한 정보를 제공하여 행정에 직간접적으로 참여할 수 있는 기반을 제공한다는 민주주의적 측면과 국민의 기본권 보장을 추구한다는 면과 행정기관 행정 작용의 투명성과 신뢰성을 확보하고 행정기관 스스로가 정보의 제공을 위한 사전작업을 통해 자체적인 자정 작용과 부패 방지를 할 수 있는 기회가 된다는 다기능을 가지고 있다. 정보 공개가 이러한 제 기능을 발휘하기 위해서는 동일한 목적과 층위에 있는 정보는 동일한 원칙과 기준을 적용하도록 하는 체계정당성을 가져야 하고, 이는 법률의 수준뿐 아니라 행정입법에서도 이에 상당한 체계 적합성을 유지하여야 한다. 그러한 의미에서 현재 어린이집과 유치원에 각각 달리 규율되고 있는 법령들의 기준과 그 적용은 개선될 필요가 있고, 통합적으로 규율·운영될 수 있는 여지가 있는지 면밀한 분석·검토를 통해 지속가능하며 운영 목적에 적합한 규율로 정비되어 나아가야 할 것이다.

   거버넌스적 측면에서는 어린이집과 유치원의 행정에 있어 국민들의 사회 참여의 기회를 더 보장하고 민간의 영역과 행정의 영역, 그리고 중앙정부와 지방정부의 기능과 권한이 조화를 이루면서도 합목적적·정당하게 기능할 수 있는 제도가 모색되어야 할 필요가 있다. 결국 행정의 목적은 국민의 기본권을 보장하는 것이고, 어린이집과 유치원의 행정에 있어서는 대상자인 아동의 최선의 돌봄이 이루어지도록 하는 것이다. 급속한 사회와 가족생활의 변화와 해체로 인해, 미래 세대의 주역이자 국가의 항구적 존속을 위한 기반인 아동을 돌보는 일은 국가의 책무일 뿐 아니라, 가정의 테두리를 벗어나 이제 합당한 법제도로서 온 사회와 국가가 참여해야 하는 공동의 과업이 된지 오래이다. 아동의 돌봄과 이에 뒷받침할 제도를 구축·운영함에 있어서 정보 공개는 전제조건이 될 수 있지만, 이에 따르는 부작용이나 희생될 수 있는 정보를 보호해야한다는 면 등 관련 공익의 측면도 고려되어야 한다. 법제도가 일회적인 땜질식 처방이 아닌, 아동과 그 부모뿐 아니라 서비스 제공자인 유치원 및 어린이집 종사자와 운영자, 그리고 제도 설계와 정책 입안에 관여하는 행정주체들 각각에게 합목적적으로 기능하고 이들의 기능이 각각 국민의 기본권을 보장할 수 있는 기반으로 나아갈 수 있도록, 위원회와 같은 참여형 거버넌스를 활용하여 이해관계자들이 모두가 머리를 맞대고 중장기적인 논의를 계속해 나가야 할 것이다.

참고문헌

김명수, "보건의료법제에서 포괄적 위임금지원칙에 관한 고찰", 「세계헌법연구」 제20권 1
    호, 2014
김아름 외, "사회권으로서의 육아권 정립과 실현 방안 연구", 「육아정책연구소」 연구보고
    20018－04, 2018
김정수, 「정책학 입문」, 문우사, 2016
엄주희, "국가윤리위원회의 법적 지위와 뇌신경윤리 활동 고찰: 뇌신경윤리 거버넌스에 주
    는 시사점", 「법과 정책」 제25권 제1호, 2019
____, "영아의 생명권을 위한 규범적 고찰－ 베이비박스에 관한 영아유기 문제를 중심으
    로", 「서울법학」 제23권 제3호, 2016
윤철수, 김경호, "헌법재판소의 알 권리 결정에 대한 비판적 분석", 「언론과 법」 제9권 제2
    호, 2010.12
전광석, 「한국헌법론」(제14판), 집현재, 2019
정정희·채영란·김치곤, "유아교육기관 정보공시에 대한 이식과 활용실태－ 재무회계를 중
    심으로", 「한국교육문제연구」 제2호, 2015
최정민, "중앙기관과 지방기관의 정보공개심의회 운영과 정보공개 비교연구", 「한국기록관
    리학회지」 제14권 제3호, 2014
홍종현, "지방보조금의 관리체계에 대한 공법적 검토", 「지방자치법연구」 통권 제58호 제18
    권 2호, 2018

Justin R. Long, Democratic Education and Local School Governance, 50 Willamette
    L. Rev. 401 (2014)

4장

비영리법인 · 공익법인 부패방지 방안
-호주의 법제 사례를 중심으로-

I 서론

국세청이 지난 3월에 발표한 연도별 기부율 현황을 보면 2013년부터 계속 감소 추세로서 11.2%p나 우리나라 국민의 기부 의향이 감소하고 있는 것으로 나타났다. 그 원인으로 꼽히는 것은 일부 공익법인이 기부받은 금품을 기부 취지에 맞게 공익 목적으로 사용하는 것이 아니라 개인적인 용도로 사용하여 공익법인에 대한 신뢰도가 심각하게 훼손되었고 기부의욕을 감소시켰다는 것이다.[1] 부정부패의 발생은 국민들이 가지고 있는 공공에 대한 신뢰도에 크게 영향을 미친다. 미국, 유럽 등 해외 주요 국가에서는 반부패정책의 일환으로 공공기금을 이용하여 비영리단체를 대상으로 사기전담반을 구성해서 부패를 적발하기도 하고,[2] 부패행위를 감시 · 규율하기 위해 위원회 등의 합의제기관을 운영하기도 한다. 본 장에서는 호주에서 비영리민간단체들을 규율하기 위해 운영하고 있는 공익위원회(Charity Commission: Australian Charities and Not-for-profits Commission", 이하 'ACNC'로 약칭)를 살펴보려고 한다.

민간 영역에서 공익을 담당하는 비영리단체, 공익단체에 대한 부패방지는 민간 영역에 대한 사회적 신뢰도를 제고하여 공공선을 추구하는 데 중요한 역할을 한다.[3]

---

1) "기부율 · 기부 참여율 8년 만에 10% 떨어져", 데이터솜, 2023.3.17.일자, http://www.datasom. co.kr/news/articleView.html?idxno=126534 (최종방문일: 2023.12.1.)

2) 한국형사정책연구원, 경제 인문사회연구회 협동연구 총서 17-43-01 「연구총서」 17-CB-01, 한국사회 부패의 발생구조와 변화트랜드 분석(Ⅲ), 2017, 188면.

3) 비영리법인을 비영리공익법인이라는 용어로 바꾸고, 사전 사후에 비영리공익법인에 대한 공

우리 부패방지법제에서 민간 영역의 부패방지는 형법상 배임죄 규율 이외에 공익신
고자 보호법에서 내부 고발자 보호에 관한 규율, 의료법, 의료기기법, 약사법 등에서
리베이트 수수 금지 규정 등으로 규율하고 있는데,[4] 부패방지법제의 입법 체계 정비
에서 비영리 법인 관련하여 규율이 포함될 필요가 있다. 그런 의미에서 호주의 공익
위원회 관련 법제 사례에 대해서 살펴보아 민간 분야에 관한 부패방지를 위해 우리
나라에서 참고할 만한 시사점을 도출하고자 한다.

Ⅱ 호주의 비영리법인 규율의 배경

한국에서는 2021년경에 부패방지 목적이라는 배경으로 정부 주도로 공익위원회
설립을 검토한 적이 있다.[5] 법무부가 호주, 영국, 일본, 싱가포르 등의 공익위원회를
방문하고 해외 입법례 분석, 조사 연구를 통하여 2021년 7월에 '공익법인의 설립 운
영에 관한 법률 전부개정법률(안)'을 입안한 것이다.[6]

한국에서 공익법인의 성립은 다음의 2가지 방법을 통해 이루어진다. 하나는 처음
에는 「민법」, 「사립학교법」, 「의료법」, 「비영리민간단체 지원법」, 「협동조합 기본법」
등 다양한 법적 근거로 비영리법인으로 설립되었다가, 이후에 그 법인이 「공익법인
의 설립·운영에 관한 법률」(약칭: 공익법인법)상 요건을 갖추게 되었을 때 주무관청의
허가를 받아 공익법인으로 인정되는 경우이고, 다른 하나는 법인이 되려는 단체가 처

익성 심사를 해야 한다는 주장으로 다음의 논문을 참조; 김무열, "비영리 공익법인에 대한
세제혜택의 헌법적 정당성에 대한 소고", 「조세와 법」 제10권 제1호, 2017.

4) 엄주희, "부패방지를 위한 국제적 노력에 대한 국내 부패방지 법제의 대응과 과제", 「부패방
지법연구」 제6권 제1호, 2023, 14-15면.

5) 한국의 경우에 대통령 탄핵 사태까지 몰고 온 계기가 비영리 목적으로 설립된 재단법인 MIR
미르, K-sports의 비리, 부정부패였고, 이는 사회적으로 비영리법인에 대한 전반적인 불신
을 가져오게 된 계기가 되었다.

6) 의안번호: 11832, 제출일자: 2021.7.30 공익법인의 설립·운영에 관한 법률 전부개정법률안;
이 법안에서 공익위원회 설치를 위해 참고한 모델은 영국의 자선위원회(Charity Commission)
와 일본의 공익인정위원회라고 알려진다. 송호영, "한국에서의 비영리법인 및 공익법인에 관
한 법정책적 개선", 「법학논총」 제43권, 2019, 16면; 김희창, "비영리공익법인의 회계투명성
확보와 부패방지 방안", 「부패방지법연구」 제3권 제2호, 2020, 127-128면. 이 논문에서도
일본의 신공익법인제도(공인인정위원회 운영)를 소개하고 있다.

음부터 공익법인법상의 요건을 갖추어 주무관청의 허가를 받아 곧바로 공익법인으로 되는 경우이다.[7] 어느 경우에나 공익법인으로 되기 위해서는 주무관청으로부터 허가를 받아야 한다. 어떤 법인이 공익법인으로서 적격성을 갖추었는지를 판정하고 공익법인으로 인정된 법인이 공익성을 계속 유지하고 있는지를 관리, 감독할 수 있는 통일적인 기구는 존재하지 않고, 그러한 업무는 민법상 비영리법인에 관한 업무와 마찬가지로 주무관청에 맡겨져 있다. 그래서 공익법인을 설치함에 있어서 어느 주무관청에 허가신청을 할 것인가, 그리고 어느 주무관청의 관리, 감독이 상대적으로 엄격하지 않은지를 찾아다니는 폐단이 공익법인에도 존재하게 된다. 또한 법인의 목적사업이 여럿이거나 그 사업이 정부부처의 여러 기관에 걸쳐있는 경우에 어느 기관이 주무관청인지 여부―즉 어느 기관에 법인설립허가를 신청해야 하는지―가 명확하지가 않다. 현실적인 문제로 꼽히는 것은 주무관청에서 공익법인에 관한 업무만을 전담하는 전문적인 공무원을 두기도 어려울 뿐 아니라, 법인관리, 감독업무를 상시적으로 수행하는 것도 쉽지 않다는 것이다. 그래서 법인 행정의 효율을 위해 법인의 설립, 감독업무는 하나의 기관에서 통일적으로 하는 것이 바람직하다는 주장이 제기되어 왔다.[8] 이런 배경에서 시민공익위원회 내지 국민공익위원회 등의 명칭으로 공익법인의 설립 및 관리, 감독을 통일적으로 관장하는 독자적인 기구의 설치가 법안으로 제출되었다.[9]

한국의 공익법인 설립 추진 배경과는 달리 호주 공익위원회의 설립 배경은 부패나 비리와는 거리가 멀었다. 공익위원회를 설립하여 비영리기관을 관장하는 세계적 흐름에 따라 설치된 것인데, 비영리기관 규제 운영에 있어서 정부의 여러 부처가 아니라 하나의 통일되고 독립된 공익위원회로 설립해달라는 비영리 공익단체들의 지속적

---

7) 김선득, 김경옥, 박재성, 「공익법인 세무와 회계」, 조세통람, 2022, 36-37면. 비영리법인은 공익목적사업을 하는 사단법인과 재단법인, 의료법인, 사회복지사업법인, 사회적협동조합, 특수목적법인 등으로 관련 법에 근거하여 설립될 수 있다.

8) 이러한 주장이 나타난 논문으로 다음을 참조. 김진우, "공익법인의 규제와 감독", 「민사법학」 제70호, 2015, 84면.

9) 송호영, 한국에서의 비영리법인 및 공익법인에 관한 법정책적 개선, 「법학논총」 제43권, 2019, 16면; 이희숙·정순문, "공익위원회 설치와 법제 개선 방향", 「민사법학」 제95호, 2021, 60면; 우리나라는 각 주무관청이 비영리법인의 설립·운영을 감독해왔는데, 주무관청의 비영리·공익법인에 대한 이해 부족, 부처별 감독 편차에 따른 형평성 문제, 비영리법인이 여러 사업을 진행하는 경우 각 주무관청의 허가를 받아야 하는 중복 행정, 불분명한 감독 책임 소재 등의 문제가 제기되어 왔다.

인 요청에 따른 것이었다. 이에 따라서 영국과 뉴질랜드의 공익위원회 설립과 운영 사례를 모범으로 삼아 2012년 12월 호주 공익위원회가 설립되었다. 법적 근거로 제정된 호주 공익위원회 법률(AUSTRALIAN CHARITIES AND NOT−FOR−PROFITS COMMISSION ACT 2012: ACNC Act 2012) 15−5(1)조에 의하면 공익위원회의 설립에는 3가지 목적이 있다.[10] 첫 번째로 호주 공익단체 분야(sector)에 대한 공적 신뢰를 유지·보호·발전, 두 번째로 강건하고, 활발하고, 독립적이고 혁신적인 활동을 할 수 있도록 호주 공익단체 분야를 돕고 유지하는 것, 세 번째로 호주 공익단체 분야를 위해 불필요한 규정을 줄이도록 노력하는 것이다. 이 중에서 특히 부패방지를 위한 목적으로 돋보이는 것은 첫 번째 목적인 공적 신뢰의 유지, 보호 그리고 발전이라는 것이다. 호주 공익위원회는 연방정부와는 별도로 독립된 기구서 5년 임기로 임명되는 위원장과 직원으로 구성된다.[11]

한국과 마찬가지로 호주의 공익단체들, 특히 자선단체들은 다양한 금전적인 혜택을 받는다. 가장 큰 혜택으로는 세금에 관한 혜택이 있는데,[12] 땅이나 건물 소유나 사용 시에 주정부에 지불하는 취득세와 연간 토지세(Land Tax)에 대한 세금 공제, 세금 면제 및 감면이 있다. 공익단체에 기부 시에는 기부자에 대한 세금공제 혜택도 있다. 이와 같은 연방정부와 주정부의 세금혜택 외에도 많은 공익단체들은 연방정부와 주정부의 보조금이나 각종 사업(project)과 관련한 기금 지원(grant)을 받을 수 있다. 정부로부터의 혜택 외에도 공익단체를 신뢰하는 후원자들로 기부금도 받을 수 있다. 이와 같이 연방정부와 주정부는 세금 혜택을 통해서 공익단체들이 공익 목적 사업에 활발하게 활동할 수 있도록 유인을 제공하고 있다. 그리고 세금 혜택과 정부와 기부자들의 금전적 후원은 공익단체들에게 법률적, 계약적 그리고 윤리적 의무들을 부여하게 된다. 그중 중요한 의무는 공익단체에 지원되거나 후원된 금전이 공적 목적에 합당하게 사용되어야 한다는 의무다.

그러나 이러한 금전적 혜택들만을 노리고 부정한 목적으로 공익단체의 형태를 갖

---

10) AUSTRALIAN CHARITIES AND NOT−FOR−PROFITS COMMISSION ACT 2012 − SECT 15.5
11) 법무법인(유한) 태평양·재단법인 동천 공동편집, 「기업공익재단 법제연구」, 경인문화사, 2021, 335면.
12) 일반 기업의 소득세(income tax)는 기업 수익의 25%인 데 반하여, 공익단체의 경우에 수익에 대하여 세금이 부과되지 않는 면세혜택을 받게 된다.

춘 단체를 설립하는 경우가 간혹 있다. 세금혜택과 기부금을 받기 위해 공익단체의 구조를 만든 후, 공익 목적 이외의 다른 목적으로 사용하다가 적발된 사례들도 다음과 같이 존재한다.

첫 번째 사례는 2010년 시드니 소재 이슬람교 학교(Malek Fahd Islamic School Limited)가 연방정부와 주정부로부터 학교운영 목적으로 받은 기금의 1/3 가량인 520만 불을 호주 이슬람 협회(Australian Federation of Islamic Councils)에 송금한 사건이다.[13] 정부의 교육 펀딩이 송금된 곳 중에는 테러리스트를 옹호하는 이슬람 단체도 포함되어 있었고, 개인 용도로 사용되기도 했다는 사실이 밝혀지면서 정부가 감사에 착수하여 법정 소송이 발생하였다. 정부의 교육 펀딩 지급이 정지되고 이미 지급된 기금도 회수되는 조치를 둘러싼 법정 사건이다. 이 사건을 계기로 뉴사우스웨일즈주 교육부는 관련 규정을 더 엄격하게 개정하였다.

다른 사례들은 법정 소송으로 발전하진 않았으나 호주 공익위원회법률 위반에 해당하는 사건들로서, 지역 축구 클럽이 축구단이 해산된 이후 잔여 재산을 이사진이 운영하는 개인회사의 사업에 투자한 사례와 일반 기업이 산하 공익재단을 만들고 기업의 직원들을 공익재단 직원으로 둔갑시켜 운영비용 절감한 사례 등이 있었다. 이와 같이 공익단체 재산을 공익단체 사업의 목적에 합당하게 사용해야 하는 의무를 준수하지 않고, 부분적으로 이사진의 개인 용도로 사용하는 일이 있었으나, ACNC 설립 이전에 이런 불법이 드러나는 사례는 별로 존재하지 않았다. 그 원인은 공익단체는 개인 소유가 아닌 공공의 목적으로 설립된 단체이기 때문에 단체에 관여하는 개개인의 참여도나 관심이 부족해서 공익단체를 운영하는 이사진에 의해 부정부패가 발생하더라도 적발될 가능성이 적었다. 또한 ACNC 설립 전에는 공익단체들을 관할하는 단독 정부기관이 없었고, 공익단체들의 재정과 이에 활동보고가 대중들에게 공개적으로 이루어지지 않았던 것도 재정의 부패로 이어지는데 한 몫을 했던 것으로 보인다. 공익단체들과 그 후원자들에게 부패 방지에 대한 내용을 교육하거나, 공익단체들

---

13) Malek Fahd Islamic School Limited and Minister for Education and Training [2016] AATA 1087 (23 December 2016), Malek Fahd Islamic School Limited v Minister for Education and Training (No 2) [2017] FCA 1377 (27 November 2017), Malek Fahd Islamic School Limited v Minister for Education and Training [2018] FCAFC 37 (20 March 2018), Malek Fahd Islamic School Limited v Minister for Education and Early Childhood Learning [2022] NSWSC 1176 (1 September 2022).

이 그 회원들에게 보고해야 하는 의무에 대하여 교육을 하는 정부기관도 존재하지 않았던 것이다. 이에 2012년 12월, 호주에서는 공익위원회가 설립됨으로써 공익단체들의 부패 방지에 공헌하고 있다. 아래에서는 호주 공익위원회가 법적·행정적으로 부패방지를 위해 실행하고 있는 권한과 역할에 대해서 살펴본다.

Ⅲ 호주의 공익위원회(ACNC)의 법적 권한과 부패방지

1. 공익위원회 등록을 통한 혜택

우선, 호주의 경우에 공익을 목적으로 설립된 단체는 공익위원회에 등록하지 않으면 모든 연방정부 세금혜택을 받지 못하게 된다. 예컨대, 자선단체라도 공익위원회에 등록하지 않으면 영리 사업체와 같이 소득세를 납부해야 하고 기부금에 대한 세금공제혜택을 받을 수 없다. 공익위원회에 등록한 이후에는 공익위원회가 권한을 행사할 수 있게 되고 등록취소도 공익위원회의 허가 하에서만 가능하다. 그러므로 공익단체가 세금 관련 혜택을 받기 위해서는 공익위원회 권한 안으로 들어올 수밖에 없다. 공익위원회는 등록된 공익단체에 대해 다음과 같은 권한행사를 하며 부패방지 역할을 한다.

2. 상세한 공개를 통한 부패 방지

공익위원회에 등록된 이후에는 대중 누구나 볼 수 있도록 다양한 공개의 의무가 발생된다. 엄밀히 보면 법적으로 공익위원회가 등록된 공익단체들의 보고 내용을 공개하지 말아야 하는 의무가 있으나, 공익을 위해 공개할 수 있는 예외 조항들이 있다. 공익위원회는 이 예외 조항에 의거해서 등록된 공익단체들에 대한 내용을 공개하고 있다(Subdivision 150－A).[14] 공개되는 내용은 다음과 같은 것들인데, 공익단체의 명칭, 연락처, 사업자등록번호, 단체의 법인 성격, 단체의 목적과 정관, 이사진의 명

---

14) Australian Charities and Not－for－profits Commission Act 2012 (legislation.gov.au))

단과 이사진이 등록되어 있는 다른 공익단체 명칭, 재정보고 – 단체 규모에 따라 외부감사를 받은 재정보고 –, 관련 당사자와의 거래 내용(Related party transaction), 이사진을 포함한 고위 관리 직원의 연봉 합산 내역, 운영 및 활동 보고 – 이 내용에 대해서는 공익위원회가 점차적으로 더 많은 정보를 요구하며 공개하고 있다. 예컨대, 활동하는 국가와 지역들, 활동 프로그램의 제목과 내용, 수혜자들에 대한 내용 등이다 – 공익위원회에 행하는 보고의 지연 상황(delays), 공익위원회로부터 받은 경고나 지시 등이다(section 40 – 5).

　공익위원회의 웹사이트를 통해 누구나 그리고 언제든지 위의 내용들을 볼 수 있다. 이로 인해 공익단체가 더 투명해지고 공유하는 정보내용의 진실성이 담보된다. 이를 통하여 공익단체를 지지하고 지원하는 회원들과 기부자들이 여러 다양한 정보를 획득할 수 있다. 연말 총회에서 회원들에게 결산 보고 시에 잘못된 정보로 보고할 수 있는 가능성이 감소하게 된다. 공익단체와 프로젝트를 진행하려는 다른 단체들 역시 공익위원회의 웹사이트를 통해 공개된 정보를 통해 단체의 신뢰성을 조사할 수 있다. 공익단체의 지원을 받는 사람이나 단체들도 공익단체의 활동 보고가 진실한 내용인지를 알 수 있게 된다.

　이러한 공익위원회의 활동 이외에도 공익단체들의 공개 내용에 대해서 연구 조사하고 순위를 매기고 발표하는 단체들도 설립되었다. 가장 유명한 단체로는 Change Path라는 단체가 있다. 미국의 Charity Navigator와 유사한 역할을 한다.15)

　이러한 공개와 투명성의 힘은 공익단체들이 자금 사용에 주의를 기울이며 부패를 방지하는 역할을 수행한다. 또한 문제가 있는 공익단체가 발견되면 단체 이사진이 다른 공익단체들에도 등록되어 있을 시, 그 다른 단체들에 대한 정보도 용이하게 찾아볼 수 있다. 공익위원회는 부패방지의 첫 번째 역할이 공익단체를 지원하는 회원들과 기부자들에 있다고 강조한다. 이들이 공개된 정보를 통하여 부패 관련 정보를 발견하게 되고, 공익단체에 직접 책임을 물으면서 공익위원회를 상대로 고발도 할 수 있기 때문이다.

---

15) https://www.charitynavigator.org/ (최종방문일: 2023.12.1.)

3. 공익위원회의 강제집행 권한

두 번째 공익위원회의 역할은 고발 시에 조사를 하고 위법한 운영으로 확인될 시에 강제 집행할 권한이다(Part 4−2 Enforcement Powers).[16] 이러한 권한에는 경고(Division 80), 특별한 집행 · 행동지시(Division 85), 공익단체와 특별한 행동에 대한 법적약속 · 계약(Division 90), 금지[강제] 명령(Division 95), 이사 해임과 새 이사의 선임(Division 100), 공익단체의 등록 취소 등이 있다. 이러한 권한이 발동한 내역은 공개되며, 이와 같은 경고나 지시를 받은 단체는 명예가 실추될 뿐 아니라 정부의 지원이나 기부금 모금이 어려워지게 된다. 위법하다고 판정된 이사의 해임과 새 이사 선임은 공익단체의 거버넌스에 개입하는 강력한 권한이다. 실제로 이렇게까지 강제 집행 권한을 사용하는 사례는 많지 않지만, 강제집행 권한을 발동한 경우는 위법한 금전거래가 실제 발생한 경우이고[17] 강제집행 권한은 이러한 부정부패가 계속 진행되는 것을 막을 수 있다. 또한 공익단체로의 등록 취소 단체에 많은 금전적 손해를 줄 수 있다. 공익위원회는 단체의 위법 행위를 적발하고 공익법인으로 등록되었던 것을 소급하여 취소할 수 있다. 그러한 경우 이 단체가 누렸던 세금혜택을 반납해야 할 의무가 생긴다. 예컨대, 과거에 면세받았던 소득세(income tax)를 계산하여 세무청에 납부해야 한다. 경우에 따라서는 정부 보조금도 반납해야 한다. 실제로 등록 취소되고 나서는 계속 단체를 운영하는 것이 불가능하게 된다. 이러한 강제집행 권한은 공익단체가 운영에 더더욱 주의를 기울이게 만드는 역할을 한다.

4. 공익위원회의 공개적인 교육활동과 기관 간 협력활동

공익위원회의 큰 역할 중 하나는 대중적인 교육활동이다. 공익위원회 설립 전에는 공익단체를 지원하는 대다수의 회원들이나 기부자들은 공익단체의 이사진의 의무에 대해서 모르고 있기 때문에 이사진이 불법을 행하여도 회원이나 기부자가 개인적으

---

16) Australian Charities and Not−for−profits Commission Act 2012 (legislation.gov.au))
17) 최신 공개된 2022−2023 연례보고서에 따르면, 2022−2023년에 공익위원회가 조사 결과 등록 취소된 단체는 7개이다. ACNC가 설립되고 활동한 지난 10년간 등록된 단체가 28,000 개인데 이 중 취소된 단체는 129개이다. Australian Charities and Not−for−profits Commission Annual Report 2022−2023, p.37, p.53.

로 변호사 자문을 받기 전까지는 불법인지 알 수 있는 길이 없었다. 이사진도 본인들의 법적 의무를 알지 못하고 공익단체를 개인사업체인 것처럼 운영했던 사례들도 존재한다. 공익위원회는 이러한 무지를 극복하고 공익단체의 윤리적 법률적 의무를 상기시켜 의무 준수에 도움을 주기 위해서 공익법인의 이사진에게 교육 자료를 제공하고 추천해 준다.[18] 회의록, 이해상충관계 기록부, 운영정책과 방침, 회의 통지 등의 자료 등 공익단체가 기본적으로 갖추고 준수해야 할 자료들과 지침을 제공한다.[19] 공익법인 운영의 전문성을 향상시키는 데 도움을 주는 온라인 비디오 교육과정, 웨비나(webinar)도 운영하고 있다.[20]

또한 공익위원회는 회원, 기부자, 대중들에게 공익단체운영에 대해 교육을 할 뿐 아니라, 공익위원회는 전화상으로 공익단체 운영에 대해 기본적 조언과 컨설팅도 제공한다. 이러한 교육에는 공익단체가 재산을 해외로 송금할 때 준수해야 할 의무, 관련 당사자 거래 시 의무, 단체 멤버로의 권한, 정치적 개입 시 의무 등 많은 주제가 포함된다. 이러한 교육은 이사진이 합법적으로 공익단체를 운영하는 데 도움이 될 뿐 아니라, 회원들이 운영에 대해 더 관심을 가지고 단체를 지원할 수 있게 된다. 이러한 교육을 통해서 기관 스스로 자율적으로 부패 방지를 위해 노력할 수 있도록 조력하는 것이다.

마지막으로 공익위원회의 다른 정부기관과의 협조할 수 있는 권한과 부패 방지 역할이 있다(s150 – 40).[21] 공익위원회는 형사 사법 기관은 아니기 때문에, 부패행위 당사자인 개인에 대한 세무조사와 형사 절차를 진행할 수는 없다. 그러나 공익위원회가

---

18) https://www.acnc.gov.au/tools (최종방문일: 2023.12.1)
19) https://www.acnc.gov.au/tools/online – learning (최종방문일: 2023.12.1.)
20) https://www.acnc.gov.au/tools/webinars (최종방문일: 2023.12.1.)
21) Australian Charities and Not – for – profits Commission Act 2012 150-40 Exception—disclosure to an Australian government agency
An ACNC officer may disclose protected ACNC information if:
(a) the disclosure is to an Australian government agency; and
(b) the ACNC officer is satisfied that the information will enable or assist the Australian government agency to perform or exercise any of the functions or powers of the agency; and
(c) the disclosure is for the purpose of enabling or assisting the Australian government agency to perform or exercise any of the functions or powers of the agency; and
(d) the disclosure is reasonably necessary to promote the objects of this Act.

다른 정부기관과 공조할 수 있는 권한을 통해 경찰청, 검찰청, 세무청, 외무부, 재무부, 정보부 등 다른 정부기관 에게 정보를 제공하며 협조를 구할 수 있다. 형사법적인 제재를 가할 수 있는 부패행위를 발견하면 다른 정부 기관과 협력하여 부패방지 활동을 수행하게 된다.

5. 공익위원회의 성과

설립 이후 지난 10여 년간 위와 같은 호주 공익위원회의 법적 · 행정적 활동을 통해 운영활동과 재정보고가 불투명하고 위법한 행위의 정도가 심한 단체들과 정보공개의 의무를 준수하지 않은 단체들의 등록을 취소함으로써 단체를 해산시켰다. 불성실하고 부패한 단체들이 더 이상 세금혜택을 받지 못하게 하고 기부금 모금을 할 수 없도록 한 것이다. 또한 대중 공개와 교육을 통해 공익단체가 불법적 운영과 부패 활동을 지속하지 못하도록 하고, 법인 운영에도 충실을 기하는 데 도움을 주었다. 종합하자면 공익위원회는 공익단체의 부패방지에 큰 공헌은 하였을 뿐 아니라, 애초부터 부패한 목적으로 공익단체를 설립하는 것을 저지하는 효과를 가져왔다고 할 수 있다.

Ⅳ 한국의 비영리법인 제도와의 비교와 시사점

우리나라의 경우에 공익법인법 제4조 설립허가 기준, 제5조 임원 등, 제11조 재산 등22)과 사회복지사업법23) 등에 따라서 비영리법인과 공익법인은 설립 허가 후에도

---

22) 공익법인의 설립 운영에 관한 법률
　　제4조(설립허가 기준) ① 주무 관청은 「민법」 제32조에 따라 공익법인의 설립허가신청을 받으면 관계 사실을 조사하여 재단법인은 출연재산의 수입, 사단법인은 회비 · 기부금 등으로 조성되는 재원(財源)의 수입(이하 각 "기본재산"이라 한다)으로 목적사업을 원활히 수행할 수 있다고 인정되는 경우에만 설립허가를 한다.
　　② 주무 관청은 공익법인의 설립허가를 할 때 대통령령으로 정하는 바에 따라 회비 징수, 수혜(受惠) 대상에 관한 사항, 그 밖에 필요한 조건을 붙일 수 있다.
　　③ 공익법인은 목적 달성을 위하여 수익사업을 하려면 정관으로 정하는 바에 따라 사업마다

임원 취임, 기본재산 처분, 수익사업 실시 등을 허가하는 단계에서 법인의 지배구조에 개입할 수 있다. 법무부가 기본적인 정책을 설립하고 운영하나 그 구체적인 운영 방침과 내용이 공개되지 않기 때문에 법인에게 구체적인 지침을 주기는 어렵다.[24] 호주의 공익위원회와 같이 각종 가이드라인, 교육 프로그램 등을 공개하거나 운영하지 않을 뿐 아니라 실제 운영에 있어 실제적인 지침을 주기도 어려운 구조이다. 사회복지사업법에 따라 지방자치단체가 이사 추천을 할 수 있어 비영리법인의 지배구조에 직접 관여할 수 있는데, 비영리법인 이사직의 경우에 경제적 대가를 제공해 주는 자리가 아니고 사회복지시설에 문제가 발생할 경우에 책임을 부담할 수 있기 때문에 이사직을 선임하는 데 있어서 지방자치단체 담당 공무원이 전문가 선임에 영향력을 행사하는 경우가 많고, 이에 따라서 비영리법인에 대하여 이사 선임이라는 방식으로 지방자치단체가 정치적 영향력을 행사하는 수단으로 변질될 가능성이 있다는 점이

주무 관청의 승인을 받아야 한다. 이를 변경하려는 경우에도 또한 같다.

제5조(임원 등) ① 공익법인에는 5명 이상 15명 이하의 이사와 2명의 감사를 두되, 주무 관청의 승인을 받아 그 수를 증감할 수 있다.

② 임원은 주무 관청의 승인을 받아 취임한다.

제11조(재산) ① 공익법인의 재산은 대통령령으로 정하는 바에 따라 기본재산과 보통재산으로 구분한다.

② 기본재산은 그 목록과 평가액을 정관에 적어야 하며, 평가액에 변동이 있을 때에는 지체 없이 정관 변경 절차를 밟아야 한다.

③ 공익법인은 기본재산에 관하여 다음 각호의 어느 하나에 해당하는 경우에는 주무 관청의 허가를 받아야 한다. <개정 2016. 5. 29.>

1. 매도·증여·임대·교환 또는 용도변경하거나 담보로 제공하려는 경우
2. 대통령령으로 정하는 일정 금액 이상을 장기차입(長期借入)하려는 경우
3. 기본재산의 운용수익이 감소하거나 기부금 또는 그 밖의 수입금이 감소하는 등 대통령령으로 정하는 사유로 정관에서 정한 목적사업의 수행이 현저히 곤란하여 기본재산을 보통재산으로 편입하려는 경우

제14조(감독) ① 주무 관청은 공익법인의 업무를 감독한다.

제17조(감사 등) ① 주무 관청은 감독상 필요하면 공익법인에 대하여 그 업무보고서의 제출을 명하거나 업무재산관리 및 회계를 감사하여 그 적정을 기하고, 목적사업을 원활히 수행하도록 지도하여야 한다.

② 주무 관청은 공익법인의 효율적 감독을 위하여 필요하면 대통령령으로 정하는 바에 따라 공인회계사나 그 밖에 관계 전문기관으로 하여금 제1항에 따른 감사를 하게 할 수 있다.

23) 사회복지사업법 제18조(임원), 제22조의2(임원의 직무집행 정지), 제40조(시설의 개선, 사업의 정지, 시설의 폐쇄 등), 제51조(지도 감독 등) 등

24) 손경한·윤진수 편저, 「공동체와 법」, 박영사, 2023, 155면.

문제로 지적되고 있다.[25]

　그 밖에도 상속세 및 증여세법 등의 세법에 따라서 이해관계자의 이사 선임 비율, 이해관계자에 대한 급여 지급 등을 감시하는 역할을 하고, 회계처리와 공시에 관한 규제를 할 수 있는 방법이 있으나,[26] 이는 세무 행정의 하나로 수행하는 것이지 비영리법인과 공익법인의 정의로운 운영과 부패를 방지하는 목적의 거버넌스는 아니라는데 문제가 있다. 비영리법인에 대한 불필요한 규제와 간섭이 아니라 지배구조 개선과 투명한 운영으로 부패 방지 기능까지 가능하도록 하기 위해서는, 호주의 공익위원회와 같은 자율성과 규제감독이 조화를 이룬 거버넌스를 구축할 필요가 있다.

Ⅴ 결론

　공익단체의 활성화와 독립적으로 운영되는 공익단체 통합관리기구 설치는 시민단체들에서 계속해서 주장해 왔으며, 국회에 공익위원회 관련 법률안이 제출되었던 시점을 전후하여 공청회나 학계의 세미나에서도 논의되어 왔다. 현재 정부안으로 제출된 법률안은 법무부 소속으로 위원회를 설치하도록 되어 있어서 공익법인 활성화보다는 규제 중심의 감독 기관으로서 정부에 의한 편향적인 운영이 이루어질 위험이 있다는 우려가 있고,[27] 호주와 같이 독립된 기관으로서의 공익위원회와는 차이가 있다. 비영리 공익단체들은 시민들의 자유로운 활동으로 공공분야의 국가의 역할을 분담하면서도 시민사회가 자발적이고도 창의적으로 감당하며 국가 공동체의 윤활유가 될 수 있다. 시민 자율의 활동을 충분히 보장하고 세금 혜택을 누리게 하면서도, 공개와 투명성, 대중 교육과 독립되고 강력한 권한의 네 바퀴로 지탱되는 사회 신뢰의 힘으로 호주의 비영리 공익법인들이 움직이고 있다. 자율과 신뢰를 바탕으로 하는 규율의 모델을 우리도 참고할 필요가 있다. 공익법인에 대한 규율에 관하여 기존 주무

---

25) 주무관청의 문제가 허가주의가 아니라 인가주의와 준칙주의로의 전환이라는 개선점 제안으로는 다음의 논문을 참조: 고상현, "한국의 공익법인제도와 그 개선방향", 「법학논총」 제44집, 2019, 21면.
26) 상속세 및 증여세법 제4절 공익목적 출연재산 등의 과세가액 불산입(제48조~제52조의2)
27) 이희숙·정순문, "공익위원회 설치와 법제 개선 방향", 「민사법학」 제95호, 2021, 65면.

관청과 국세청 등 감독기관과 이중감독 문제가 발생하지 않도록 신설되는 공익위원회로 권한을 통합하고, 호주의 경우와 같이 독립된 관리 감독기구로 신설 발전시키는 방안을 고려할 필요가 있겠다.

참고문헌

고상현, "한국의 공익법인제도와 그 개선방향", 「법학논총」 제44집, 2019

김무열, "비영리 공익법인에 대한 세제혜택의 헌법적 정당성에 대한 소고", 「조세와 법」 제10권 제1호, 2017

김선득·김경옥·박재성, 「공익법인 세무와 회계」, 조세통람, 2022

김진우, "공익법인의 규제와 감독", 「민사법학」 제70호, 2015

김회창, "비영리공익법인의 회계투명성확보와 부패방지 방안", 「부패방지법연구」 제3권 제2호, 2020

법무법인(유한) 태평양·재단법인 동천 공동편집, 「기업공익재단 법제연구」, 경인문화사, 2021

손경한·윤진수 편저, 「공동체와 법」, 박영사, 2023

송호영, "한국에서의 비영리법인 및 공익법인에 관한 법정책적 개선", 「법학논총」 제43권, 2019

엄주희, "부패방지를 위한 국제적 노력에 대한 국내 부패방지 법제의 대응과 과제", 「부패방지법연구」 제6권 제1호, 2023

이희숙·정순문, "공익위원회 설치와 법제 개선 방향", 「민사법학」 제95호, 2021

한국형사정책연구원, 경제 인문사회연구회 협동연구 총서 17-43-01 「연구총서」 17-CB-01, 한국사회 부패의 발생구조와 변화트랜드 분석(Ⅲ), 2017

Australian Charities and Not-for-profits Commission Annual Report 2022-2023

Australian Charities and Not-for-profits Commission Act 2012

Australian Charities and Not-for-profits Commission, https://www.acnc.gov.au

Andrew Brady Spalding, Corruption, Corporations, and the New Human Right, 91 WASH. U.L. REV. 1365 (2014).

Charity Navigator, https://www.charitynavigator.org

Malek Fahd Islamic School Limited and Minister for Education and Training [2016] AATA 1087 (23 December 2016)

Malek Fahd Islamic School Limited v Minister for Education and Training (No 2) [2017] FCA 1377 (27 November 2017)

Malek Fahd Islamic School Limited v Minister for Education and Training [2018] FCAFC 37 (20 March 2018)

Malek Fahd Islamic School Limited v Minister for Education and Early Childhood Learning [2022] NSWSC 1176 (1 September 2022).

●●● 판례색인

[대법원]

대법원 1982. 5. 25. 선고 82도716 판결 ·· 264
대법원 2006. 6. 22.자 2004스42 전원합의체 결정 ··· 78
대법원 2009. 5. 21. 선고 2009다17417 판결 ·· 226
대법원 2011. 9. 1.자 2009스117 전원합의체 결정 ··· 78

[고등법원 및 하급심]

대구고법 2005. 1. 27. 선고 2004나1173 판결 ·· 270
인천지법 2004. 7. 23. 선고 2003드합292 판결 ·· 79

[헌법재판소]

헌재 1989. 4. 17. 88헌마3 ··· 144
헌재 1990. 9. 10. 89헌마82 ··· 70, 77
헌재 1991. 3. 11. 90헌마28 ·· 15
헌재 1991. 5. 13. 90헌마133 ·· 59
헌재 1991. 7. 22. 89헌가106 ·· 64
헌재 1992. 11. 12. 89헌마88 ·· 264
헌재 1992. 12. 24. 92헌가8 ··· 236
헌재 1994. 4. 28. 92헌마153 ··· 9
헌재 1997. 3. 27. 95헌가14 ·· 73
헌재 1997. 7. 16. 95헌가6 내지 13(병합) ·· 74
헌재 1998. 11. 26. 96헌마74 ··· 40
헌재 2000. 4. 27. 98헌가16, 98헌마429(병합) ·· 71, 74
헌재 2001. 10. 25. 2000헌바60 ·· 70
헌재 2002. 4. 25. 98헌마425 ·· 54
헌재 2002. 8. 29. 2001헌바82 ··· 72, 80
헌재 2002. 10. 31. 2001헌마557 ·· 124

헌재 2003. 10. 30. 2002헌라1 ··· 8

헌재 2004. 4. 29. 2003헌바118 ··· 35

헌재 2004. 6. 24. 2002헌가27 ··· 148

헌재 2005. 2. 3. 2001헌가9 · 10 · 11 · 12 · 13 · 14 · 15, 2004헌가5(병합) ················ 76

헌재 2005. 3. 31. 2001헌마8 ·· 63

헌재 2005. 5. 26. 2004헌마190 ··· 58

헌재 2005. 12. 22. 2003헌가5 · 6(병합) ··· 76

헌재 2006. 12. 28. 2005헌바85 ··· 154

헌재 2008. 4. 24. 2006헌라2 ··· 9

헌재 2009. 11. 26. 2008헌마385 ·· 190, 225, 226

헌재 2009. 11. 26. 2008헌바58 ··· 146

헌재 2010. 7. 29. 2009헌가8 ·· 77

헌재 2012. 5. 31. 2011헌바10 ··· 153

헌재 2012. 8. 23. 2010헌마47 · 252(병합) ·· 268

헌재 2012. 8. 23. 2010헌바402 ··· 267

헌재 2013. 5. 31. 2011헌바360 ··· 148

헌재 2014. 4. 24. 2013헌가12 ··· 148

헌재 2014. 8. 28. 2011헌마28 · 106 · 141 · 156 · 326(병합) ··· 268

헌재 2014. 10. 30. 2012헌마192 ··· 40

헌재 2015. 2. 26. 2009헌바17 등 ·· 77, 144

헌재 2015. 4. 30. 2013헌마623 ·· 72

헌재 2015. 9. 24. 2013헌마384 ·· 62

헌재 2016. 3. 31. 2013헌가2 ··· 144, 145, 147

헌재 2017. 5. 25. 2014헌바360 ··· 148

헌재 2018. 6. 28. 2011헌바379 ·· 54, 128

헌재 2018. 8. 30. 2016헌마483 ··· 268

헌재 2019. 7. 25. 2017헌마1038 ·· 310

헌재 2019. 9. 26. 2018헌마128등 ··· 124

헌재 2022. 1. 27. 2017헌바528 ·· 148, 153

헌재 2022. 12. 22. 2019헌마654 ··· 13

[미국판례]

Bellotti v. Baird, 443 U.S. 622 (1979) ···································· 235, 238, 239

Biden v. Missouri, 595 U.S. _____, 142 S. Ct. 647, 651 (2022) ····························· 125

Cardwell v. Bechtol, 724 S.W. 2d 739 (1987) ····································· 238, 245

Carey v. Population Services International, 431 U.S. 678 (1977) ····························· 235

Commonwealth v. Robert Bertkowitz ·································· 156, 157

Contra R.J.D. v. Vaughan Clinic, 572 So.2d (Ala.1990) ····························· 245

Cruzan v. Director, Missouri Department of Health, 497 U.S. 261 (1990) ············· 250

Dahl v. Board of Trustees of W. Michigan Univ., 15. F.4th 728 (6th Cir. 2021) ·· 125

Goss v. Lopez, 49 U.S. 565 (1975) ··· 235

Hodgson v. Minnesota, 497 U.S. 417 (1990) ····························· 235

In re Baby K. United State Court of Appeals for the Fourth Circuit,
    16 F.3d 590 (1994) ··· 244

In re Conroy, 98 N.J. 321, 486 A.2d 1209 (1985) ····························· 247

In re D.P (Cal. Super. Ct. Santa Clara County, July 1986) ····························· 245

In re E.G., 133, Ill.2d 98, 101−02, 112−13, 106−08 (1989) ····························· 246

In re Gault, 387 U.S. 1 (1967) ··· 235

In re Lamberis, 93 Ⅲ. 2d 222, 444 N.E 2d 549, 66 Ⅲ.Dec.623 (1982) ················ 270

In re Quinlan, 355 A.2D 647 (1976) ································· 232, 241, 242

In re Swan, 569 A, 2d 1202 (1990) ··· 246

Jacobson v. Massachusetts, 197 U.S. 11 (1905) ····························· 126

Meyer v. Nebraska, 262 U.S. 390. 402 (1923) ····························· 234, 235

Miller v. Alabama, 597 U.S 460 (2012) ··· 240

NAT. FEDERATION OF INDEPENDENT BUSINESS v. OSHA,
    142 S.Ct. 661 (2022) ·· 125

New Jersety v. T.L.O. 469　U.S. 325 (1985) ····························· 235

NFIB v. OSHA ··· 125

Parham v. J.R., 442 U.S. 584, 602 (1979) ····························· 237

Phillips v. City of New York, 775 F.3d 538, 543 (2d Cir. 2015) ····························· 125

Piere v. Society of Sisters ··· 235

Planned Parenthood v. Danforth, 428 U.S. 52, 74 (1976) ····························· 235

Prince v. Massachusetts, 321 U.S 158 (1944) ····························· 235

Tinker v. Des Moines Independent Community School District,

393 U.S. 503 (1969) ·· 235

Troxel v. Granville, 536 U.S. 66 (2000) ·· 234, 237

Vacco v. Quill, 521 U.S. 793 (1997) ·· 215, 216, 222, 223

Viemester v. White, 84 N.Y.S. 712 (1903) ··· 126

Washington v. Glucksberg, 521 U.S. 702 (1997) ······························· 215, 216, 222

We The Patriots U.S., Inc. v. Hochul, No. 21−2179 (2d Cir. Nov. 4, 2021) ······· 125

Wisconsin v. Yoder, 406 U.S. 205, 213−215 (1972) ······································· 235

Workman v. Mingo Cnty. Bd. of Educ., 419 Fed. App'x 348 (4th Cir. 2011) ······ 125

Zucht v. King, 260 U.S. 174 (1922) ·· 116, 126

[영국판례]

R v. Adams ·· 214

R v. Cox ··· 214

[독일판례]

BVerfGE 35, 79[113] ·· 264

[유럽인권재판소 결정]

Chapin and Charpentier v. France (n°40183/07) 2019.9. ································· 80

Hämäläinen v. Finlande (no. 37359/09) 2014.7.16 ·································· 80

●●● 사항색인

[ㄱ]

가짜뉴스   29

가치 상대주의   30

간통죄   77, 144

감염병예방법   129

감염병의 예방 및 관리에 관한 법률   110

강간 위험 위기 징후 및
    피해자 지원 프로그램   163

개인의 존엄   86

개인정보자기결정권   58, 150, 151, 268

개인화(personalization)   13, 15, 16

거버넌스   322, 323, 338

거주지 이탈 제한(Stay-At-Home)
    명령   108

건강권   63, 135

게이트 키퍼   36

계층 사회(two-tier society)   99

공격적인 완화의료(aggressive
    palliative care)   216

공무원(Public official)   295

공익신고자 보호법   292

공익위원회   332, 336

공익위원회의 강제집행 권한   338

공적 국제기구의 직원(Official of a public
    international organization)   296

과외교습 금지   73

국가 주도의 면역성 증명   109

국민의 권리와 의무   56

국민의 동의(同意)   24

국민의 의사(意思)   24

국민의 합의(合意)   24

권력분립 원리   21

그린 패스(Green pass)   120

기관생명윤리위원회   259

기본권   24

기본권 실현(基本權 實現)   24

기본권의 대국가적 효력   49

기본권의 대사인적 효력   50

기본권의 주체   48

기술 용어(technical terms)   98

[ㄴ]

넛지(nudge)   39

네브라(NEBRA)   7, 10

논문의 공정성   263

뉘른베르크 강령
    (Nuremberg Code)   257

뉴노멀   45

[ㄷ]

대리 판단의 기준(Substituted judgment
    standard)   249

대통령 소속 위원회   323

데이트 강간(date rape)   141

데이트 강간 약물 금지법　155
데이트 강간 약물 예방법　142
데일리 유(Daily You)　14
독일 윤리위원회　100, 110
독임제 행정기관　322
동성동본 금혼제　87
동성동본 혼인 금지　74
DGC의 기능　102
DGC의 효과　102
디지털 게리맨더링　29, 40
디지털 녹색 증명서(Digital Green
　Certificate)　100, 101, 117
디지털 대전환(digital transformation)
　56
디지털 사인(digital signature)　102
디지털 접종 증명서(Digital vaccination
　certificate)　120
딥러닝　26
딥페이크　38

[ㄹ]
레오네티법(Jean Leonetti)　217
로바마(ROBAMA)　5, 6
리미널 미디어　19
리우 회의　60
리터러시(literacy)　318

[ㅁ]
마이크로 타겟팅(micro targeting)　31
말기 진정요법(terminal sedation)　206,
　212, 216
메타 자기 결정론　41
면역 여권　95, 99, 104, 108, 115, 118

모성보호조항　80
목적과 수단 간의 견련성　124
몽테스키외(Montesquieu)　21
미끄러운 경사면의 논증　227
민간부문의 부패　300
민주적 정당성　24

[ㅂ]
반부패 행동계획　289
방역 패스　120
백신 여권(vaccine passport)　95, 98
백신 의무 접종 면제　126
백신 패스(vaccine pass)　114, 120, 123
버즈(buzz)　34
법익 균형성　123
법치주의원리(rule of law)　21
법치주의의 실현　129
벤 괴첼(Ben Goetzel)　5
봉쇄 조치(lockdown restrictions)　108
부성주의 원칙　76, 87
부정 축재　298
부패범죄　293
부패재산의 몰수와 회복에 관한
　특례법　291
블랙박스(black box)　10

[ㅅ]
사법 방해　299
사법부의 정치화　28
사전 돌봄 계획　180, 185
사전의료 결정　185
사전의료지시(Advance Directives)　248
사회복귀법　242

상식론   30

생명권   52

설명에 의한 동의권
    (informed consent)   267, 318

성명표시권   271

성범죄 대응팀(SART)   163

성숙한 미성년자 원칙
    (mature minor doctrine)   238

성적 자기결정권   144, 166

성평등   83

성폭력 법의학 검사 프로그램   158

성폭력 피해자를 위한 의료적
    법적 가이드라인   150

수단의 적합성   123

숙의   8

신경권(Neurorights)   55

신속항원검사   117

[ㅇ]

아나필락시스(Anaphylactic shock)   105,
    127

IRB 제도   259

아즈마 히로키   6

안녕완화의료조례   180, 181, 182, 184, 186,
    188, 195

안전권   55, 56

알권리   317

약물 남용에 관한 자문 위원회   157

약물 유발 강간에 관한 처벌과 예방에 관한
    법률   155

약물 이용 성범죄   141, 144

양성평등   83

양심적 병역 거부   54

AI 원칙에 대한 OECD 권고안   27

AI의 정치 이용에 관한 윤리강령   12

연구대상자보호프로그램   276

연구윤리   257, 281

연방 아동학대 방지와 치료법   242

연방 의료 결정 통일법   248

열거되지 아니한 자유   51

영유아보육법   319

옐로우 카드(yellow card)   116

오픈 코그(OpenCog)   5

온정주의(Paternalism)   39

완화적 진정요법   212

왕샤오민 사건   175

외국공무원(Foreign public
    official)   296

위험 윤리   104

유럽위원회(European
    Commission)   101, 117

유아교육법   319

유엔부패방지협약   290

응급의료와 적극적 분만법   244

의무론적 억제(deontologischen
    Einhegung)   107

의사능력   267

의사조력자살   205, 206

의사조력자살의 개념   209

의사 형성 과정의 블랙박스 문제   11

이중효과(double effect)   214

인간의 존엄과 가치   51

인공지능 국회의원   4

인공지능 통치구조론   3

인민주권사상   24

인식론적 불확실성(epidemic

uncertainties)　104

인터넷 게시판 본인 확인제 사건　12

일라이 파리저(Eli Pariser)　14

일반의지 2.0　6

일부일처주의　87

임상연구에서의 자기결정권　267

입법재량권　124

[ㅈ]

자격 제한　301

자기 책임의 무력화　148

자동화된 처분　3

자발성　146, 268

자연사법　218, 232

자유와 행복의 일치　35

자유 위임의 원칙　9

자유주의적 온정주의(Libertalian
　paternalism)　41

자유지상주의(Libertalian)　39

재산(Property)　297

저자됨　271

저자됨(authorship)의 문제　261

저출산고령사회위원회　328

저항의 원칙(resistance rule)　156

절차적 정당성　25

정보　267

정보공개제도에 관한 법률　321

정보기본권　58

정보보안권　56

정신적 온전성　54

제도적 보장　71

제도화된 숙의　10

제헌 헌법　69

존엄사　210

주관적 공권　52

준법서약제 사건　54

직접민주주의　4

직접민주주의 요소　4

집단면역　120

[ㅊ]

참여형 거버넌스　329

책무성(accountability)　322

취임 · 취업제한　301

치자와 피치자의 일치　15

친생부인의 소 제척기간　73

친생자 추정　72

[ㅋ]

카렌 퀸란(Karen Quinlan)　232

캐스 선스타인(Cass Sunstein)　13

캠브리지 애널리티카(Cambridge
　Analytica)　31

커먼룰(Common Rule)　279

쿠쉬네법(Loi Kouchner)　217

[ㅌ]

터스키기 매독 연구(Tuskegee syphilis
　study)　257

[ㅍ]

팬더믹(pandemic)　95, 96

평등권　57

평등의 원리　122

포괄적 기본권　51

폭넓은 입법 형성의 자유　76

프랑스 앱(French app)   100
피해의 최소성   123, 124
피해자 권리장전   162
필터 버블(filter bubbles) 현상   14, 34

[ㅎ]
학습권   64
한스 켈젠(Hans Kelsen)   30
해외부패방지법(FCPA)   289
핵산 증폭 검사   117
행복추구권   51
행정 정보 공개 제도   311
헬스케어 지시서(Health Care
    Directives)   217
헬싱키 선언(Declaration of
    Helsinki)   257
호스피스(Hospice)   207
호스피스·완화의료   194, 206, 208
호스피스·완화의료 및 임종과정에 있는
    환자의 연명의료결정에 관한 법률   177
호스피스·완화의료 제도의 기원   207

호스피스·완화의료 조례   218
호주 공익위원회 법률   334
호주의 공익위원회(ACNC)의
    법적 권한   336
호주제   76, 87
혼인과 가족생활   69
혼인빙자 간음죄   145
환경권   60
환자 자주 권리법   175, 176, 177, 179, 180,
    182, 184, 186, 188, 195, 219

[A]
AOKPass   100
Change Path   337
Charity Navigator   337
Digital Green Certificate(DGC)   101
Excelsior Pass   120
Konsens   24
NAAT   117
Spectee   18
three black teenagers   18

••• 원문목록

1부

1장 인공지능 통치구조론 – 헌법 원리와 권력구조 안에서 인공지능 –, 연세법학 제44호, 2024.2.

2장 뉴노멀 시대의 헌법 상 기본권 규정의 개정 방향, 국가법연구 제18집 제1호, 2022.2

3장 혼인과 가족생활에 관한 소고 – 헌법재판소 결정과 헌법 개정 논의를 중심으로 –, 연세법학 제33호, 2019.6.

2부

1장 면역 여권, 코로나 시대 양날의 검 – 공법적 검토와 윤리적 함의, 철학·사상·문화 제36호, 2021.6

2장 백신 정책에 관한 헌법적 윤리적 고찰: 면역여권부터 방역패스까지, 인간·환경·미래 제28호, 2022.4.

3장 성폭력 범죄피해자의 인권과 헌법적 보호 – 약물 이용 성범죄(DFSA) 대응 법제를 위하여 –, 인권법평론 제28호, 2022.2.

3부

1장 대만 「환자 자주 권리법」에 대한 연구, 법학논고 제64집, 2019.1.

2장 호스피스 완화의료와 의사조력자살 간 경계에 관한 규범적 고찰, 법학연구 제28권 제2호, 2018.6.

3장 미성년자 연명의료 결정에 관한 소고: 미국에서의 논의를 중심으로, 법학논총 제41집, 2018.5.

4부

1장 논문 공정성 확보를 위한 헌법적 고찰과 입법적 과제: 저자됨과 IRB 운영을 중심으로, 과학기술과 법 제10권 제2호, 2019.12.

2장 부패방지를 위한 국제적 노력에 대한 국내 부패방지 법제의 대응과 과제, 부패방지법연구 제6권 제1호, 2023.2.

3장 지방자치단체 내의 유치원, 어린이집의 부패방지를 위한 행정과 정보공개: 공법적 쟁점과 위원회 거버넌스를 중심으로, 부패방지법연구 제2권 제2호, 2019.8.

4장 비영리법인 공익법인 부패방지 방안 : 호주의 법제 사례를 중심으로, 부패방지법연구 제7권 제1호, 2024.2.

엄주희

헌법학자이자 법률가.

연세대학교에서 학사, 석사, 박사 학위를 받았다. 건국대학교 융합인재학부에서 공법학을 담당한 교수로서, 헌법, 인공지능과 인권, 인권정책과 법, 영미문학과 법 등의 공법학 융합 과목을 가르치며 연구한다. 국가최고규범인 헌법학을 연구 관심의 중심에 두고, 뇌신경법학, 인공지능법학, 바이오법학까지 융합 법학의 영역을 개척하고 있다. 학술 성과의 공로를 인정받아 2019년 12월 한국공법학회 신진학술상, 2023년 12월 부총리 겸 교육부장관상을 수상하였다. 주요 저술로 "헌법과 생명", "뇌신경법학"(2024 세종도서 학술부문 선정), "인공지능 윤리규범학"(공저, 2024 세종도서 학술부문 선정), "보건의료법윤리학"(공저), "스마트치료의 공법학(공저)" 등이 있다.

인공지능 시대, 헌법의 확장

초판발행	2025년 2월 2일
지은이	엄주희
펴낸이	안종만 · 안상준
편 집	이승현
기획/마케팅	장규식
표지디자인	권아린
제 작	고철민 · 김원표
펴낸곳	(주)**박영사**
	서울특별시 금천구 가산디지털2로 53, 210호(가산동, 한라시그마밸리)
	등록 1959. 3. 11. 제300-1959-1호(倫)
전 화	02)733-6771
f a x	02)736-4818
e-mail	pys@pybook.co.kr
homepage	www.pybook.co.kr
ISBN	979-11-303-4865-0 93360

정 가   28,000원